弓曳童子（田中久重＝からくり儀右衛門作，トヨタコレクション蔵）

台付きからくり人形
上：三味線弾き（谷地・細谷厳家蔵）
右上：稚児舞い
右下：茶臼輓き
（ともに山形県酒田市本間家旧本邸所蔵）

愛知県小牧秋葉祭　聖王車の采振り，逆立ち唐子，聖王人形

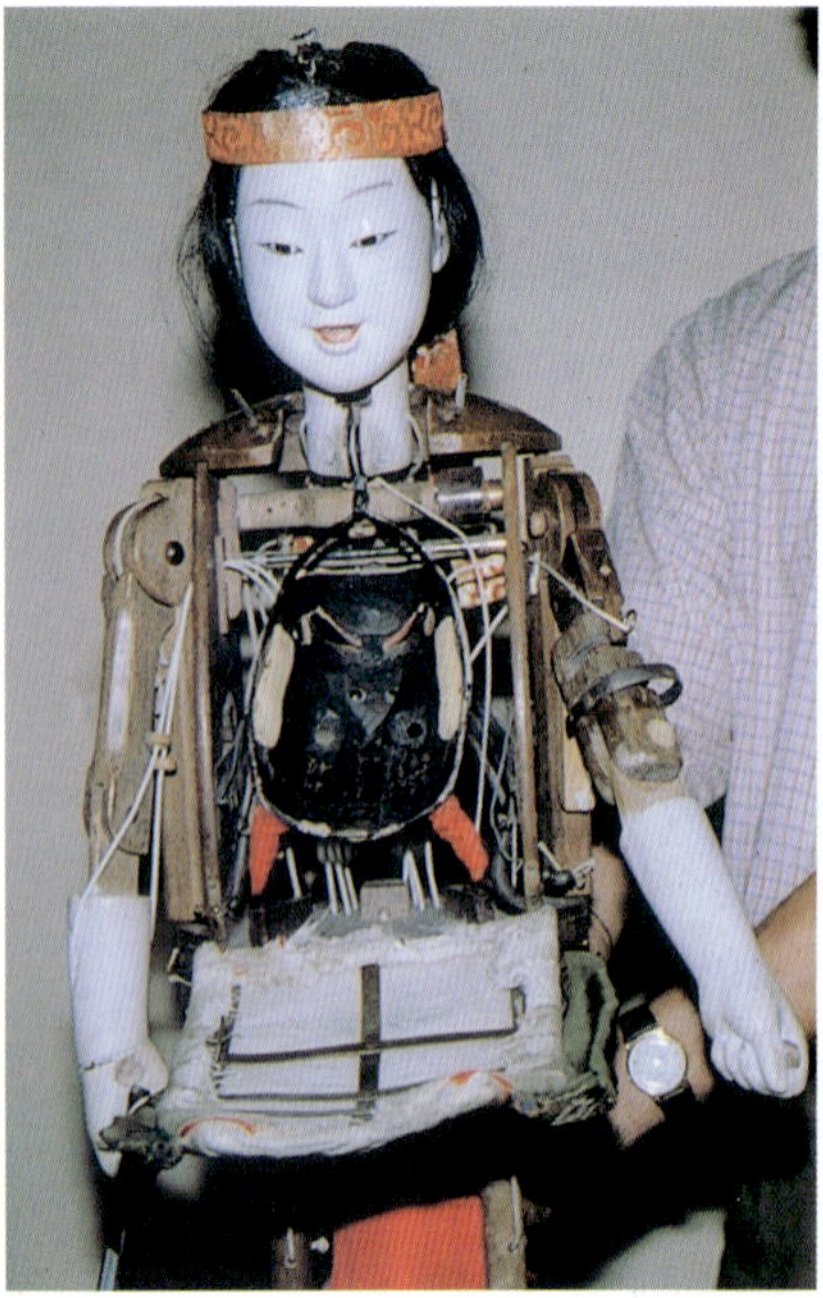

名古屋市広井神明社祭　紅葉狩車の更科姫とその内部

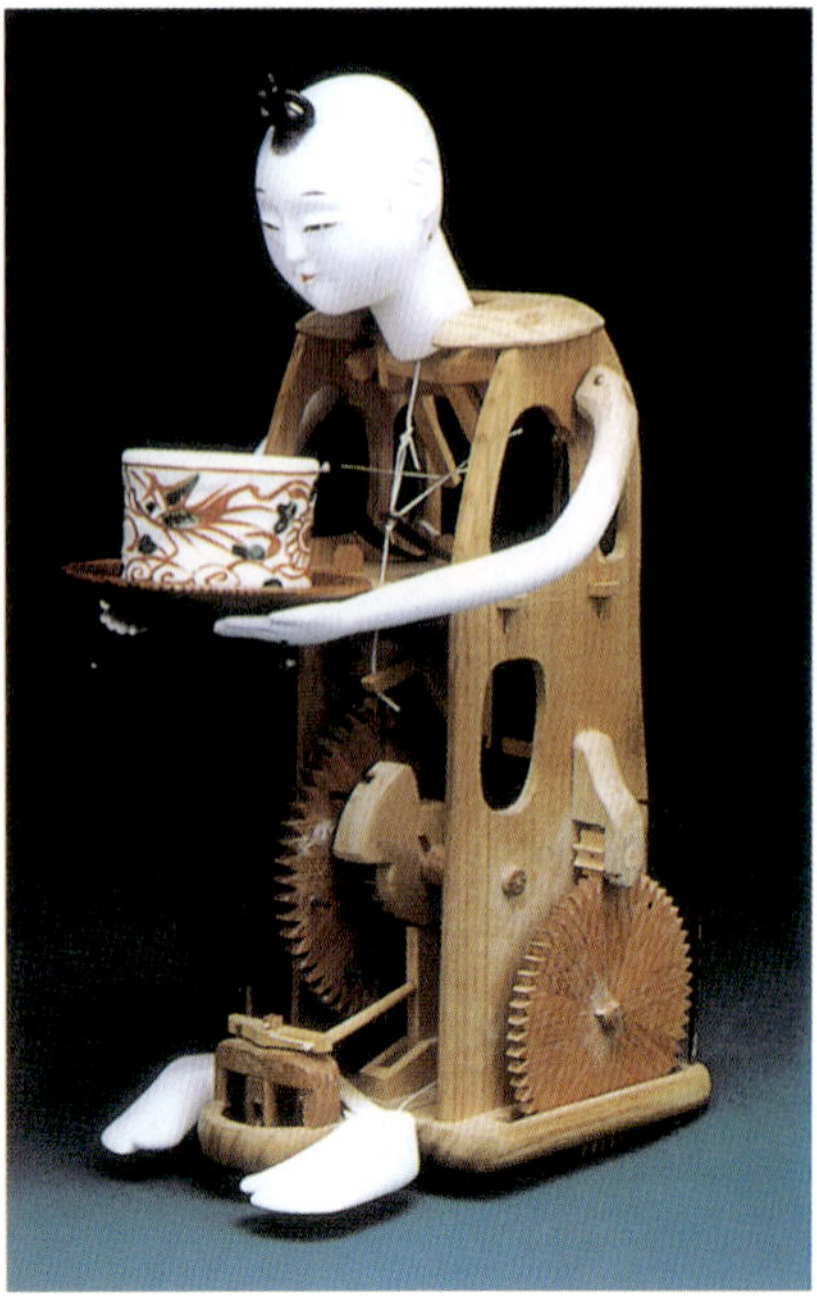

七代目玉屋庄兵衛作・茶運人形とその内部

茨城県筑波郡伊奈町高岡流綱火「高岡丸の船遊び」

高山祭の布袋台（上）
高山祭（秋）の屋台揃え（右）

はんだ山車まつり　勢揃いした31台の山車

大津祭・月宮殿山

新湊曳山祭（荒尾町）

鹿児島県・知覧の水車からくり（豊玉姫神社境内のからくり館舞台）

八女福島灯籠人形芝居

日立風流物　本町山車表館

図説 からくり人形の世界

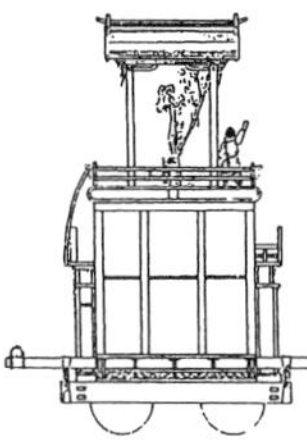

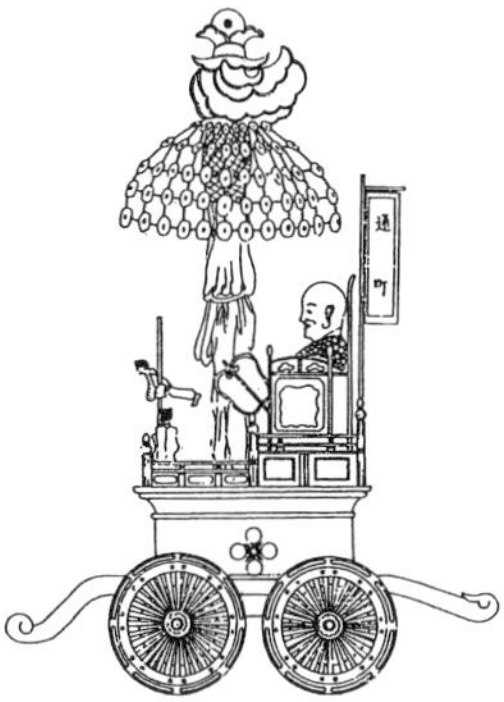

千田靖子

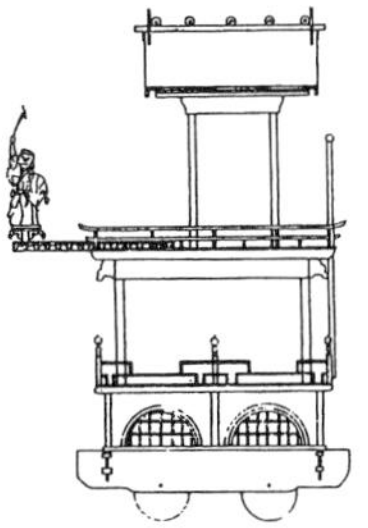

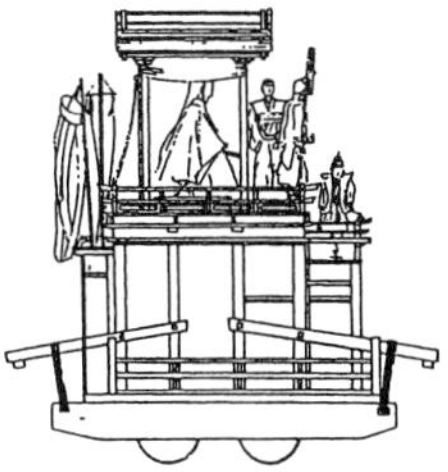

はじめに

人の形と書いて人形と読む。「ひとがた」と言うこともある。限りある人間の命。生まれ出るや変遷を続ける人間の生の一瞬を惜しんで形に表わしたのが人形である。あるいはまた、人間の身代わりとして、慰めや祈りをこめて作られた人形もある。

静止の状態が人形の常であるのに反して、動く人形、からくり人形は、人間の創意や工夫を生命に貰って生きる人形である。「からくり」と呼ばれるようになったのは江戸時代からで、自動の機構をさし、単なる遊びの中の玩具から、人々の社交の道具、鑑賞品にもなって二百数十年たった今も地域の祭りの神事、奉納芸を演じるなどの人形として幅広い活躍をしている。

人間のように茶をはこぶ人形、ふところに別の顔を秘め、瞬時に変身する人形、人も難しい曲芸をやって見せる人形……人の心に触れ、人の心を動かすからくり人形は、時代の最新の知恵と技術を駆使して作られ、今なお新鮮な愛しい創造物なのだ。

私がからくり人形に興味を持つようになったのは、ある外国人との出会いからである。

スウェーデンの人形劇人であるその人が名古屋公演のため滞在中、何か名古屋独特の文化を見せてもらいたいと、招聘団体の長である私に要望されたのである。そこで急遽さがし出したのが、祭りに出るからくり人形のビデオだった。美しく愛らしい人形の逆立ち、文字書き、面かぶり、綾渡りなど、変化に富んだ動作が独特な囃子の調べにのって演じられる。

その人はストックホルム人形劇場の主宰ミカエル・メシュケさん。国際色豊かな劇団員全員とともに尾張からくり人形の演技を見て驚嘆し、ぜひ次の年にスウェーデンに来て、計画されているストックホルム日本演劇祭に出演してもらいたいという。ボランティアではあるが国際交流が仕事の私は、なんとかその期待に添いたいと奔走した結果、協力してくださる人々のおかげで、ついにからくり人形の中でも最高の演技をする愛知県一宮市石《いわ》刀《と》神社と碧南《へきなん》市大浜の山車からくり人形および人形操作の人々と、からくり人形師八代目玉屋庄兵衛さんが自作の茶運び人形を携えての派遣団ができあがり、私も随行した。昭和六〇年のことである。

からくり人形はストックホルムのあと、パリの日本大使館でも公演することになり、双方とも大成功で、大きな喝采を受けたのである。歴史的にも高度な人形文化を持つヨーロッパの人々に歓迎された理由は、美しい顔、美しい衣装をまとい、不思議な演技を見せる上に、古い伝統のある人形であることであった。


からくり人形と共に過ごした旅の感動がもとで、私はからくり人形とそれをとりまく世界に魅かれ、以来愛知県下のからくり人形の出る祭りを次々訪ねることになる。

愛知県では五〇あまりの地域の祭りに山車《だし》が曳き出され、そのうちからくり人形をのせる山車の数は約一二五台、からくり人形の数はまとめて三七〇体を上回る。からくり人形発祥の地は京・大阪といわれるが、現存する数がこれほど多い愛知県は、まさにからくり人形の宝庫なのである。

なぜかといえば、ここではからくり人形は地域の祭り、神事とかかわって庶民生活に深く根ざしているからで、伝統を重んじ、祭りに熱心で経済力のある人々が、モノづくりに優れた職人とともに生み出したのであった。その技術が、自動車や工作機械生産全国一を誇る今日の愛知県を導いた可能性が考えられる。

からくり人形と関わることで、いつのまにか見る目は歴史と美術、工芸、地域の伝統と民俗文化とともにある、からくり人形の世界へひき入れられることになった。

五年間をかけて『からくり人形の宝庫――愛知の祭りを訪ねて』に取り組み、平成三年に出版した後、続いて日本全国のからくり人形についての著作をめざし、北は山形から新潟、群馬、南は沖縄まで訪ねて歩いた。今度は飛行機、新幹線、在来線を乗りついでの取材である。それぞれの土地に根づいた文化とともにからくり人形にも特色があり、まつわる歴史や人々のなりわいにゆかしいものがある。

山車からくり人形だけでなく、座敷からくり人形も見られるところを訪ね、京・大阪など都の人形が北前船で日本海側の遠隔地まで運ばれた流通の妙味を知ることができた。

北の山形県・谷地《やち》地域では、民家が雛祭りに雛人形を公開する習慣がある。なかにほんの一、二体からくり人形をもつ家があって、ある時、豪華絢爛の雛人形が紹介された後、小さなからくり人形のゼンマイを巻いて見せるのに居合わせたことがあった。優雅な遊女の人形が身をよじって三味線を弾く様子と、かすかな糸の音が、まるでランプに灯をともしたような温かい感情を運ぶようであった。雪深い土地の人々は、こうしてはるかな都の風情を想像して楽しんだに違いない。


そうして全国を見て歩く一方、私は愛知県知立《ちりゅう》市の山車からくり人形芝居「一の谷合戦」を国際ウニマ（人形劇連盟）主催の世界人形劇フェスティバル（平成四年、スロベニア主催）に推薦し、からくり人形芝居が世界の人形劇界の一代表として演じられる機会を作ることができた。その後平成一〇年にはポーランドのビエルスコ・ビアワ国際人形劇祭りにも招かれて同行し、伝統文化としてのからくり人形が、国際的に高い評価を受けるのを体験したのだった。

人形劇の手法は、東欧においては糸操りのマリオネット、英・仏ではギニョールと呼ばれる指人形操作が主流ではあるが、棒遣い、出遣い、オブジェクトシアターなど種々な人形劇アートが試されるなか、からくり人形公演は新鮮な印象をあたえたようだ。

もとより日本の人形芸術としては文楽が著名であるが、からくりもまたそれに近い存在として認められたのである。技を磨いたプロが演じる文楽に比べ、からくり人形芝居は祭りに奉仕するボランティア集団が演じるものにすぎないが、伝統芸というものがそのように大きな力を持つ証拠であると思われる。

江戸時代に誕生したからくりは、その後の科学技術の進歩とともに自動車・電車はもとより、コンピューターの頭脳や工業用・家庭用のロボットにも進展している現代である。「千と千尋の神隠し」のアカデミー賞受賞などで、世界一と称される日本の映画・アニメーションは、いまも四国の祭りに農村舞台で演じられるふすまからくり「千畳敷き」が原型ではないのか。

「からくり」の自動機械としての進展をたどるのはすでにすぐれた書が数々出ているので、私は二〇〇年、三〇〇年前の素朴なからくり人形が、なぜ今なお人々の関心を引きつけるのか、その実態を明らかにしたい。それは芸能文化や庶民生活の中の人間と機械の温かい蜜月をあらわすもののような気がする。


こうして日本全国のからくり人形を見、その存在をさらに多くの人に知らせたいと思いつつはや一〇年以上が経過してしまった。この間地域の人々の情熱で新しく祭りに蘇った山車、人形があるかと思えば、それを動かす人材のないまま忘れ去られる残念なものもある。祭りのようすが変わった地域もあり、必要分は写真を撮り直し、記事を書き直して現在活躍中のものに限ってここに揃えた。文中、地域で祭りのからくり人形にたずさわる代表者の中には今は故人となられた方が数あり、他の人に継承されているが、当時のお名前で残させていただいた。こうした地域の貴重な世話役は、年の経過とともに代りうることから、個人名はさけて団体名のみ記させていただいたことをお許しいただきたい。

貴重な資料の提供や、取材にご協力下さった皆様に心から感謝し、厚く御礼申しあげる次第である。人間の考え出した、いとおしい創造物・からくり人形よいつまでもと願う。

本書における記述について、古くは「麾振り」人形と記された前人形は、「采振り」と「幣振り」に分けて記し、神（御）輿、警護（固）、壇（檀）箱、車楽（楽車）、恵比寿（須）、花笠（傘）、心（芯）柱など複数ある表記は、それぞれの地域で使われる方の表記を選んだ。特に祭りに出るからくり人形と密接な関係にある曳山の名称は、山車、車山、軕、屋台、山、ほか多彩である。「茶運び人形」は、一時「茶運人形」と書いて「茶くみにんぎょう」と読まれたこともあったが、江戸時代の絵草紙に「茶運人形ちゃはこびにんぎゃう」と振り仮名のあることからも、この文字表現をとることとした。

平成一六年八月　　千田靖子

目次

第一章　からくり人形の世界

一　からくり人形の沿革

動く人形

人を形どったものを人形と呼ぶ。

古くは木や紙で、あるいは木に布をかぶせて人の形を作った。泥をこね、陶土を焼いて人の形を作った。日本ではこれをヒトガタとも言い、人間の愛情や、希望、憎しみや呪いの願望が託された。

三月雛の節句の雛人形は、当初は女子の健康のため、病や不幸などの汚れを人形に代わって吸収してもらおうと飾られたものである。

人間の身代わりという意味では、中国秦の時代の兵馬俑《よう》のおびただしい人形群は、始皇帝の死とともに生き埋めになる運命の人間の代わりを人形がつとめたものである。

白紙で作った神事の雛形

代わって日本の地域の祭りで、神の降臨を願って立てられる人形は、依代《よりしろ》といわれ、祭りの間は神様として崇められた。最も古い歴史のある京都の祇園祭では、山・鉾に飾る等身大の人形は今も「ご神体」と呼ばれ、厳粛に崇拝されている。

人間の永遠の美をたたえる人形、親しい友として愛玩する人形、さまざまな人形があるが、日本においては人形は常に人間の精神的な支えとして、理想の姿で存在してきている。

この人形が動くように工夫されたのは、平安時代の『今昔物語』にある記録が最古の例である。「高陽親王造人立田中第二」という題で登場する水掛け童子の人形である。

……桓武天皇の御子高陽親王《かやのみこ》は器用な人で、八五〇年干魃の年に、田の中に両手で器をささげる子供の人形を立て、この器に水を入れると額に流しかける仕掛けをしたところ、人々が面白がって次々と水を入れたので、稲が枯れずにすんだ……（『今昔物語集』巻二四第二）

農耕生活に即した機知に富んだからくり人形を作った高陽親王とはきっと名君であったに違いない。

室町時代になると、宮中や貴族の日記類の中に「あやつり」という言葉の表現でからくり人形が登場する。特に宮中行事の一つである盂蘭盆《うらぼん》（旧七月一四、五日）にはからくり人形の献上がしばしば行なわれたことが、『看聞御記』（一四〇〇年代初期、伏見宮貞成親王（後崇光院）の日記）に記されている。

石井念仏はやし物や盆踊りのある所に茶屋を立てて、そこに「あやつりて金を打ち舞う人形」を置いた。（応永二八（一四二一）年）

「あやつり灯籠」の献上があった。一谷合戦ひよどり越え馬追おろしを表現したもので、よくできていて驚くべきものだ。（永享四（一四三二）年）

からくり仕掛けの灯籠の飾り物は、むかし中国、日本の各地で作られている。その形式はいろいろあり、灯籠を人形そのものにするものと、灯を入れた灯籠を照明として人形を舞わせるものがある。今でも伝統芸能として残る安中《あんなか》灯籠人形（群馬県）は前者で、後者は八女《やめ》福島灯籠人形（福岡県）にその面影を見ることができる。

灯籠に限らず畳半畳ほどの箱庭に歴史物語の人形などを配して工夫を凝らした風流《ふりゅう》の作り物が、その後献上されるようになり、これも灯籠と呼ばれた。同じく『看聞御記』に、

上：宮中行事の盂蘭盆会に飾られた灯籠．一般にも公開されて，庶民も宮中に入って見物を許された（『内裏雛』享保２年刊より）
中：同じく旧暦７月15日に催された御所での盂蘭盆会における灯籠拝見の様子（『一休ばなし』江戸中期刊より）
下：京都府亀岡市に伝えられる佐伯人形灯籠．からくりではなく手遣いの人形ではあるが，灯籠の前で演じられる．

公方より灯籠「芳野山風情」が宮御方へ進上された。「宇治橋浄妙合戦」が作られた。（永享八（一四三六）年）

「牛若弁慶切り合風情」が献上され、一段と素晴らしいできばえに皆驚いた。（永享九（一四三七）年）

このよくできた宮中盂蘭盆の作り物は一般にも公開され、庶民も宮中へ入り見物を許されたという。これが後の祇園祭にかつぎ出される橋弁慶山、浄妙山などの「山」の原典であると、『曳山の人形戯』で山崎構成は述べている。

貴重品の観賞用からくり人形

一方、宮中や貴族の暮らしの中で、珍しく貴重な趣向のものとして、座敷で観賞されるからくり人形も生まれるようになった。

からくり仕掛けの鶴亀の置物が宮方へ献上された。（『看聞御記』永享九（一四三七）年）

からくり仕掛け金銀細工の盃台が、家康を安土城へ招く織田信長に献上された。（『多聞院日記』天正一〇（一五八二）年）

酒席で人々の興味をひき起こすからくり仕掛けの盃台は、その後もさまざまな物が考案され、京の遊女吉野太夫（元和五（一六一九）年から寛永八（一六三一）年の一二年間太夫の地位にあった）もからくり酒運び蟹の盃台を愛用したという。

自動人形も室町時代末期から安土桃山時代には現われていた。

　慶長三（一五九八）年、五歳になる秀頼が伏見から上洛する折、迎えに出た豊臣秀吉は、秀頼を抱いて輿に乗り、「銭を箱に入れると転倒する人形」を従者に持たせたという（江村専斎述『老人雑話』）。滑車や歯車、バネなどの単純な機械要素で動かされていた従来のからくりは、この安土・桃山時代、外国からもたらされた三味線、鉄砲に続く時計の技術に大いに刺激された。幼い秀頼を喜ばせた動く人形は、銭の重みでストッパーが外れ、自動的に動く時計の原理を取り入れたものであろう。

　天文一二（一五四三）年種子島に漂着したポルトガル船が伝えた鉄砲や、同二〇（一五五一）年スペインの宣教師ザビエルが山口の大内義隆に献上した錘り掛時計は、外国から持ち込まれた舶来品の優秀な技術を示し、日

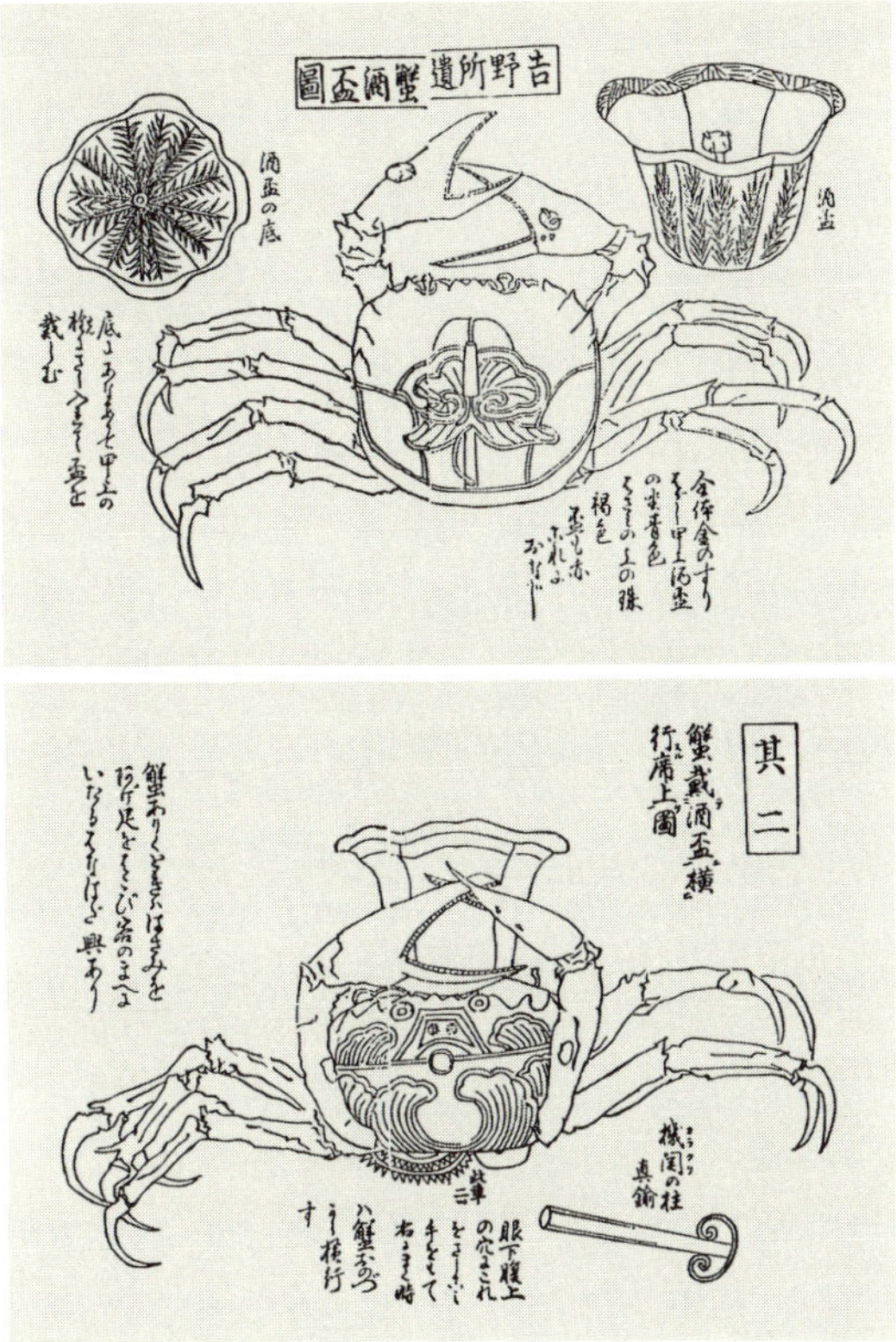

滝沢馬琴が享和２（1802）年，江戸より京坂に旅した時に見た往年の京の遊女・吉野太夫が愛でた「からくり酒運び蟹の盃台」．酒盃を載せた蟹がハサミをあげて客の前まで歩いていく．金箔をかけた銀細工でゼンマイ仕掛けで動く（馬琴『著作堂一夕話』より）

本の科学技術開発に大きな影響を及ぼした。

時計すなわちゼンマイ、歯車、カム、クランク、制御装置としての脱進機を備え、昼夜働く自動機械を目にした日本の上流知識人の驚きは大きかった。先端の技術を示すものとして、以来諸侯の求めるところとなる。

朝鮮から徳川家康に献上された時計を修理した京都の浪人津田助左衛門は、同時にそれと同じ時計を作って献上した。慶長三（一五九八）年のことで、これが国産初の和時計である。江戸幕府が開かれると、助左衛門は尾張藩の時計師として召し抱えられ、津田家は代々尾張藩の御時計鍛冶頭職として明治維新まで仕えた。

鎖国をしいた日本ではあったが、海外からの貢ぎ物として入った外国製時計が、大いに刺激となったわけである。この時を刻む不思議な機械の技術を習得した者が、動く人形を手掛けた。

「茶をはこぶ、人形のくるまはたらきて」と時の文人西鶴も驚いて句に詠んだ（『独吟百韻』一六七五年刊）ほど、江戸時代にもてはやされた茶運び人形は、従来の人形の美しさに、桜、檜などの木製歯車、竹など当時の日本国内で調達できる材料を使って作られた最高の動く人形で、高さは三五センチほどの愛らしいものだった。童子が乗った馬が跳ね回る春駒《はるこま》人形や、笛を吹き、太鼓を打つ鼓笛児童、太鼓を鳴らす諫鼓《かんこ》鳥などの台付き座敷からくり人形も普及したようである。

この時代になって「からくり」人形という言葉が使われ出す。「絡繰る《からくる》」（糸を縦横から組み合わせてつり動かす、陰にいて操縦する――『広辞林』）の変化したもので、のち、人をあっと驚かす自動装置、すなわち機械そのものを指すようになった。「絡繰、機関、機械、機巧」と書いてすべて「からくり」と読み、今でいう「ハイテク」に似た言葉として時代の先端をゆく科学・技術への夢をあらわす言葉となった。

交通手段としては、足で歩くか、馬か駕籠を使って人を運ぶしかなかった江戸時代の人々にとって、歯車を動かしてみずから移動する人形の出現はまさに驚異であったに違いない。

京都には、「御人形細工所」などと看板をだした人形店があり、種々の人形とともに台付きの座敷からくり人

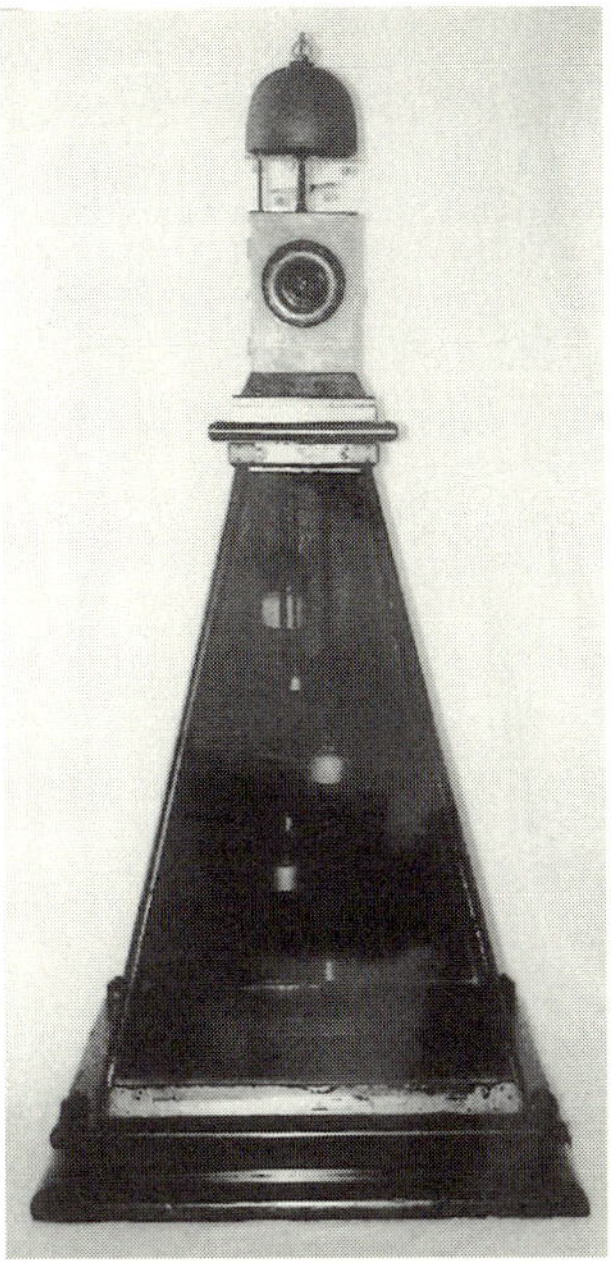

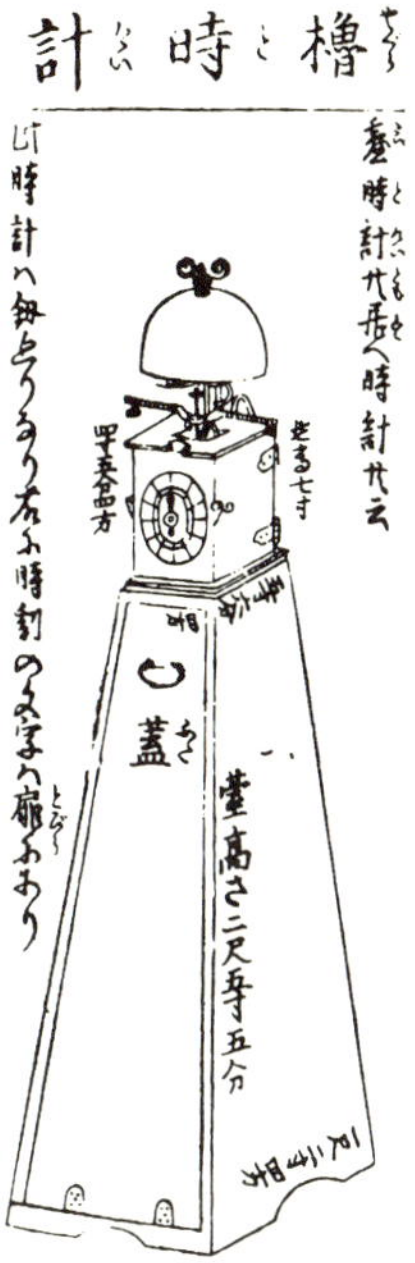

上左：寺院の鐘楼櫓のような台の上に載っているので櫓時計といわれる．別名を大名時計ともよばれるように，本品は愛知県刈谷城にあったと伝えられる．江戸中期の作で尾張藩時計師津田助左衛門工房の製作と思われる（刈谷市郷土資料館蔵）
上右：細川頼直『機巧図彙』寛政８（1796）年刊の櫓時計
下：茶運人形（『絵本菊重ね』より．本書は宝暦年間（1751〜64）に出た上方の絵草紙で，当時人気のあった人形16種を歌とともに描いた13ページばかりのもの）（吉徳資料室蔵）

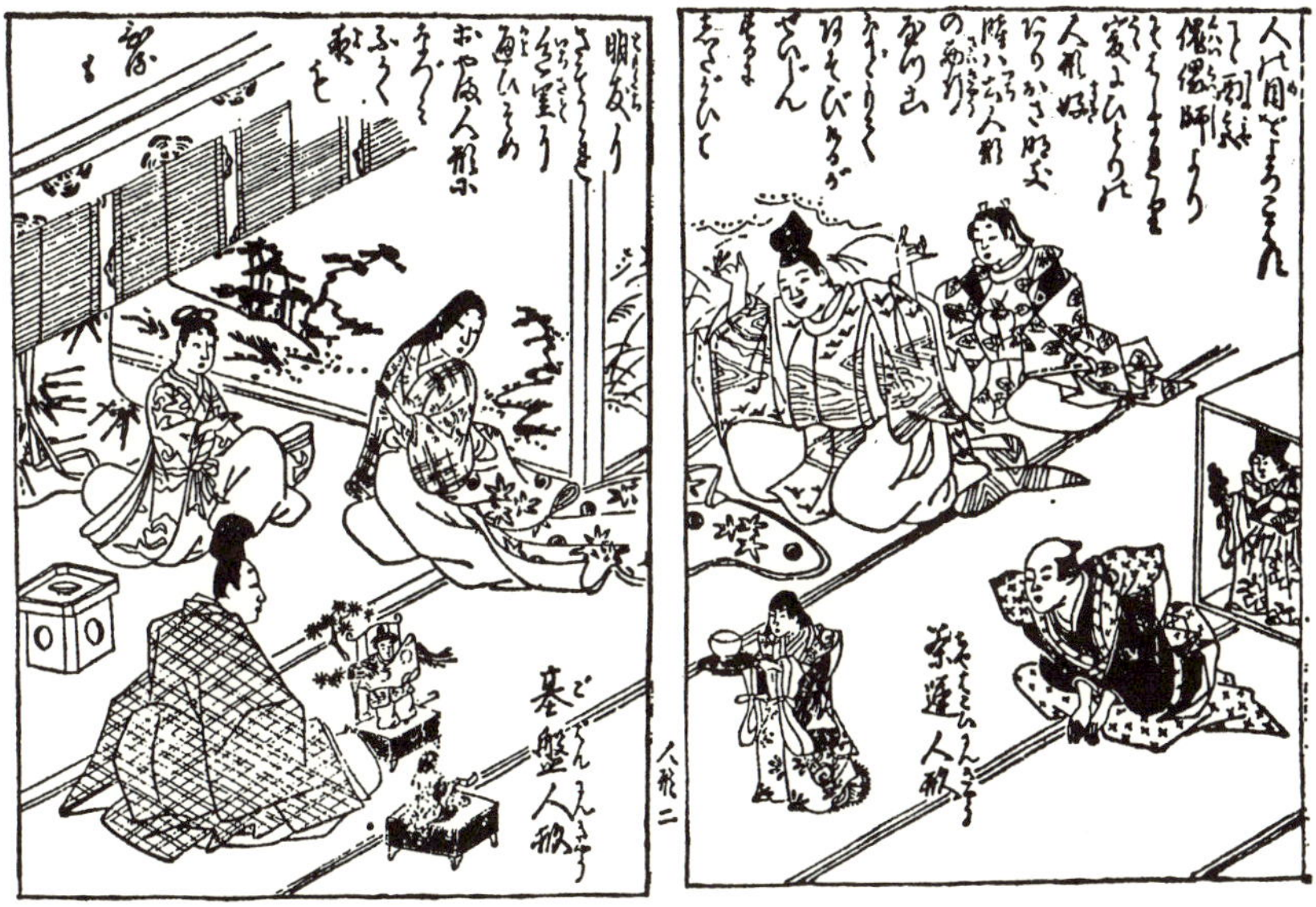

座敷からくり人形店（『買物独案内』天保２（1831）年刊）（吉徳資料室蔵）

形も売っていた。日本全国から来た人々があこがれの京みやげに求めて帰ったのだろう。商魂逞しい商人たちは、陸路ばかりか北前船などで海路をとり、新潟、山形など北の遠隔地へ雛人形とともに運んだのである。

庶民の祭りにからくり人形

日本全国のさまざまな地域の祭りでしばしば人形が飾られる。神の依代《よりしろ》として立てる人形、あるいはまた生身の人間の肉体は穢れがあるので、人形に代わって神に奉仕してもらおうと飾る人形である。

富山県新湊《しんみなと》市の海辺にある放生津《ほうしょうづ》八幡宮の祭礼には、境内に築山を築き、主神の姥神《うばがみ》様（猿田彦）の人形を飾る。

築山は幅七・二メートル、奥行三・六メートル、高さ二・七メートルの枠組み雛壇で、周囲を欄干で囲み、しめ縄を張り、幕を張り巡らしたものである。最上段の中央に在る神殿の屋根上に姥神は鬼女の能面をつけ、白衣に金襴の打ち掛けを着、白髪を振り乱して立っている。白い御幣を付けた長い竹竿を手にしたその姿は、あたかも天上から舞い降りた神のように見える。

下段の四隅には四天王（多聞、持国、増長、広目）が鎧・兜に身をかため、武器を持った等身大の武者人形の姿で立っている。

この築山は祭日の早朝から日没時まで飾られるだけで、夕方には人形ごとすべて撤去される。姥神様が怒って暴れたりしないようにとの配慮から、長時間にわたらず迅速にことを運ぶといわれる。

上右：富山県新湊市・放生津八幡宮の祭礼に築かれた築山．最上段中央には鬼女の面をつけ，白衣に金襴の打ち掛け姿で，白髪を振り乱した姥神が立ち，そばに客人（まろうど），四方には四天王が立つ。
上左：京都祇園祭の「木賊山」の人形．祇園祭の起源は遠く平安時代の御霊信仰に始まるとされ、現在のような人形を飾った山鉾を曳き出す形式になったのは室町時代のころ．
下右・左：名古屋東照寺祭に曳き出された山車．９輌すべての山車にはからくり人形がのっていた．（伊勢門水『名古屋祭』より）

漁業の盛んな港町の人々が氏神を地上へ呼んでその恩恵にあずかろうと行なう祭事なのであろう。この築山行事は同県高岡市二上《ふたがみ》の射水《いみず》神社でも行なわれ、八世紀頃からの古代神事を伝える民俗行事である。この築山が、移動神座となり、富山、石川、新潟の各県下で「曳山」と呼ばれる山車の素型となったと考えられている。

一方、祭りに人形を飾った山・鉾を曳き出す形式が、室町時代に日本の祭りとして歴史の古い京都祇園祭に始まった。二四基ある山・鉾の中で、「芦刈山」「橋弁慶山」「山伏山」「黒主山」などの美術的にも優れた表現の人形の頭は、京都の仏師が彫ったものである。

胴体を組み立てて衣装を着せ、能面を付けて神格化した人形を飾る例は、愛知県津島市の天王祭朝祭り（七月第四日曜）や同県海部《あま》郡蟹江町の須成《すなり》祭（八月第一土・日）にあり、こちらは水に浮かべた車楽《だんじり》（楽車とも書く）船の上に飾られる。

祇園祭の人形は、祭礼当日は山・鉾の上に立って市の目抜き通りを巡幸するが、前日の宵祭りには祭り宿に飾られ、ご神体として崇拝されるのである。動的表現のあるのは「浄妙山」と「橋弁慶山」で、浄妙山では「平家物語・宇治川合戦」のとき、一来法師が浄妙坊の頭上を飛び越えようとする瞬間をとらえている。また、「橋弁慶山」では京の五条の橋上で、弁慶と牛若丸が対決する有名なシーンを表現している。

祇園祭が全国にあたえた影響は大きく、各地で人形をのせた山車を曳き出す祭りが行なわれるようになり、その人形がからくり仕掛けとなるのが尾張名古屋では元和七（一六二一）年頃である。

弁慶、牛若丸が橋の上で斬り合う場面のからくり人形をはじめとして、名古屋の東照宮祭に曳き出される九輛の山車にはすべて町内が競って趣向をこらしたからくり人形がのった。その影響で、名古屋城下のみならず、岐阜、三重県下にたくさんのからくり人形ののる山車が流行した。滋賀県の大津でも同様で、大津祭り一三台の曳山すべてにからくり人形がのる。

茨城県日立、新潟県小千谷市などの地方では、都から人形芝居の面白さを伝える人が逗留した縁などで人形が祭りの山車と結びつき、からくり人形が舞わされている。

　これら山車からくり人形の出る祭りは江戸時代も文化・文政（一八〇四〜一八三〇）の頃を最盛期として発達し、時代を越えて継承されたものが現代に残されているのである。

人寄せ興行にからくり人形

また、同じ江戸時代、からくり人形芝居を興行する竹田近江の竹田からくり座が寛文二（一六六二）年に大坂道頓堀《どうとんぼり》に旗揚げし、大評判となった。

　綱の上に逆立ちして渡り切り、梅の木に変身する唐子《からこ》人形、手と口で三本の筆を持って松、竹、梅の文字を書く菅原道真、滝を上る鯉、空中を飛ぶ鳥等々、さまざまなアイデアの精巧な機械じかけ人形のショーである。加えて糸あやつりによる人形芝居、前座に子供のおどけ狂言がつくといった内容の興行で、からくりは差し金、バネ、ゼンマイで動く「離れからくり」といわれるものが得意だった。

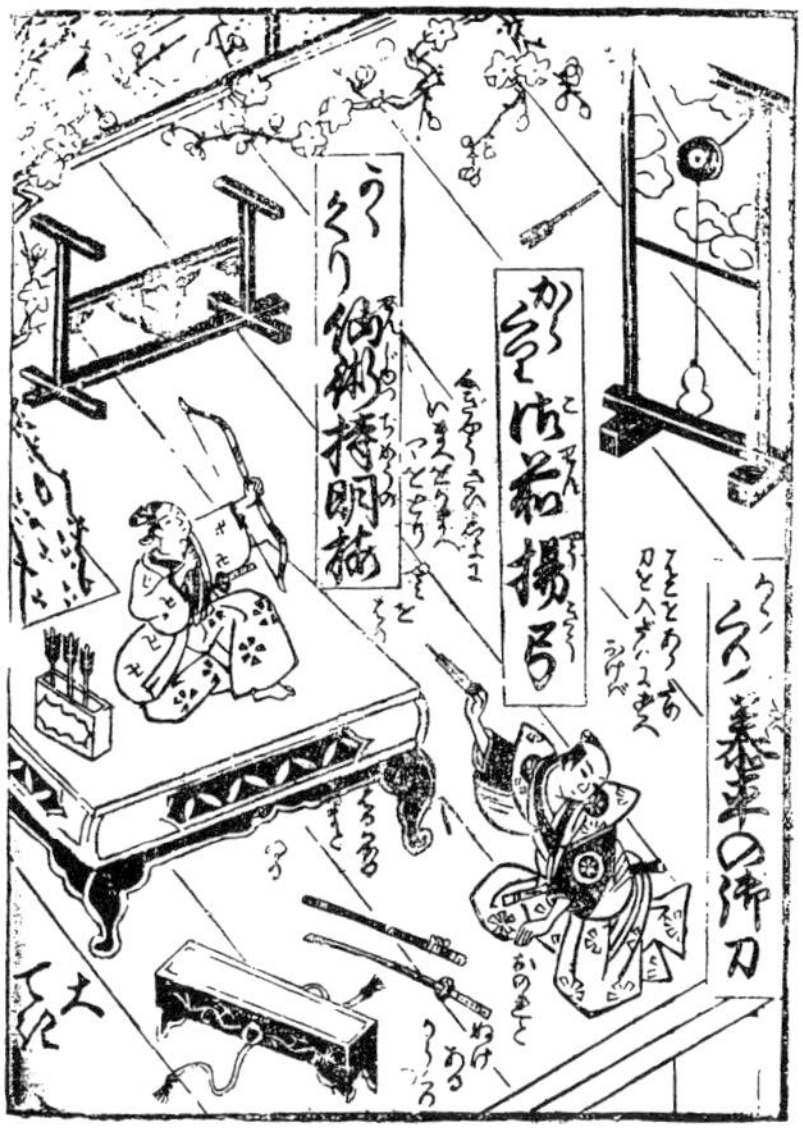

寛文２（1662）年に大坂道頓堀に旗揚げした竹田からくり座の興行（『摂陽奇観』より）．桜が咲き，人形が弓を射，大脇差が箱の中でひとり抜かれる．

　竹田からくり座は大坂で一二年間のロングランを続けたが、一三年目から地方巡業に変わり、江戸・京都をはじめ各地で評判となり、竹田一門は代々からくり興行をつとめることとなる。竹田近江初代から始まって三代目が「近江大掾《だいじょう》」を受領《じゅりょう》するほどの隆盛だったが、四代目の頃から種がつき、人気も衰えて、明和五（一七六八）年に閉座のやむなきにいたった。

江戸時代後期には竹沢藤治なる独楽《こま》の曲芸師が、江戸浅草でからくり人形も使って人気の見世物興行をした記録がある。竹田からくり座も閉座後は竹田縫之助、または縫殿之助を名乗ってからくり興行を続け、江戸へ移って明治中期まで見世物的な興行活動をしたが、それ以後名前は聞かれない。

からくり人形興行の醍醐味は、機械じかけの面白さと人形芝居の妙味を兼ねたものだったが、時につれ、まやかしや、こけおどしは飽きられ、人間性、芸術性を求めるものが文楽に、大仕掛けの面白さは歌舞伎の舞台装置に、はたまた科学性を追うものが電気、時計、汽車、写真などの近代科学技術へと変化・進展したといえよう。

しかし都会を離れた地方では、人々をひきつけたかつてのからくり興行を参考に、その土地独特に発展させたからくり人形もある。群馬県の安中《あんなか》灯籠人形や、桐生市のからくり人形芝居がそうで、金沢の天徳院では近年新たに寺院内に舞台を設けてからくり人形芝居を見せている。尾張地方では巡業先で人気を得た竹田からくり座のからくり人形が模倣されて祭りの山車からくり人形として生き残り、往時の姿を今にとどめている。

科学技術の発展とからくり人形

明治維新による文明開化で近代科学はいちじるしく発展した。

鎖国下の日本で、玩具や祭りの奉納芸を舞うからくり人形の中に隠されていた科学の蕾が、一挙に花開いたとも言えるのである。「からくり儀右衛門」と別名のある田中久重は、福岡久留米の出身で幕末から明治へかけて活躍、からくり興行師からのちに発明家、実業家へと転じた。からくり人形の機械性を実用化して、社会のために役立つものとした人である。

初期には地元の護国神社でからくり興行などをしていたが、江戸・大坂・京都と修業に出てからくりの技術を磨き、「御用時計師」の称号を受領した。京都四条烏丸に「機巧堂《からくりどう》」という店を構え美術的な機械類を販売し、

左：田中久重作「万年時計」（国立科学博物館蔵）
右：大野弁吉作「飛び蛙」（ゼンマイ仕掛け）（石川県立歴史博物館蔵）
　田中も大野もともに幕末から明治期にかけて活躍した．西洋近代科学の流入によって，それまで培われてきた「からくり技術」は「近代機械技術」へと花開いた．

万年自鳴鐘ほか種々の時計を作った。藩の依頼で日本最初の蒸気機関車模型を作るとともに、実際に汽車・汽船の製造にたずさわった。明治八年、東京銀座に設立した田中製作所は今日の世界における大企業「東芝」の前身となった。

幕末から明治にかけて活躍したもう一人のからくり人形師に加賀の大野弁吉がいる。三番叟人形をはじめ飛び蛙、盃台などゼンマイ使用座敷からくり人形を作るほか、彫刻家としても優れた腕を持ち、金工も行なった。ライターやピストル、里数計などの機械細工も行なった。絵画、彫刻にも優れた腕を持ち、金工、木工、象牙細工、蒔絵、花火、ガラス細工など広い範囲を手がけている。さらに写真術を身につけ、みずから和製写真機を作ったほどの人物であったが、仕官せず自由人として終わった。「からくり」が近代機械技術に発展する時点の人である。

江戸時代に全盛を誇った山車からくり人形は、尾張名古屋を中心に発達した豪華な祭礼文化の中にあった。しかし、明治・大正の社会の激動期には一部衰退を余儀なくされた地方もある。祭りの倹約令や、人口の移動、近代化を急ぐ世相や社会の経済不安によるものである。

第二次世界大戦による打撃も大きかった。多くの貴重な山車やからくり人形が戦災で灰となった。かろうじて焼け残ったものも管理できず、「祭りどころではない」と手放した町内もある。

敗戦から復興し、日本が一九六〇年代の高度成長と呼ばれる経済発展をとげた昭和も後半になってから、世の中に古いものを見直し、郷土を愛するゆとりの精神がよみがえった。壊れたまましまわれていたからくり人形や山車が、手入れされ、修復されて祭りに復活するようになった。

名古屋市には江戸時代からつづく、現在日本唯一のからくり人形師といわれる玉屋庄兵衛家がある。時代を超えて頑固に祭りのからくり人形制作一筋に生きてきた家柄で、現在九代目が当主である。

郷土芸能が見直され、文化財が掘り起こされている今、からくり人形はその歴史と幅広い存在を世に知らしめる値打ちがある。

二　中国との関係

からくり人形には中国風の唐子《からこ》の姿が多いので、中国伝来のもの、あるいは朝鮮から伝わったかと思われるかも知れない。

江戸時代、外国人の風俗は珍しくめでたいものとして絵やデザインによく使われた。特に中国の子供、すなわち唐子は仙人とともに天国にいて、長寿と祝福を現わすモチーフとして愛されたからである。またその服装が、飛んだり跳ねたり、逆立ちしたりする活動的な人形の動きに適していたこともあろう。

中国には紀元前一〇世紀頃、「機関木人」と呼ばれる精巧なからくり人形の存在したことが『列子』『生経』などの古い書物に記されている。歌い、踊り、人間に生き写しの美男で、王の側女にウインクしたばかりに王の怒

上：名古屋市・有松天満宮の祭礼に出る唐子車（中町）采振り人形．つばのある笠をかぶった唐子は朝鮮通信使の姿によく似ている．
中：666年，渡来した学僧・智由が天智天皇に献上したとされる指南車（山崎構成氏復元模型）
下：『尾張名所図会』に描かれた名古屋東照宮祭の中の指南車．警護の行列の中にあって７人の唐子が従っている．

りをかい、分解されてしまったとの逸話がある。しかしその真実性を立証するものがなく、その素晴らしい技術が日本へ伝わったという記録もない。

また、死者を守るため、墓への侵入者に雨のように弓を射る装置や、人形が剣を振るって打ちかかる仕掛けなどもあったと伝えられるが、現在の中国にそうしたからくり人形の存続は聞かない。

遣隋使や遣唐使をはじめ、盛んであった中国との交流の中で、唯一日本に影響をあたえた最古のからくり人形として、考えられるのは中国の「指南車」である。

皇帝の行列の先頭を行く車上に人形が取り付けられていて、車の進行方向が変わっても、絶えず南を指し続けるもの。馬二頭立てで引かれる大きさで、車体の中央上部から一本のポールが立ち、その先端に右手を揚げ、前方を指す木偶《でく》仙人が乗っている。これは戦役に使用され、使節の一行が帰路を誤らないようにとの意図とともに、「天子南面の思想」をあらわし、皇帝の威厳を示すシンボルでもあった。

指南車がいつ頃作られたかは定かではない。中国では紀元前二七〇〇年頃の新石器時代との伝承もあるが、三国時代（二二〇〜二八〇）に創造されたとするのが定説である。指南車は中国代々の皇帝が用い、およそ一〇〇〇年の長い歴史の中に生きたが、一二六〇年フビライが即位した元の時代に消滅し、二度と現われてはいない。

この指南車が日本では斉明天皇四（六五八）年に僧智踰《ちゆ》により制作されている。続いて帰化人の学僧智由《ちゆう》により、六六六年に天智天皇へ献上されたことが『日本書紀』に記されている。しかし、それ以後用いられたという記録はない。

それがなぜか、突然、名古屋の祭りの中に姿を現わすのである。

『尾張名所図会』に描かれた天保の頃の東照宮祭の警護の行列の中に、淀町から出て七人の唐子が従う指南車がある。宝暦一三（一七六三）年に作られたものと記されているが、その後いつまで祭りに活躍したかは不明である。

また、飛騨高山でも指南車、のち南車とよばれる人形のついた山車が天明年間（一七八一～八九）から明治になるまであったといわれる。

方向を示す機能から、まずは磁石のはたらきが考えられる。確かに磁石による指南車も作られたが、多くは歯車とカムの組み合わせによる機械構造によるもので、これを日本のからくり人形の原点とする研究者もいる。

朝鮮との繋がりをさぐる目で見れば、尾張地方の山車からくりの采振《ざいふ》り人形には、江戸時代の朝鮮通信使の姿を彷彿させるものがあり、東海道を江戸へと下った一行が印象づけたファッションを残したかと思われる。

多くの謎やロマンに包まれて、日本のからくり人形は身近にある。

三　からくり人形の種類

からくり人形はおおよそ三つの種類に分けられる。

(1) 座敷からくり人形……室内で鑑賞用

(2) 興行からくり人形……人寄せのイベントとして芝居小屋などで面白い芸を見せる

(3) 祭りのからくり人形……祭りに曳き出される山車の上や舞台でさまざまな奉納芸をする

現存するからくり人形の数は、(3)の山車からくり人形が圧倒的に多く、座敷からくり人形や、興行からくり人形は僅かである。

また、からくり人形の動力源から分類すれば、

(1) 糸、綱、差し金――山車からくり人形

(2) 火――綱火《つなび》

(3) 水――水車からくり

(4)　ぜんまい、砂、水銀――座敷からくり人形などの類別ができる。

中国では昔、火と水のからくりがあったと伝えられるが、今は行なわれていない。火のからくりは日本へ伝わって綱火になり、水のからくりはベトナムに伝わって水上人形劇として残っている。水上人形劇では戦闘の場面などに好んで水上に煙を出し、花火を放つこともある。これは台湾で盛んな伝統人形劇「布袋戯《ポウテイヒイ》」で、人形のアクロバティックな演技に花火や煙幕がふんだんに入るのと共通する。

四　からくり人形の分布

日本のからくり人形の所在地は次ページの図のように分布している。山車からくり人形をはじめ祭りに関係するからくり人形は、群としてある愛知県と、岐阜県南部をそれぞれ一つの地域として数えて、ほぼ三〇か所にある。からくり人形の出る祭りの数の詳細は、茨城県五、岐阜県一七、愛知県四三、三重県三、富山県八、新潟県三、九州三、沖縄二か所に福井、滋賀、京都で、総合計は八八か所である。人形の数は山車からくり人形あわせて六二三体以上にのぼる。

五　座敷からくり人形

高価な贈り物

室内で観賞あるいは愛玩するためにつくられるからくり人形は、古くは都の貴族の祝儀進物や献上物として作

日本全国のおもなからくり人形所在地

● 末尾数字はからくり人形戯の行なわれる山車数
○ 座敷からくり人形，オートマタのある博物館，人形館

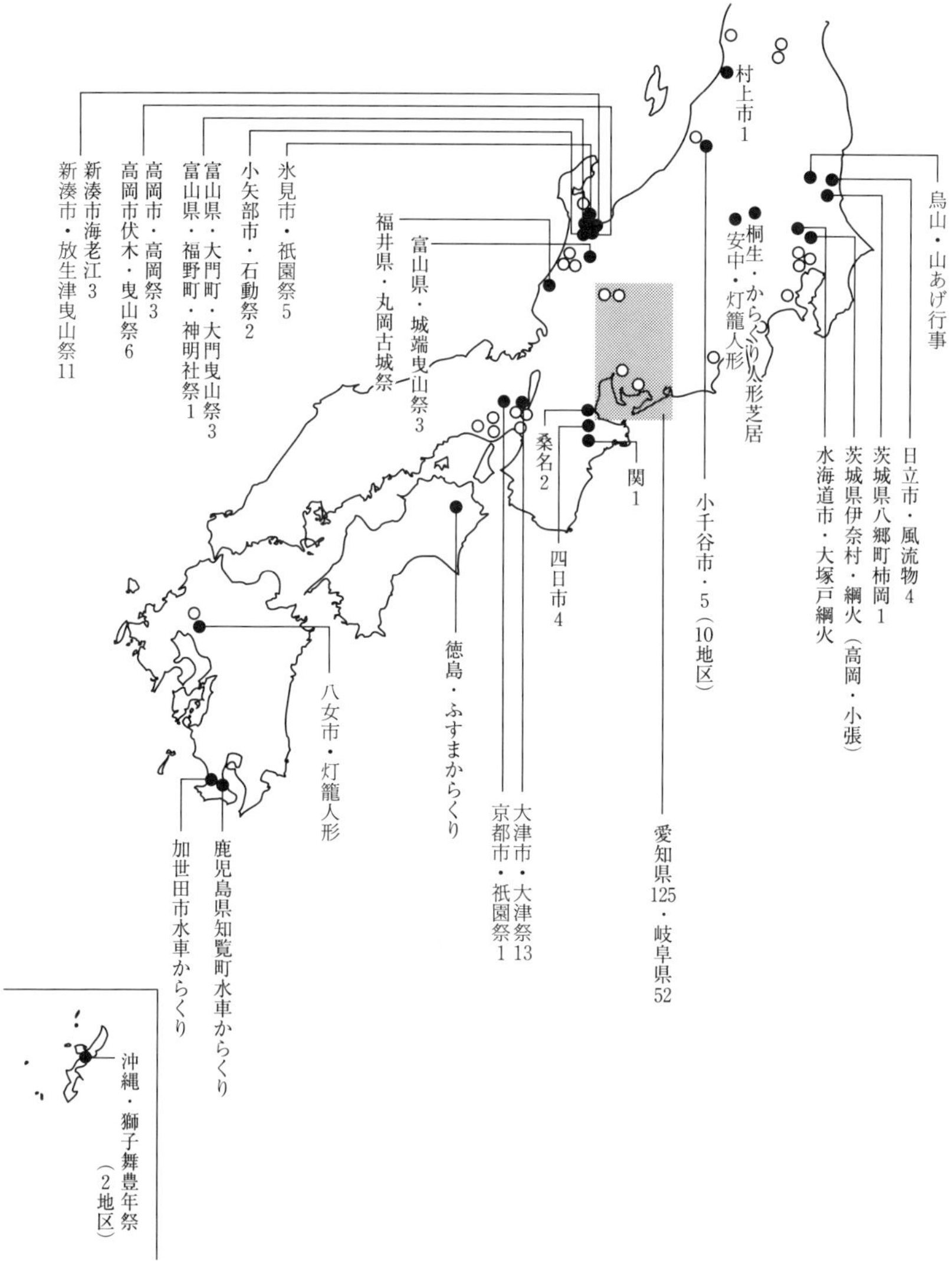

愛知県・岐阜県下の山車からくり人形分布図

● からくり人形のある山車，末尾数字は人形戯の行なわれる山車数

られたことが室町時代の記録にある。人形が「動く」ことは珍しく、それゆえ風流でめでたいのである。音や煙、匂いの出るからくり人形もあったという。

宮中の桃の節句の内裏雛人形、盆の灯籠人形飾りなどの風習にからくりが取り入れられ、江戸時代の庶民生活にも伝わっていく。台付きのからくり人形が人形店で売られ、京を訪れた地方の豪商などによって海路・陸路をたどり繁栄する港や町へと運ばれた。現在金沢、新潟、酒田、山形、横浜、高山などに同じような人形が残るのはそのせいである。

からくり細工の主なものは糸とゼンマイ仕掛けで、その他に水銀、砂、水を利用したものもある。ゼンマイやバネは日本国内で手に入る材料としてもっぱら鯨のヒゲで作られ、木製歯車が使用されていたが、幕末の頃になると金属加工技術が開発され、真鍮製が現われている。

ゼンマイ機構は西洋から持ち込まれた「時計」に学ぶところ大である。首をふりつつ茶を運ぶ可愛いからくり人形は現代のロボットと共通するものがあるが、内部構造を見れば時計のそれとちがわぬことに気づく。竹田近江、田中久重ら優れたからくり人形師たちは、必ず時計も手掛けている。また水銀の比重の重さと流動性を人形の動きに利用するなどの知恵や科学技術の先端をゆくもの、それが「からくり」であった。

茶運び人形に代表される座敷からくり人形は、江戸時代よりブームとなって数多く作られたが、破損しやすく修理が難しいので時とともに消え、僅かに古美術収集家や、博物館・史料館に残されているのみであった。

しかし昭和四〇年代に江戸時代最高の機械工学書と評される細川頼直（半蔵）著の『機巧図彙』（寛政八（一七九六）年刊）が発見され、その中に茶運び人形はじめ数種のからくり人形の設計図が記載されていたので、それを忠実にたどることにより、研究者やからくり人形師らが現代に復元することができた。今は、名古屋の玉屋庄兵衛家と若干の専門家の手によるものが高級贈答品として、また子どもの初節句祝品などに好まれている。茶運び人形一体が車一台に相当するほど高価なのは、ゼンマイやバネの材料に使用するセミ鯨のヒゲが捕鯨禁止で将

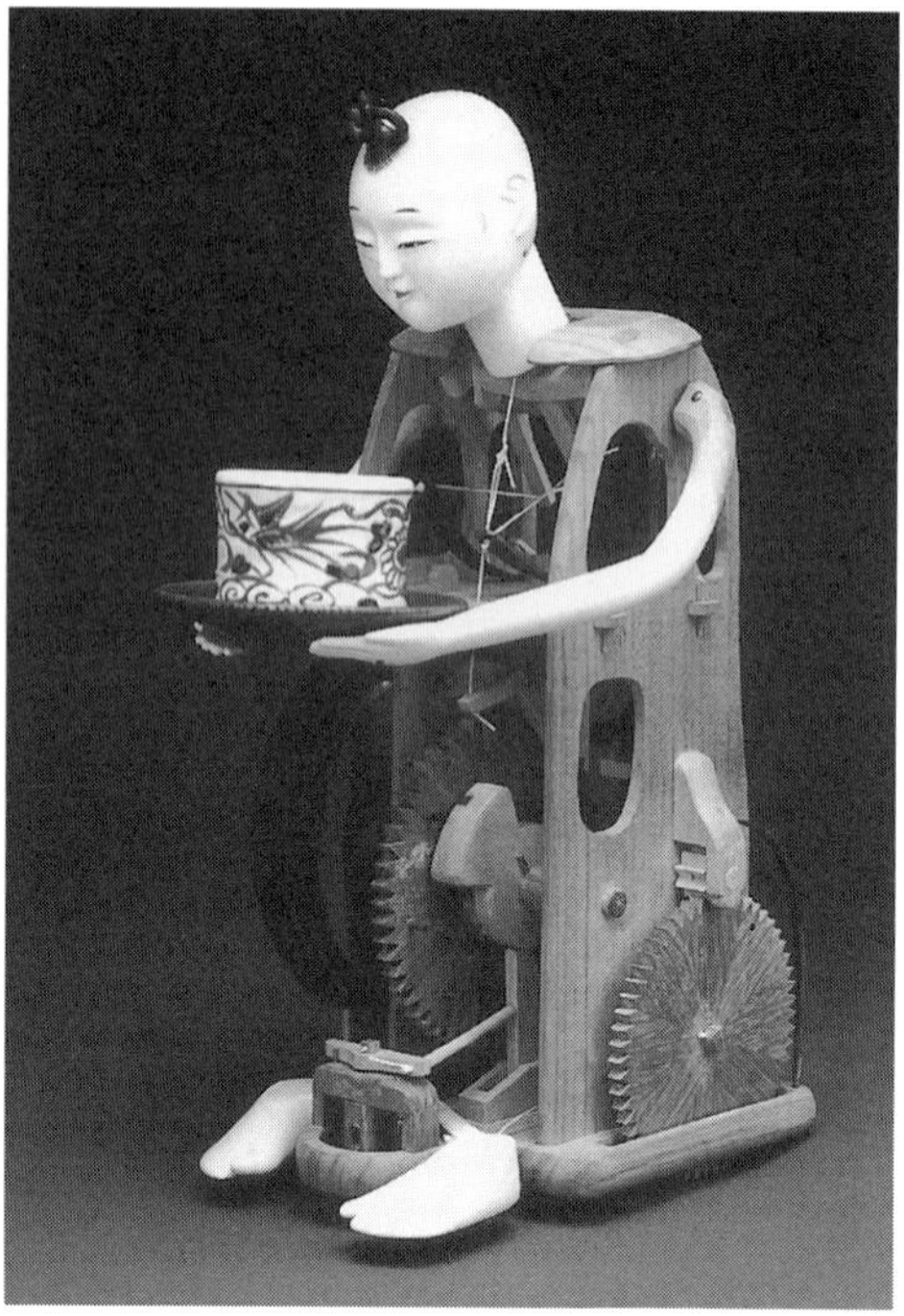

上：茶運人形．七代目玉屋庄兵衛復元．ゼンマイを巻き，人形の捧げる茶托に茶碗をのせると動きだし，客へ運んで行く．客が茶碗を取り上げると，人形は客が茶碗を返すまで待ち，やがてくるりと向きを変えて元の位置へと帰ってゆく．部品は歯車をはじめすべてが木製．ゼンマイはセミ鯨のヒゲから作られた．ストッパー，カム，脱進機など時計に似た精巧な仕掛けが施してある．首と足はクランクの原理を応用して自動的に動くように見せている．江戸時代の工学書『機巧図彙』を参考に昭和63年に作られた．個人蔵．
下：からくりほととぎす．絡操《からくり》儀衛門（田中久重）安政３年作．江戸東京博物館蔵．ゼンマイの動力で，鳥が頭や嘴，羽根を動かしてさえずる．

上右・左：百合若夢の灯籠（知立市歴史民俗資料館蔵）
百合若高麗軍記の一場面を座敷で楽しむ．灯籠の障子が倒れると，大海にいる船上で３体の人形が所作を行う．天符式脱進装置がつく．
下：三味線弾き（横浜人形の家蔵）
人形が左右の手を動かして三味線を弾き，首や体も動く台付きからくり．台の内部に簡単な歯車と糸をかけ，弦を張ったもの．台から出た取っ手を手で回すと動き，音も出る．

上：連理返り　棒を肩にのせた二体の唐子が前の唐子を代るがわるに飛び越して行くからくり．水銀の移動で階段を降りて行く．個人蔵．

下右：鼓笛童児　左右の手を交互に上げて太鼓を打ち，首を振りながら笛を吹く（老田正夫氏蔵）
下左：ねずみの宮まいり　首を振り太鼓を打つ人形のそばで，ねずみが次々宮へ登って行く．（横浜人形の家蔵）

来入手困難のため高値だからである。

座敷からくり人形はどこで見られるか？

江戸時代、座敷からくり人形は富裕な町人の屋敷でもてはやされ、社交のため、また高価なみやげ品として普及するとともに、貴人への贈答品としてうやうやしく捧げられたものである。

時代変わった現代においては、古美術品として日本各地の人形館、博物館、資料館に陳列されているものを見ることができる。しかし、座敷からくり人形の展示専門の施設はなく、膨大な所蔵品のうち、さまざまな種類の人形の中の一種類として、ひっそりと飾られるか、時を選んで展示されるのが通例である。

埼玉の遠山記念館、高山の日下部家民芸館など、多くは春、三月雛の節句の頃に雛人形とともに展示をしているが、秋九月〜一〇月、「お人形展」として伝統人形をかざる催事にきめている酒田の本間家旧本邸の例もある。

横浜人形の家、静岡・日本人形博物館、京都・さがの人形の家、姫路・日本玩具博物館には相当のコレクションがある。国立科学博物館、江戸東京博物館、石川県立歴史博物館、犬山市文化史料館も蔵している。

幕末のからくり人形師・科学技術者として評価される大野弁吉の作品を専門に展示する石川県金沢港大野のからくり記念館があり、そのすぐ近くにコレクターの粟森長八氏が善意で公開する粟森記念館がある。

時折、どこかの主催で行なわれるデパートや博物館などでの大規模な企画からくり人形展は、こうした施設から呼びよせたり、個人コレクターに出品を要請して開催されるものだ。

歴史にも残る座敷からくり人形として「吉野太夫の愛玩した盤の盃運び」は、後年京都を訪れた滝沢馬琴が拝見して『著作堂一夕話』に随筆を書き、同行の画家の手による詳細なスケッチを載せているほどの名品だが、現在はある個人所蔵の貴重な資料としてしばしば大きなからくり展に出品され、いつも注目を集めている。純銀製で、目と左右のハサミの上、そして盃の中央に赤い飾り宝石をはめ、青い鳥羽が残る美しい蟹である。ゼンマイで動くのであるが、なにぶん三七〇年以上も昔の作品で、残念ながら動く姿は見られず、陳列されるのみである。他にも優れた古いからくり人形は繊細な構造ゆえに保存するだけが精一杯で、めったにうごかされない事情がある。

同じく座敷からくりの傑作の一つとして人気のある田中久重の「弓曳き童児」は、明治に近い頃の作であり、発見された時の保存状態も良かったのでいまも完璧な動きを見せ、魅惑的なからくり人形の世界へと人々を誘う。ところで最近こうした古美術として評価される座敷からくり人形の復元版が少なからず製作されており、なかなかの人気である。絶えず先を急ぐ忙しい世の中が、ふとこうしたいにしえの優雅な遊びであるからくり人形に関心をよせるようになったからであろう。

復元ものは「江戸からくり」とも称し、西洋のオートマタと組んで展示されたり、ちょっとした催しの人目を集めるプログラムとして飾られたりする。雛人形や五月人形にそえて子どもの初節句祝いや高級贈答品として好まれ、有名からくり人形師の手による茶運び人形は、車一台分ほどの値がついている。かと思えば、書店でやさしく組み立てられる部品を揃えたプラモデルとして求めやすい販売もされるなど、ものづくりの魅力が十分に発揮されている。

江戸時代の工学書・『機巧図彙』について

寛政八（一七九六）年、江戸で出版された細川半蔵頼直著『機巧図彙《からくりずい》』三巻は、江戸時代の進歩的な科学知識と技術をもって、数種の時計や座敷からくり人形の構造やメカニズムを図解・説明した貴重な書である。その内容は次のようである。

首巻　掛時計　櫓時計　枕時計　尺時計

上巻　茶運人形　五段返り　連理《れんり》返り

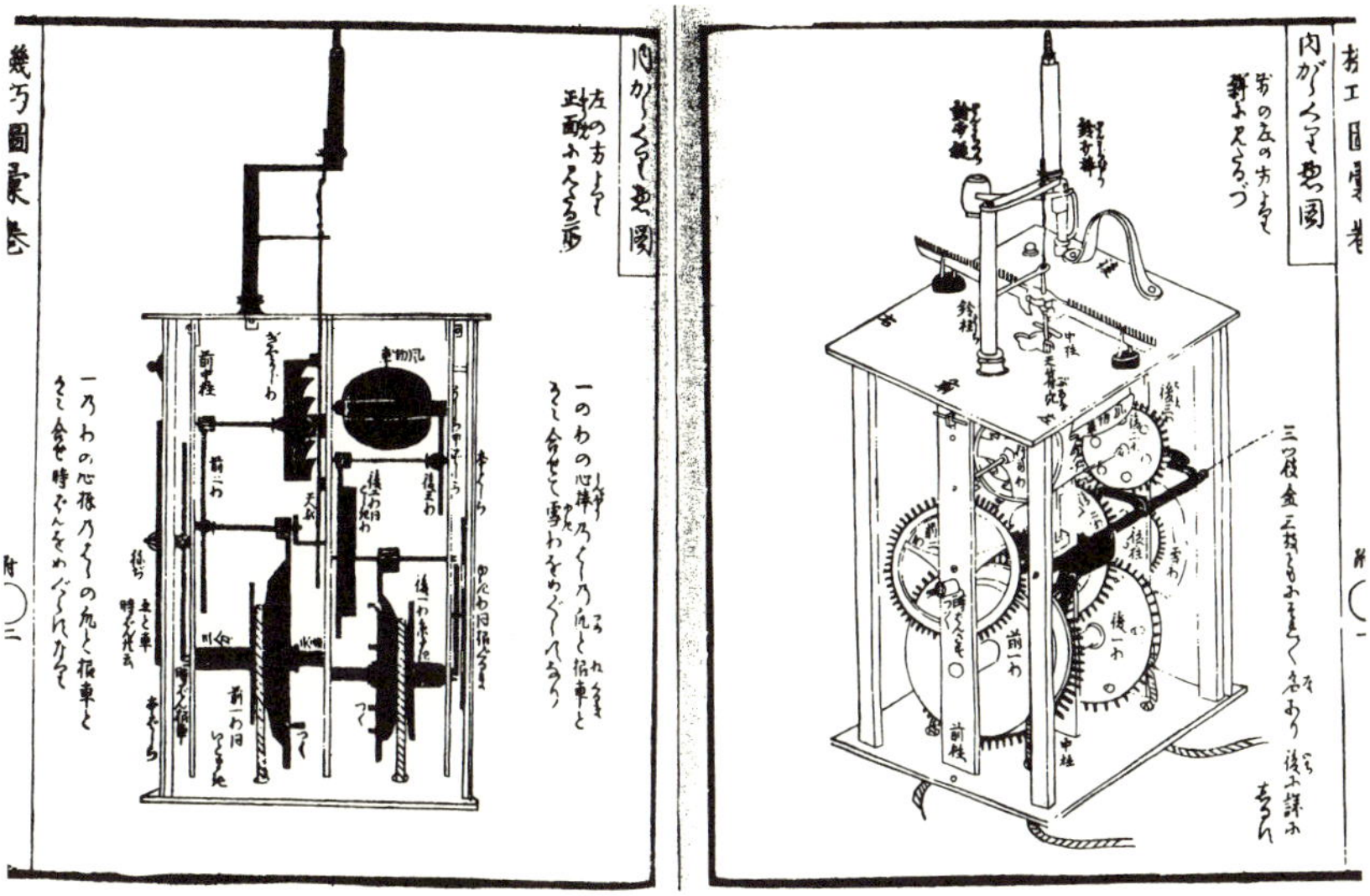

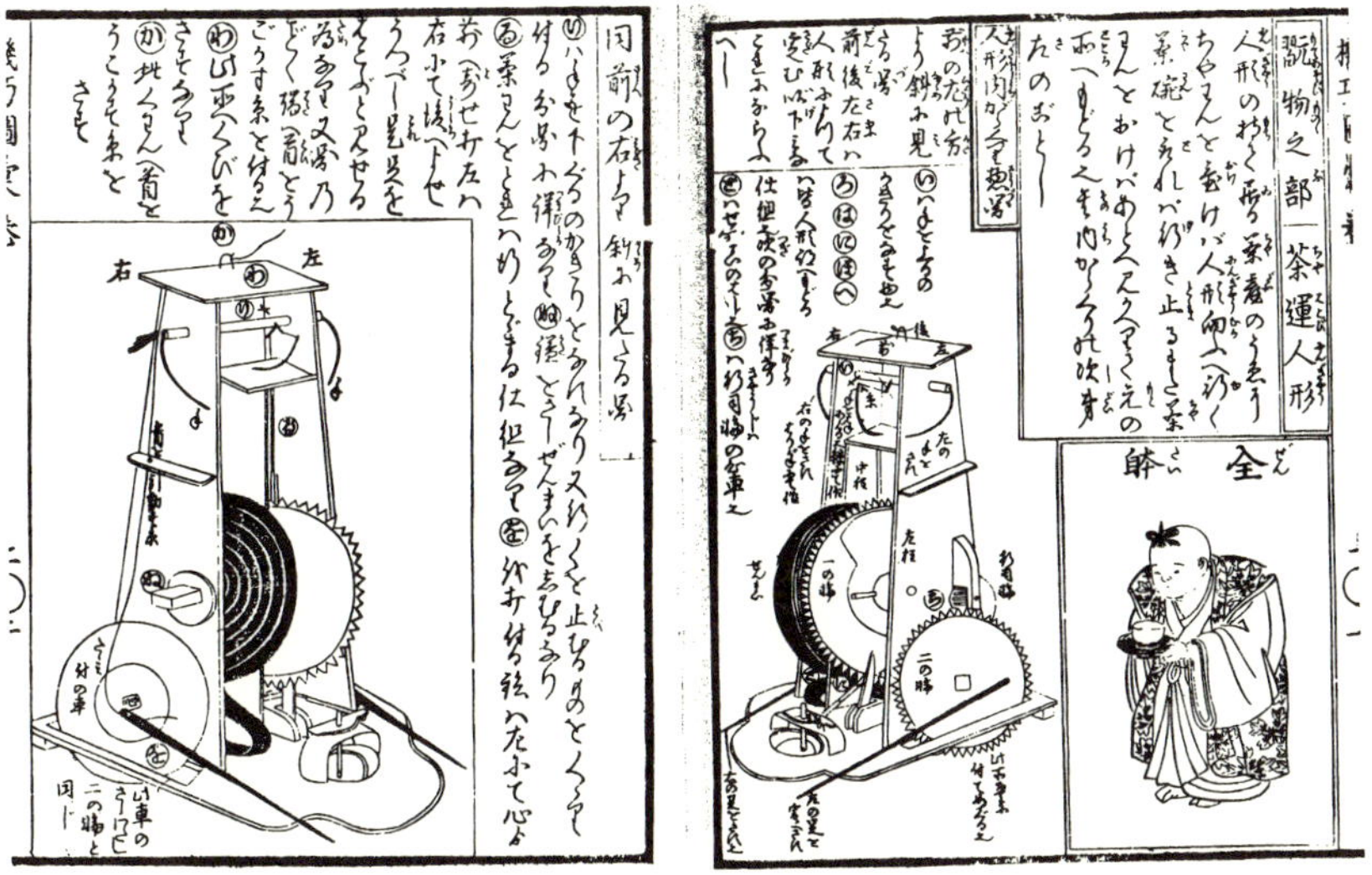

上右：『機巧図彙』首巻　柱時計（掛時計ともいう）の左斜めから見た内部構造図．前後一の輪，二の輪，三の輪に行司輪などたくさんの歯車が描かれている．上左：同，側面図
下右：『機巧図彙』上巻　茶運び人形の外観全体と内部構造図．一の輪，二の輪の歯車，ゼンマイ，カム，行司輪の位置，人形の手が上下するしかけがわかる．
下左：同じく反対側斜めより見た内部構造．首を動かす糸や，ストッパーの位置，足の動きを見せるクランク式動作の説明もある．

下巻　竜門滝　鼓笛児童　揺盃《ようはい》　闘鶏　魚釣人形　品玉《しなだま》人形

上巻、下巻のからくり人形は現存する座敷からくり人形の原理を説き明かすもので、歯車、ゼンマイ、てこ、滑車、鯨のヒゲ、水銀、などで動くからくり人形が紹介されている。座敷からくり人形の手引きとも考えられるもので、不思議な人形の種明かしとして読んでも面白く、その巧みな原理に感嘆する。多くの人々がこの書をたよりにからくり人形を製作しているが、実際に成功するには相当の創造力と確かな技術が必要とされるようである。

著者の細川半蔵は土佐の出身で、暦数を好み、天文学、機械学に精通していたという。生年は不詳だが、中年を過ぎた寛政のはじめに江戸へ出て暦数を修得した。同じ四国・高松出身のエレキテルで有名な平賀源内と肩を並べる理科、機巧学の大家である。発明の才もあり、写天儀、日時計などの科学器械を考案製作したほか、藩主に鶏自鳴鐘を献上するほどであったという。没年は寛政八年とも九年ともいわれ、定かではない。

神戸人形

このからくり人形は、明治時代、世界に開けた港のある神戸に生まれ育った。手のひらに乗るほどの大きさの木製で、台座の側面にあるつまみを回すと、さまざまな仕草をする。

手足、首を動かし、三味線を弾き、木魚を叩き、酒を飲んだり、口をあけて西瓜を食べたりする。目や舌が飛び出したり、首が伸縮したり、毛のないつるつる頭に好奇心一杯の目を開いた茶色または黒い肌の異様な人形で、ユーモラスな風貌と奇抜なアイデアは人をひきつけずにはおかない。

はじめは「お化け人形」とも呼ばれて神戸の元町通りなど人出のある土産店で売られ人気があったが、そのうち神戸を訪れる観光客や、外国人にも喜ばれるようになり、日本の土産物として海外へ運ばれたものも数多い。人形の素材は、軽く、木彫の美しさが引き立つ柘植《つげ》や柿を主に、桜、紅葉、さらに高価な象牙を使ったことも特

❶

❷

❸

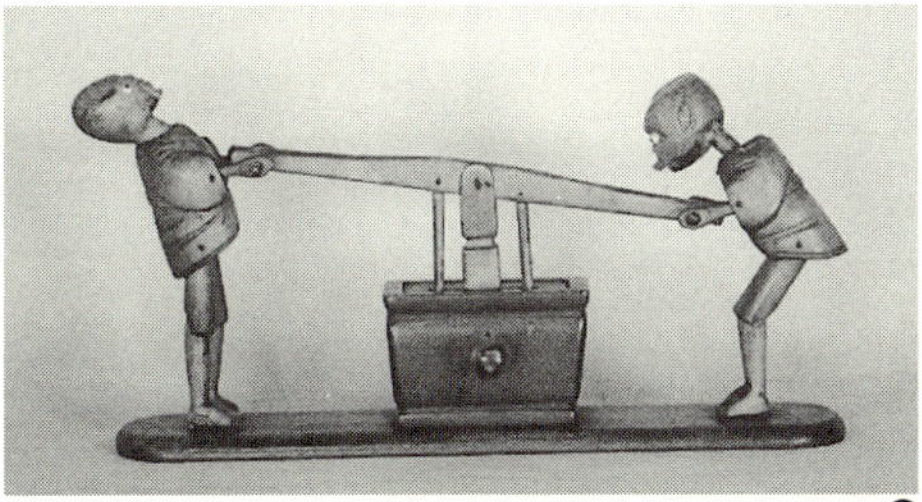

❹

①西瓜食い　台箱から飛び出した顔型のつまみがネジ．右の人形は西瓜を切り，左の人形が西瓜を食べる．西瓜切りは左目が飛び出し，西瓜食いは口を大きく開ける．明治中～末期，野口百鬼作
②左の人形は鬼で，左右に首を振りながら両手で太鼓を叩く．野口百鬼作．右の人形は山高帽子部分がネジつきの箱になっており，中にサイコロ５個が入っている．前へ傾けると象牙製の両目が飛び出す．
③井戸汲み　ちょんまげ頭は左右に，丸坊主は前後に首を動かす．
④左側：木魚叩き　つまみを前後すると，右手の撥で木魚を叩き，左手の団扇を動かす．中央：舌，目出し，首が伸びる．右側：車を転がすと，三つ目小僧の首が伸び，目が飛び出して，鉦を叩きながら前進する．②の，山高帽，④の舌出しをのぞいてすべて野口百鬼堂作．明治中期～末期（すべて日本玩具博物館蔵）

徴である。当時の日本風俗をあらわす工芸美術品として欧米の専門家の間では「KOBI TOYS」の名で知られている。

神戸人形の創始者は、淡路の人形師というのが通説であった。

平成一二年、アメリカから日本へ里帰りした神戸人形数十体を所蔵することになった日本玩具博物館（姫路市郊外）の解説によると、確かな証拠から推定されるのは、明治中期「神戸長田村・元祖おばけ・野口百鬼堂」と銘する作者で、神戸の長田神社参道筋で商店を営んでいた人のようである。この説は神戸人形の収集研究家・永田清氏によるもので、人形は木地のまま、または茶系統でろくろ首や三つ目小僧などお化けを主としていた。人力車、ポンプで水汲み、西瓜食いなど風俗的な面白さを表現するものもある。

明治三五年頃にもう一人の作者出崎房松が黒い色のからくり人形を作りはじめた。黒い肌は外国から寄港する黒人船員をモデルに考え出されたと解釈されがちだが、日本玩具博物館の井上重義館長、尾崎織女学芸員らは、むしろ外国人が好んだ高価な漆《うるし》の色に似せたのではないかと説く。真っ黒い人形が赤い口をあけて真っ赤な西瓜にかぶりつく姿は強烈で、太鼓叩き、浄瑠璃語りなど、日本の庶民生活が工芸品として浮かび上がるのは感慨深いものがある。

大正から昭和になって、出崎房松に学んだ小田太四郎が三人の職人を使って大々的に制作を始め、小田太四郎商店のカタログを作って海外にも販売し、神戸人形を普及させ、有名にした。

戦後活躍したのは加古川在住の数岡雅敦で、古い神戸人形を分析研究していく種類もの神戸人形を再現、「ポートピア81」（昭和五六年）でも大きくとり上げられた。

「伝統的手作り民芸品」として愛された神戸人形は、数岡雅敦が亡き後の現在、正式な後継者がいないという。かつてのものが国内外の諸人形館や博物館、収集家に保存されているばかりである。

さがの人形の家（京都市右京区嵯峨鳥居本仏餉田町《ぶっしょうでん》一二〔祇王寺より一五〇米〕電話〇七五‐八八二‐一四二一）

日本玩具博物館（兵庫県神崎郡香寺町中仁野六七一－三、電話〇七九二－三二－四三八八）

六　興行からくり人形

竹田からくり座

江戸時代、寛文二（一六六二）年、大坂の道頓堀に竹田近江の一座がからくり芝居を旗揚げし、大評判となった。人形が笛を吹き、晒し布を振って舞い、三味線を弾き、文字を書く、小便をする。さらに、逆立ちして綱渡りののち梅の木に変身などして人々を驚かせる。さらに太鼓から鶏が飛び出す、鳥が空を飛ぶなど不思議なわざの出し物に子ども狂言や踊りをまぜての公演は、「竹田からくりを見なければ大坂へ来たとはいえない」と、いわれるほどの人気であった。

座長の初代竹田近江は阿波の出身だが、江戸、京、大坂と広く活躍、子どもの砂遊びから砂時計を考案したり、精巧なからくり人形、永代時計を作って「からくりの名人」と呼ばれた人である。この頃の「からくり」には「機捩」「唐繰」などの字があてられた。

竹田家は代々からくり興行を行ない、その成功で古くから芸能のさかんな大坂の興行界に力を持った。当時流行の人形浄瑠璃、竹本座の劇場経営を竹本義太夫から初代竹田近江が譲り受けて息子の竹田出雲に託し、座付き作者に近松門左衛門を迎え、浄瑠璃を義太夫が語る体制で数々の名作を世に送りだしている。竹田出雲は、家業のからくり人形工夫をあやつり人形の世界に生かして華やかな舞台づくりを開発し、近江・出雲・その子外記など一族が大坂の興行界に君臨した。三代目の頃には江戸・京都へからくり興行で遠征して湧き立つ人気を得るとともに、大坂に五つの劇場を持つ勢いであった。そのようすは、『璣《からくり》訓蒙《きんもう》鑑草《かがみくさ》』（享保一五年刊）や、『大からくり絵尽』（三巻、宝暦八年刊）などに見ることができる。

『機訓蒙鑑草』上之巻より，右：唐人笛吹くからくり．「女中を見るとなを（笛を）ふきまする」とふざけている．左：人形吹き矢を吹くからくり．矢は鶯にあたり初春という字に変わる．巻之下にはこれらの種あかしが書いてある．

竹田近江大掾を座長とするからくり座の引き札（広告チラシ）．（浜松歌国『摂陽奇観・巻之十七』）より．「新うすゆき物語」の芝居とともに，人形が綱上に逆立ちのからくり，口と両手に筆を持って文字を書くからくりの上演が紹介されている．

『摂津名所図会』より「竹田近江機捩戯場」の絵.「オランダが, 足もかがまぬ目で見れば, 天地も動く竹田からくり」と書かれている. オランダ人らが見ているのは水からくりも使った「船弁慶」か. 太鼓と時を告げる「諫鼓鳥」も見える.

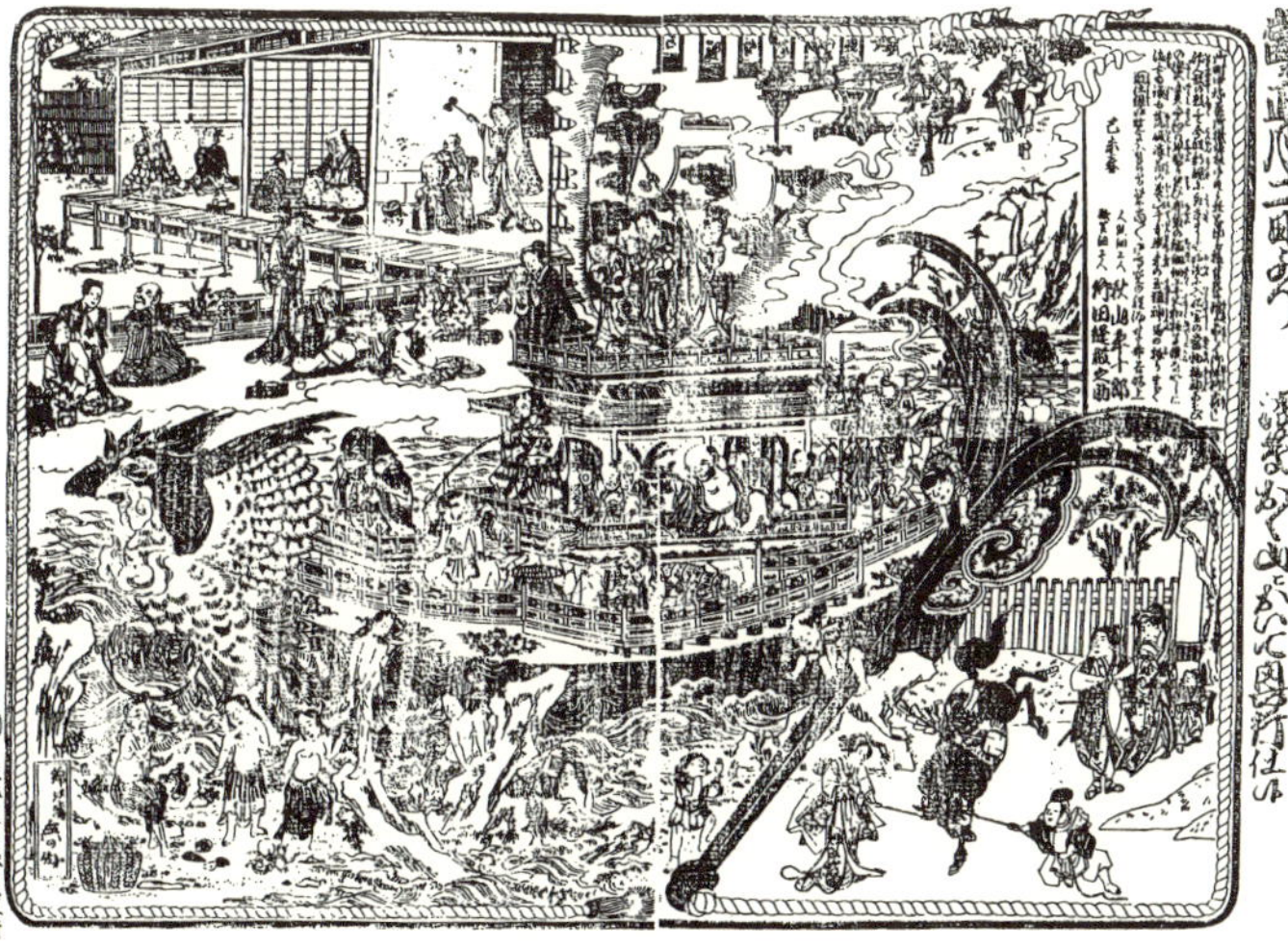

浅草おく山におけるからくり安政四年正月興行の引き札. 人形細工人秋山平十郎, からくり細工人竹田縫殿之助の名がある. 大からくり船に乗った七福神がそれぞれに動くとともに, 唐子の手品や, 布さらし踊りもある. 半裸の海女たちや倒立の馬は生人形であろう.

しかし四代目近江の頃には経営に翳りが生じ、やがてすべてを失った。人々の関心がからくり芝居の珍しさ、面白さより、人形浄瑠璃や歌舞伎の描く義理や情のからんだ人間味の濃い芸術に向かったことも原因の一つだろう。かくてデビュー以来約一〇〇年たった明和五（一七六八）年には竹田座をたたみ、興行界の第一線から消えてゆく。しかし、地方巡業へ回って伊勢や尾張名古屋などを訪れ、地域に大きな影響をあたえた。しばしば名古屋を訪れたのは、宝暦五（一七五五）年あたりから文政六（一八二三）年頃までである。大須《おおす》観音、若宮神社、清寿院などで、初めは「竹田近江一座からくり興行」として見物群衆を集めた。文政五（一八二二）年には、細工人竹田縫之助を名乗って「竹田新からくり」を披露したが、具合悪く評判は今一つだったという。

その後は嘉永六（一八五三）年七代目竹田縫之助が江戸浅草奥山で「大江山」からくり興行を行なった記録がある。また万延元（一八六〇）年、元治元（一八六四）年に同じ浅草で、竹田縫殿之助「胎内十月変化」と題して妊婦の生《いき》人形と胎児の発育を展示して人々の好奇心を誘った。

八代目より江戸浅草へ移って明治二七（一八九四）年、桐生市の天満宮御開帳に「大江山」と東京浅草公園でのからくり興行「活動機械人形」に一一世竹田縫殿之助の名があるのが最後であった。それによると生人形を使った見世物的なパノラマになっていたようだ。

江戸時代、上方を中心にさかんに演じられた人形浄瑠璃の中にもからくり仕掛けが多く取り入れられて、人形芝居を豊かに変化のある楽しいものとしたことが、古浄瑠璃の正本《しょうほん》にある挿絵などから推察することができる。空中から出現する神仏、鳥や魔物の飛行、切られて飛ぶ生首、大蛇、竜の動き、鯉の滝登り、変身などである。寛文（一六六一〜）中頃、丹波掾（和泉太夫）が神武天皇の由来を演じた『日本大王《やまとたいわう》』の改変復刻板を井上播磨掾が延宝二（一六七四）年頃に『日本王大記《にっぽんわうたいき》』として演じているが、そこにはくるくるまわる大きな星が二つに割れて悪神が現われ、天岩舟《あまのいわふね》に乗って天から降ってくるなどの場面がある。京都・山本角太夫の『しのたづま』

（延宝二（一六七四）年の正本を継承している）は狐への変身があり、殺されて烏や犬がくわえてきた安倍保名《やすな》のバラバラ死体を前に安倍清明が祈禱する場面もある。

元禄九（一六九六）年の上演と推定される京都の松本治太夫正本、八文字屋八左衛門新版『大伽藍宝物鏡《だいがらんほうもつかがみ》』の挿絵には、「人形おのれと藤の枝をつたひ船へ乗りうつる水時計からくり」「おきなしらさぎと成とび行くからくり」などの解説がついている。松本治太夫は山本角太夫の弟子である。

竹田近江のほか、からくり興行で名高い人形師は、京都の山本飛騨掾、大坂の伊藤出羽掾、宇治加賀掾などがある。

江戸時代、宝永二（一七〇五）年に浮世草紙『棠大門屋敷《からなしだいもんやしき》』を刊行した文人・錦文流《にしきぶんりゅう》は、巻第二の著書の中で、「からくり細工はおやま五郎兵衛其子、山本弥三五郎是を伝えて無双の名人とす。一筋の糸をもって大山をうごかせ、小刀一本をもって形ある物を作りて是をはたらかしむ。別而水学《べつしてすいがく》の術を得、水中に入て水中より出るに衣服をぬらさず」と山本飛騨掾（弥三五郎）を褒め、また「ぜんまいとけいからくりは竹田近江掾、鳥を作って空中をとばす、はさみ箱より乗り物を出し、人をのせて……」と竹田近江掾を評し、からくりといえばこの二人が双璧であった様子をのべている。

山本は人形芝居の中でからくりを使用したのに比べ、竹田はからくりだけを興行する違いがあったようだ。

現在残る江戸時代の引札《ひきふだ》（チラシ広告）には田中儀右衛門や、大野弁吉の名もあり、大道具、大仕掛けを見せた長谷川金衛門、細工に優れた高橋金次郎、軽業、曲芸（後、サーカスとも呼ばれる）の早竹虎吉らが大活躍の興行の引札は当時の人々の見世物興行への熱烈な関心を想像させる。

こうした人を呼び集めるイベントの中で活躍するからくり人形を、興行からくり人形と呼ぶことにする。

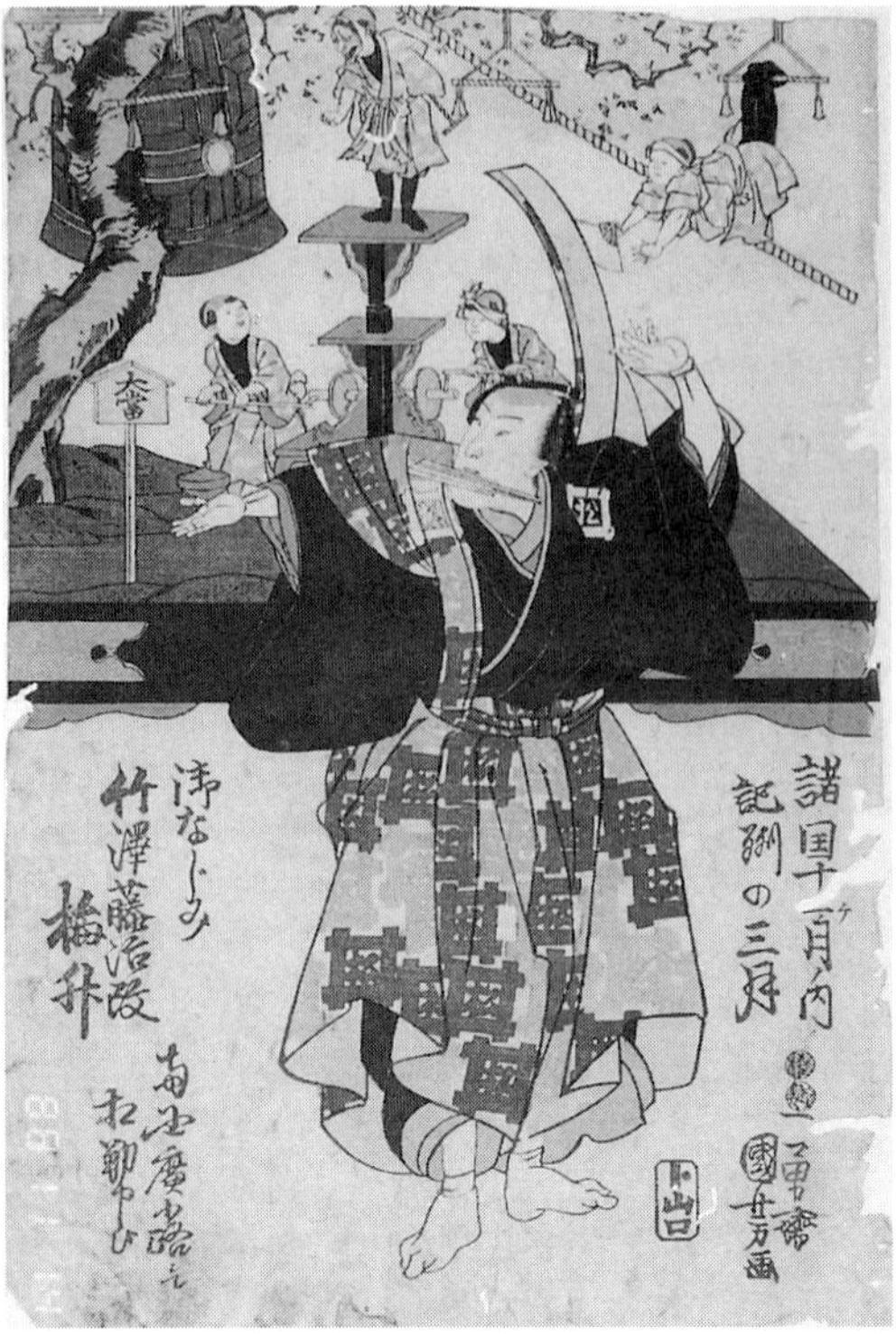

右：竹沢藤治興行の絵　伊藤晴雨「江戸と東京・風俗野史」より．曲独楽が得意で，水の上の宝船に乗った布袋人形のまわりで数個の独楽の競演．空には綱を伝って鳥を飛ばしている．
左：一勇斎国芳の錦絵「諸国十二か月の内，記（紀）州の三月」に描かれた藤治の絵姿．紀州の道成寺にちなんだからくり興行．

からくり曲芸師・竹沢藤治

江戸時代のなかばから、江戸では上野山下、浅草奥山、東西両国広小路などの盛り場で、見世物と呼ばれる種々の大衆芸能がさかんだった。三味線や太鼓の撥《ばち》、毬、独楽《こま》などを扱う種々の曲芸、蜘蛛舞い、逆立ち、綱渡り、とんぼ返りほかの軽業など。口で重いもの、大きいものを曳いたり、持ち上げたりする「口力《こうりき》」や、飛び出した両目の眼球に紐をつけた石を引っ掛けて持ち上げる「がんりき」もあり、唐渡来の芸と言われる「籠抜け」も往来の人々の注目を集めたものである。

多くは日銭稼ぎの個人芸であるが、大規模に定小屋を持って興行した見世物の成功者もいた。

初代竹沢藤治は独楽回しを主とする曲芸師であるが、弘化元（一八四四）年二月に、西両国広小路に大きな小屋を構え、大仕掛けの舞台に人形の宙乗りなどの離れ業も組んだ巧妙な出し物で連日大入りとなったという。

弘化二年秋には息子の萬治とともに上方への旅興行に出、三年後に江戸へ帰って二代目を息子に譲り、みずからは梅升と改名した。初代の人気は高く、一勇斎国芳が描いた錦絵を見ると、梅升は黒紋付に裃姿で掌の上で独楽を廻しつつ、台上の人形をまわして空中から降りるブランコ状の綾に乗せ、空中を遊泳させるといった演技をしている。ここで今日行なわれている山車からくり人形での綾渡りや、人形のせり上げ台を見るのは不思議な偶然である。

嘉永二（一八四九）年三月に二代藤治襲名披露興行を行なった萬治は、早変わりが得意で人気があり、竜宮城の大仕掛け、乙姫浦島の新曲を演じた。上野山下の定小屋で定打ち興行をするようになり、宝船（船の各所で独楽が舞う）、平将門の亡霊（宙乗り）、深草少将百夜通いの曲（並んだ蠟燭の上を歩く）、毬を用いての曲芸や、独楽から水を出す水からくりを演じた記録がある。この水からくりは、明治になって物語「滝の白糸」で有名な主人公の水芸（扇から水を出す）に通じるものであろう。

遡れば、曲芸の世界では、文化年間（一八〇四～一八）初期に橘国丸という人物が、曲鞠を使って乱杭渡り、文字書き、梯子渡りなど一九種の曲鞠を演じたという。こうした演芸が山車からくり人形の制作のヒントに大きな影響を与えたことは疑う余地のないものと思われる。

覗《のぞ》きからくり

「覗きからくり」は、神社の祭りや寺院の縁日などに、神社境内や人出の多い通り路傍で、小屋台を出して子どもたちに人気のあった見世物の一つ。江戸初期に中国から長崎、大坂を経て江戸へ伝わり、明治の頃は大変さかんだったという。略して京・大坂では「のぞき」、江戸では「からくり」と呼ばれた。

小屋台に口上言い一～二人が立ち、竹の鞭で節をつけながら歌い話し、綱を引いて物語の場面転換を行なう。

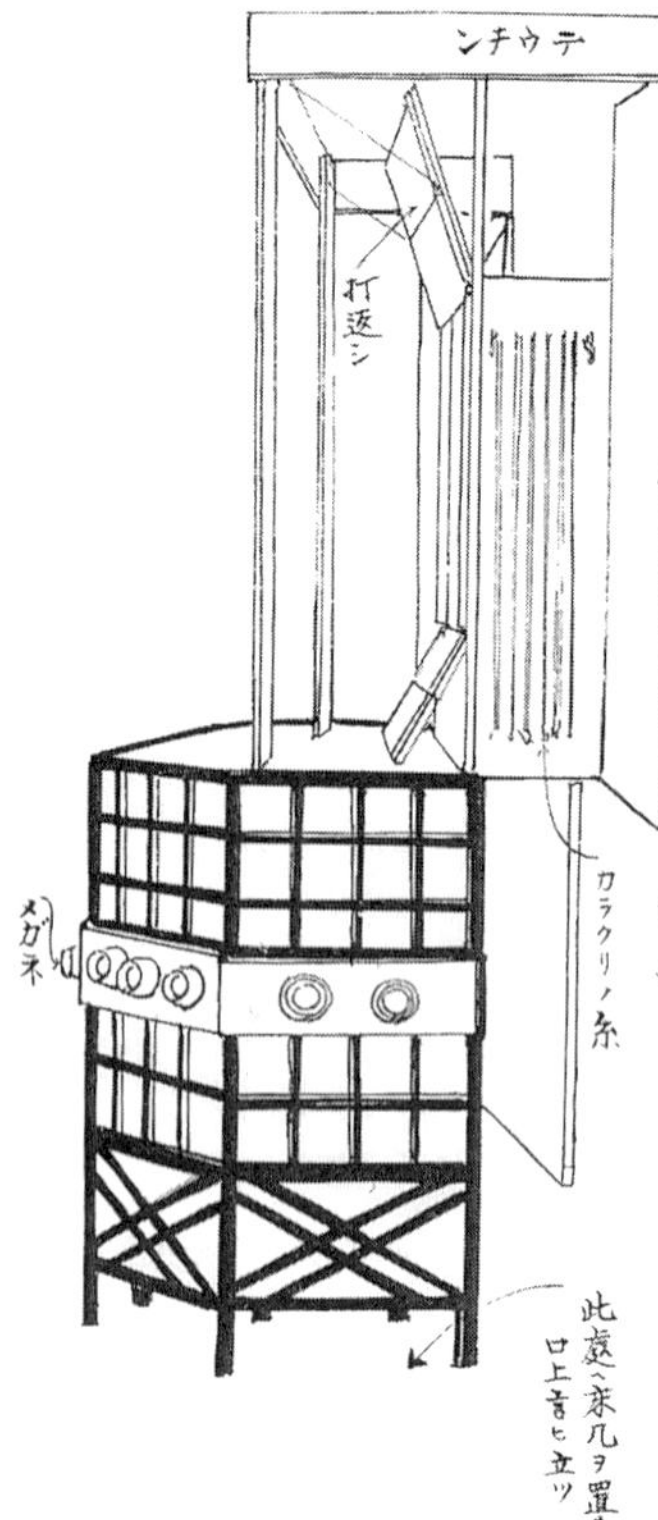

覗きからくりの構造図．伊藤晴雨著『江戸と東京風俗史』より．

上：覗き眼鏡．神戸市立博物館蔵．
右：豊春政美の浮世絵のある覗きからくり．神戸市立博物館蔵．

見物は、屋台の腰部に数個付けられたのぞき穴に目をつけて中で変わる物語の情景を見、耳でその解説を聴くのである。

演目は、お染久松、石川五右衛門、八百屋お七などの芝居物、石童丸、山椒太夫などの伝記物などで、七五調のリズムで語られる。

覗く穴の中にレンズがはめ込まれ、物体が浮き上がって見える。正面は看板の絵で、その後ろに総張りの箱があり、この箱の中に五、六枚の絵を吊り、左右に立った人が前の絵から順に紐を引き上げて次の絵を見せるのである。

天明の頃（一七八一～八九）は京都で流行り、円山応挙のような巨匠もこの絵を描いたほか、後年になって国芳や芳年も筆をとったといわれる。

現在は絶えて久しいが、石川県金沢港大野のからくり記念館で、金沢市庶民の間に伝わる昔話「お銀こ金」を演じるのぞきからくりを見ることができる。神戸市立博物館にも豊春政美の浮世絵がついたのぞきからくりがある。

また、小型の「のぞきからくり」は、「覗き眼鏡」とも呼ばれて江戸時代、諸国大名や、裕福な商家などの座敷での遊興具として、座敷からくり人形と同じように普及した。直接小さな穴から絵を見るものと、一度鏡で反射させてレンズで拡大して見るタイプがあった。現在は博物館等に所蔵されている。

七　祭りのからくり人形

その概要と特徴

現在、日本全国約八五か所の地域で行なわれる祭りにからくり人形が出る。春、夏、秋のいずれかに例年、または恒例年に行なわれる祭りで、地域の人々の手により舞わされる。これらは二〇〇年、三〇〇年前の江戸時代から継承されてきており、その微笑ましく動くさまが人々の心に明るい灯をともす。

多くは祭りにつきものの山車《だし》にのって現われる「山車からくり人形」だが、長く張った綱の上を花火仕掛けの人形が演技をする「綱火《つなび》」や、小川の流れを利用した動力で人形を動かす「水からくり」もあり、それぞれの地域性を生かしたからくりの存在が興味深い。

ここで行なわれる「からくり」は、座敷からくり人形でよく使われた「ゼンマイ仕掛け」ではなく、糸、綱、差し金、水力、花火などを使い、人間の手で操るものである。人形方は隠れて操作しているので、観客には人形がひとりでに動くように見える、それが祭りのからくり人形の面白さである。

山車からくりの中には、山車の横に金属製に似せた塗装の滑車を取り付け、人形の演技の前にカラカラと回して「機械じかけ」のように見せかけているものもあるが、それはあくまで演出なのである。

人形の動きは、手、足、首を動かす単純なものから、太鼓打ち、笛吹き、逆立ち、文字書き、回転、弓射り、面かぶり変身、建物に変身、誕生、能舞い、綾渡り、乱杭渡りなどの演技のほか、往時人気の人形芝居を演じる高度な技術のものもある。

人形の演技には、操作する人々のチームワークが不可欠で、それが伝統ある地域の祭りという絶好の環境の中で育て守られてきた。昔は木偶方《でくがた》といい、一家の長男のみがたずさわることのできる厳しい掟で継承してきた所もあり、からくり人形の多くは文化財の指定を受けている。

からくり人形の出る祭りの北限は新潟、群馬、茨城県であり、南は九州、沖縄である。その詳細は第二章「からくり人形の出る祭り」で述べるとして、その地域的な特徴をあげておこう。

茨城県は伝統芸能の宝庫ともいえるところで、素朴なからくり人形を簡素な山車にのせた八郷《やさと》町柿岡の「くら

からくり人形をのせた山車を力いっぱい曳き出す祭りの若者ら．春の愛知県下半田祭．

❶

①祭り宿と山車倉（サヤ）．愛知県亀崎潮干祭で．祭礼１～２週間前の休日に倉の扉が開けられ，この前で組の大人子ども総出で１日がかりで山車が組み立てられる．

❷

②神輿に続く祭行列の神楽連．岐阜県和良村白山社祭礼．10名以上揃う横笛の人びとは，裃をつけ鶏頭の冠をかむっている．稚児のささら舞や獅子舞の囃子もつとめる．

③山車の奉納　愛知県半田市神前神社の神前で，勇壮にからくり人形の載る山車を曳き回す亀崎潮干祭の男たち．役割により異なる衣装をつけた100名以上が綱にとまる．

❸

❹ ④地元町内での布袋台からくり披露．岐阜県高山市下一之町で．高山は春，秋の高山祭のとき，呼び物のからくり人形を見る観光客で人口が何倍かに膨れあがる．

❺

❻

⑤曳山の上の囃子連．滋賀県大津祭で．重量ある曳山を曳くのは大人だが，上山での囃子は子どもも活躍の場．ちりめんの着物に襷がけ，鉢巻姿で『コンチキチン』と鉦を囃す．

⑥可憐な巫女たち．愛知県半田市成岩神社で．神事にかかわる少女たちは４人，頭に花かんざし，白い上衣，緋の袴をつけて手に鈴と扇を持ち穢れを清める役をつとめる．

けいり」があるかと思えば、日立市では「風流物《ふうりゅうもの》」と呼ばれる高さ一五メートルもある巨大な山車が出、一度に二〇数体に及ぶ人形が出演する活劇的なからくり人形芝居が表、裏の二番行なわれる。人形は刀を抜いて斬り合い、弓を射り、とんぼがえりで変身。火花を散らし、煙をまく蛇や妖怪の出現など変化に富んだ奉納芸である。また、綱の上に花火仕掛けの人形を置いて操作する「綱火」が、毎夏、伊奈町高岡、小張《こばり》、水海道《みつかいどう》市の三か所で行なわれる。漆黒の闇の上空にあかあかと燃える花火に照らし出される人形の姿やうねる巨大な蛇体は幻想的で壮観である。

栃木県烏山で行なわれる山あげ祭りでは、市内各所を移動して大規模な野外劇がくりひろげられる。

群馬県安中《あんなか》市には「灯籠人形」があり、かつて桐生《きりゅう》市の天満宮御開帳で行なわれていた「からくり人形芝居」が最近復活した。

新潟県には夏まつりの二輪の山車に巫女《みこ》人形と、三味線、歌の囃子にのって首や手をふりふり品玉《しなだま》を見せる爺の人形がのる「巫子爺《みつこんじ》」があり、小千谷市内はじめ数か所で行なわれる。

富山県には、さまざまな標識《だし》をのせた傘鉾《かさほこ》を立てた中に大人形を飾り、前部にでんぐり回しや太鼓打ちなど単純な動作のからくり人形を置いた形式の独特な曳山《ひきやま》の出る祭りが七か所にある。曳山の車輪は大きく、漆塗りや金工がほどこされるのは美術工芸のさかんな土地柄からである。

滋賀県大津祭りは三輪の曳山一三台すべてに古くからのからくり人形がある。からくりの時間は数分と簡潔で、誰でも操作できる優れた構造を持つのが特色である。

京都の祇園祭には二四基の山鉾《やまほこ》中、かまきり山の一台のみにからくり人形がある。昆虫のかまきりをからくり仕掛けにしたのは珍しく、都人の考えらしい奇抜なアイデアである。

愛知県は山車からくり人形の数が最も多い。春、夏、秋の祭り四三か所にあり、各種のからくり芸を見せるほか、人形芝居を演じる高度なものもある。これらの人形操作には熟練が必要とされ、各祭りの多くは保存会をつくって技術の保存や継承につとめている。

かつてからくり人形ののる山車の模範となったのは、尾張名古屋の東照宮祭に出る九台の山車で、名古屋型の山車と呼ばれたが戦災で消失。現在ある中で一番それに似るのは西枇杷島の五台の山車といわれる。

尾張名古屋の影響をうけた犬山、津島には粒ぞろいの人形がのる一三台がある。

知立《ちりゅう》には浄瑠璃の伴奏で演じるからくり人形芝居「一の谷合戦」があり、上野間《かみのま》、坂井、岡田でも同じような人形芝居が演じられる。

海辺の半田市はじめ知多半島一帯は、精密な木彫彫刻で装飾した山車が勇壮に曳き出される。とくに亀崎には五台の山車があり、それぞれが上山、前棚の二か所で華麗なからくり人形を披露する。ことに田中組・神楽車で演じられるからくりは、等身大の「傀儡師」人形が、謡曲「船弁慶」のシーンに早変わりするもので、奉納戯として非常に珍しい。

岐阜県には一七か所があり、高山、古川は美しい屋台から空中に突出する出樋《でとい》の上で人形が舞う形式である。大垣、竹鼻、養老は古典的な由緒のからくり人形。美濃、関には明治の頃名古屋から購入された純名古屋型の山車、人形がある。加子母《かしも》村、戸隠、和良《わら》村、久々利《くぐり》のでんぐり返し人形にはルーツが一つではないかと思う共通性がある。久田見《くたみ》は二輪のだんじりに毎年若者らが新しいからくり人形を創意工夫して作り、披露後捨てることが異色である。

三重県の四日市祭りには全国にも珍しい大入道のからくり人形が出る。石取《いしとり》祭りのおびただしい数の三輪祭車も賑わしい鉦を打つ音とともに独特だ。

徳島県は人形浄瑠璃が今もさかんな土地柄で、各祭りに奉納される。出し物の最後に演じられる「ふすまからくり」については第二章の当該項目を参照されたい。

九州には**福岡県**で、小屋がけした舞台で歌、三味線、太鼓、小太鼓の囃子にのって優雅な歌舞伎舞踊をみせる

「八女《やめ》福島灯籠人形」がある。また、鹿児島県には水力を利用して人形を動かす「水からくり」がある。小川にかけた水車と直結した芝居小屋のある知覧《ちらん》では、舞台の楽しいからくり人形芝居は繰り返し長時間行なわれる。沖縄県今帰仁村《なきじんそん》では「獅子アーチ」なる糸あやつりのからくり獅子舞が、五年ごとに廻ってくる豊年祭で行なわれている。神秘的な祭りの夜、生きているごとく球を追ってじゃれる獅子は、からくりの神髄を語るもののようだ。

山車について

からくり人形の出演する舞台となる山車は、地域により型と呼び名の異なる特徴があるので、その各形態をここにあげ、さらに基本的な山車の構造図を紹介しておこう（五〇～五一ページ「全国曳山構造一覧」）。

山車の舞台構造

からくり人形が演技を見せる山車上の舞台となるところは、地域により異なり、大部分が二系統に属する。しかし数少ないが、まったく違った独自の舞台構造のものもある。

・出樋《でとい》形式――山車の外へ突き出した樋の中に、走向台《そうこうだい》に乗せた人形を操作人（木偶方、人形方などと呼ばれる）が棒串《ぼうぐし》で押し進め、後ろから糸で引いて操作する。

樋《とい》とは雨樋に似た長方形の角材のことで、高山、古川、知立が典型的で津島、大垣の一部などにも見られる。樋の長さは約二メートル一〇センチから二メートル七五センチで、知立が最長、しかも二本の樋が使われる。

・内樋《うちとい》形式――山車の内部に樋を置き、人形を立てた人形台を入れて操作人（木偶方、人形方）が下から糸をひき、あるいは差し金を差しこんで操作する。中部地方の山車はほとんどこの形式である。山車後部に大将人形が

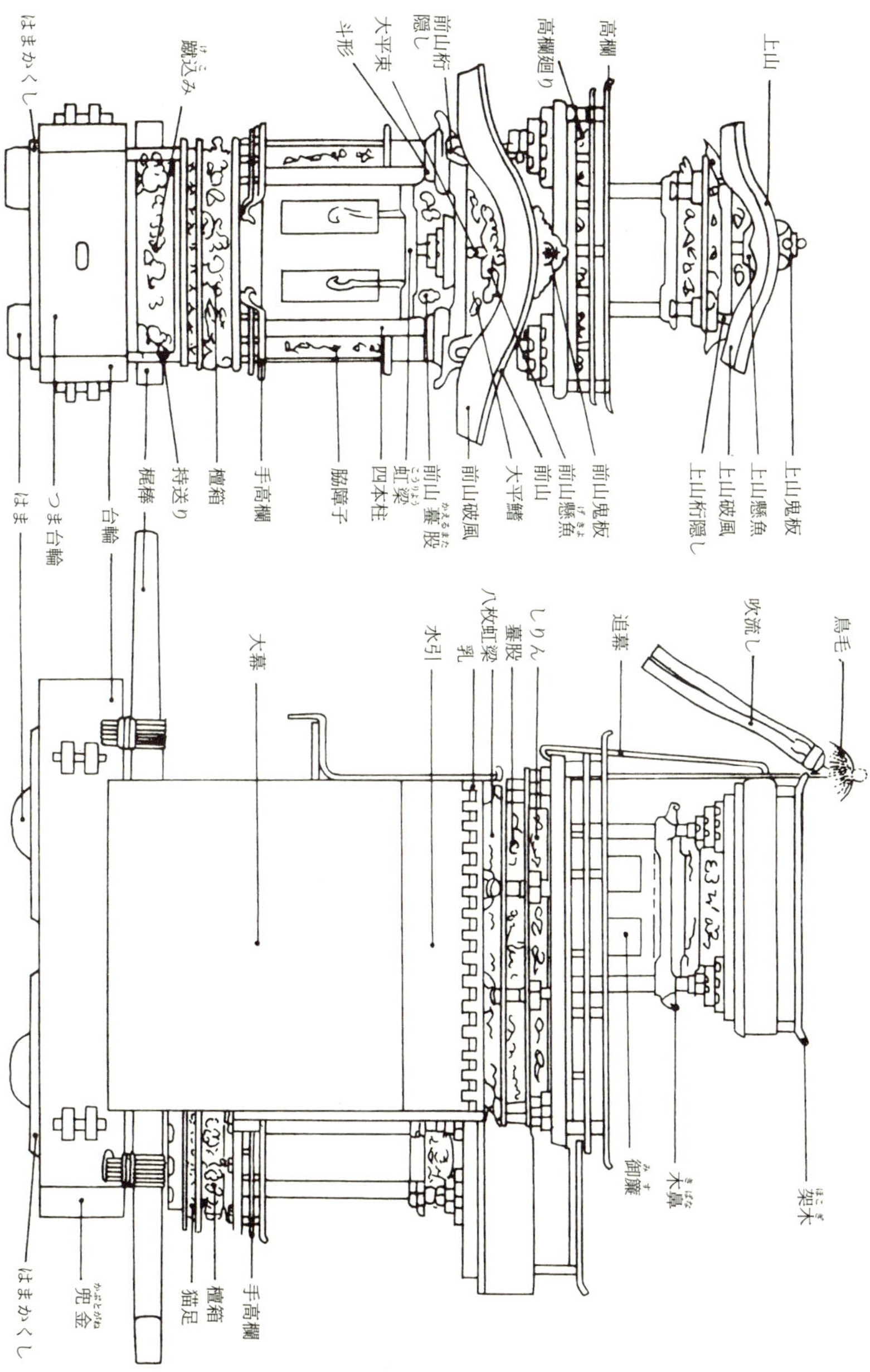

山車構造概念図（『半田市誌』より）

全国曳山構造一覧

山崎構成著『曳山の人形戯』より

縮尺約$\frac{1}{200}$

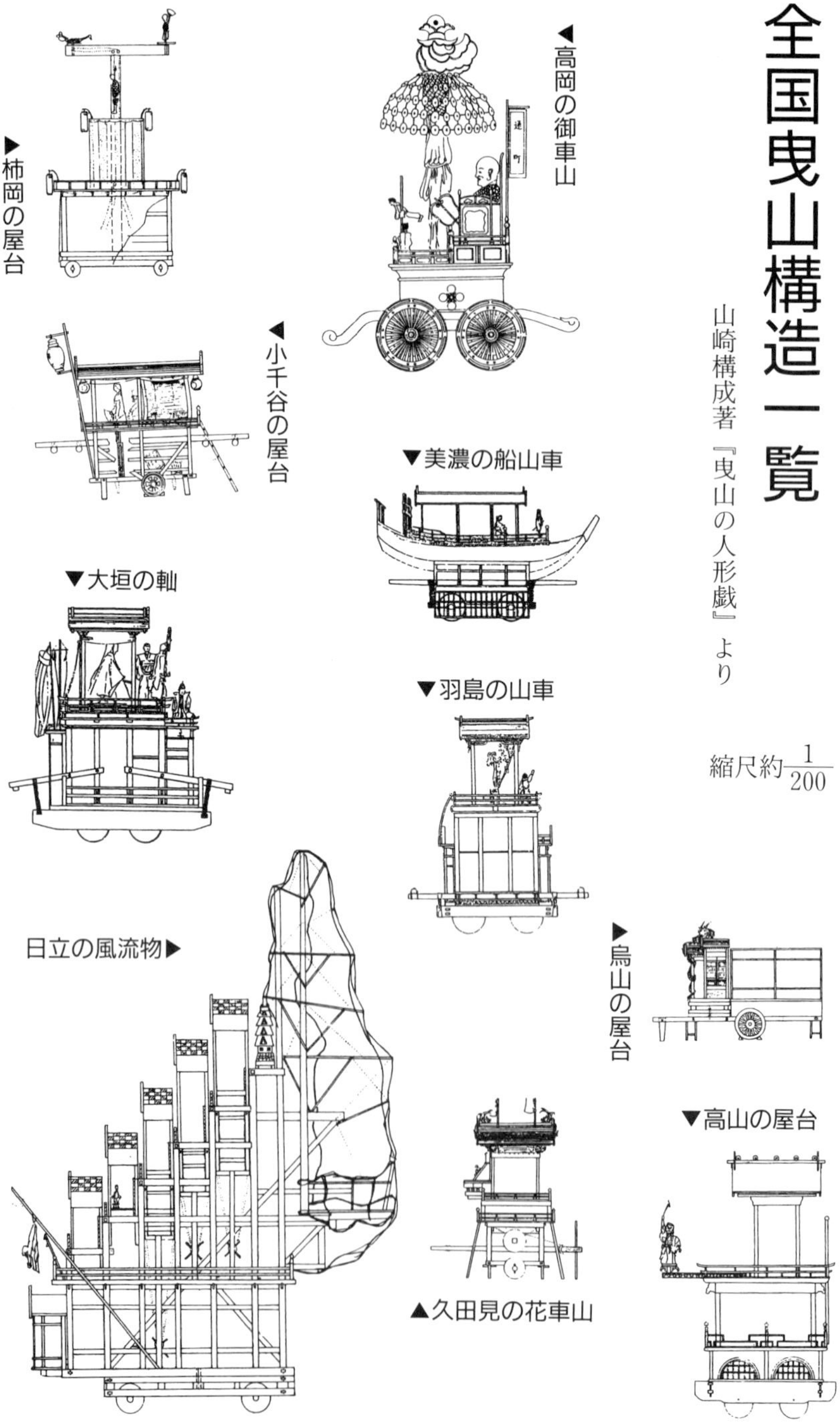

▼京都の鉾

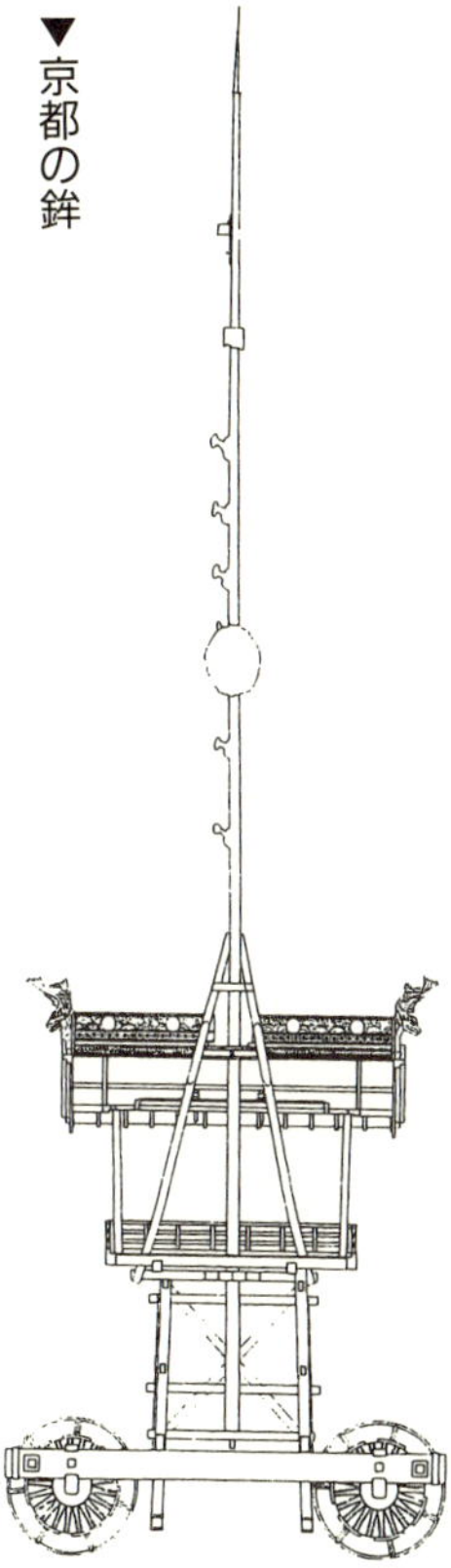

▼犬山の車山

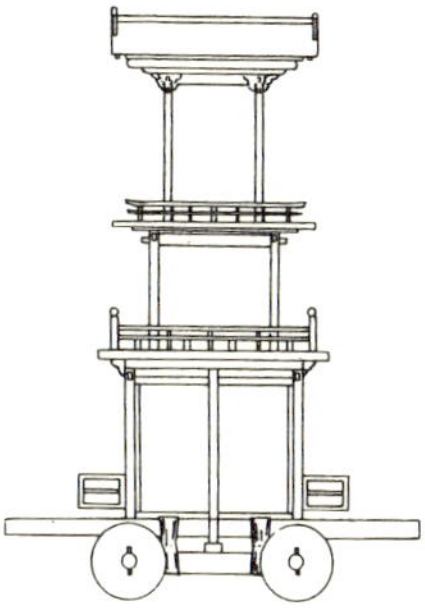

▼名古屋の山車

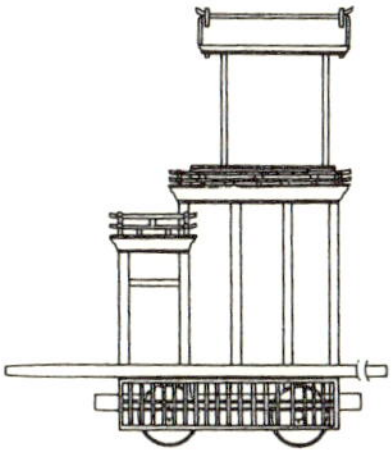

▼上野間の御車

▼知立の山車

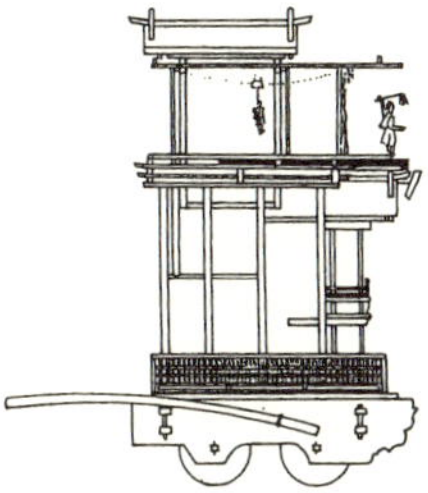

▼桑名の石採祭車

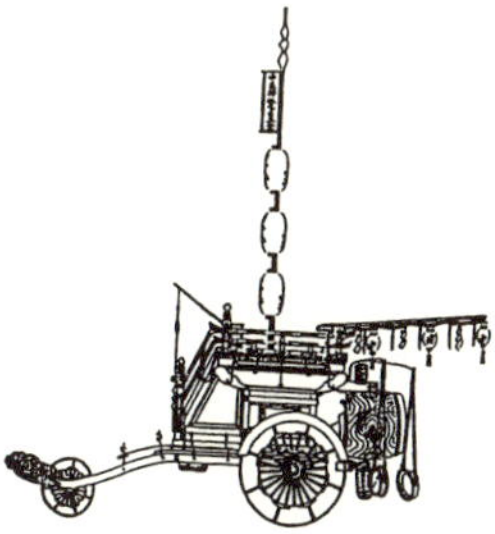

大津の曳山▼

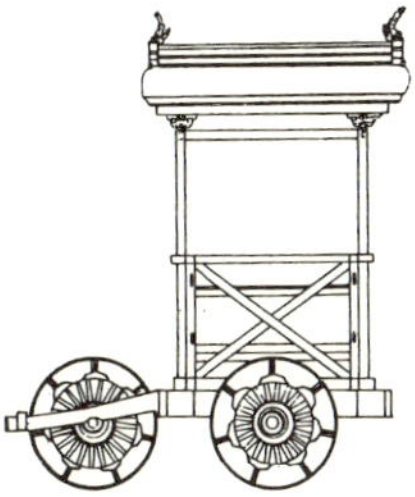

（浅野健一　作図）

▼知多型山車

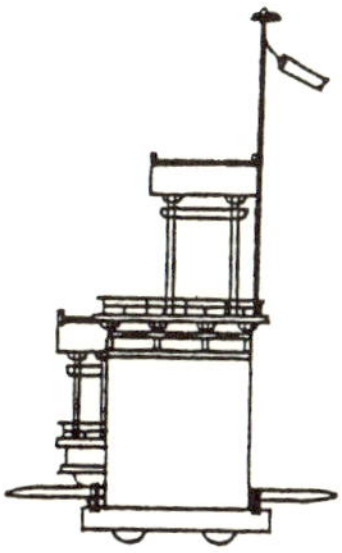

▼八女の館屋台

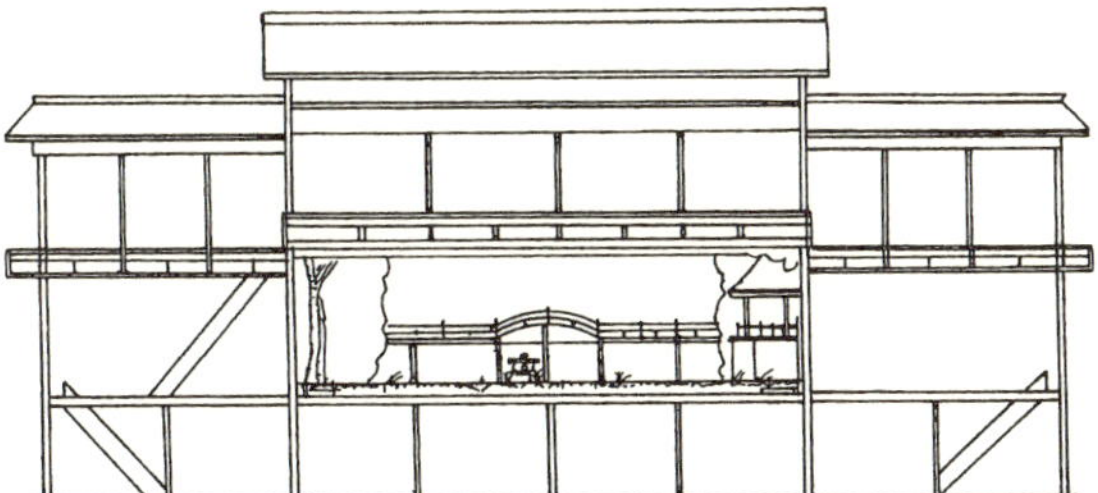

（宇野通　作図）

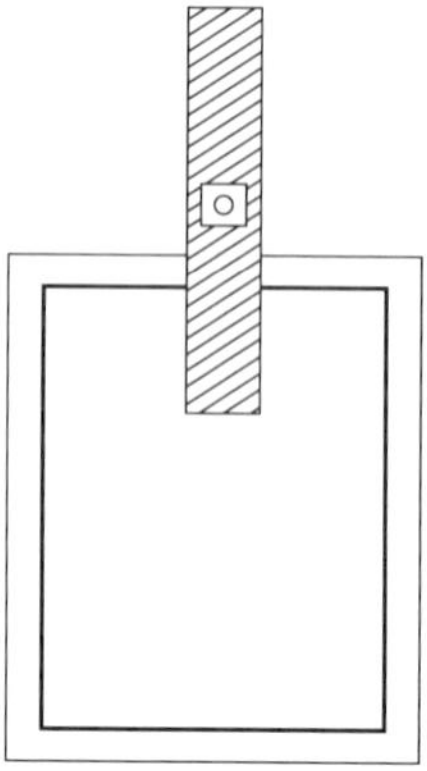

出樋の形式．空中に突き出た樋の上に人形がのっているので，四方からその演技が眺められる．人形の手足，首，衣装その他に沢山の糸が仕込まれているのを後ろから曳いて操る．糸の数は30本〜80本にもなり，操作する人も10名以上いる大がかりなものである．高山，古川，大垣，津島，知立など．左：高山市，龍神台の唐子を曳く練習風景．下：高山の三番叟．やさしい童女の顔に，樋の先端に置いた箱から黒い翁の面が出てかかる．鈴を振り，扇をかざして目出度い三番叟の舞を舞う．

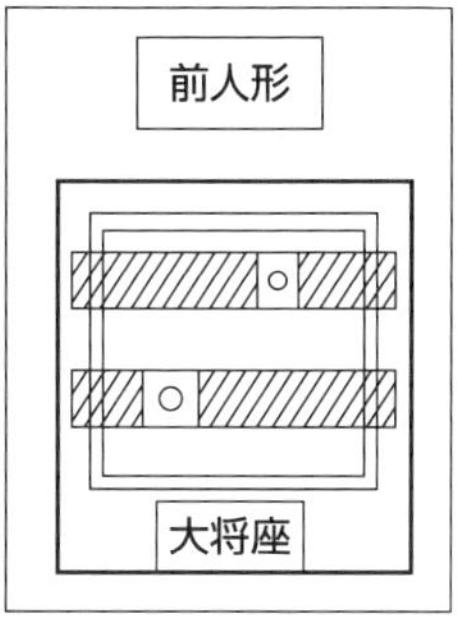

内樋の形式．山車の内部に樋を置いて，下から２～４人で操作する．中部地方の山車はほとんどこの形である．複数の人形を動かすことが出来，能舞台に似せて４本柱が立っている．左：名古屋市東区新出来町・河水車の正面．下：亀崎潮干祭力神車で浦島が演じられている．大きな貝が割れて現れた乙姫は浦島に玉手箱を渡し，再び貝の中に帰ってゆく．山車の上山四本柱には，七宝細工が施してある．

碁盤と大梭（おおひ）を使った形式．岐阜県久田見まつり．久田見地方独自のからくりで，他に類を見ない．だんじり（山車）の前面に碁盤上の舞台にのる人形があり，後方で3名の人形方が糸を引いて操作する．からくり人形は山車ごとに競って毎年新規工夫して作られ，祭りが終わると焼却される．図解：岐阜県八百津町観光協会提供

からくりの図解

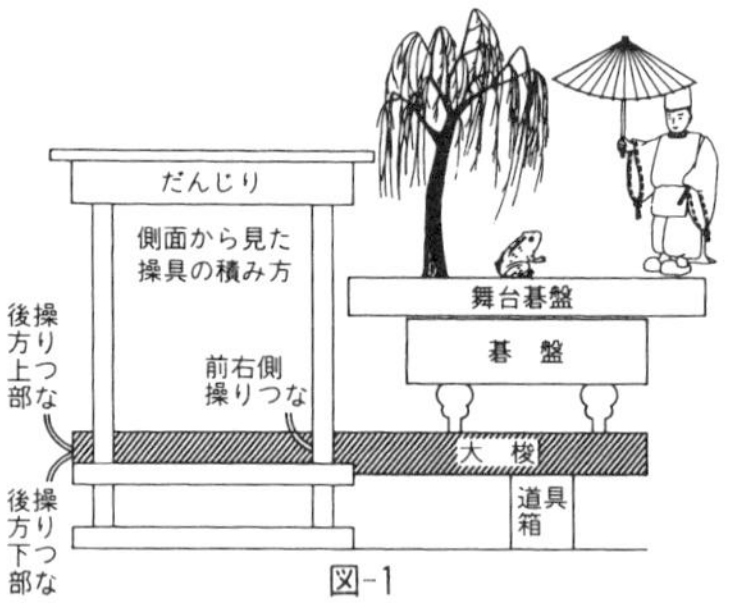

図-1

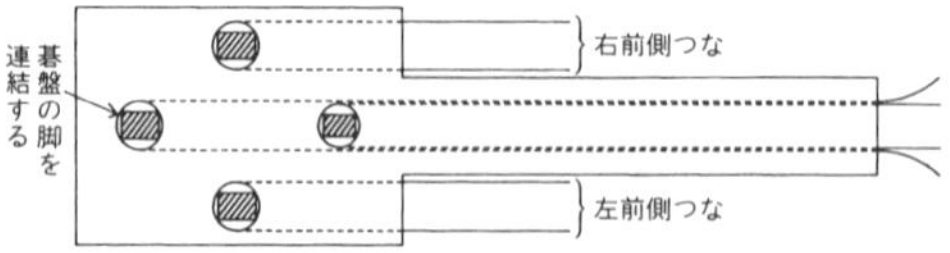

図-2 大梭の平面図

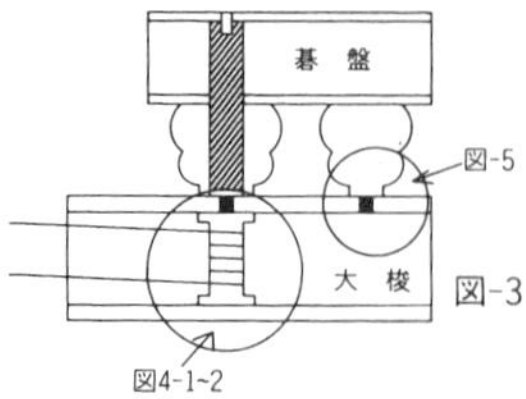

図-3 碁盤断面図

図-5 コロの運動

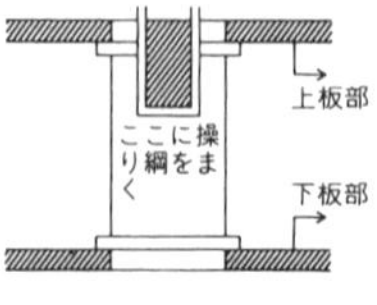

図4-1 大梭コロ断面図

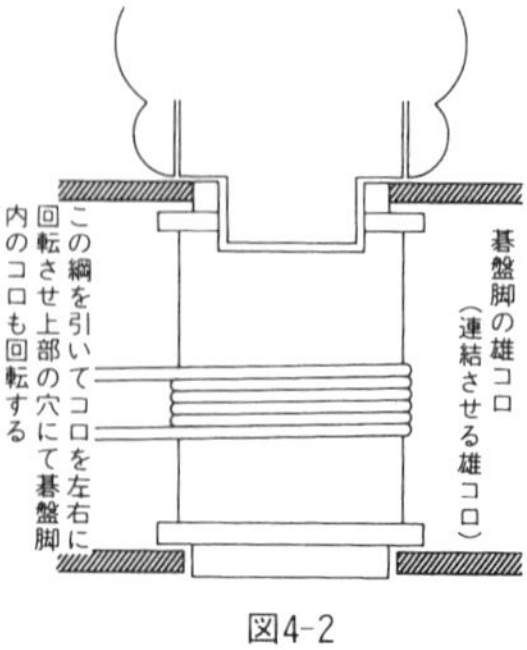

図4-2

■ からくり操具

㋑．操具には三種あって，下段より大《おお》梭《ひ》・碁盤・舞台碁盤の三段に積み重ねて一組（図-1）とし「からくり人形」は，その最上段，舞台碁盤の上に装置し，最下部の大梭に仕込まれた綱を後方約1mに2名，約1.8mに1名計3名で操り，舞台碁盤に連結せる「コロ」を動かして操作する。

㋺．大　　梭

操具の最下部に位置し，この操具の後方に出た4本の綱を引いて「からくり人形」を操る。

㋩．碁　　盤

碁盤は操具中，中央に位置し，大梭の運動を舞台碁盤に伝える。

座し、その足元の位置に樋がある。樋は樋台の上に横、または縦に置かれ、その中に人形が立つ。山車中段に采《ざい》振《ふ》りなど前人形が置かれる。

・その他の形式――日立風流物、柿岡くらけいり、久田見祭らはそれぞれ独特である。富山県の曳山は、山車の上で、座った人形方が人形の後ろから綱で操る。

人形の構造

山車からくり人形は木製で、桜、檜、樫、竹などを材料としている。バネ、釘、ぜんまいなどの部品にセミ鯨のヒゲが使われたのは、江戸時代に入手できた唯一最高の材料だったからで、後世は真鍮、鋼などに変わったものもある。人形の主要部分につけて動かす引き糸は、絹を撚り合わせた練《ね》り糸を使用することが多い。人形の身体には木製の骨組みに滑車、糸車、歯車などが組み込まれ、引き糸が何本か下がっている。

人形の演技の種類

(1) 采《ざい》（幣）振り（両手に采や幣を持って振り上げつつ歩む）
(2) 太鼓叩き、鼓打ち
(3) 大車輪（人形が棒にとびつき懸垂、回転）
(4) 逆立ち（蓮台、桃、桜、梅の枝に、もう一体の人形の肩で
(5) 面かぶり（瞬間に面をつけて別人になる）
(6) 変身（身体が別の形に変わる）
(7) 能舞い（能振りをする）

采振り人形（有松・布袋車）

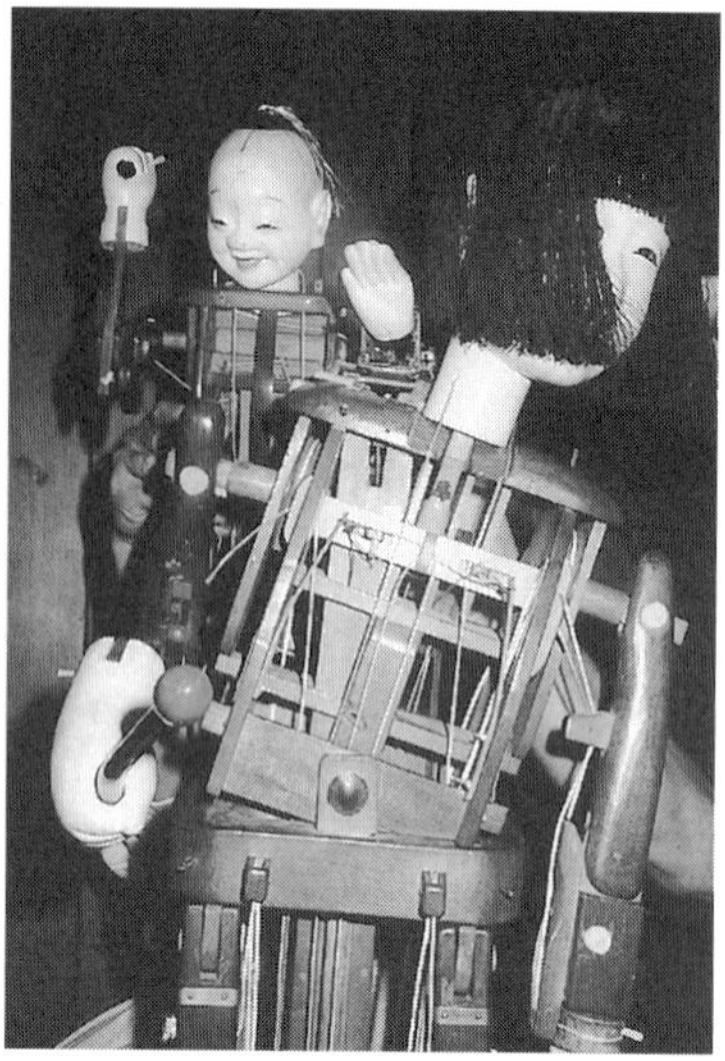
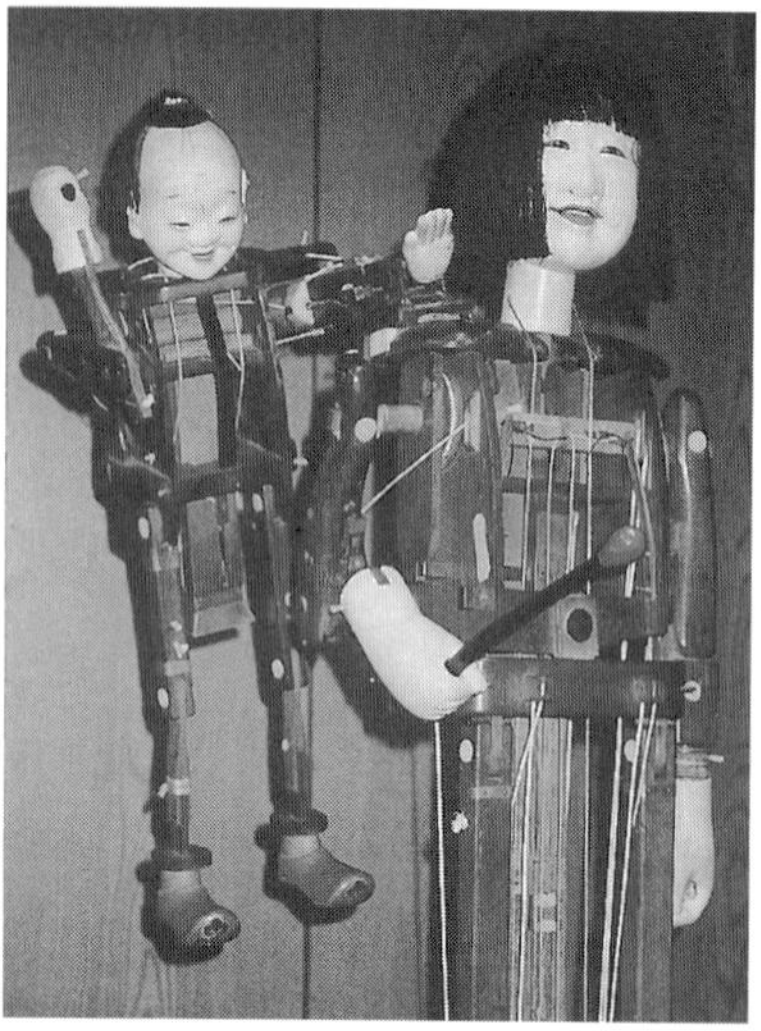
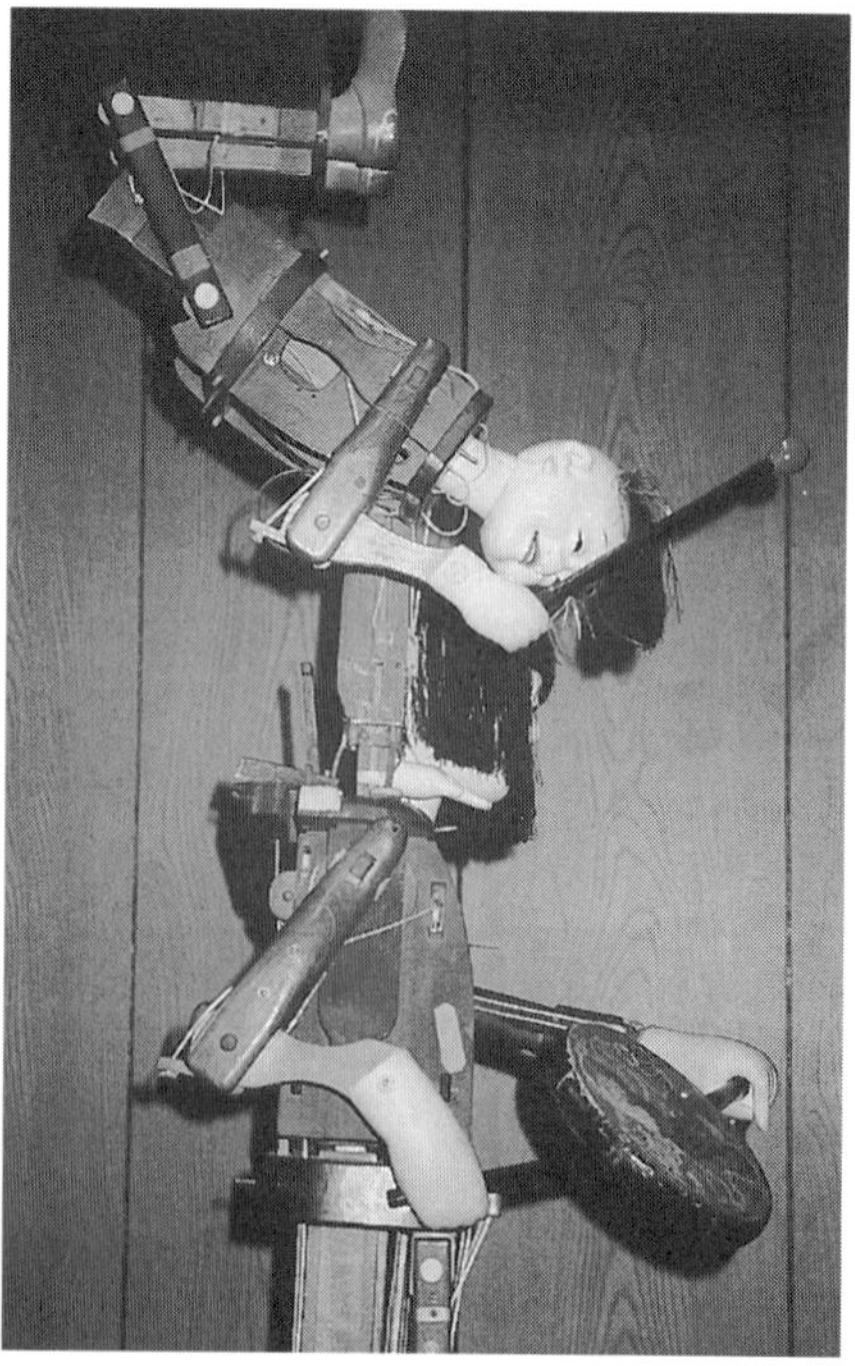

逆立ち唐子．愛知県小牧市秋葉祭の横町大聖車．姉唐子の肩に弟唐子が止まって逆立ち，姉唐子の持つ太鼓を打つ．安政三年（1856）五代目玉屋庄兵衛作．姉唐子の胴内から突き上げた差し金で弟唐子の左手を姉の肩に固定．その手が下から糸で引っぱられると，弟の体がぐいと上がって逆立ちになる．

❶

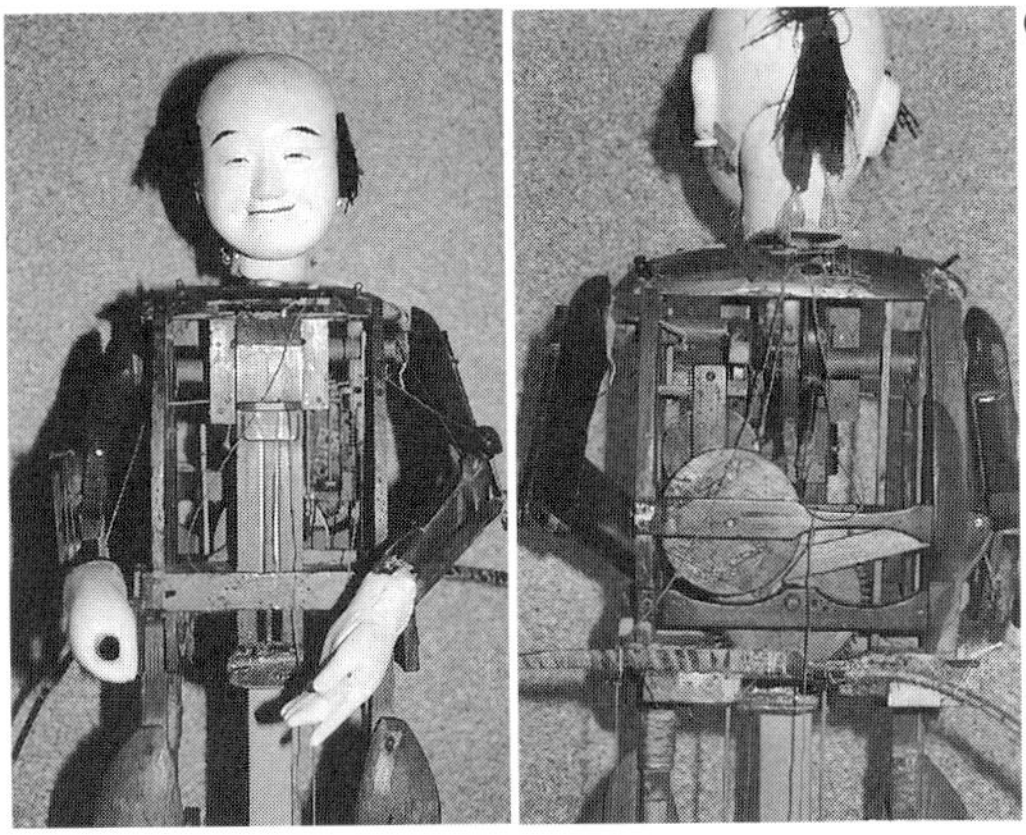

①時計内蔵の人形・名古屋市中川区戸田祭四之割．人形が宙吊りの姿で首を左右に振る．寛政八年（1796）文吉二三坊作．人形の胴に錘を利用し，木製時計脱進装置をつけたもの．歯車は竹製で巧妙な細工である．
②面かぶりのからくり．名古屋市広井神明社祭紅葉狩車の更科姫．糸を引くと胸が割れ般若の面が飛び出して姫の顔に張り付く．
③早変わり変身のからくり．茨城県日立風流物の人形レプリカ（現代人形劇センター制作）二つの首を同じ胴に付け，糸を引くと回転して一方の首に変わるしかけ．

❷

❸

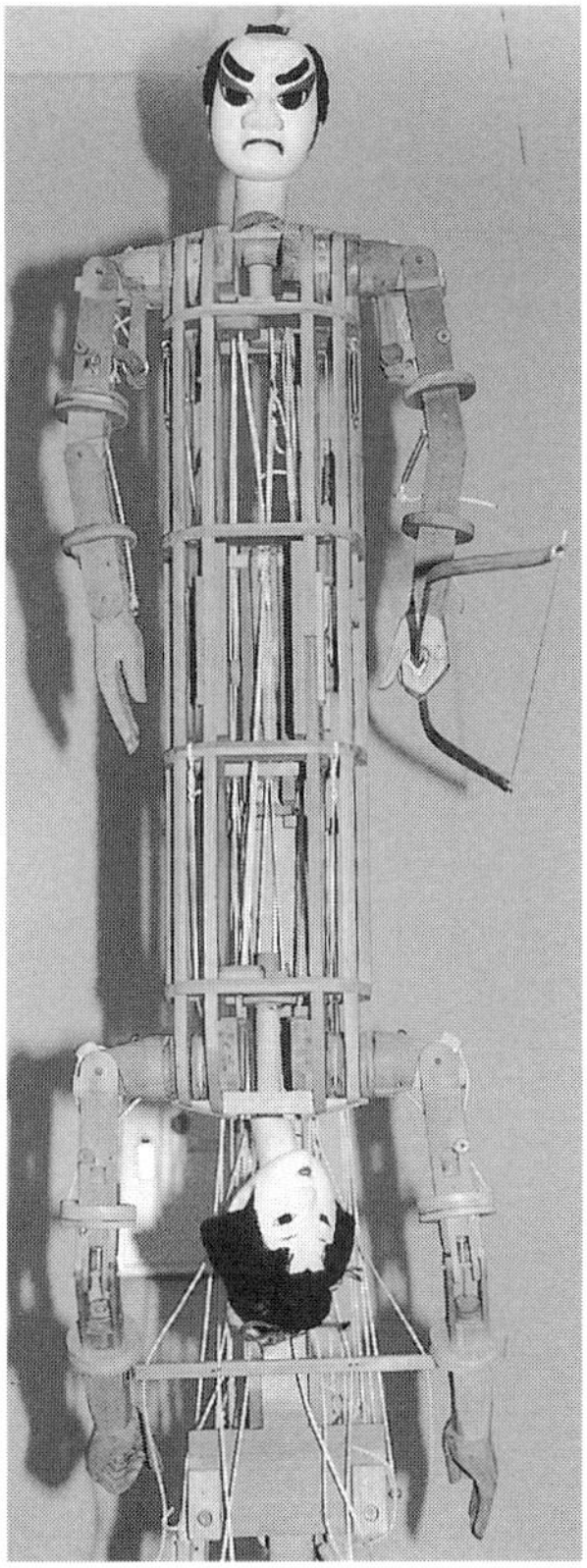

(8) 湯立て（大釜の前で湯を立てる）

(9) 巫子舞（鈴と扇を持って舞う）

(10) 肩車（大唐子の肩に小唐子が肩車）

(11) 文字書き

(12) 綾渡り（段違い平行棒を足をかけて渡る）

(13) 矢射り（弓矢をかまえ、扇の的に向けて放つ）

(14) 乱杭渡り（杭の上を足駄をはいて歩いて行く）

(15) 踊り

(16) 誕生（宝袋から宝舟、桃から桃太郎、貝から乙姫が出る）

(17) からくり人形芝居

演ずる人形は、これらの芸を重ね持つものが多く、複雑なほど面白い。上演時間は二分から一〇分。からくり人形芝居は二五分（知立）、四〇分（上野間、坂井）、山車の中で奏される囃子や、浄瑠璃三味線にのって行なわれる。

操りの方法

優れた構造を持つ人形も、それだけではただのモノでしかないが、腕や、足、首につけた引き糸が引かれると、動くからくり人形となる。人形の腹の中に差し金が挿入され、引栓が引かれて、手が上がり、逆立ちし、足もあがる。つまり人形を操作する人力がエネルギーとなって人形身体内の装置が連動しあい、はじめてモノが機械化するのである。それゆえ山車からくり人形の原動力は、熟練した操者の技と力なのである。

操る人間の姿も見えず、ひとりでに動いているように見える山車からくり人形は、どんな仕掛けで動くのか？

文字書き人形．名古屋市緑区有松祭布袋車．文政7年（1824）玉屋庄兵衛作と言われる．手に筆を持って文字を書く人形は，山車の中で人が文字盤に向かって書く文字が糸を伝わって山車上の反対側を向く人形に伝わる仕掛けである．

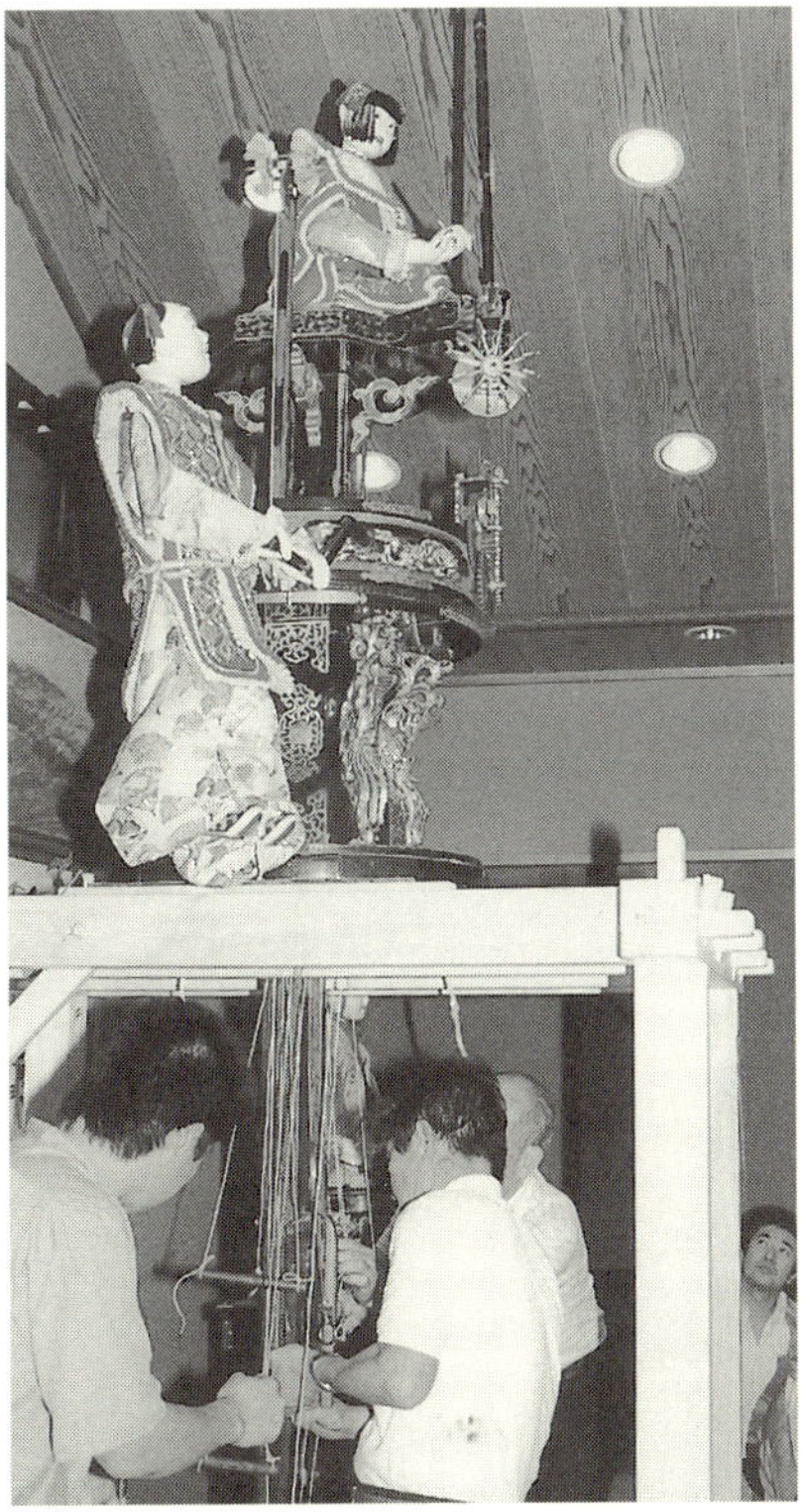

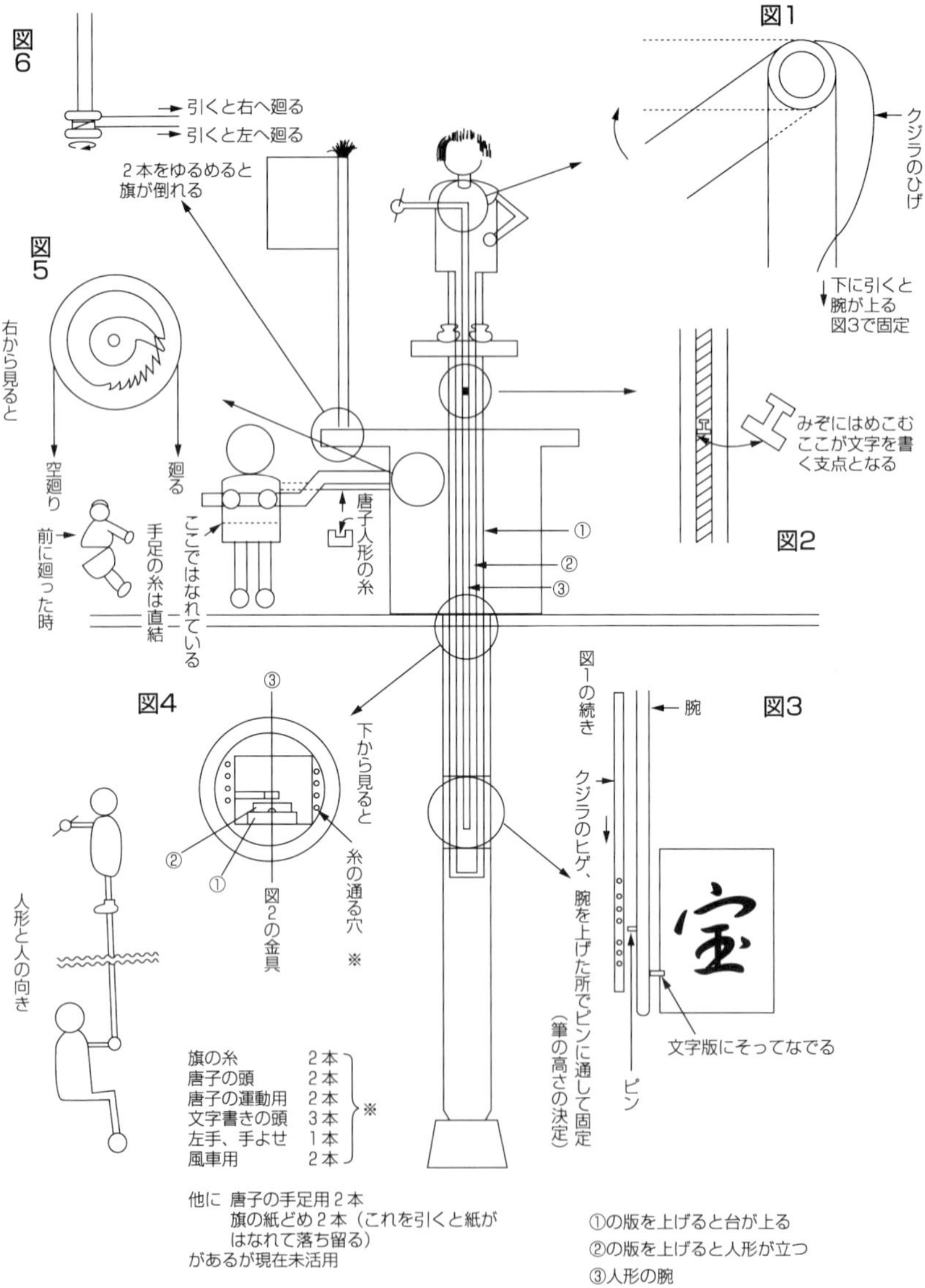
図1
クジラのひげ
下に引くと
腕が上る
図3で固定
図2
みぞにはめこむ
ここが文字を書く支点となる
図6
引くと右へ廻る
引くと左へ廻る
2本をゆるめると
旗が倒れる
図5
右から見ると
空廻り
廻る
前に廻った時
手足の糸は直結
ここではなれている
唐子人形の糸
①
②
③
図4
下から見ると
図2の金具
糸の通る穴
※
人形と人の向き
図3
図1の続き
腕
クジラのヒゲ、腕を上げた所でピンに通して固定
（筆の高さの決定）
ピン
宝
文字版にそってなでる
旗の糸　2本
唐子の頭　2本
唐子の運動用　2本
文字書きの頭　3本
左手、手よせ　1本
風車用　2本
※
他に　唐子の手足用2本
旗の紙どめ2本（これを引くと紙がはなれて落ち留る）
があるが現在未活用
①の版を上げると台が上る
②の版を上げると人形が立つ
③人形の腕

作図　加藤達芳・有松布袋車保存会

文字書き人形のメカニズム解説

操法としては「面かぶり変身」や「文字書き」など主として糸を使ってうごかす「糸からくり」と、「綾渡り」や「逆立ち」の放れ業を差し金を使って演じさせる「放れからくり」がある。これは大坂の竹田からくり座が地方に伝えた技といわれる。

手品もタネを明かせば簡単なことがわかるが、からくりの機構もさまざまながら、どんな工夫で演じられるのかは興味深い。最も典型的なもの二種類をあげる。

・文字書き人形（糸からくり）（愛知県・名古屋市戸田、津島、有松、太田川、西之口、岐阜県竹鼻、大垣祭）

人形が手に筆を持ち紙にめでたい文字を書く。書き終わると操者が紙をはずし、観衆に贈呈する趣向。

ここでは有松・布袋車の文字書き機構を説明しよう（六〇頁の図参照）。人形は指の間に丸筒を持っている。その中に墨をつけた筆をさし入れ、持っているようにみせるのである。

まず、山車舞台中央に人形をのせてどっかと位置する丸い蓮台が重要で、蓮台内に三枚の木板がセットされる。①の版を上げると人形台が上がる。②の版を上げると人形が立つ。③は山車の下から人形の胴を通って腕と直結する竿板。上部には図1のようにクジラのヒゲがつけてあり、下に引くと腕が上がる。腕をあげたところでピンに通して固定し、山車の下、連結木の先で文字盤の文字を撫で書きすると上では反対向きに立った人形が同じ字をかく。

台を回す唐子は、図4のような蓮台内の操作板にある穴を通した糸綱をつけ、図5の滑車を廻してそえ木を回転させる。唐子の胴は図のように二分割されているので、いかにも回転させているように見える。

この糸通しの穴には現在一二本の糸が通っており、各人形の頭、手などから続く糸を下から引いて動かす。

旗棒は図6のようにして廻す。

図1

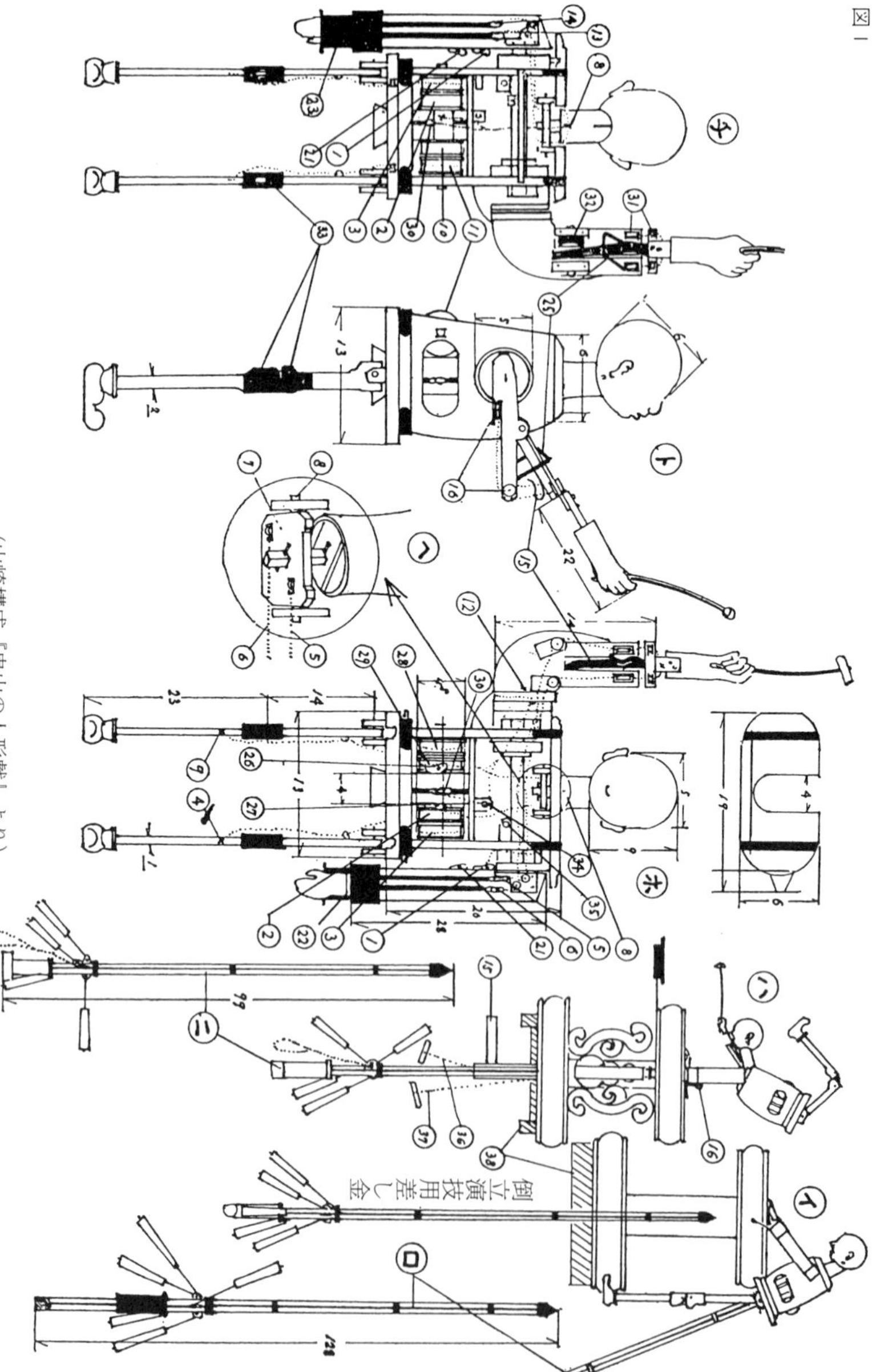

（山崎構成『曳山の人形戯』より）

図2

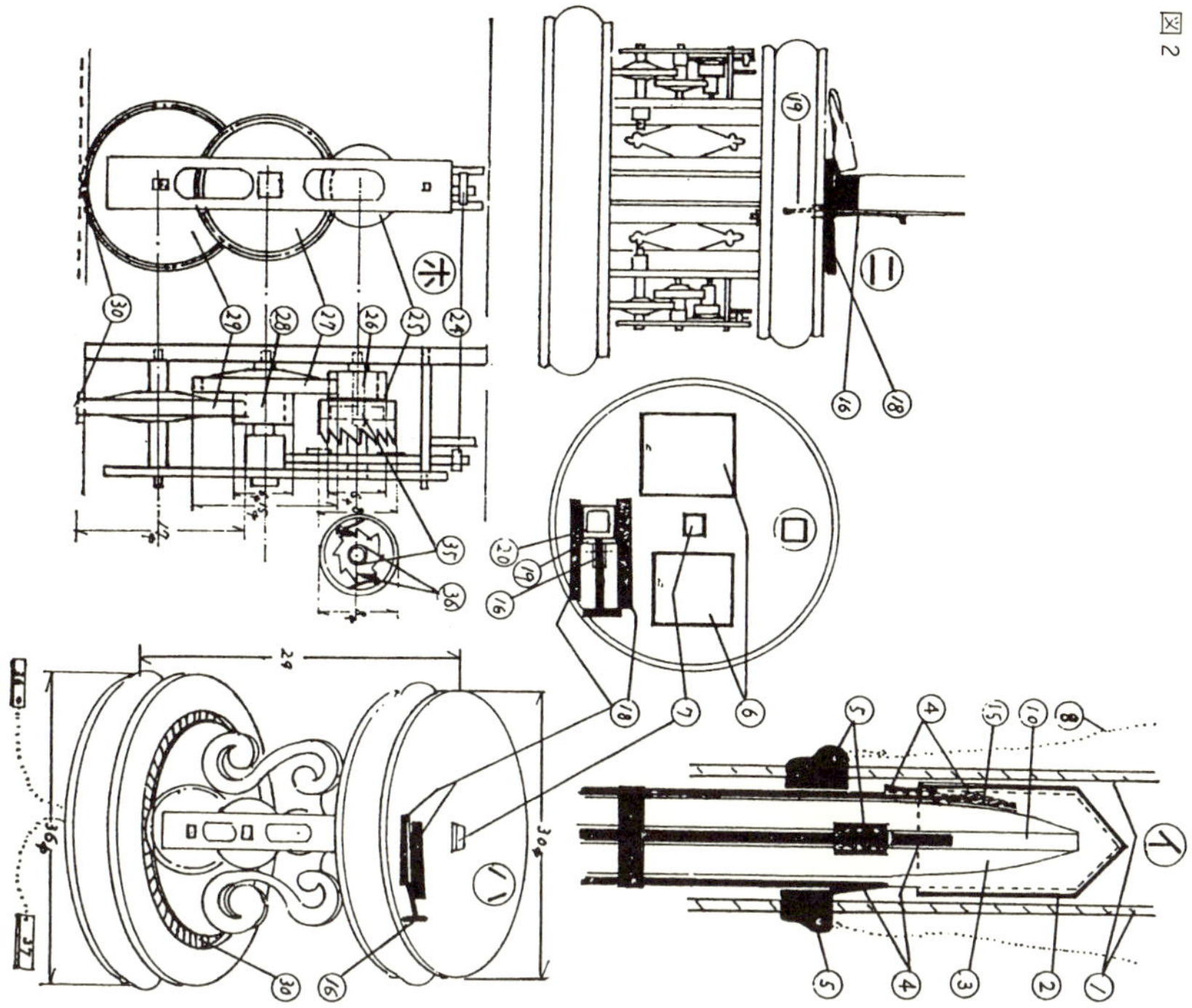

若宮八幡社の逆立ち唐子
上：唐子が蓮台に手を置くと，蓮台の内部を通って山車の下から差し金の棒が突き上げられ，腕を蓮台上に密着させる．と同時に別の差し金で人形の腰部を突くと腕が立ち，人形は蓮台に乗る．下：蓮台に挿入した差し金の引き綱を引くと唐子は倒立．差し金は人形の腕機と接続している．倒立のまま回転し，鉦を打つのは，左手の腕機から来る綱がバチを持つ右手首に通じているからである．

・逆立ち（放れからくり）

人形が蓮台の上で逆立ち（犬山本町、名古屋若宮八幡社、富貴、太田川荒子組、津島池町車）

梅、紅葉の木の上で逆立ち（内海岡部、大野、尾張横須賀、鳴海、犬山外町）

人形の肩上で逆立ち（内海吹越、武豊上ゲ、小牧、太田川市場組）

逆立ちの状態で、右手にバチを持って首を振りつつ、太鼓をトントンたたきながら回転する。

ここでは名古屋市中区若宮八幡社の福禄寿車の逆立ち唐子について説明する（六二・六三頁の図参照）。

図1

(イ) 蓮台に倒立演技用差し金を挿入する

(ロ) 立体演技用差し金を腰部に挿入された小唐子の左手を水平にして蓮台の16部分（T字形の腕立て）にはめこむ

(ハ) 立体演技用差し金を抜きとり、差し金の先端で腰部を突き上げて、蓮台に確実に乗せる。

(ニ) 蓮台に挿入した倒立演技用差し金の引綱を引きながらいっきに倒立させる。この差し金は唐子の腕機と接続しており、蓮台の下の36を引くと16が立ち、37を引くと倒れる。

(ホ) 腕機の1についた綱は、唐子腹部にある糸車2、10に通じているので、これを引くと人形全体が腕軸を中心に回転し、人形が倒立する。

(ホ) (チ)にある腕機の遊棹21から来る綱が、ばちを持つ右手首に通じており、これを引くと鐘を打つ。

(ヘ) は首のつけ根で、5、6の引綱を引いて右左と首を動かす。

図2

(イ) は腕機と差し金の先端との関係で、遊棹を差し金が引き出す仕組み。1は腕機の断面、5は腕機の遊棹。3は真鍮製の細身の差し金を挿入し、4の槍の切先の角が5にひっかかるようになっている。ひっかかった差し金を下にひくと5は下に引かれるので紐8を引くことができる。
(ロ)は蓮台の平面図、7は下から15の串が入り、蓮台上部が回転する。右回転させると30の円形ラックに噛み合う大歯車が回転する。
(ハ)は蓮台図。腕機の手首の真鍮板・図チの23を斜めにすべりこませて19に縦に挿入されると、T字形の16が立って腕立て補助を垂直に立てる。蓮台下の綱36を引くと倒れる。
(ニ)は蓮台に唐子の腕が立った図である。
(ホ)は時計式脱進装置付きの装飾蓮台。(25)脱進鋸歯で、(27)は第二輪、(29)が第一輪。

第二章　からくり人形の出る祭り

茨城県

日立風流物《ふうりゅうもの》

とき　神峰《かみね》神社の大祭（不定期・例祭は四月一〇日）に四台の山車が揃って行なわれる。近年は昭和六〇年、平成一〇年に行なわれた。平成一〇年度より七年ごとに行なうことが決まり、次期大祭は平成一七年の五月三、四、五日の休日を利用して行なわれた。また、最近は毎年四月上旬の日立観光協会による〝日立さくらまつり〟に協賛して期間中、第一か第二土日曜日に一台が交代で出場し、公開している。

ところ　神峰神社（日立市宮田町五丁目一‐一）本町の大雄院通り。〝さくらまつり〟は日立市駅前から平和通り、かみね公園など

交通　JR常磐線「日立駅」下車

奇想天外な巨大山車で豪華人形芝居

唐破風造り五層の屋形《やかた》（表館《おもてやかた》）と、その背後に二つの頂きをもつ山《やま》（裏山《うしろやま》）が組み込まれた巨大な山車《だし》の上で、からくり人形芝居が演じられる。

風流物《ふうりゅうもの》は大きな山を背に城郭の形をしており、屋形の一層には大手門を、最上段には天守閣を備えている。正面を屋形といい、五層の唐破風造りの屋形は五層すべてが中央より左右に割れ、開く仕組みになっている。三層から四、五層はカグラサンという手動エレベーターによりせり上がり、左右に開き、これらが扇状の五段の雛

右上：「川中島」の人形芝居を終わってその場でぐるりと方向転換する日立風流物．勇ましい拍子木の指揮で巨体が180度回転する．
左上：表館から早変りした裏山．
下：山車正面の屋形から五層の屋形が次々現れ，中央より左右に割れて開く豪壮な舞台．日立さくらまつりで．

段となり、豪華絢爛の時代絵巻人形芝居の舞台となる。

各層から二体〜四体現われた人形が「風流源平盛衰記」「風流仮名手本忠臣蔵」「竜虎相撃つ川中島」などの演目で勇ましく凛々しい歴史物語を展開する。人形の所作は見事で、矢を放ち、傘を開き、巻物を手で開いて読んだりする。刀、槍を振りかざして斬り合う侍、馬上を駆ける武者など、第一層から五層へと、芝居の場面が立体的に進行する。最後に全部の人形がいっせいに切腹の場を演じたり、あでやかな娘や若衆に変身して手踊りするフィナーレがある。無言劇で、華麗な囃子《はやし》（ここでは鳴り物と呼ばれる）が山車の大幕の中で演奏されている。

さて次に、この巨大な館を乗せた山車は扇形に開いたまま一回転すると背後にあった裏山になり、再び人形芝居が行なわれる。山車の土台が上下二重構造になっていて、上土台が百八〇度回転し、表館と裏山が早変りする。

大きな岩山を舞台とした裏山での演目は、「風流日本の神話」「風流岩見重太郎狒々《ひひ》退治の場」「俵藤太秀郷百足《むかで》退治の場」など動物や妖怪などの出てくる民話や童話が多いのが特徴である。

全長一〇メートルもある蛇が口から火を吐きながら娘をねらう、百足がぞろぞろ這い出し武将にたち向かう、矢をつがえて放つと命中し、血がとめどなく流れ出すなどの活劇。これも最後に主役が変身して観客の目を楽しませるおまけがつく。豪快な山車からくりとはこのことで、奇想天外なからくり芝居の公演である。

さくらまつりでは、日立風流物と並んで盛んな「日立ささら」（市内七地区、茨城県無形民俗文化財）も、風流物開始の前にひとしきり舞われる。

沿革・由緒

日立風流物は、日立市宮田、助川、会瀬三か村の鎮守である神峰神社の大祭典に氏子たちが奉納公開してきた山車で、古くは宮田風流物と呼ばれた。

その起源は神の依代《よりしろ》とした笠鉾で、祭典を行なうにあたり、青竹の先を剣先のように斜めに切ったものを芯とし、榊を周囲に束ねて御幣を添えた。これを氏子である村人が肩にかついで行なったという。その後この笠鉾《かさほこ》を大八車に乗せ、小さな祠や人形を飾り、その周囲に放射状に花を垂らして村内を練り歩くようになり、元禄八年(一六九五)水戸光圀の命によって行なわれた大祭礼のおりに風流物の素型である山車が繰り出されたという。山車は宮田各地区ごとに作られ、次第に大きくなり、鳴り物が添えられた。今日のような人形芝居を配した日立風流物となったのは全国的に人形芝居の流行した享保年間(一七一六~三六)だろうと推定され、土着した旅芸人たちが人形のつくり方やあやつり方を伝授したという。東町、西町、本町、北町四町の山車が互いに芸を競い、工夫改良を加えて現在のような全国にも類例を見ない豪壮・雄大・精緻な曳山《ひきやま》へと発達をとげた。昭和二〇年七月の戦災で二台が焼失、一台が半焼で一台のみ残った。戦後、焼失した山車の復元が行なわれ、現在は明治後期から大正初期の姿の四台が揃っている。

二〇〇名もが総動員の山車からくり

現在、日立風流物に携わるのは日立郷土芸能保存会(四町、四団体で三〇〇名)である。人形遣い(ここでは作者と呼び、みずから人形を制作すると同時に舞台で操作もする)は一台に二五、六人が各層に乗り込んで、屋形を綱で、人形を糸でひいて操作する。人形はかしら、胴体、手足の部分からなり、すべてのあやつり糸が人形遣いの手元に集まるようになっている。人形が一瞬にして変身する「早返り」は日立風流物人形の特技ともいえ、普通の人形二体を上下につないだ形で、反転する仕掛けになっている。昔から長子相伝の秘法として親から子、子から孫へと伝承された郷土芸能であるが、今では会員への門戸は開放されている。

かしらは文楽系かしら、江戸系かしらを各町内五〇~六〇体持っていて、昔から宝物のように伝えてきた。現在は全体で一二〇体ほどが保有されているという。

山車の高さは一五メートル、奥行き八メートル、幅二・五メートル、公開時の幅八メートル、重さ五トン。

高さ一五メートルもある裏山は藤づるによって大体の骨格が形づくられ、この山全体を一二〇～一三〇反ほどの生木綿で覆い岩山の感じを出す。

山車の中には大太鼓、小太鼓、鉦、横笛の鳴り物係一五名も乗っており、屋形係三〇名、山綱係一二名の人たちと、曳山に二〇〇名ほどの人手を要する。わずかな戸数の一地区で風流物一台を出すには莫大な人手と多額の費用を要するため、各町とも総動員で全住民の基金で制作し、氏神に奉納する。容易なことではないため神峰神社の大祭礼は数年に一度ということになる。また、その大祭礼は、一般的な豊年祭りではなく、飢饉とか悪疫などの不況退散を祈願する世直しまつりで、霊験はあらたかと信じられた。

現在では神社造営その他大改修事業などの報告祭や、多方面の祝賀行事の大祭に変わりつつある。茨城県指定無形民俗文化財、国指定有形・無形民俗文化財。

問合せ　日立市郷土博物館（電話〇二九四‐二二‐三二一一）
神峰神社社務所（電話〇二九四‐二一‐〇六〇九）
日立郷土芸能保存会（電話〇二九四‐二一‐三六〇二）

茨城県

柿岡からくり人形

とき　柿岡祇園祭（七月二四日に近い土・日曜日）が一応のきまりだが不定期で、毎年保存会の人々の話し合いで決まる

ところ　新治郡八郷《やさと》町大字柿岡荒宿

交通　常磐線「石岡駅」下車、関東鉄道バス「柿岡車庫行き」で二五分「柿岡」下車

珍しい唐子人形の曲芸

筑波山の東、筑波の山並みに囲まれた緑いっぱいの盆地が八郷町で、柿岡には江戸時代から続く珍しいからくり人形がある。

それは、柿岡の地元では「くらっけえり」、「くらりけいり」と呼ばれており、祭りの時は山車《だし》に設置した台木の上の三体の人形が悠長な囃子に合わせて踊るほほえましい光景が見られる。

高さ一・五メートルの山車の上に高さ三メートル、太さ一二センチ角の柱を立て、頂上に長さ一・八メートルの横木をT字型に組む。

横木の前方に腹ばいになったままで左右にくるくる回る唐子《からこ》「はらんばい人形」を、後方に日の丸扇を手にかざす殿様「ことわり人形」を置く。また柱の上方四〇センチばかりの位置に横棒をつけ、「くらり人形」と呼ばれる唐子がぶら下がり、前後に回転する。

上：山車の上，Tの字の台木の上先端で，腹ばいでくるくるまわる唐子，扇をかざす殿様，ぶら下がり回転する唐子．いずれものどかな表情の人形である．左：人形を操りながら地区内を巡行する山車．素朴だが，張り巡らした幕や提灯の工夫が微笑ましい．電線に引っかからぬよう注意している．

中国伝来の唐人曲芸の姿で、ぶらんこの唐子とはらんばい唐子はそれぞれ滑車をつけた綱二本を左右にひいて動かす。人形の胴体は竹編みでできているので軽く、すべりが良い。

この三体の人形について諺があり、「はらんばい人形」は社会の荒波を押し切る勇気、「ことわり人形」は座して喰えば山をも空し、「くらり人形」は、勇気、忍耐、勤勉を象徴するという。

囃子は、大太鼓、付太鼓、笛による「矢車拍子」と呼ばれる趣きのあるもの。囃子とともにからくり人形を操りながら山車が地区内を引きまわされる。

沿革・由緒

いつ、どこから伝わったかは不明であるが、八幡神社の境内に、八幡町からくり人形保存会(二五名)の持つ集会所があり、祭礼諸道具や人形、山車を保管している。古い祭礼道具箱の中に残された祭礼諸費用覚帳や祭礼帳に寛政、文化、文政の文字があり、人形箱の板書きにも安政三年（一八五六）の文字が見られることから、江戸後期にはあったことが確かである。

祇園祭りの当日、保存会の人々は朝八時頃から八幡神社に集まって、山車組みをし、人形を取り付けて、幕や造花、提灯で飾り付ける。保存会の人々は、「素朴なからくり人形ですが、長年続けています」と熱心。もとは盆の八月一五日に行なわれており、山車の高さも五メートル以上もあったが、現在は電線などの支障で低くしている。山車も五台はあったそうだ。

県指定無形民俗文化財になっており、昭和四六年に「ＮＨＫふるさとのうた祭」に出演したのが皆の良い記念になったという。平成七年一〇月、第九回茨城県民俗芸能の集いが土浦市大岩田霞ケ浦総合公園で開催されたときにも出演したが、人手と経済力がいるので、毎年出すわけにはいかない事情がある。平成一一年一一月つくば国際会議大ホールで行なわれた第二三回郷土民俗芸能の集いには出場した。

日程

祇園祭りは、一二時四〇分に御輿が出、バス通りに面した八坂神社そばのお仮屋《かりや》へ渡る。続いて八幡神社より獅子頭をつけた三頭の「棒ささら」を先頭に行列が出る。八坂神社の前で、「ささら」が激しい舞を舞い終わると、次は獅子舞いで、赤い頭に長さ四〜五メートルもあろうかと思われる平たい胴と、草を束ねた尻尾をつけ、二〇人ほどの男たちにかつがれて出現。威勢よく四つ辻一杯にまわる。さらに白い造花を華麗につけた竹を持った稚児の親子組みの行列もあり、多彩な行事が奉納される。

また近隣の仲町、本町、新宿町など六か所に、最上階に等身大の日本武尊など人形を飾った三層の屋台があり、夕方四時三〇分から九時三〇分まで、二層目の舞台で軽妙なおかめ・ひょっとこの祇園ばやしが行なわれるのは、有名な石岡のまつり（九月一四・一五日）に似ている。

平成九年の祇園祭りに、もと保存会長の根本仙治氏のお宅に泊めていただいた。帰るとき奥様が、「秋には八幡神社で立派な神楽があるから、またいらっしゃい」とご案内くださった。中秋の名月の夜行なわれる八幡宮太々《だいだい》神楽で、からくり人形とおなじく県指定無形文化財になっている。格調高い一二の面をつかった大規模な神楽である。このように農村地帯にあって柿岡は民俗芸能の宝庫といえるかもしれない。

問合せ　八郷町教育委員会（電話〇二九九－四三－一一一一）

伊奈町・水海道市の綱火

仕掛け花火と合体あやつり人形

人形に花火を仕掛け、綱で操作して人形を操ることを綱火《つなび》という。

夏の夜、暗い闇の中に花火に浮かび上がった人形の姿は幻想的で美しく、ドラマチックだ。古風な口上に続き、独特なお囃子にのって空中を自在に舞う。さらに足元から吹き上げる花火、上空高く飛び出す花火、空から水滴のように舞い降り、あるいはナイアガラの滝のように巨大なスケールで雪崩れ落ちる花火など、目の覚めるような花火の豪華ショーが加わり、野趣豊かな郷土芸能である。

人形に花火を仕掛けて綱に付け、櫓《やぐら》の上から降ろして、太鼓、鼓、笛、鉦の賑やかなお囃子に合わせて数本の綱を巧みに引いて人形を操作する。人形の大きさは約一メートル、滑車をつけて綱に止めてあるので、花火の勢いで人形が動いているように見えるが、実は綱で巧妙に操られているのである。

櫓を立て、二〇メートルほど離れて高さ三丈あまりの大柱三本を立てる。その周囲に張り巡らした大綱三本と、人形の移動のための小綱数本により人形芝居が巧みに演じられる。ゆえに綱火は「走線戯」また「三本綱」とも呼ばれるのである。

由緒・沿革

茨城県の筑波郡伊奈町高岡と小張《こばり》、そして水海道《みつかいどう》市大塚戸の三か所で江戸時代からのそれぞれの伝統を継承する綱火が行なわれている。

戦国時代、火薬は戦の武器として重要であった。慶長の初期に綱火は考案され、戦勝祝いなどに陣中で行なわれていたが、平和な時代となり武士の領分から農民の手にわたって、民間の人々の氏神への奉納行事となったと思われる。

余興として奉納された綱火は、火薬の技術の進歩とともに、地元に伝わるあやつり人形の文化と合体し、人形に花火を取り付けて囃子とともに操作する華やかな民俗芸能にまで発達したのである。

平成三年、高岡、小張両流綱火は米国ユタ州ソルトレイクシティで公演し、日米友好親善に一役をかった。

高岡流綱火

とき　毎年八月二三日、午後八時五〇分から九時五〇分まで
ところ　愛宕神社（筑波郡伊奈町高岡六三〇）境内
交通　JR常磐線「取手駅」下車、「豊体《ぶたい》経由谷田部《やたべ》行き」バス二〇分、「高岡」下車

鍛冶職人らの火の神信仰から

農家を中心とした高岡集落（旧・板橋村で現・伊奈町）に伝わる綱火で、鎮守神の愛宕神社の例祭に火難、厄除け、家内安全と五穀豊穣を祈願して高岡流綱火更進団（約二五名）が行なう。

左：伊奈町・高岡流綱火『浦島竜宮入り海辺の花園』．浦島太郎が亀の背に乗ってゆらゆらと海中散歩．花火と煙で幻想的なお伽噺の世界が映し出される．下左右：『二六三番叟』人形を綱につけて空中に放し，独特の抑揚ある口上を述べた後，綱を引くと人形が滑るように進んでくる．リズミカルな三番叟の囃子と，暑い夏の夜，暗い神社の森やまばゆい花火と煙硝の匂いが祭りの雰囲気を高揚させる．

左上：伊奈町・松下流綱火「二六三番叟」．囃子に乗って，暗い空中で幻想的な三番叟の舞．下：同・『桃太郎と鬼が島』火を吹く二輪車に乗って勇ましく犬や猿と鬼が島へ向かう桃太郎．鬼が島城へ入ると一斉に火が吹き，赤，青，黄色の花火に飾られて凱旋する．打ち上げ花火に筑波山や，ナイアガラの滝，頭上に降りかかる花火の雨などフィナーレも盛り沢山の花火の饗宴である．

右：水海道市・大塚戸綱火「安珍と清姫」．恋に破れた清姫は，長さ8メートルもの蛇体となって火を吹きながら空をのた打ち回っていたが，やがて道成寺の釣鐘に巻きつき，安珍もろとも爆破する．豪壮な綱火．

伊奈町には戦国時代に活躍した板橋、小張、足高城趾があり、板橋城と関係深い由良家は鍛冶職を集めて常に兵時に備えていた。この鍛冶職人らが火の神として愛宕神社を京都から勧請したものらしい。綱火の技術は地区に住む長男だけに伝授され、民俗芸能となった。高岡流の起源は、昔、鎮守の祭りの時、大樹から二匹の蜘蛛が舞い降り巣をつくり始めたのに暗示を得て村人が創作したと伝えられる。

午後七時半に公民館前に集まった人々が、点火した竹筒花火を先頭に、笛、太鼓、鼓などを打ち鳴らしながら愛宕神社まで繰り込み、境内で盛大な花火を奉納する。それから綱火が行われるのである。「二六三番叟《にろくさんばそう》」「花咲翁《はなさきおきな》」「浦島竜宮入り海辺の花園」「高岡丸の船遊び」「安珍清姫日高川の場」などからいくつか選んで演じられる。

大亀の背にまたがった浦島太郎が竜宮めざしてゆらゆらと波間を進むようすや、高岡丸の船が火花に包まれて宙を泳ぐさまは華麗で、暗い闇から夢とメルヘンの世界に導かれる気がする。松下流のそれとともに国指定重要無形民俗文化財。

問合せ　伊奈町公民館（電話〇二九七－五八－二一一一）

松下流綱火

とき　毎年八月二四日、午後七時から午後九時まで

ところ　愛宕神社（筑波郡伊奈町小張三二三五）境内

交通　ＪＲ常磐線「取手駅」下車、「豊体経由谷田部行き」バス二〇分、「小張」下車

火薬師のもと小張城主が考案し伝承

綱火は昔、戦国時代に小張城主松下石見守重綱（天正七年生まれで、慶長八（一六〇三）年から一三年間小張に在住した）が考案したものと言われ、小張の地に伝承されてきた。昔は戦勝祝いに陣中で行なわれたという。石見守は有名な火縄銃の火薬師で、戦が終わり、小張の地に帰還してから、敵味方の犠牲者の慰霊のため綱火を行なった。

松下氏は三河の出で、重綱は徳川家に仕え、関ケ原、大坂冬・夏の陣で奮戦して認められた人。三河には徳川氏の火薬製造所があり、重綱が綱火考案の起源となったのではないだろうか。

火薬調合の秘法は家臣の大橋家に伝授され、現在は「小張松下流綱火」として毎年八月二四日愛宕神社の祭礼時期に松下流綱火保存会の手で行なわれる。約四百年もの伝統を誇る地元で綱火の元祖とも称されるのが大橋煙火店の大橋勘二さんで、同時に建具店も営む。

「二六三番叟《にろくさんばそう》」「桃太郎と鬼が島」「船遊山」「安珍清姫日高川」「道成寺」「景清の牢破り」「俵藤太むかで退治」ほかの芸題を持ち、地域外から招かれての公演にも出かけている。

火を吹く車を駆って鬼が島へ突撃する桃太郎、牢屋を破って火とともに吹き出してくる景清などダイナミックである。国指定無形民俗文化財。

問合せ　伊奈町役場（電話〇二九七‐五八‐二一一一）

水海道市・大塚戸綱火

と　き　毎年九月一三日、一言主神社秋季例大祭
ところ　一言主神社（水海道市大塚戸町八七五）
交　通　ＪＲ常磐線「取手駅」乗り換え、関東電鉄「水海道駅」より車で一〇分

氏神への花火奉納から受け継ぐ一言主神社の行事

あやつり人形としかけ花火が結合した綱火のことを、ここでは「からくり綱火」の名で呼んでいる。江戸時代から伝承されるもので、もともと大塚戸周辺では農閑期に花火やあやつり人形の遊びが盛んであったという。万治二（一六五九）年大塚戸向山坪に三峰神社が開基されるにあたり、村民が花火を奉納して火祭りをしたのが始まりで、その後鎮守である一言主神社の行事として受け継がれ、慣例化されてきた。

終戦後、昭和二二（一九四七）年から一時中断したが、昭和四四（一九六九）年に大塚戸芸能保存会の手で復活し、以来毎年奉納行事として伝承されている。

別名「葛城流綱火」の名は、一言主神社の祭神を大和国葛城山から遷宮したことにちなんだもので、いつからか呼ばれるようになったという。

日程

大祭の行事は、周囲にこんもりと高い樹木の茂る一言主神社の社殿前に、夜八時過ぎから練り込み、神楽奉納が行なわれてはじまる。

笛、鼓、付け太鼓のにぎやかな囃子に乗って獅子舞いが奉納された後、境内で九時から一〇時にかけて綱火となる。

三番叟、仕掛け万灯、当日の芸題の三部から構成され、上演に先だっては出し物を紹介する口上が述べられる。三番叟は、高岡、小張のものと同様に綱を伝って花火仕掛けの人形が舞う。仕掛け万灯は、灯籠に火が入って当日の外題の文字をあかあかと映しだすとともに灯籠の屋根が仕掛け花火でぐるぐる回り、噴水のように火を噴きだすと一羽の鳳凰が空へ飛び立つ。火を吐きながら宙を舞う鳳凰にふりかかる火の雨、巨大な花火の滝。

いよいよ第三部は外題が毎年変わる主たる出し物で、「登竜門物語」や「安珍と清姫」「菅丞相」「若武者那須与一」ほか、大蛇と変身ものの多いのが特徴である。

特にこの中でも「安珍と清姫」の物語の場面では、美しくも愛らしい清姫が恋に破れて足元から火を噴きながら宙に浮いて移動する中、蛇腹《じゃばら》のように体がのびて変身する。長さ八メートルもの蛇体となって、口から火柱を吐き、身を上下左右にくねらせながらもだえ、空へ向かって暴れまわるさまは壮観である。やがてその長い蛇体を道成寺の釣鐘に幾重にも巻きつけて安珍を鐘もろとも大爆破して滅ぼす、といった具合。単調さが逆に迫力となる小太鼓がずっと打ち鳴らされ、仕掛け花火がいっせいに輝くとともに、足元からは空に向かって轟音とともに走る打ち上げ花火、白煙と光の乱舞の中、火薬独特の匂いに包まれる。県と市指定無形民俗文化財。

問合せ　水海道市役所・商工観光課（電話〇二九七‐二三‐二一一一）

栃木県

烏山《からすやま》の山あげ行事（山あげ祭）

とき　七月第四土曜日をはさんだ前後三日間
ところ　八雲神社（那須郡烏山町仲町十文字）
交通　JR東北線「宇都宮駅」経由「宝積寺駅《ほうしやくじ》」乗り換え、烏山線「烏山駅」下車

日本一を誇る人造山の野外劇

烏山町の守護神である八雲神社（もと牛頭天王社）の夏の例大祭に、氏子が当番町の敷地内を中心に六町で奉納する「山あげ」と呼ぶ行事がある。

これは大規模な歌舞伎の野外劇とでもいうべきもので、烏山の人々は、「日本一の野外劇」と自負している。出し物は、「将門」、「戻り橋」、「関の扉《せきのと》」など妖怪変化の現われるドラマチックな約一時間の公演で、演じる役者は地元の若者や子どもたちである。

舞台の背景に山を立てることを山あげといい、これらの山は烏山特産の和紙を竹を割って編んだ骨組みに張り上げ、胡粉《ごふん》を塗り彩色されている。一番遠い大山から、中山、前山と山水が豊かに表現され、どんでん返しに四季が変化する仕込みがしてある。山の高さは約七〜一〇メートル、道路の幅八メートル、奥行き一〇〇メートルの大演舞場である。

山あげ配置図（烏山観光協会資料から）

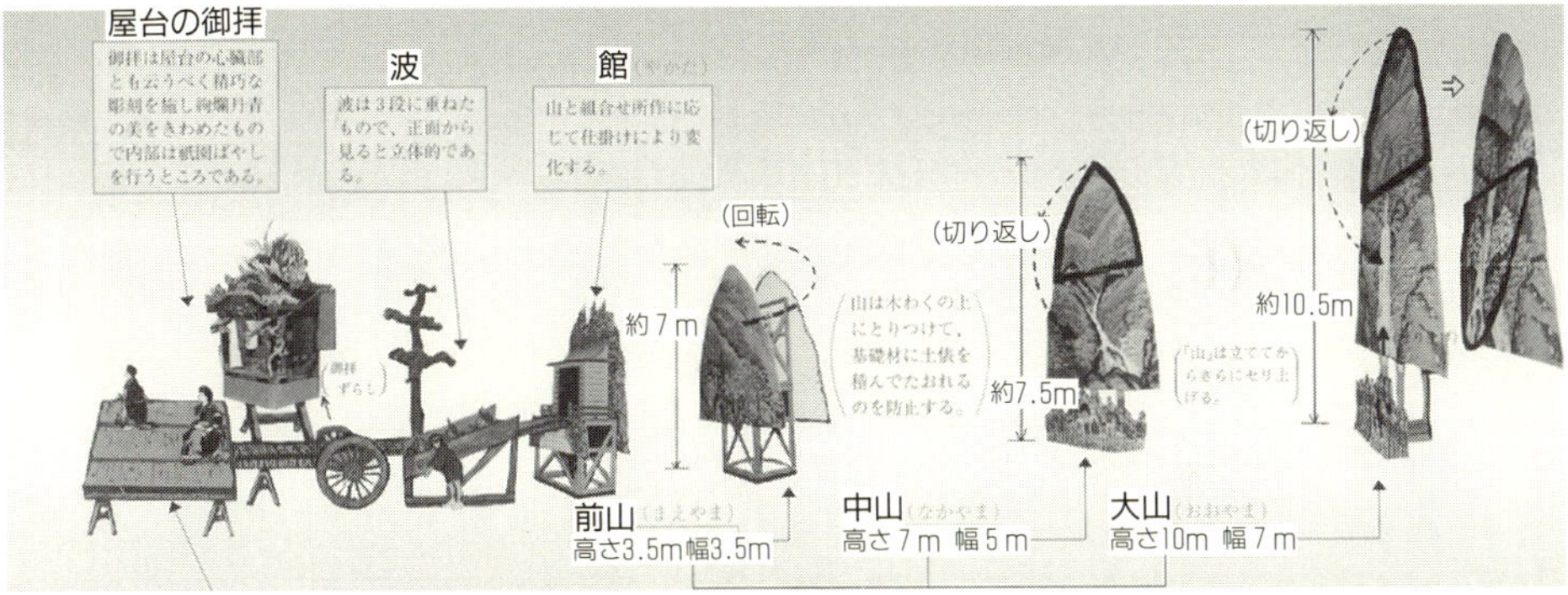

屋台の御拝
御拝は屋台の心臓部ともいうべく精巧な彫刻を施し絢爛丹青の美をきわめたもので内部は祇園ばやしを行うところである。
波
波は3段に重ねたもので、正面から見ると立体的である。
館（やかた）
山と組合せ所作に応じて仕掛けにより変化する。
御拝ずらし
（回転）
約7m
前山（まえやま）
高さ3.5m幅3.5m
山は木わくの上にとりつけて、基礎材に土俵を積んでたおれるのを防止する。
（切り返し）
約7.5m
中山（なかやま）
高さ7m 幅5m
「山」は立ててからさらにセリ上げる。
（切り返し）
約10.5m
大山（おおやま）
高さ10m 幅7m

写真上：野外屋台の上で，常磐津『将門』の上演．セリフも入る歌舞伎舞踊で，若い女性の役者が多く，日本舞踊の盛んな土地柄と見受けられる．写真下：町の大通り100メートルばかりの間に高さ約7～10メートルの前山，中山，大山を立てて背景とする．山の景色は，どんでん返しで四季が変化するようになっている．移動舞台は忙しく約2時間ごとに場所を変える．

日程

祭り当日は、まず、金銀、極彩色で彩られた彫刻や、日本の伝説上の人物をかたどった人形を飾ったきらびやかな屋台が町中を練り歩く。その後ろには山あげ道具を積載した地車《じぐるま》が続き、やがて山あげを上演する場所に到達すると、拍子木の合図のもと、半纏《てん》姿の若衆たちが現われ、指揮者の笛、指示に従い、見物人の見守る中、路上にすばやく舞台を組み立てる。加えて舞台の後方に橋（松）、波、館に、前山、中山、大山の三段の山を遠近よろしく立てた巨大な野外演舞場で、常盤津に合わせて歌舞伎舞踊が演じられるのである。

背景が変わり、煙、花火が上がるクライマックスで歌舞伎舞踊の傑作を踊り終わると、直ちに片付け作業が始まり、速やかに終了して次の会場へ移る。

山あげ行事は各々屋台を持つ六町（鍛冶町、日野町、元田町、金井町、仲町、泉町）が年番制で担当する。当番町は、山あげ期間中に必ず当番以外の五町を訪問し、山あげを行なう。訪問の時間や上演場所その他の詳細は、六町の世話人会議で決定することになっているが、ほぼ三日間とも朝九時に始まり、約二時間ごとに場所を変えて夜の一〇時頃まで行なわれる。

由緒・沿革

「山あげ」の山は、神が降臨される依代をさし、疫病除け、厄除けを祈願して永禄三（一五六〇）年に神前に舞台をつくり踊りを奉納してご利益があったのを初めとして、以来四〇〇年以上継承・発展してきた行事で、一般には山あげ祭りと呼んでいる。

江戸時代も正徳元（一七一一）年頃は、からくりと大仕掛けが盛んだった。作りものの背景大山三段のスペクタクルに加え、飛翔する鷲、動く大蛸、蜘蛛、百足のからくり、役者の竜、虎への変身、竜が水を吹き出す仕掛けなど、戦前まで盛んに行なわれ、茨城県日立の風流物《ふうりゅうもの》と規模の大きさや仕掛けを競いあったという。

現在はそうしたからくりは見られないが、「山あげ」のスピーディな野外舞台制作自身を一種のからくりと考えることができる。緑と水に恵まれた烏山の風土にあった野生味のある祭典である。

問合せ 烏山町生涯学習課（電話〇二八七-八三-一四一二）

参　考 山あげ会館（栃木県那須郡烏山町金井二丁目五-二六、電話〇二八七-八四-一九七七）。屋台展示、山あげミニチュア展示ほか。

新潟県

村上大祭（長井町の布袋からくり人形）

と　き　七月六日（宵祭）、七日（本祭）
ところ　羽黒神社（村上市羽黒町六－一六）
交　通　ＪＲ羽越線「村上駅」より車で七分

新潟三大祭りの一つ

新潟市より北の山形県へ向かう途中にある村上市は、日本海に近く、古い歴史と文化が残る所であり、村上祭りは柏崎市のえんま祭り、新潟市の蒲原祭とともに新潟県下の三大祭りの一つに数えられる由緒ある祭りである。

その起源は、江戸時代初期に、当時の村上藩主堀丹後守直寄が、村上城の拡張と城下町の整備をした際、村上総鎮守の社殿を羽黒山に建造し、村上城のある臥牛山の元羽黒から神社のご神体を遷す祭りを行なったことにあるという。

村上市の中央にある大町の人々が城から築城に使われた大八車に太鼓を乗せて打ち鳴らしながら、祝いに町中を練り歩いたのが始まりで、寛永一〇（一六三三）年とされるので、三六〇余年の歴史ある神事である。

祭りには、いずれも山車《だし》上山《うわやま》に恵比寿、大黒、猩々《しょうじょう》、蘭陵王《らんりょうおう》など、想像上の人物の大ぶりな人形を立て、下《した》山《やま》に囃子方がのりこんで盛んに囃して練る二層、二輪の祭り屋台が一九台出る。

村上ではこの祭り屋台を「おしゃぎり」と呼び、笛、太鼓、鉦を交えて祭り囃子が盛んに奏され、村上の特産

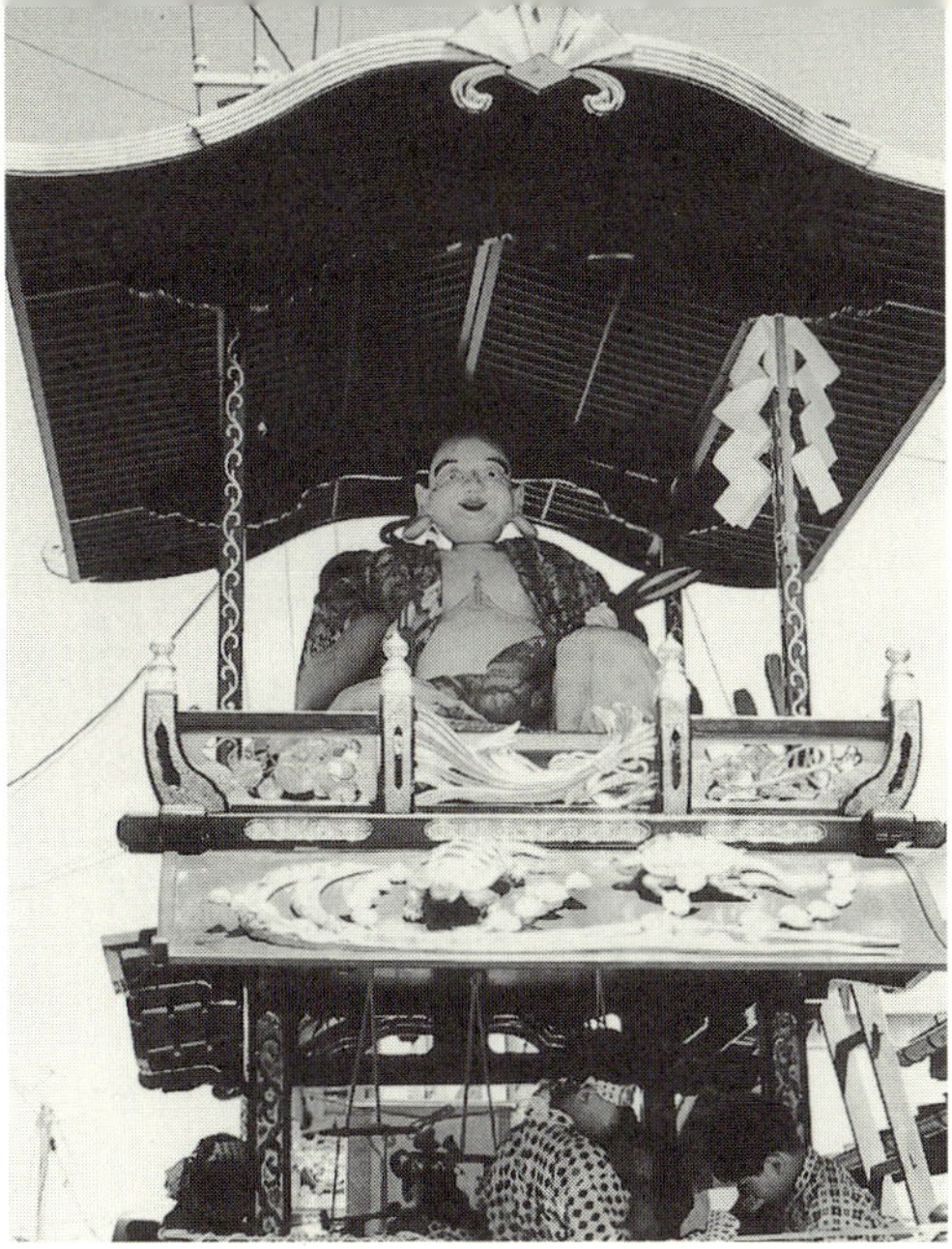

長井町の布袋屋台．
屋台の真ん中に座す布袋．鷹揚に首を振り，舌を出す．からくりは19屋台のうち長井町のみで，祭行列のとき最も人気がある．

でもある木彫堆朱《ついしゅ》や、堆黒《ついこく》、金銀彩色をふんだんにほどこした豪華な装飾がある。各町屋台上山後部に「見送り」と呼ばれる見事な彫刻を飾っているのも個性豊かである。

しゃぎり屋台九台、囃子屋台（白木造りで、笛と三味線を奏す）六台、仁輪加《にわか》車（白木造りで簡素なもの）四台であるが、いずれも一九各町内の人々それぞれ揃いの法被《はっぴ》姿で賑々しく添う。一九台中、長井町の屋台一台に布袋《ほてい》のからくり人形がある。

長井町のからくり人形

布袋様の人形が屋台の真ん中にどっかりと座り、首を左右に振り、舌を出す。屋台の練りにしたがって、道中ずっと人形の後ろ横に座った人形方が、人形の裾から手を入れて動かす。

この人形は明治初年、同町の木匠高田耕平によって造られたもので、祭りの人気者である。

日程

七月六日昼までに各町屋台の組み立てを終わり、午後より七日の本祭りに備えて町内を曳き廻す。

七日午前〇時に祭礼のはじまる触れ太鼓が神社を出発し、太鼓を叩いて氏子の町々を触れ廻る。各町内も逐次羽黒神社へ出発、午前七時には神社前に全一九台の屋台が整列する。

羽黒神社の本殿は眺望の良い山居山《さんきょ》の頂上にあり、高い石段を登って行かねばならないが、一行は石段の下の境内広場に集まるのである。

八時に花火の合図で三基の御輿が出発し、先導には猿田彦命、傘鉾《かさほこ》、荒馬一四騎、社名旗、五色旗、稚児、宮司ほかが続く。御輿の後を一九町内の屋台が続いて順序よく市内を一巡して午後六時頃に帰山する。

各町の屋台は肴《さかな》町から提灯に灯をともして午後七時過ぎ頃に各町内へ向かっての帰り屋台となる。一九台が賑やかなシャギリの囃子とともに曳き廻される行列は村上祭の圧巻である。

市の中心から車で十分も行けば日本海に臨む瀬波温泉がある。村上市内には郷土資料館や、重要文化財の若林家住宅が一般開放されている。

参　考　村上市郷土資料館（おしゃぎり会館　村上市三之町七 - 九、電話〇二五四 - 五二 - 一三四七）

問合せ　村上市商工観光課（電話〇二五四 - 五三 - 二一一一）

新潟県

小千谷巫子爺《おぢやみっこんじ》

とき　七月一三〜一五日　二荒《ふたら》神社祭礼（小千谷市本町）横町巫子爺

ところ　八月二八日　白山神社（小千谷市三仏生《さんぶしょう》）三仏生《さんぶしょう》巫子爺

交通　JR「小千谷駅」より車で五分

横町の長い伝統ある巫子と爺

信濃川の流れる越後平野にある小千谷市は古くから日本海側の交通の要地にある宿場町として、また縮布《ちぢみ》の生産地として名高いところである。その経済的発展につれて祭礼行事も盛大となり、東西の文化を吸収した独特の民俗芸能が生まれている。

小千谷縮布の守護神を祭る郷社・二荒神社の祭礼には、屋台に乗った巫子と老爺の一対のからくり人形の舞が奉納される。

まず等身大で上背のある細面の美女の巫子舞が立ち姿で首、鈴と扇を持つ両手を動かし左右を向きながら行なわれ、次に大きめな顔にぎょろ目の剽軽《ひょうきん》な爺が座姿のまま手を振り上げ、首、目、舌を動かして舞う。歌曲は「広大寺」「伊勢音頭」「いたこ」「おいとこ節」ほか全部で一〇曲あり、ユーモラスな「地獄踊り」で終わる。太鼓、三味線、笛、鉦を使用した囃子で賑やかに奏されるが、シャギリの笛、切々たる「すがらき」（余韻のある三味線演奏）の合いの手の調べが印象的だ。

特に面白いのは爺の舞の中に「品玉《しなだま》」があることで、爺が両手で伏せた蓋籠を上げるたびに福禄寿、だるま、サイコロと福助、唐子《からこ》、お化けなどが手品のように次々に現われて観客を楽しませる。

巫子（アネサ）舞は、中部地方によくある糸からくりで、下遣いだが、爺（ジサ）の踊りは、出し幕の後ろから二人の操者が胴串と首、両手を直接持っての演技である。

巫子爺を演ずるのは保存会（約六〇名）の面々で、全員で屋台組み立てから屋台運行、人形の舞、囃子に携わる。昔は、一八〇年余の伝統で、五〇軒ほどの横町のみが継承してきたが、平成元年に横町・冬堀町・土手町が合併、平成と改名されたのを機に平成八年より平成町全町による広域の「横町屋台人形巫子爺保存会」となった。小千谷市指定民俗文化財でもある。

日程

巫子爺の舞はまず宵祭りの七月一三日夜に町内で組み上げた屋台で披露され、一四日、一五日は、旧横町から本町を通り、眼下に信濃川を見下ろす高い森にある二荒神社へ行き来して町内、神社で奉納される。雨天でも行なわれる熱心な行事である。

三仏生の巫子と爺・白山神社の印象的なカップル

同じく小千谷市の三仏生では残暑厳しい八月二八日の夜、白山神社祭礼に同様な巫子爺の屋台が出る。妖艶なマスクの巫子人形と鼻の下に見事な白髭をはやした爺さん人形である。

白山神社境内には舞台があり、地域から集まったたくさんの観客を前にのど自慢、民謡、日本舞踊がひとしきり演じられた後、隣の屋台で巫子爺が演じられる。三仏生巫子爺保存会が中心で、始まりは不明だが、戦前からあったのが一時途絶えたのを町内の青年有志が昭和四八年に復活させた。当時の八月二九日には屋台が町内を引

写真上：三仏生の巫子と爺．巫子は背が高く，細面で妖艶な感じ．うずくまる爺は白い口髭が豊かで，手を振り上げ元気に舞う．写真下左：横町の巫子と爺．温かみのある優雅な巫子と大きなぎょろ目のひょうきんな爺．爺は，座ったまま両手，首，目，舌を動かして踊りながら品玉（手品）を見せたりする．写真下右：品玉の材料で，二人唐子とお化け．

き回されたが、現在は頻繁な交通事情や、曳き手の問題で、休止している。

由緒

巫子爺の人形は、江戸時代の越後の人々に親しまれた唄を伴奏に踊る。一〇曲ある中で、「新保広大寺」など越後の民謡のほかに「伊勢音頭」や「潮来節」など江戸ではやった俗曲が混じっており、曲種も豊富なのは、江戸時代に盛んに江戸と往来した小千谷の縮布商人や、三味線を抱えた瞽女《ごぜ》たちの手で越後に伝えられたものと思われる。

巫子爺の起源は、むかし横町にある旅籠に逗留した旅人（傀儡師《くぐつし》とも山伏ともいわれる）が残していった人形の爺の頭《かしら》に心ひかれた町内の人々が、衣装を付け、人形振りを考案したものと言われている。後になって男やもめでは淋しかろうと巫子舞が付けられ、以後一対の人形となった。

横町に生まれ育って、巫子爺に詳しい佐藤順一氏（六九歳）によると、近年になって偶然、町内の床屋の物置にある古いふすまの下張りから大昔の町内の帳面の反故《ほご》が発見され、巫子爺の貴重な資料となったという。文化一一（一八一四）年に巫子爺の屋台をつくることになり、その資金調達を町内で行なった記録であった。町の有力者たちが、京都方面から祭礼屋台を購入する手配をしたようで、これで一八〇年以上の歴史が確かなものとなる。旅人とは関西の西宮辺りから流れていったえびす回しの傀儡師が想像され、淡路系の人形の頭である。

まだ他にも巫子爺が

巫子爺は長い間横町の人たちが演じているものが最も知られており、ついで三仏生が戦後に復活し、活躍中である。しかし、他にも越路飯塚、不動沢、片貝にあることが山崎構成著『曳山の人形戯』（昭和五六年）に記されている。さらに多くの他地区にも伝承されていたことが平成元年に小国町の高橋実氏（新潟県民俗学会会員）の調査で明らかになった。小千谷市周辺には千谷、片貝町、越路町（飯塚、十楽寺、不動沢の三か所）、小国町太郎丸、長岡市深沢、親沢に同様な、あるいはジサのみの巫子爺があるということだ。総じて一〇か所で演じられているわけで、いかに巫子爺が越後の人々に愛されたかがわかる。これを機に平成元年一〇月に「巫子爺サミット」が開催され、伝承八地区が初競演し、互いに刺激しあったという。

問合せ　小千谷市役所・商工観光課（電話〇二五八‐八三‐三五一一）

富山県

石動曳山祭《いするぎひきやままつり》

とき　四月二三日、二四日

ところ　石動愛宕神社（小矢部市八和町《やつわ》）

交通　JR北陸本線「石動駅」下車

あでやかな花山車

高岡市と金沢市の中間に位置する小矢部市《おやべ》では、愛宕神社の春祭りに一一本の曳山が出る。高岡御車山《みくるまやま》に似た形式で四輪、大人形の祭神の背後に芯柱を立て、その上に鉾留の標識をとりつけ、菊の花笠を吊り下げている。

繊細にして豪華な白木彫刻がふんだんに施され、螺鈿《らでん》細工の梁《はり》、長押《なげし》など赤銅金具を飾ったものもある山車装飾の豊かさは、近隣の井波《いなみ》彫刻、高岡の金具、塗りなど工芸に強い地域性からくるものだ。

三〇本あまりの竹に紙製の赤、白、黄の花に緑の葉をつけた色鮮やかな花笠が印象的で、地元では「花山車《はなやま》」と呼ばれ親しまれている。

正確な起源はわからないが、宝暦頃よりつくられて、文化・文政期（一八〇四～三〇）に揃ったといわれる。

写真上：今町曳山のからくり人形．花笠の下の大人形は布袋で，その前にでんぐり返りの唐子と介添えの唐子人形が立つ．血色の良い素朴な顔立ちである．
写真左：下糸岡町の曳山．花笠の上のだし・見事な金色のあげ羽蝶が羽を開閉する．

日程

四月二三日は午前九時頃に愛宕神社のご神霊がおみこしに乗って氏子のいる各町を巡幸。一一時頃御旅屋《おたびや》（小矢部商工会前）へ移る。各町内の曳山も御旅屋前の広場まで集まり、神前でお祓いを受けてから各自の町内へくりだす。

四月二四日（雨天は中止）、花山車はJR「石動駅」南部の市街地全町を引き廻されるが、午後一時から御旅屋へ一一本が勢揃い、絢爛豪華な姿を見せる。午後二時頃、各自約九〇度方向転換してから一列に並んでJR石動駅方面へと進む。囃子を奏し、拍子木の合図、掛け声で終日引き廻される。

夕方六時頃、中央町通りの道林寺付近に集まった各花山車は、提灯に灯をいれて御旅屋を経、各町へ帰る。情緒豊かな夜祭りである。

小矢部市は、明治、昭和の市町村合併

によって出来ており、曳山の名はこのあたり全域が「石動」と呼ばれていた頃の旧町名をそのまま残して現在も使われている。

今町のからくり人形

今町、柳町、紺屋町、上神田、中神田、下神田、北上野町、下糸岡町、御坊町、博労町、南上野町の曳山のうち、今町曳山にからくり人形がある。

今町曳山の祭神・大人形は布袋《ほてい》。前人形に鉄棒をでんぐり返しする唐子《からこ》一体と太鼓を叩くワキ役の唐子がいる。人形の発祥は詳らかでないが高岡市で調えられたという。高さ一一〇センチ、幅八〇センチの鉄棒を懸垂・でんぐり返しする人形の精悍さと、太鼓を打つ頬の赤い小唐子の口をへの字に結んだひたむきさが楽しい。

下糸岡町のあげ羽蝶

だし（標識）のあげ羽蝶が羽を左右にひろげたり、閉じたりする見事なもので、二本のロープで操作する。作者は地元の大工と伝えられる。

問合せ　小矢部市商工観光課（電話〇七六六－六七－一七六〇）

富山県

高岡御車山《みくるまやま》祭

とき　五月一日（雨天二日）
ところ　関野神社（高岡市末広町九‐五六）・高岡市中心街一帯
交通　JR「高岡駅」

高岡の歴史とともにある豪華な御車山

高岡市では山車のことを曳山と呼ばず御車山《みくるまやま》という。

安土・桃山時代の天正一六（一五八八）年、豊臣秀吉が時の天皇・上皇を聚楽第にお迎えする時に使用した乗り物を、加賀藩初代藩主前田利家が秀吉から拝領した。それを二代藩主で高岡の町を開いた前田利長が慶長一四（一六〇九）年に高岡城を築くにあたり、町民に与えたのが始まりという。城下七か町に七台の御車を分かち、京都祇園祭の鉾山に似せて改装し、あくる一五（一六一〇）年より関野神社祭礼に御輿とともに曳行された。以来三八〇余年、高岡市の発展とともに継承されてきた御車山である。

通町、御馬出町、守山町、木船町、小馬出町、一番街通、二番町の七基がある御車山には、御所車風の直径一・五メートル以上ある大型の四輪（二番町のみ二輪）がついている。黒や朱色の漆塗り、金工が施され、思わず目をみはる豪華な車輪である。台座を幔幕で囲い、中心に「心柱」と呼ばれる高い鉾を立て、その先端に「鳥兜」や「胡蝶」、「釣鐘」などの「鉾留」が付く。この鉾留の下から三六本の色鮮やかな花笠が垂れ下がり、その中には竹籠が取り付けられている。心柱の下後方に「本座」と呼ばれる大型の人形、前方に「相座」と呼ばれる小型の人形が飾られ、七基中三基は動くからくり人形である。心柱は神が降臨する時の目印で、竹籠は古代における祭壇の花籠、人形は心柱を伝って降りる神霊が宿る形代《かたしろ》といわれる。

高岡は漆器、銅器の特産が有名で、高欄はその漆工芸の粋を集めたもの。金具、染色にも優れた工芸技術の装飾が施された御車山は、大車輪のキシミ音を響かせながら巡行する。その品位と格式は、高岡町民の心意気と財力に支えられたものだ。

からくり人形のある御車山

・通町《とおりまち》

毎年慣例により御車山巡行の先頭に立つ。

鉾留は鳥兜。本座の大人形は布袋《ほてい》和尚。相座の五体の唐子《からこ》の中、中央の唐子が鉄棒に懸垂しながら前から回転する。左右両側の唐子は鉄柱を支え、ラッパを吹いたり、鉦を叩くあどけないポーズである。

布袋和尚は江戸初期から伝わったもので、他六町と同様に神の依代としてその町の守護神を意味している。中央の唐子三体は、江戸時代も宝暦・明和の頃に活躍した地元の名工で、高岡漆器の中興の祖といわれる辻丹甫《つじたんぼ》の作といわれる。

人形方二名が後ろから二本の引綱を左右に引いてぶらんこをさせたり、前後にゆらしてその弾みでさまざまな姿勢を見せる。操作に熟練のいるからくりである。

・木舟町《きふねちょう》

鉾留は胡蝶《こちょう》。本座に大黒天が座し、左手に袋を背負い、右手に木槌を上げている。大黒天の頭部の箱書きに宝

❷

❶

❹

❸

①小馬出町の曳山．まばたきしたり，首を振りつつ太鼓を叩く猿公．②通町の回転唐子．鉄棒に懸垂してから前回転．③高岡工芸の粋を表す漆塗り，飾り金具の車輪．④七台の曳山揃い．御車山祭全景

暦二（一七五二）年の文字があり、通町と同じく辻丹甫の作という。相座の唐子人形が、両手に持ったバチを上下して太鼓を叩く。

引綱三本を一人の人形方が巧みに引いて操作し、人形は曳行の道中たえず囃子に合わせて太鼓を叩いている。

・小馬出町《こんまだしまち》
鉾留は太鼓に乗った金の鳥。本座には赤髪の猩々が右手に扇をかかげて立つ。古くからあったのを昭和三年に仏師本保喜作《ほんぼきさく》によって改作されたという。相座には陣笠をかぶり、陣羽織をはおった猿公が座って太鼓を叩きながら猿公は左右に首を動かし、まばたきしたり、両足をぶらぶらさせて踊るふりをして愛嬌がある。操者二名が後方にかくれて遣っている。

生きた猿によく似ているのは、猿の本毛をはりつけてあるからで、眼には玉がはめこんであり、口は開閉し、うなずきもする。この頭は文化元（一八〇四）年、高岡片原町の黒川発右衛門の作という。陣笠は高岡彫金の祖といわれる安川乾清の作で、高岡初期金工の代表作であるという。

日程
祭礼前日の四月三〇日は宵祭りで、各町収蔵庫から山車を曳き出し、山宿に運んで人形や幔幕を飾り付け、入魂式を行ない、町内で楽しむ。
五月一日、祭りの当日は、早朝より各町内で飾り立てられた七台の御車山は、各町内を曳きまわしてから、午前一一時、坂下町に曳き揃う。一つの山車に揃いの一文字笠をかぶり、麻裃《かみしも》姿の役員や、法被姿の総勢約五〇人ほどが付き添い、囃子を奏しながら午前一一時三〇分に出発して一二時に片原交差点に勢揃い、さらに古式に従い市内一定の順路を夕方六時まで巡行する。終了後六時三〇分より守山町通りですべての御車山がライトアップされて展示され、七時四五分に終わる。

初夏というには少し早い五月初日に正装の麻の裃姿は新鮮で、御車山に奉仕する曳方らの優雅な染め・仕立ての古式な半纏に白足袋、わらじ履きの姿も印象的だ。高岡御車山祭の伝統と格式を物語っている。

御車山をめぐる騒動

ところでこの祭りへの自負と献身のあまり、高岡町ではかつて事件に巻き込まれたことがある。

御車山は前田利長公から特別に高岡町民へ賜ったもので、他町がこれを真似して曳山をだすのは許さないとの考えから、近隣の放生津《ほうしようづ》、城端《じようはな》、今石動《いまいするぎ》の間で曳山をめぐり大騒動が江戸中期の安永年間（一七七二〜八一）にあったという。

高岡の津幡屋与四兵衛は他町が類似の曳山を造ったことで抗議に行き、捕らえられて獄死したことから、高岡の山町では御車山の由緒格式を身をもって守った義人として讃え、毎年四月三日に与四兵衛祭りを行なっている。

御車山は国指定有形民俗文化財、高岡御車山祭は国指定無形民俗文化財である。

問合せ　高岡市観光物産課（電話〇七六六－二〇－一三〇一）

福野神明社春季大祭

とき　五月三日
ところ　神明社（東礪波郡福野町）
交通　高岡より城端線で「福野駅」下車

可愛い唐子人形のでんぐり返り

本祭りの日、神輿の御巡回について曳山・屋台が出動する。

昔は四町に四本の曳山があり、明治の初め頃まで揃って引き回されていたが、現在は二町のみとなっている。

横町は色鮮やかな花笠を屋根とした花山《はなやま》で、奥に酒を酌む猩々の人形が飾られ（静止の状態）、前山で可愛い唐《から》子《こ》人形が鉄棒につかまり懸垂回転する。後方から綱で引いて動かすからくりである。

上町は屋形船の曳山《ひきやま》、神功皇后西征の立ち姿が飾られる。

日程

五月三日、両曳山は各倉庫を一二時三〇分頃出て、午後一時頃神明社に揃う。

横町のからくり人形は、午後一時に神明社前で奉納された後、横町内を練り歩きながら午後四時まで随時動かされる。囃子はテープで、祇園祭系のものが流れる。

往時は曳山があった他の二町も、人形だけを町内の大きな家の往来に面したところに飾っている。

この福野の祭りの宵祭りとして五月一、二日、夜高《よたか》（紙で作った行灯《あんどん》）をかついで宮へ詣る行事がある。若い人中心に、各町三〇余基の大行灯が神社へ繰り込む姿は壮観で、夜高同士のぶつけ合いもあり、「夜高祭り」として人気がある。

問合せ　福野町観光課（電話〇七六三－二二－一一〇〇）

横町曳山．神明社の神前で，可憐に鉄棒懸垂回転する唐子．

富山県

城端《じょうはな》曳山祭

とき　五月一五日（一四日宵祭り）
ところ　城端神明宮（城端町一六六八）
交通　ＪＲ城端線で「城端駅」下車

庵《いお》屋台の優雅な囃子と城端塗りの豪華曳山

礪波平野の南端、なだらかな山麓に近く、水田、畑に囲まれた城端が緑一色に染まる五月に神明宮の祭礼が行なわれる。

六本の曳山《ひきやま》が曳きだされ、いずれも彫刻や金箔、多彩な城端塗りの粋をつくした絢爛豪華な屋形式二層、四輪の人形山である。

曳山に飾られる人形は、等身大の何倍かある大型で、恵比寿、大黒天、布袋《ほてい》ほか七像あり、御神像と呼ばれ崇拝されている。多くが加賀藩の名工といわれた唐津屋（荒木）和助、小原治五右衛門の作である。六本中、ご神像のそばにからくり人形ののる曳山が三本ある。曳山は約七メートルの高さと七トン近い重さがあるので、曳くには三〇人ほどの人手がいる。それぞれに横笛、三味線、太鼓を合奏する若い衆が八〜一〇人入った庵《いお》屋台が先行し、囃しながら街を練り廻る。平屋建て、二棟構えの数奇屋造り、寄せ造りものの欄間をはめこみ、腰廻りに染めの水引幕をはった屋台は、京都の一力茶屋や江戸の料亭を模倣したもの。中は床がなく、粋な紋付袴の若

左：東上町・鶴舞山．片袖ぬぎのあでやかな綾織人形が舞う．ご神像は寿老人．屋台の四本柱や高欄の装飾は豪華である．左下：出丸町・唐子山．梯子のり，逆立ち唐子と笠をかぶった唐子，ご神像は布袋．右下：東下町・東耀山．ラッパを吹く人形と逆立ちをする唐子人形．ご神像は大黒天である．

者らが屋台の中に入って歩き、所望した家々の前で江戸情緒豊かな庵唄《いおりうた》をうたう。

八か町の傘鉾《かさほこ》の行列があるのも特色で、直径一・六メートル、長さ二・三メートルほどの大きな唐傘の周囲に幕をはり、傘の上に「飾物」をつけたものである。「飾物」は「粧物・よそおいもの」と呼ばれることもあり、太鼓に金鶏、打出の小槌、千枚分銅《ふんどう》など、高岡御車山《みくるまやま》や新湊《しんみなと》の曳山が、芯柱の先端につけた鉾留・標識《だし》と共通する。これは傘の上に神霊の降臨を仰ぎ、移動神座を象徴したものである。洗練された色とりどりの染めや柄の幕は、この町が古くから絹織物の産地として知られていることを思い出させる。

御輿渡御の行列には獅子舞、剣鉾《けんほこ》、それに八本の傘鉾が三基の御輿（春日、石清水、神明宮）を先導し、六本の庵屋台と曳山がこれに続くという江戸時代からの形式が今も継承されている。

からくり人形のある曳山

・出丸町《でまるまち》・唐子山《からこ》（御神像・布袋）

笠をかぶって笛を吹く唐子と、梯子のり、逆立ちをする唐子がある。曳山の高欄内からのばした小さな梯子にのって逆立ちする唐子は長らく動かされなかったが、最近復活した。作者は不明だが、いずれ町内の人によるものと言われる。「唐子旗持人形」もあるが、山車には乗っていない。

・東上町《ひがしかみまち》・鶴舞山《つるまいやま》（御神像・寿老人）

古典的な柄の着物を着て赤い片袖脱ぎのあでやかな人形が扇を手に舞う。古くから「綾織人形」と呼ばれる人形で、最近岐阜県高山へ修復に出された。下から紐を引いて操作される。

・東下町《ひがししもまち》・東耀山《とうようやま》（御神像・大黒天）

錦の裃《かみしも》をつけ〝ラッパを吹く〟人形と、逆立ちをする軽業の唐子人形がある。もとは御神像と同じく唐津屋和助によってつくられたという。最近高山で修復が行なわれた。

日程

一四日宵祭り

山蔵《やまぐら》（山車倉）の扉をあけて、曳山と屋台が組み立てられ、御神像の飾り付けが行なわれる。御輿が御旅所へ移され、六か町の各山宿（集会所）にて曳山の御神像・福の神を安置して鑑賞する飾り山。午後八時から一〇時、御旅所、曳山会館にて庵唄《いおりうた》が披露される。庵唄は端唄で、「夕暮」、「玉川」、「忍ぶ恋路」など江戸時代から伝わる情緒豊かなもの。三味線、横笛、太鼓の囃子で典雅に奏される。

・一五日本祭り

午前八時頃、御輿御旅所（役場そば）から神明宮へ向かって傘鉾行列が出発。午前一〇時に別院前に六本の曳山や庵屋台が集合し、御輿、傘鉾行列とともに巡行、あるいは別ルートを巡行したりする。巡行中、所望した家々の前にて庵唄を披露する。午後二時と八時、曳山会館前でからくり人形、庵唄を行なう。夕暮れになると、細竹の先に吊した提灯を曳山のあちこちにつけ、庵囃子に重厚な車輪のきしむ音が溶けあい、情緒ある宵祭りになる。

由緒・沿革

越中五箇山の入口にあたる城端は、真宗寺院の別院善徳寺が永禄二（一五五九）年にこの地に招請されてから、門前町、市場町として発展してきた。天正二（一五七四）年に城端神明宮が現在地に勧請されて後、貞享二（一六八五）年に社殿ができ、春秋の祭りが始まった。城端は絹織物の産地として賑わい、京都との経済交流で元禄文化が浸透した。その祭礼に御輿ができ、獅子舞や傘鉾の行列がはじまり、曳山も巡行する豪華な曳山祭りとなったのは享保九（一七二四）年のこと。その背景には、絹織物の町として栄えてきた城端町の経済不況による人心の沈滞を打開し、招福除災、町内繁栄を祈る住民の強い信仰心がある。

安永四（一七七五）年の曳山騒動では、高岡御車山に似た曳山を持つことで、城端でも曳山祭りが中止となり、町の責任者や職人が取り調べを受け、曳山接収、一人が入牢などのことがあったが、やがて復帰した。

江戸中期の城端の豊かな経済力と、高度な美術工芸技術で築かれた曳山は、優雅な庵屋台の唄、囃子とともにこの土地の町人文化の豊かさと心意気を示すものである。

参　考　城端曳山会館（城端町五七九－三、電話〇七六三－六二－二一六五）昭和五七年開館。傘鉾、庵屋台と曳山を三台ずつ（一年交代）常設展示。曳山祭を再現する映画も上映する。

富山県

伏木曳山祭

とき　五月一五日
ところ　伏木神社（高岡市伏木東一宮一七－二）と中心街
交通　高岡駅よりJR氷見線「伏木駅」下車、徒歩五分

勇壮にぶつかりあう曳山に唐子人形

富山湾を臨む伏木港の港町、「ア、イヤサカエ！　イヤサカエ！」と、かけ声も勇ましい男衆の心意気が溢れる曳山祭りだ。

伏木神社は、もとは神明社として海岸におかれていたのが、波によって崩れるので文化一〇（一八一三）年高台にある現在地に遷座し建造された。そして明治一六年伏木神社の名に改称された海岸鎮護、海上安全の守護神である。春季祭礼には六本の曳山が奉納される。

昼は花山車《はなやま》と言い、曳山の芯柱先端に標識《だし》、その下に色鮮やかな花傘をおろして神の形代《かたしろ》として七福神の人形を飾る。

高欄には仙人像などの彫刻、後屏には中国の「西王母」や「張良」などをテーマにした謡曲をもとにして、仙人やそれに関わる人物を描く彫刻がある。いずれも力強く躍動的な造型で、錺《かざ》り金具などを使用せず、もっぱら彩色された桃山時代調の彫刻で統一している。

全六町が曳山前面中央に前人形のからくり人形を飾っている。

本町の曳山が御幣と鈴を持って舞う三番叟の人形であるのを別として、あとの五町はすべて唐子《からこ》人形である。曳山の軽妙な囃子に合わせて首、足を動かし、小さな獅子頭を持つ手と羽製の采《ざい》を持つ手を交互に振って景気をつける。

人形は通称「前だれ」と呼ばれる美しいデザインの敷物の上にあり、人形の背後に人形方が座って綱をひいて操作する。

これらのからくり人形は、夜祭りになるといっせいに衣装変えして粋な法被《はっぴ》、鉢巻き姿となり、提灯の山の上で手ふり足ふり陣頭の指揮をとるのも楽しい見ものである。

曳山は高さ約八メートル、重さ約八トンという大型で、四輪の間に頑丈な轅《ながえ》と先端に鉄輪をはめ込んだ直径三〇から四〇センチ、長さ五メートルもある樫の大木などを取り付けた付長手がある。優雅な花山車の上部には不似合いなごつい下山は喧嘩をするためのもので、曳山と曳山がぶつかりあうことを地元では「カッチャ」と言い、目もくらむような激しいカッチャを見せるので、別名「けんかやま」と呼ばれる祭りである。

からくり人形ののる曳山

町名	標識	福神	時代と作者	前山人形	時代と作者
中町	千成瓢簞	福禄寿	不詳、高岡・辻野九右ェ門	唐子遊び	明治三年、放生津・矢野茂平
上町	笹りんどう	布袋	天明元年、高岡・辻野九右ェ門	唐子遊び	天保二年、氷見・北越吉三郎、昭和三七年井波・山下政信修復
本町	鈷鈴《これい》	弁財天	天明元年、高岡・辻野九右ェ門	和子三番叟	昭和五四年、上市・一二代吉住宗雲

上：本町広場に集合した6本の伏木花山車．それぞれの目じるしとなる先端の標識（だし），垂れ下がる花傘，前山のからくり人形と前だれの豪華けんらんを競う．中：夜祭りの提灯山．2台の曳山が激しくぶつかりあうカッチャ（けんか）が呼び物．重さ8トンもある大型の曳山を曳く梶棒には樫の大木などを付け頑丈にしている．右：中町の曳山．

宝路町　千枚分銅　恵比寿　年不詳、作者不詳、昭和六年　唐子遊び　明治一七年、作者不詳
氷見柳田漆工修復
石坂町　「寿」の字　大黒天　安政七年、高岡・山本喜兵衛　唐子遊び　明治二二年、高岡・水本吉蔵
湊町　胡蝶　毘舎門天　明治三四年、高岡・本保喜　唐子遊び　明治三四年、本保喜作、昭和
作　五二年京都・一二代伊東久重修復
（正和勝之助「伏木曳山祭再見」より）

十七軒町・標識ほら貝、福神寿老人が明治初期の火災で消失。

六本の曳山の創設は、中町山の文政三（一八二〇）年に始まり五本が江戸時代後期に、湊町一本が明治の作である。

湊町曳山の胡蝶の標識は、風を受けて向きを変え、動くようになっている。

日程

・五月一四日
各町の各山宿で、人形が飾られる。曳山はすでに一週間前には蔵出しされており、一四日は宵山として午後七時から九時まで人形をのせ、伏木本町の山倉前に勢揃いしてライトアップされる。

・五月一五日
御幸行列が伏木神社から一〇時半に出発、午後三時半まで行なわれ、御輿に子どもたちの母衣《ぼろ》行列や、花傘、太鼓が随行する。

各曳山は午前一〇時ころから各町内を出て伏木神社に礼拝する。各祭神の人形、からくり人形は、顔に白紙を

あてて出かけ、ここで神楽をあげてもらったのち白紙をとり除く風習がある。そして一二時、つぎつぎに本町広場へ集合、その年の順番に並び、一二時半には全曳山が曳き出され町内を練り歩く（平成一四年は一一時に集合、一一時半曳き出しと早められた）。

夕方、曳山から祭神をおろし、彫刻を取り外して山宿へ移し、花山から提灯山に改装する（からくり人形は提灯の間に飾られる）。

午後七時頃から三六五個の提灯で飾りたてた提灯山が曳き出され、いよいよ午後七時半から、けんか山がはじまる。

六本の曳山が並んで本町広場に集まり、並んで旧消防署まで移動した後、三本ずつ本町広場と法輪寺前へ移動し、その間でけんか（カッチャ）を行なう。山鹿流陣太鼓のお囃子とともに一〇〇メートルほど離れて向かいあった曳山が突進して激しくぶつかりあうさまは壮観である。何度もぶつかりあう曳山の迫力に歓声がどよめき、伏木の祭りの人々は興奮の渦に巻き込まれる。午後一〇時半にもう一度行なわれ、カッチャ終了後は再び街を巡行し、一二時に伏木神社礼拝をもって祭りは終わる。

奇数年と偶数年で曳山の昼・夜の順路が変わる。第二回目のカッチャは昔は一一時半に行なっていたが、最近早められた。高岡市指定無形民俗文化財。

問合せ　高岡市観光物産課（電話〇七六六－二〇－一三〇一）

富山県

氷《ひ》見《み》祇園祭

とき　七月一三、一四日
ところ　日吉神社（氷見市御座町）
　　　日宮神社（氷見市中央町）
交通　高岡からJR氷見線で三〇分、「氷見駅」下車

起源は悪疫祈伏の大祭

富山湾最大の漁港といわれる氷見には、いつも新鮮で種類も豊富な魚が水揚げされる。美しい海岸線から海の彼方に北アルプス連峰をあおぎ、立山の万年雪が見える風光明媚な能登半島国定公園の中に位置し、毎年七月に行なわれる祇園祭には地元の賑わいはもちろん、全国からも大勢の人々が訪れる。

氷見の祇園祭は、御座町の日吉神社と中町の日宮神社に合祀されている両八坂社（祇園社）にちなむ祭礼で、古くから氷見の町を挙げて行なわれる大祭だった。

その起源は、江戸時代初期の終わり頃、氷見町に悪疫が流行し、病死者が多数出たことから、京都八坂神社から祇園の神（牛頭天王）を勧請し、悪疫折伏を祈願したことに始まるという。人々は霊験あらたかなこの神を朝日山王権現（日吉社）に祀り、毎年祭礼をし、明和年間（一七六四〜七二）に京都祇園祭をまねた曳山をはじめたと伝えられる。

上：上伊勢町，鈴と扇を持った稚児人形がのる．下左：南上町の提灯山．唐子人形が300個以上も灯される提灯の山の主といった感じである．下右：南中町，千成瓢箪の標識で，獅子頭を持つ唐子がのる．

右：御座町，笛吹き童子と太鼓打ち唐子．
左：地蔵町，太鼓打ち猿の後に福禄寿が座す．

沿革

もともと氷見市は、市街地を流れる湊川に掛かる橋を境として北町と南町に別れており、江戸時代初期には行政的にも独立していた。氷見祇園祭は盛大になって御輿が南北一六町を巡幸するようになったが、途中、安永年間（一七七二〜八一）に氷見町内で地域的な抗争があり、氏子の南北分離騒動が起こったのである。朝日山王権現（日吉神社）を唯一氷見の惣社として崇敬する南方と、新たに日宮神社を惣社とする北方に分離してからは、南一〇町は曳山を曳き、北六町は「たてもん」という移動式の大人形を曳き廻すことになった。しかし、北のたてもんが町を引き廻されたのは大正四年が最後で、明治末期以後、普及する電灯、電話の架線が障害となって高い鉾留《ほこどめ》をもつ曳山や、たてもんの巡行は難しくなった。また明治一五年、昭和一三年の氷見町火災により多くの曳山・人形が焼失した。そんな歴史を背景に現在の祇園祭には昭和五一年に再興された南中町を含め南町五町内五本の曳山が曳き出され、御輿、太鼓台の練りとともに港町が湧く氷見最大の祭りとなっている。

からくり人形ののる曳山

氷見の曳山は、他の富山県の曳山に似て、地山の中央に心柱を立て、先端に鉾留（だし）、その下に花笠を降ろし、本座に大人形を据える。その前に前立《まえだち》人形と呼ぶからくり人形を飾った四輪の曳山である。高岡御車山《みくるまやま》以外は許されなかった黒漆塗りに錺《かざ》り金具で飾られた大型の車輪がついているのは、比較的新しい建造だからであろう。内外高欄にほどこされた白木造りの華麗な彫刻や、豪華な刺繍の胴幕などの素晴らしさを各町競いあって曳きだされる。

町名	鉾留（だし）	本座人形	前立人形（からくり）
南上町	胡蝶	中国の帝　文久二年、吉坂藤兵衛、藤原光保	石橋唐子童子
南中町	千成瓢簞	孔子、脇立人形に顔子、曾子	両手に獅子頭を持つ唐子　昭和四五年
御座町	枝付き梅鉢	布袋　大正元年	笛吹き童子・太鼓打ち唐子　昭和四二年に塗替修繕
上伊勢町	千枚分銅に打出の小槌	大黒　明治三三年、高岡・本保喜作	神楽鈴を持つ稚児　明治三三年、高岡・本保喜作
地蔵町	太鼓と鶏	福禄寿	太鼓打ち猿　高岡・竹田松洋、昭和一二年

（「氷見の曳山人形展」氷見市立博物館より抜粋）

南上町の石橋唐子人形は、丈一一三センチの大柄な唐子で、頭部は桐材に彩色され、首が左右に動く。両肩部分に溝を切り、ヒモを通して手足が連動する仕組みになっている。

南中町の獅子頭を持つ唐子は、頭部を井波《いなみ》町で彫刻され、氷見の蒔絵師矢方《やの》松城《ほしょうじょう》によって彩色されたという。

御座町の笛吹き唐子は陣笠を頭に小首をかしげて笛を吹く。もう一方の唐子は豆絞りの鉢巻き姿で太鼓を叩くコンビが愛らしい。

上伊勢町の稚児人形の頭部は木彫彩色像で、高さ一五センチの冠をかぶり、右手に神楽鈴を、左手に扇を持つ。人形後方下部にある三本の操り棒の操作で、ヒモで結ばれた首、手足が連動して動く。

地蔵町の太鼓打ち猿は、頭丈二四センチの木彫彩色の猿の顔に、一面に猿の毛が張られ、黒塗り陣笠を被る。仕掛けは、箱型の胴体部の真ん中に心棒を通し、この上に猿の頭部を置いて、猿の両肩、喉と背面取手をひもで結び、この取手を上下して太鼓を打ち、首を上下させ、口を開閉させることができるのである。

このほか過去に焼失した曳山の中で、川原町の前立人形のでんぐり舞い唐子人形が残り、頭部だけ残った仕切町の前立人形も修繕されて飾られている。

日程

七月一三日は午後七時頃、日吉神社で各町神社総代や一般参拝者が揃い、祭典が行なわれる。午後七時四〇分頃、御輿の神幸が始められ、提灯山にした御座町の曳山とやはり提灯をともした南一一町の太鼓台が御座町内を曳きまわされる。南上町、南中町も提灯山にして町内の目抜き通りに曳き出される。

七月一四日は、正午より日吉神社で祭典が行なわれ、午後一時前、御幸が始まる。神職と神社総代のほか、南一一町の太鼓台が供奉する。各曳山は午前中に曳き出し準備を終え、昼過ぎから曳き出される。午後三時頃、日吉神社そばの御座町交差点近くで出揃い、目抜き通りを中の橋まで曳き廻し、ここで午後四時頃、御輿が通るのを見送ったのち曳き別れ、各自の町へ戻る。夜は提灯山にして各町一二時頃までかけて曳き廻される。

曳山の仕事は各町内の総代の元で壮年層が受け持ち、太鼓台も含め引き廻すのは青年団の一七歳から二五歳の青年たちが中心である。

氷見市の北と南を繋ぐ中の橋には今、「虹の橋」をテーマとした楽しいからくり時計が設置され、市民に憩いをあたえている。ハイテクを駆使した光と霧のファンタジーに郷土出身のマンガ家藤子不二雄Aさんの忍者はっとりくん、ケン一くん、影千代、獅子丸、シンゾウくんら人気キャラクターが現われ、午前九時から午後七時までの毎時、素敵なショーを見せる。

問合せ　氷見市商工観光課（電話〇七六六－七四－八一〇六）

富山県

新湊《しんみなと》（海老江・放生津）曳山祭

富山湾に面した新湊市には一六本（この地方では台といわず本という）の曳山がある。一三本は放生津《ほうしょうづ》八幡宮の祭りに、三本は海老江の加茂社の祭りに出る。いずれも四輪で、心柱を立てた先端に標識《だし》をつけ、花笠をおろした山車で、京都祇園祭の鉾山に通じ、高岡御車山《みくるまやま》にも多くの類似点がある。すべての曳山が新湊市指定文化財である。

海老江加茂神社祭礼

と　き　九月二三日
ところ　海老江加茂神社（新湊市海老江一九七）
交　通　ＪＲ「富山駅」よりバス「新港東口行き」三〇分、「海老江」下車

海辺の神社に山車からくり奉納

海老江の沿岸漁業は、江戸中期から明治にかけてが最盛期であり、北海道、樺太、カムチャツカへの北前船交易や出稼ぎも盛んだった。漁業で村中が栄えた時期に、五穀豊穣と大漁を祈願する村の氏神、海老江加茂社の秋

祭りに奉納する曳山が三本つくられた。東町、中町、西町の曳山で、その構造や囃子は最寄りの放生津の曳山に大きく影響されている。前人形は三本ともからくり人形である。

日程

前日の宵祭りは、山町の公民館に王様（大将人形）と前人形を飾り付け、祭神をお迎えして供饌する。これを海老江では「築山」といっている。法被《はっぴ》姿でねじり鉢巻のこども神輿が各町から出て、元気よく厄祓いしてまわる。

祭礼当日は、夜明けから飾り付けをした三本の曳山が海辺にある加茂社の鳥居前に集合。八時半にお祓いを受けた後、揃って町内を曳き廻す。夜は提灯山となる。

海老江の曳山と人形

町名	標識	王様	からくり人形（前人形）	曳山のできた年
西町	打出の小槌	恵比寿	唐猿童子	創建不明、天保一二年再建、明治三四年再建
中町	振鼓《ふりこ》	猩々	両脇に二唐子が棒をささえ、中央の唐子が懸垂回転	創建不明、天保一五年再建
東町	軍配	三番叟	唐子遊び	創建不明、安政四年再建

西町の前人形は、もとは羽根つきの笠をかぶり、左手に獅子頭、右手に太鼓のバチを持った高岡御車山の猿公に似た猿のからくり人形であった。昭和五四年に新調し、名古屋の七代目・玉屋庄兵衛による猿面かぶりの唐子に変わった。この地方に珍しい樋《とい》を出して、その上で端正な顔の唐子が猿に変身する。

上：海老江加茂神社前へ曳きこんでくる西町，中町の曳山．
上左：東町の唐子，右手に太鼓のバチ，左手に獅子頭を持つ．
中：西町唐猿童子の変身．
下右：中町の可憐な懸垂回転唐子．

上右：放生津八幡宮・東町山の三番叟．人形は上山高欄の前に位置して操者が後方より糸をひいて操作する．上左：三日曽根山の唐子懸垂回転．下右：寿老人と鶴をのせた上山が回転する中町の曳山．下左：法土寺町山の猿公，鈴と扇を持つ．

中町の唐子懸垂回転は、京都で作られたものといわれている。東町の人形は手にバチを持ち、小太鼓を打つ唐子遊び。王様の三番叟人形に天保一三（一八四二）年越中富山、水口助右ヱ門の銘記があるという。

放生津《ほうしょうづ》八幡宮祭礼

と　き　一〇月一日・二日
ところ　放生津八幡宮（新湊市八幡町二丁目二－二七）
交　通　ＪＲ北陸本線「高岡駅」から万葉線で三八分、「中新湊駅」下車

名物祭り一三本の花山、提灯山

放生津は港町で、漁業、商業の市街地として中世より繁栄したところである。大鳥居があり、富山湾奈呉《なご》の浦に臨む総社の放生津八幡宮は、天平一八（七四六）年に越中の国守大伴家持がこの地の風景を愛して奈呉八幡宮（後の放生津八幡宮）を創建したのが始まりという。鎌倉時代に社殿ができ、以来大津波や火災など幾多の困難にあいながらも威厳ある風格を今日に伝えている。その祭礼は、「曳山祭り」といわれ、地方の名物祭りとして愛されている。

日程

一〇月一日には八幡宮から神輿が出て、氏子中を回る。曳山はその渡御《とぎょ》に随伴するもので、神を敬うとともに庶民の楽しみとして伝承されてきた。

慶安三（一六五〇）の創建で一番古い古新町の曳山は籤《くじ》とらずの先頭で、他の一二本は籤によって順番をきめる。一三本の曳山は曳山囃子を奏しつつ市内を巡行する。昼は山の標識《だし》（鉾留とも呼ぶ）の下から花傘を垂らし、その中に王様と呼ばれる大きな化粧人形、前方に小ぶりな前人形を乗せる。前人形は軽快な動きのからくり人形で、一一本の曳山に乗っており、巡行中囃子に合わせて踊っている。太鼓叩き、三番叟や巫女舞の振り、でんぐり返しなど、単純でも愛らしい動作が人々を魅きつける。一本異例な曳山は中町のもので、松の木を立て、寿老人と鶴をのせた上山が回転し、その下の中山に立つ二対の男女唐子も輪舞するように見える。軸転式曳山で、からくり山車ともいえようか。

曳山は、放生津の宮大工、舟大工連が中心になって作り、彫刻、彫金、塗箔なども地元の職人が精魂こめたもの。四輪の車輪の中には高岡御車山に似て漆、金工がほどこされ華麗なものもあり、元気な若い曳方により掛け声勇ましく、一三本が潮の香が漂う狭い町角を急曲がりしながら進む。この昼間の曳山を「花山」と呼び、夜は三〇〇あまりの数の提灯を飾る前人形を乗せた「提灯山」に変わる。山の正面で明るく微笑むからくり人形は、提灯の城の天使とも見える。暗い水辺の闇にあかあかと灯のともる一三本の提灯山が練りまわる姿は絢爛豪華である。

放生津の曳山とからくり人形

町名	標識	王様	からくり人形（前人形）	曳山のできた年
古新町《ふるじんまち》	鈷鈴《これい》	諸葛孔明	唐子の太鼓叩き	慶安三年創建 元禄一〇年再建
奈呉町	錫杖《しゃくじょう》	恵比寿	唐子が右手に小太鼓、左手に獅子頭を持つ。男女の唐子が飾られるが動作はしな	元禄五年創建 安永四年再建

い

中町	松の木を立て、寿老人と鶴をのせた上山。回転式。			元禄五年創建 寛政八年再建
新町	法螺貝	神功皇后と武内宿禰	なし	正徳五年創建 安永三年再建
東町	諫鼓《かんこ》の鶏	尉と姥	鈴と扇子を持つ三番叟	享保三年創建 天明三年再建
立町	寿	孔子	猿公が陣笠をかぶり、太鼓を前にバチを持つ	享保六年創建
三日曾根《みっかそね》	和銅開珎	布袋	両脇に二唐子が棒をささえ、中央の唐子が懸垂回転	享保六年創建 昭和二四年再建
法土寺町	軍配	関羽・張飛	猿公が陣笠をかぶり、右手に鈴、左手に扇を持つ	明和年間創建 天明五年再建
荒屋町	千枚分銅	大黒天	両脇に二唐子が棒をささえ、中央の唐子が懸垂回転	明和七年創建 昭和二七年再建
長徳寺町	蝶	神武天皇	唐子が鈴と獅子頭を持つ	安永二年創建 昭和一一年再建
紺屋町	振鼓《ふりこ》	日本武尊	巫女、神鈴と榊を持つ	寛政元年創建 明治一三年再建
四十物町《あいものちょう》	打出の小槌	菊慈童	唐子が鈴と扇子を持つ	享和三年創建

元禄一〇年再建

南　立町《みなみたてまち》　五三《ごさん》の桐　住吉大明神　唐子が鈴、扇子を持つ　文久二年創建

（曳山のできた年は、「新湊曳山まつり」新湊市、新湊市観光協会、新湊曳山協議会発行チラシを参照）

奈呉町曳山の「唐子遊び」からくり人形は、加賀藩御用大工の流れを汲む氷見在住の指物師・北越吉三郎の作という。

立町曳山の猿公は、顔を左右にまわし、口を開閉する。玉目をはめこみ、猿皮をはりつけるなど精巧な細工がしてある。南立町の宝生流面打師・矢野啓通による傑作といわれる。

三日曾根曳山の三唐子、中央の唐子懸垂回転の人形の作者は別宮和二郎、からくり部門は奈良田順作と島竹善作が仕上げた。唐子のでんぐり返しは、台に心串を立て、人形の首、手足に操作棒（差し金）をつけ、これに紐綱や、歯車をつけて操作する。

これらのからくり人形は、曳山や王様人形の再建と同じく、時代とともに新しく変えられて今にあるのである。

古代祭事の築山

さて、あくる一〇月二日は大祭で、放生津八幡宮の東境内に築山《つきやま》が飾られ、社殿で放生会《ほうじょうえ》が行なわれる。

築山とは、神霊がのりうつられるように仮設された山のことで、海からやってこられるという神を迎えるため、境内の松の立木を背景に西に面して設置される。幅七二〇センチ、奥行き三六〇センチ、高さ二七〇センチのひな壇の枠組で、最上段の後部中央正面に、唐破風屋根の神殿をつくり、その屋根に主神の姥神《うばがみ》様を祀る。鬼女の面をつけ、白衣に金襴の打ち掛けを着、白髪をふりみだして立った姿は、天上から舞い降りたかのごとくである。下段の四隅に、鎧、兜で武装した等身大の四天王武者人形を置き、客人《まろうど》も配置して壇上には神饌を供える。姥神や四天王のつける面は、室町・桃山時代の名作といわれるものである。

築山が飾られるのは一〇月二日の午前九時から午後四時までで、終わるとすぐ解体される。古代祭事を今に伝える特殊な民俗祭事である。放生津の曳山は、この築山が素型といわれている（築山神事は、高岡市の二上《ふたがみ》射水《いみず》神社でも毎年四月二三日に行なわれている）。

放生会は放生津八幡宮の生類供養の大切な祭りである。祭壇に生きた魚を、また鳥籠に生きた鳥を入れて祭式を行ない、式後これを放す。漁業で生きる人たちにとって、猟師滅罪と海上の安穏、大漁を祈るのは切実なことであろう。

由緒

曳山をめぐって御車山を持つ高岡と問題を起こした「安永の曳山騒動」は、この放生津八幡宮へ高岡から出向してきた神主と、地元放生津住民のいさかいに端を発するという。神主の怒りで曳山祭りが五年間中止され、また高岡へ修理に出していた放生津の曳山が高岡の御車山に似ていると差し押さえられたことが放生津の人々の激怒をかった。それが高岡、放生津の対立を招くまでになり、大事件に発展したのである。安永四年の放生津の祭礼で、前田利長公から拝領の御車山の模倣は許さぬという高岡と放生津の曳山関係者が接触、乱闘さわぎとなり、結果入牢、死者まで出る事件になった。放生津は全町の曳山が取り調べのため魚津へ接収され、うち七町の山車は没収される憂き目にあったが、何年か後に復活した。港町の若者の活気にあふれた放生津の祭りと、伝統の格式高い高岡の町の祭は良きライバルで、今では春は「高岡の御車山」、秋は「放生津の曳山」の名物祭りとして人気を分かちあっている。

問合せ　新湊市教育委員会生涯学習課（電話〇七六六－八二－八二三七）

富山県

大門《だいもん》曳山祭

とき　一〇月第二日曜日
ところ　大門神社（射水郡大門町大門新一）
交通　高岡よりJR北陸本線「越中大門駅」下車

大輪の曳山前人形からくり

射水《いみず》平野を流れる庄川のほとり、大門神社の秋まつりに四本の曳山が出る。いずれも明治初年頃に作られたといわれ、北陸の山車特有の標識《だし》に花傘、大人形を飾った大輪の二輪車あるいは四輪車である。高欄の色彩をほどこした彫刻も見事で、各々前山にからくり人形を飾っており、曳山の巡行中に人形が動いて愛らしい所作を見せる。唯一からくり人形ののっていない枇杷首の曳山は二輪で、直径二一四センチメートルもある車輪に金箔の豪華な装飾を持つ。高岡御車山《みくるまやま》の中で金工品では白眉といわれる二輪の二番町曳山に似ている。

曳山を曳くのは青年会（およそ三五歳未満）と自治会の人々で、若いエネルギーに溢れている。

曳山名	標識《だし》	大人形	からくり人形
枇杷首	つりがね	住吉明神	なし
西町	小判二枚	楠木正成父子	猿の太鼓叩き

上右：西町の曳山巡行．猿の太鼓叩きがのっている．上左：中町，元気に懸垂回転する唐子．下：田町，太鼓を叩く女唐子人形．人形の後ろに竹で編んだ髷籠が見える．花傘，大人形（大将人形）など他の北陸地方の曳山と共通である．

中町　　胡蝶　　　　布袋　　　　懸垂回転する唐子一体
　　　　　　　　　　　　　　　　そばに立つ唐子二体
田町　打出の小槌　恵比寿　　太鼓を叩く女唐子

からくり人形の作者、年代は不詳であるが、明治以降同じ頃につくられたようである。

日程

前日午後から各町で曳山が山蔵から出され、形を整える。人形も出されるが、顔には白布をかぶせておく。当日朝七時に各町で集まって曳山の上部の飾りをし、顔から白布をはずした人形をのせて曳きながら大門神社へ集まる。一一時過ぎ、四本が神社の前で神楽を奉納、神主のお祓いの後、町内曳きをしてお昼頃、大門神社の横、庄川べりに並ぶ。五月には河川敷で「越中だいもん凧まつり」が行なわれる壮大な庄川である。曳山の順序は東行きの時は、田町、中町、西町、枇杷首の順に、西行きの時はその逆にする。休憩後、ふたたび各町内を巡行し、午後二時四〇分頃には練り終わる。夜は提灯山となり、午後六時から九時半頃まで車をきしませ、囃しながら町内を練る。

本来、曳山祭は毎年一〇月二一日であったが、近年は曳き手の問題で、集まりやすい一〇月一〇日（体育の日）に行なっていた。最近、体育の日の変更にともない、一〇月の第二日曜日にさらに変更された。

問合せ　大門町役場産業課（電話〇七六六－五二－六九六一）

丸岡古城まつり

とき　一〇月一六日に近い日曜日（前後三日間）正午〜午後七時
ところ　丸岡城（坂井郡丸岡町霞町一‐五九）および谷町交差点を中心に市街地
交通　JR北陸本線「福井」駅よりバス三〇分、「本丸岡」下車

素戔嗚尊と稲田姫の神楽舞

丸岡町には天正時代、織田信長臣下の柴田勝家が越前国の守護職となったおり、甥の柴田勝豊が派遣されて築城、初代城主をつとめた丸岡城がある。現存する日本の天守閣の中でも最古の建築で、国宝に指定されていたが、昭和二三年の福井大震災で倒壊し、昭和三〇年に修復再建されて重要文化財となっている。高い望楼式天守閣に登ると眼下に丸岡の城下町から広がる福井平野を見渡すことができる。

この丸岡城を中心にして歴史と伝統ある町づくりをしようと「丸岡・古城まつり」が毎秋行なわれている。呼び物のからくり人形は、能面を付けた素戔嗚尊《すさのおのみこと》と、稲田姫命の二体で、背の丈一五〇センチほど。木製山車を舞台に鈴と刀を持った両手を広げて壮大な神楽を舞う。

丸岡町に伝わる日向神楽にもとづく六〜七分の演技で、日向神楽は元禄時代に九州の有馬清純が丸岡へ移封の際に持ち込んだ文化。以来有馬家は明治維新まで八代が丸岡城主をつとめている。

上：丸岡古城まつりの本部席前風景．山車に乗った素戔嗚命と稲田姫命の人形が向かいあって神楽を舞う．スケールの大きい動きはコンプレッサーの圧縮空気を送って行われる機械じかけ．下：稲田姫命の悠大な舞姿．鈴と扇を持って立つ姿は神々しい．

日程

祭りは氏神・神明社の大祭である一〇月一六日に近い日曜日。全町民参加のもと、からくり人形山車巡行にはじまり、丸岡城で出陣式を行なった五万石パレード、武者行列、子供大名行列、丸岡音頭ばんば踊り、おじゃれ餅まきほか盛り沢山のプログラムがある。

からくりは祭り開始の一二時と終わりの午後六時頃、谷町交差点近くに設置された本部席前と山車の市街地巡行の途中で行なう。特にフィナーレの夕刻には会場の四方に松明を焚いて幽幻な雰囲気が漂う。

圧縮空気の動力で舞う人形

人形山車巡行には笛、三味線、小太鼓の囃子が奏されるが、神楽はテープ演奏で、驚くことに人形の中身は正真正銘の機械構造である。コンプレッサーで圧縮空気を送りこんで動かす機械じかけで舞う。地元の福井工業大学機械工学科研究室の制作で、将来さらに細かい芸ができる人形に開発が進められているとのこと。確かにからくり人形は、いつもその時代が提供する最適な材料と最高の技術で作られたことを思えば、ここにボタン一つで神楽を舞う人形の出現も斬新なからくり人形と受け止められる。

古城まつりは戦前も行われていたが、人形は手作りで三〜四台の山車の出るものだった。近年、丸岡の町に活気を呼ぼうと平成二年に祭り振興会ができ、近隣の北前船の港として有名な三国町から武者人形を借り、中古の山車を三国町から買って祭りに出したりした。

そして新しいからくり人形山車二台の出場も企画され、以来町をあげての古城まつりは年々盛んになって今年（平成一六年）一一年目を迎える。

問合せ　丸岡町役場産業観光課（電話〇七七六‐六六‐三〇〇〇）

岐阜県

伊奈波《いなば》神社祭礼（岐阜祭）

とき　四月第一土・日曜日
ところ　伊奈波神社（岐阜市伊奈波通一－一）
交通　ＪＲ・名鉄「岐阜駅」より市バスで「伊奈波神社前」下車

古式豊かな大行列

清流長良川を見下ろす金華山の上にある岐阜城。その南に位置する伊奈波神社は、古くから信仰された神社で、その例大祭を岐阜祭ともいう。

もとは四月四日、五日に行なわれていたが、近年は四月第一土・日と決まっている。大規模な神輿の渡御《とぎょ》にはじまる大行列があり、踊り山一台と、からくり人形の乗る山車《だし》・安宅車《あたかしゃ》、蛭子車《ひるこしゃ》、清影車《せいえいしゃ》の三台がある。山車は大唐破風造りの屋根を持ち、上・中・下段の三段形式で、中段が屋台先になった名古屋型の山車である。

日程

土曜日は試楽祭で、午後から神輿渡御が始まる。

行列は、御鳳輦《ごほうれん》（屋形の上に金色の鳳凰の飾りをつけた輿）を中心に、獅子、猿田彦、社名旗、真榊、五色旗など威儀の物に続いて宮司以下神職、神社総代、町内代表、神社委員などおよそ一五〇名、他に男女四〇名の稚児が練る盛大なものである。

伊奈波神社から橿森《かしもり》神社、金《こがね》神社、都通り、西野町、川原、岐阜公園、米屋町から伊奈波神社の道順で練って行く。

伊奈波神社に祀られている神は、第一一代垂仁天皇の第一皇子である五十瓊敷入彦命《いにしきいりひこのみこと》で、その皇子が橿森神社に、妃が金神社に祀られており、神輿は両神社に表敬し、合わせて人々の暮らしを見て通られるのである。

あくる日曜日は本楽の日で、伊奈波神社では総代、神社委員、神賑会氏子らが参列して祭典が挙行される。

からくり人形のある山車は、朝から他町内とも交流をはかるため市街地二五か所ほどでからくりを披露しながら練り、宵宮にはいると伊奈波神社に集まってくる。伊奈波神社への参道にもあたる米屋町の交差点一帯は、祭り客で黒山の人だかりが見守るなか、一五〇個の提灯を揺らせながら練る山車が、急テンポの囃子に合わせて前輪を浮かせてくるくる回る「まわりこみ」を見せる。そして金華山に続く山なみの裾にある広い伊奈波神社の境内は時あたかも桜の満開にあたり、大小数多くの電飾を施した夜桜が皆々を迎える。

ぞくぞくと集まった人波の中で、各山車、お祓いが済んだ六時半頃から提灯の明かりで一台ずつからくりを奉納する。

からくり人形のある山車

・安宅車《あたかしゃ》（金華校区氏子中）
中段に采振《ざい》り人形、上段に能狂言「安宅」を演ずる弁慶、義経の人形がある。奥の大将座に義経が、前方に山伏姿の弁慶が立って勇ましい所作を見せる。

人形の箱書きには明治二一年と記されており、特に義経の箱書きには「名古屋裏門前町・荒川正兵衛造、弟子吉川」があるという。

宵宮の稲葉神社へ集ってくる山車．150個もの提灯をゆらせながら市街地から練ってくる．上：清影車・京町校区氏子中，「玉井」の豊玉姫と竜神のからくり人形２体と，前山に烏帽子をかむった采振り人形がのる．下左：安宅車・金華校区氏子中，山伏姿の弁慶の勇ましい所作．下右：蛭子車・明徳校下氏子中，唐子の采振り人形と奥に若恵美須命が立つ．

安宅車はもと本町五丁目（旧町名車町）所有のやや大型の山車で、弘化元（一八四四）年に信州諏訪の名工二代目諏訪和四郎によって造られたことが、日本の木彫り彫刻の権威である立川家の年譜により知られている。

・蛭子車《ひるこしゃ》（明徳校下氏子中）

上段に赤い着物を着た若恵美須命、中段に唐子の采振り人形がある。

若恵美須は嘉永五（一八五二）年、名古屋門前町の竹田源吉により造られたとの人形箱書きがある。唐子の箱には享和二（一八〇二）年の年号がある。

もとは岐阜市金屋町の山車であった。由緒は不明だが、岐阜祭りの山車四台中の最古のものと推定される。美濃市殿町にある三輪車と、形態、装飾、大きさともに同じで、岐阜または周辺の工匠によって造られたものと推測されている。

・清影車《せいえいしゃ》（京町校区氏子中）

安宅車を模して造られたものらしく、形式、大きさ共に類似しているが、漆塗装はまったくない総素木つくりの山車である。大正時代に制作されたと推定されている。これにはからくり人形「玉井《たまのい》」三体が乗っていたが、昭和三四年の伊勢湾台風で水につかり、京都で修理をと検討されたが結局は紛失してしまった。そこで最近、氏子衆らでつくる実行委員会が中心となり神社や市とともに再現を計画。春日井市在住のからくり人形師萬屋仁兵衛文造に依頼して復元された。「玉井」は、海幸彦・山幸彦の物語で、人形は、豊玉姫と海神が陸に帰る山幸彦を見送って舞う場面を演じる。途中、美しい豊玉姫が目をらんらんと光らせた海神に変わり、紙吹雪が放たれるところが見もの。中段の烏帽子をつけた采振り人形もにこやかである。人形不在で傷みや破損も生じていた山車も補修され、平成一〇年の岐阜祭りで三八年ぶりに晴れやかな姿を復帰させたのだった。

由緒・沿革

これらの山車は、もとはそれぞれの町内所有のものであったが、終戦直前の家屋強制疎開の問題などで町内での管理が困難になり、伊奈波神社に奉納された。踊車を含め四台すべて伊奈波神社境内の保存庫に収納されている。神社ではこの山車を守るため伊奈波神社総代会の尽力で奉賛会が設立され、毎年祭礼には明徳、京町、金華、本郷の四小学校区に山車の出番を依頼している。それぞれの校区では、自治会が中心となり、数町内が協力して年々当番をつとめている。

岐阜祭は、江戸時代も始まったばかりの慶長の頃に一四台の山車が出たという。小田切春江の『岐阜名所図会』にも伊奈波神社祭礼図があり、当時の盛大さが描かれている。

明治初年までは三月三日を中心に行なわれ、明治六年から四月五日に改められた。現在も例大祭は市民の声によって四月第一土・日曜となったが、神社としては土・日に関係なく四月五日の本楽行事は以前通りしきたりとして行なっている。

試楽の神輿行列には二〇〜二五頭の馬が先導するなど古式ゆかしく行なわれていた岐阜祭である。時代の推移で行列も制限を受け、濃飛大地震、第二次世界大戦によって多くの山車を失った今、残る四台は貴重である。

この岐阜祭には岐阜出身の戦国武将・斎藤道三をしのぶ「道三まつり」が協賛して、若宮町の歩行者天国や楽市楽座などを開いて大にぎわい。市内の企業や団体の担ぐみこしのパレードも本みこし、飾りみこしあわせて三四基にもなるという。造り神輿コンクール、民謡おどりも催されて祭り気分も最高潮、岐阜市あげての祭りとなっている。

問合せ　岐阜市観光課（電話〇五八二－六五－四一四一）

岐阜県

美濃祭

とき　四月第二土・日曜日
花みこし　第二土曜、午前九時〜午後三時半　試楽
山車・ねりもの　第二日曜、午後一時〜　本楽
流し仁輪加《にわか》　両日共、午後七時〜

ところ　八幡神社（美濃市上条）

交通　新岐阜駅より岐阜バス八幡線で五六分「美濃市駅」下車

美濃和紙の花みこしと六台の山車

美濃市の歴史は古く、関ケ原の合戦（一六〇〇年）で戦功のあった金森長近《ながちか》が、越前大野や、飛騨高山の町づくりをした後、隠居城として造った小倉山城を中心に発展した城下町である。

火災の時に類焼を防ぐよう屋根につけた卯建《うだつ》のある屋敷が今も数多く残り、古い町並みの落ち着いたたたずまいが印象的だ。良質紙として名高い美濃紙は、国の伝統的工芸品に指定されるほどで、原料のこうぞが豊富であることと、長良川の清流が和紙づくりに良い条件をもたらしている。

旧美濃町の氏神である八幡神社の祭礼は、美濃和紙で造った華麗な「花みこし」の乱舞と、古式ゆかしい神輿、六台の山車、ねりものの「御神幸行列」と、文化とユーモアのセンスある郷土芸能「流し仁輪加《にわか》」の三部からな

り、寛永一一（一六三四）年頃から盛んとなったといわれている。
山車《だし》は、名古屋型人形屋台で、唐破風屋根、屋台の前部のみ一段低い中二階を置いている。六台あるすべてにからくり人形が乗る。

からくり人形のある山車

・舟山車（相生町）

「八幡丸」の旗をかかげた美しい船型をした珍しい山車で、安政元（一七七二）年名古屋の末広町（現在の中区栄三丁目）から購入されたという。もとは黒船山といって黒漆塗りの踊り山であったのが、明治の頃改装されて現在にある。

船の舳先に立ち、謡曲「弓八幡」にあわせて舞う武内宿禰と、幕の中に座して鼓舞する神功皇后のからくり人形がある。いずれも気品と人間的な暖かみ溢れる顔立ちで、六代目玉屋庄兵衛の作である。見事な波濤が刺繡された赤い幕は、名古屋の名画家山本梅逸の下絵によるもの。金箔の彫刻や、水引き幕も豪華である。

名古屋の末広町がこの山車を譲ったのは、若宮八幡社の祭礼に新しい黒船車を造ったからなのだが、戦災で焼失し、今は見ることができない。美濃の舟山車は船型山車として貴重な存在である。

・靭車《うつぼぐるま》（常盤町）

明治三一年に名古屋富津町（現在の中区錦三丁目）より購入したもので、美濃祭りでは最大の車山である。

上段奥の大将座に殿様、前に猿、猿廻しが立つ。下段には裃《かみしも》姿の太郎冠者と呼ばれる翁人形が扇を手に、右、左と手足を動かして山車の進行に景気をつける。猿は天真爛漫な童子の顔で、金幣を持って踊っている途中で猿

❷

❶

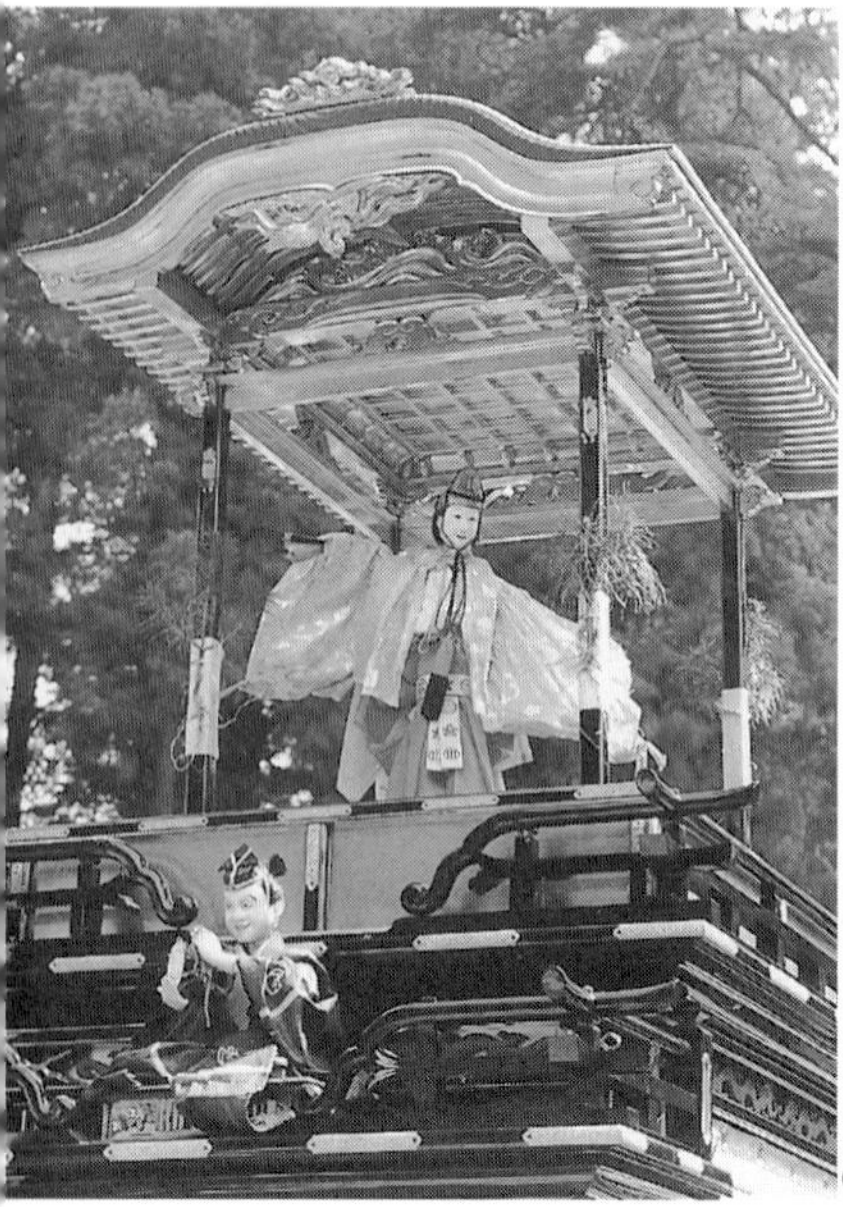

❹

❸

①舟山車（相生町），船の舳先で舞う武内宿禰と奥に座し見守る神功皇后．②聖王車（新町），前山に愛らしい采振り唐子，上山に聖王（朝鮮の貴人）が座す．③靭車（常盤町）狂言のうつぼ猿からとったテーマで，上山で幣を持って踊る童子が面かぶりで猿に変身．山車の道行きに，下段の白髪太郎冠者が裃姿で腰をひねりつつ手の扇をあおいで元気に指揮をとるのが見もの．④三輪車（殿町）気品のある白拍子の美しい舞．

面に変化する。気品のある豊かな表情を持つからくり人形の作者は名古屋の江戸時代の名工、隅田仁兵衛である。大幕は緋、正面に「靭車」と金の刺繍縫い取り文字が豪華だ。水引き幕は白地に蝙蝠《こうもり》の群舞が刺繍され、（喜田）華堂の名が入っている。江戸時代末期の作と推定されている。

・浦島車（泉町）

明治一三年に名古屋の巾下新道町（現在の西区六句町）から購入された山車で、天保一三（一八四二）年の製作という。

前山《まえやま》に唐子の采《ざい》振り人形、上山《うわやま》に魚釣りをする浦島太郎のからくり人形がある。浦島太郎は名古屋の竹田源吉の作で、ふっくらとした整った顔で、物語るように口を開閉する。

後幕には珍しい万葉仮名で祝いの言葉が刺繍されている。

・聖王車（新町）

上：布袋車，ふくよかな布袋の柔和な笑み．
下：浦島車，前山に愛らしい采振り唐子，上山では浦島太郎が魚釣り．

舟山車についで古い歴史のある名古屋型の山車で、享和二（一八〇二）年の箱書きがある人形箱が現存するという。

前山に元気よく釆を振る愛らしい唐子、上山に聖王（朝鮮の貴人）が腰をかけ、わずかに首を動かす。

唐獅子や花鳥の彫刻をはめこんだ山車装飾が豪華で、大幕は緋の地に竜の刺繡である。

明治年間に美濃市内の港町より購入したものという。

・布袋車（吉川町）
舟山車は別として他の四台の山車と似ていて、異なるのは二層型の山車であることである。屋根の下三方にひさしがつくのも変わっている。

巨大でふくよかな布袋《ほてい》和尚が団扇を手にどっかりと座り、柔和な笑みをうかべてうなずく。明治の中期に美濃市魚屋町から購入された。

江戸時代には、人形を置かず、上で踊りをしていた時があるという。

・三輪車（殿町）
上山で、烏帽子をかぶり、白の水干、緋の袴をつけた白拍子風の端麗な顔立ちの女性が、扇を手に袖をひるがえして謡曲「三輪」の一節を舞う。下段では素襖《すおう》姿の童子が座って鼓を打つ。明治三六年に岐阜市白木町から購入したという。そのおりに再塗装されたという上山の金箔がまばゆいほどである。

日程
第一日目の試楽には美しい桃色に染めた和紙の花をつけた「しない」約三〇〇本をみこしの屋根にとりつけた

「花みこし」大小三〇基余が朝から夕方近くまでかつぎ廻される。

二日目の本楽に、山車、ねりものは一二時四〇分に八幡神社前に集合。午後一時から行列が渡り始める。楽しいのはさまざまなお練りの参加者で、笹踊り、神輿に続いて桃太郎、花咲爺や牛若丸とからす天狗、乙姫と浦島太郎などの扮装をこらした可愛い子ども連が練るとともに七福神、花咲爺さんや大きな亀をのせた屋台も曳き出される。まず神輿が出て次に笠鉾、その後に続く六台の山車は本殿前で観衆の見守る中、一台ずつからくり人形の演技を奉納し、終わると掛け声も勇ましく方向転換して、市内の巡行へと進み、それぞれの町内へ帰る。

夕方から市内のあちらこちらで流し仁輪加《にわか》がはじまり、夜七時から九時半までコンクールが行なわれる。

これは面白いかけあいの即興劇で、各町から出る二〜五人の出演者（男性のみ）によって演じられる。美濃方言まるだしで、時代を反映した風刺や、滑稽、洒落をきかしたシナリオである。リヤカーのような小さな車に数個の赤丸提灯をつけた松と大太鼓をつけて、三味線、笛など各町伝統のにわか囃子をはやしながら各町をまわり、所定の場所で劇を演じるもので、江戸時代から続くユーモアとぬくもりのある伝統文化である。美濃の人たちは、花みこし、からくり山車、流し仁輪加と三本立てで楽しむので、大変忙しい祭りである。

山車は岐阜県指定有形民俗文化財。

問合せ　美濃市経済部商工観光課（電話〇五七五－三三－一一二二）
美濃市観光協会（電話〇五七五－三五－三六六〇）

岐阜県

ひんここ祭り

とき　四月第二日曜日
　　　一一月二三日
ところ　大矢田神社（美濃市大矢田二五九六）
交通　長良川鉄道「美濃市駅」から岐阜バス高美線で「大矢田」または「大矢田神社前」下車

壮大な野外人形劇

美濃の市街地とは川をはさんで西北に位置する大矢田は秋、紅葉の名所として知られる。山頂から濃尾平野が一望できる標高五三八メートルの天王山の中腹には、幹まわり三メートル、樹齢五〇〇年の大もみじがあり、ふもとに大矢田神社がある。ふもとといっても大矢田神社へは、二三一段もある石段を登らねばならないが、まわりの楓谷やまもみじ樹林は天然記念物として国の重要文化財に指定されているほど見事なものである。

大矢田神社は、創建が養老年間（七一七〜七二四）と社伝で伝えられる古い社で、本殿は寛文一二（一六七二）年に名古屋の大工曾根源右衛門によって建てられたと棟札にある。精巧な彫刻や彩色は色あせてはいるが、三〇〇年前の当時は日光東照宮のような華麗なものであったことが想像される。

春、秋の祭礼日の午後二時から、神社二の鳥居、参道の東側にある小山（喪山《たつやま》）の中腹に二段の幕を張った舞

❶

❸

❷

①山の中腹に幕を張った舞台で演じられる壮大な野外人形劇．操者は幕の下から棒に細工した人形を突き上げて演じる．②ひんここ人形．首と胴を籠で作り，竹棒に美濃和紙で作った衣装をつけたもの．柿の渋で染色する．③山の斜面で行われるからくり．滝を登るどんぐり目の竜と鯛を釣る赤い着物の猩々．

台で、「ひんここ」と呼ばれる人形劇が行なわれる。観衆は山の下から仰ぎ見るわけで、スケールの大きい野外人形劇といえよう。

日程

祭りの当日、山元連中は午前四時から松明をたき、神人《しんじん》（禰宜《ねぎ》殿）、農民、大蛇、猩々《ひひ》の人形をかついで囃子を打ち鳴らしながら暗い中を喪山へ登って行く。ここで禰宜殿の人形は、神を迎える舞をはじめ、午後二時のひんここ芝居開始まで、絶えず引き廻され、踊り続ける。これは大矢田の祭神の神招《お》ぎで、これにより禰宜殿は須佐之男の神格を得て大蛇を倒すのである。この棒つかい人形が単調な動作の上にぐるぐる回る演技が多いのは、神性を発揮する表現という。

喪山《たつやま》のふもとに祭礼のお旅所があり、その前の広い空き地に午後一時頃には神輿と屋台二台の御幸行列が渡御する。屋台の上で、笹渡り、稚児舞い、獅子舞が奉納され、最後に舞台の獅子が喪山に向かって頭を左右に振るのを合図にひんここがはじまる。雨天でも必ず行なわれる。

茶色い肌の長い顔、大きな目をしたひんここ人形の大きさは一五〇センチほどの等身大で、人形に竹棒を刺し、幕の中に隠れた人形遣いがその棒を持って幕の上に人形を出して使う。人形の肩に横竹をわたして手とし、竹棒を心串としてその先端にかしらをさしこみ、下端を持って細竹を引くとかしらがうなずく仕掛けである。

内容は神話の「須佐之男の大蛇退治」である。

麦蒔きをしている農民を大蛇が妨害しようとするので、須佐之男命がその大蛇を退治し、また御殿の櫛稲田姫を襲おうとする竜をも退治し、二人はめでたく結ばれるという話。

強烈な顔だちの一一体の農民たちは、軍配持ち、鍬持ち、煙管持ち、足跡づけ、種蒔き、土かけ、飯持ち、俵持ちの役からなる。もう一体の風折烏帽子《かざおりえぼし》、白帷子《かたびら》、袴に御幣を手にした人形は神人（禰宜殿）で、須佐之男命役を演ずる。

大蛇は籠で作った頭部の長さ一メートル、横幅四〇センチほどの板状のものに竹棒をつけて動かすとともに、別に木綿布で袋のようにできている蛇腹部分と尾の部分を動かして全長八・六メートルにもなる。

篠笛、太鼓、摺鉦《すりがね》（シンバルのような音が出る）単調な囃子を繰り返すなか、物語はゆっくり進み、農民人形が舞台をぐるぐるまわっていると、大きな口をがばと開けた蛇が、体をくねらせながら一人ずつ飲み込む（といっても農民人形が倒れて幕の中に引き込むのである）。

由緒・沿革

この人形劇は、麦蒔きの奉納神事であり、社伝によれば、昔、山に棲む大蛇が里人を悩ますので喪山《たつやま》の神に祈願したところ、大蛇を退治したとの伝承にちなんだものという。

「ひんここ」とは「火のみこ」、つまり須佐男命を意味するとも、また「ヒンココ、チャイチャイ」の囃子（掛け声）からきたともいわれる。

農民と大蛇が踊っている間に、上段幕の奥の山の斜面でからくり人形も奉納されている。山車の上山風な造りの御殿に赤い装束の猩々が立ち、赤い鯛を釣ると、山の斜面に添って下からこの御殿へかかった木製の樋（うろこ形を描いて滝を表現している）の上を竜が登ったり降りたりする。どんぐり目に大きな歯が並んだ口を開けた竜は、赤い鯛とともに猩々を呑もうとして滝を這い上がる。

からくりは、竜に付けた滑車を太いロープで引いて昇降させる仕組みである。猩々には体を支える心串に二本の紐が通っていて、引くとぐるぐる廻り、両手も紐で動かす。

大蛇が麦蒔きの農夫たちをつぎつぎに呑みこむとともに、屋形の滝にいる竜も呑んでしまうと、最後に禰宜の扮する神人が大蛇と戦って退治する。大蛇が倒れると同時に御旅所では太鼓の音がとどろき、御輿が神社本殿へ還幸して祭は終わる。禰宜殿の神人人形は須佐男之命を意味し、赤い猩々は櫛稲田姫をさす。二人がめでたく結ばれることを暗示して、五穀豊穰を祈る素朴な人形劇である。

ひんここの起源は確かではないが、社史によると五〇〇年前、戦国時代から続いた伝統芸能で、今日では最も原始的な人形劇と貴重視される。

ひんここで遣われる人形は、首と胴を籠で作り、竹の芯に美濃和紙で作った衣装をつけたもの。独特の茶色い色には、柿のシブを塗っている。昔は毎年人形を作って祭りが終わると焼いたり捨てたりしていたが、最近は保存され、なかには二〇〇年続く人形も残されている。

人形を演じるのは大矢田九地区の当番地区の人々で、山元連中という。喪山《たつやま》で行事を行なう所以であろう。

大矢田神社の例祭は古くは「麦蒔き神事」と呼び、秋の一〇月一八日に行なわれており、地方の農民はこの祭りがすんでから麦蒔きをはじめたという。現在は、大祭が近年大矢田地区の合併事情により春に変わったので、周辺の紅葉の美しい秋にもう一度「ひんここ」のみが演じられることになっている。岐阜県無形民俗文化財。

問合せ　美濃市商工観光課（電話〇五七五－三三－一一二二）

岐阜県

柿野祭

とき　四月第二日曜日
ところ　垣野神社、清瀬神社（山県市柿野）
交通　「新岐阜駅」からバス「板取行き」で約五〇分、「柿野出戸《でと》」下車

荒川宗太郎作の人形

美濃市よりさらに北へ上がった山県市（平成一五年より郡から市に変わった）柿野に伝わる祭り。「檜山」と呼ばれる山車一台が曳き出され、からくり人形の奉納がある。

人形は、山車前面左右に笛吹き、鼓打ちが座り、中央の幕から手に鈴と扇を持った巫女が現われ、舞ったあと金幣に変わる。口をへの字にしたニヒルな表情の鼓打ちとは対称的に、笛吹きはおちょぼ口で目がどんぐりに大開きし、ユーモラスだ。

山車の左右側面に、棒人形の形で蛇と祈禱禰宜が立っている。動かないが、蛇は銀色の大きな顔に金色の目、鼻、ひげがつき、うろこを描いた長い体をのばして鼓打ちの背後に出た感じになっている。祈禱禰宜は白い着物をかかしのように掛けて、その上に白髭、白眉の翁の面を置いたもので、大矢田のひんここ人形に似ている。にぎわしい人形の奉納である。

日程

柿野の西部にある垣野神社と、東部にある清瀬神社の兄弟である祭神が年に一度顔を合わせる祭り行事。両神社の神輿が午後二時前お旅所に到着、神楽の奉納があり、山車《やま》にからくり人形を設置し、三時半頃からからくりを。四時ちかく餅まきをして祭りを終わる。

三個ある人形箱に、昭和一五年四月に紀元二六〇〇年を記念して山車を改修し、からくり人形を名古屋市西区袋町の人形師・荒川宗太郎が製作したと記されている。

問合せ　山県市産業振興課（電話〇五八一－二二－六八三〇）

檜山山車．山車の中央奥に鈴と扇を持つ巫女人形，前面右にどんぐり目の笛吹き，左にやさ男の鼓打ちがいる．名古屋の人形師・荒川宗太郎作のからくり人形である．その他首を延ばした蛇や白い着物の禰宜の人形が一緒に飾られている．

岐阜県

池田町片山八幡神社祭礼

とき　四月第二日曜日
ところ　八幡神社（揖斐郡池田町片山）
交通　ＪＲ「大垣駅」より車で一五分

神楽と「鯰押さえ」の奉納がはじまり

「市山《いちやま》」の名で地元の人々に親しまれる一台の屋形が八幡神社境内に飾ってあり、二本の樋の上で獅子頭の神楽舞いと、鯰《なまず》押さえのからくりが同時に奉納される。これは神事とされている。

頭と胴の赤い獅子は口をぱくぱくしながら舞い、目元まで下がる大きな頭巾《ずきん》をかぶり、細い首に白いあご鬚を垂らして彫りの深い顔立ちの翁が両手に瓢簞を持って跳ね回る鯰を摑まえようとする。人形に付けた太い長い綱を樋の奥で、山車の中から保存会の人々が引いて動かしているのである。

境内には二〇人から二五、六人の子どもたちが笛を吹き、鉦・太鼓の囃子を奏する。

市山は境内に設置された屋形で、市松格子の屋根に神鉾を立て、神座としている。車輪はなく移動はしない。からくりは午前八時〜一一時、午後一時〜五時に随時行なっている。

八幡神社は勧請年月は不詳だが、昔は片山明神と記された古社で、安永八（一七七九）年再建の棟札がある。

八幡神社の市山．樋の上で踊る獅子と鯰押さえのからくり．双方同時に行われる．獅子もなまずも岐阜県でよく好まれるテーマである．

三〇〇年以上も昔の寛永年間（一六二四～四四）に、このあたりは大旱魃が続いたので、村人が神前に額《ぬか》ずき一〇日間の雨乞いをしたところ、激しい雷雨となり、飢饉から救われたという。この雨で満水した田面を六尺もある大鯰が大波をたてて泳いできたのを吉兆として、この鯰を神前に供え、御礼に笛太鼓にあわせた神楽と鯰押さえを奉納したのが始まりと伝承されている。町の無形文化財。
氏子による盛大な煙火（花火）奉納も大正末年頃まで行なわれていた。

問合せ　池田町役場産業観光課（電話〇五八五－四五－三一一一）

岐阜県

久々利《くぐり》八幡神社大祭

とき　四月一五日前後の日曜日
ところ　久々利八幡神社（可児《かに》市久々利岩崎一〇一七）
交通　JR「可児駅」または名鉄「新可児駅」下車、「久々利行き」東濃バス終点

前車・後車二台に独特のからくり人形

久々利集落の北方に鎮座する久々利八幡神社は古色豊かな社で、創建年代は未詳だが、昔から伝わる神輿に弘安五（一二八二）年、棟札に延文元（一三五六）年の記録があるという。神社本殿は岐阜県の重要文化財になっている。

毎年春に行なわれる大祭には、午後二時、氏子総代、役員らがこの神前に打ち揃って神事を捧げたのち、町中の八剣《やつるぎ》神社へ神輿の渡御が行なわれる。

長い一本角の生えた大きな古い獅子頭を先頭に、八幡神輿、天満神輿二基が花馬《はなうま》（五色の紙で作った造花の一種で、昔は馬に乗せていたが今は人が持つ）をしんがりに神社の石の階段を降り、鳥居をくぐってたんぼのあぜ道を行列して行く。途中、久々利農協前に待機していた二台の山車《だし》が加わって八剣神社へと向かう。

八剣神社では、神輿が安置され神事が終わると三時過ぎ、縁起の良い花馬の花が奪い合われる。そして笛、小太鼓の囃子にあわせて獅子舞が奉納される。大きな獅子の胴には、六人の着流しに黒タビの舞い手が入り、重い

獅子頭役を交替しつつ繰り返し舞う。

その後、前車《ぜんしゃ》、後車《ごしゃ》と呼ばれる二台の山車上でからくり人形が奉納される。

久々利のからくり人形

・前車「蜘蛛舞い」（前山に神官人形）
姫が山車上山の四方を歩いて礼をしてまわる。中央で礼をして待つと、翁が現われ、体操の鉄棒のような操具が用意される。姫は棒につかまり、せり上がり、回転する。何回も前転、後転をして見せたところで再び翁人形が出て姫をねぎらう。

・後車「佐代姫」（前山に巫女人形）
殿様と佐代姫がいるところへ大蛇が現われ、二人を追いかける。二人は逃げまわり、追いかけた大蛇は棒に巻きつき回転したのち山車から空中斜上へ差し出した木を登り、登りつめた先端で脱皮し、表皮が剝落して終わる。

由緒・沿革

久々利八幡神社大祭の山車まつりは、寛文八（一六六八）年からの歴史があるという。

しかし、からくり人形の由緒については知る人は少なく、傷んだところの修復のみ地元の人の手で行なわれている。

前車、後車とも久々利の南町、北町の人々が持ち回り交替で役を引き受けて行なわれるもので、両車とも赤い水引き幕に「泳」の字が入っているのは「くぐり」と読み、現在の久々利は元来この字で現わされた古い土地柄であることを物語る。

①八剣神社前に前車，後車二台揃って次々とからくり奉納．後車には大蛇が出現．山車から空中へ斜めに差し出された色つきの柱の上を這って行き，登りつめた先端で脱皮する．②後車上山の人形・大蛇から逃げる佐代姫と殿様．③前車の「蜘蛛舞い」．可憐な姫が棒につかまり，懸垂，回転．滑車と綱で派手な動きを見せるからくりである．

迫力ある囃子方は、一五歳から二五歳の若衆で、笛吹き以外は祭りの世話係からはじまって小太鼓、鼓、どら、大太鼓と進み、人形遣いは囃子を知り尽くした人がつとめるのが習わしとか。三月中旬から公民館に集まって練習を重ねる。

からくり人形の奉納は午後四時一五分頃に終わり、神輿行列が八幡神社へ帰還する。

問合せ　可児市商工観光課（電話〇五七四‐六二‐一一一一）

岐阜県

高山祭

とき　春・山王祭　四月一四・一五日　秋・八幡祭　一〇月九日・一〇日
ところ　春・山王祭　日枝神社（高山市神明町城山）　秋・八幡祭　桜山八幡宮（高山市桜町）
交通　JR「高山駅」より徒歩二〇分

春の山王祭、秋の八幡祭

高山祭は、春の山王祭（日枝神社）と秋の八幡宮（桜山八幡宮）の二つを総称していう。

JR高山駅から東、澄んだ流れの宮川を渡って南のはずれに日枝神社があり、反対側北の先に桜山八幡宮がある。その間にあるのが高山旧城下町で、江戸時代の幕府直轄地として格式ある城下町らしい商家の町並や造り酒屋、飲食店、町家を生かした資料館が並ぶ。

飛騨の山々を臨み、水清い高山の四季はそれぞれに美しいが、厳しい冬からのがれ、春を迎える頃の喜びにあふれる山王祭、酷暑の夏から秋を過ごして越冬の準備に入る頃の八幡祭には、近隣のみならず全国からの観光客で街はふくれ上がる盛況となる。

人気の的は、祭りに曳き出される屋台で、「動く陽明門」とも呼ばれるほどの塗り、彫刻、錺《かざ》り金具や刺繡、織物など伝統工芸に粋を凝らした華麗な屋台である。

春の山王祭りには一二台の屋台が、秋の八幡祭には一一台の屋台が出る。平均して高さ約六メートル、幅一・

八メートル、奥行き四メートルで、外輪または内輪の四輪。それぞれに趣向をこらした各屋台であるが、その中でからくり人形をのせた屋台を春には三台、秋には一台見ることができる。

各二日間とも行なわれる祭り行列は総数千人にも及び、御輿、獅子舞、雅楽、闘鶏楽、裃姿の警護などが時代絵巻を披露しながら祭り区域を巡行し、からくり人形の奉納も見られる。第一日目の夜は、各屋台が百個にもおよぶ提灯に灯をともし、囃しながら町内をまわる情緒豊かな宵祭りである。

春・山王祭（日枝神社）

日程

都会では桜の花が終わる頃の四月一四日、一五日は高山では桜の花が盛りを迎える時で、雪解けの山々、若緑の柳の新芽も美しい。両日とも午前九時三〇分頃から日枝神社そばに一二台の屋台が曳き揃えられる。一四日は午前一一時、午後二時、日枝神社正面石段前に並んだ屋台の三台でからくり人形が奉納される。一五日は午前一〇時、午後二時、日枝神社お旅所前で同様に行なう。ただし毎年場所、時間の変更がある。

からくり人形ののる屋台

・三番叟《さんばそう》（高山市上一之町中組の屋台）

黒い烏帽子をかぶり、微笑みを浮かべた童女の三番叟人形が、橋樋《はしとい》（屋台の上山正面から前方・空中にせり出した木製・箱形の樋で、中に人形を操作する糸が通されている）の上を前へ進んでくる。「ヤ、アーア！」という掛声と「デンパン」というしめ太鼓、鼓の囃子にのって、可愛い両手を左右、交互に振りかざし、ポーズする姿が実に愛らしい。樋の先端に面箱、鈴、扇をのせた台があり、童女は膝をかがめて鈴と扇を手にとり、扇を広げて舞う。また面箱の蓋を開き顔を箱に近づけると、黒い翁面が顔にかぶさり、鈴を振り扇子を開いて謡曲「翁」の仕舞を演じる。やがて舞いながら静かに後退すると、拍子木入り謡曲の「浦島」が謡われる。

箱の中にある面が下から押し上げられて、童女の顔にばねではさむように仕組まれている巧妙なからくりは手品を見るようだ。童女の身長は約一メートル二〇センチ、人間一生の若さと老いを瞬間的に演じる美しい人形である。

人形の立つ樋の中を走る長い細綱を後ろから五人で引いて操作するが、クライマックスの翁面をかぶる時は、顔の高さや傾斜度に気を遣う。綱方全員のぴったり合った呼吸、熟練した綱さばきが必要とされる。

現在は四体目、大正五年から二か年かけて京都の人形師（四条の丸平人形店）によってつくられたが、操作が複雑なため、円滑に操作されるまでに四年かかって改造され、大正一一年よりの活躍という。

・石橋台《しゃっきょうたい》（高山市上二之町上組の屋台）

花で飾った扇を頭上にのせた艶麗な美女が、長唄「執着獅子《しゅうちゃくじし》」の曲にあわせ橋樋の上でまず扇を手に舞う。次に赤い獅子頭を手に舞った後、美しい打ち掛けの裾がまくれ、上体を前に倒して頭にすっぽりかぶると、くるりと向きを変え、獅子に変身して舞う。そして再びもとの美女に返り、両手に紅白のぼたんの花を持って舞う。意外な発想の機知あふれるからくりである。

屋台の創建は天明年間（一七八一〜八九）、当初から長唄「石橋《しゃっきょう》」のあやつり人形があったのに由来しての台名と伝えられる。当初は石橋の童女が舞った後、獅子舞に取り替えていたのを、童女みずからが獅子に変身するからくりに一体化された。娘人形が尻をまくって獅子に変身するという風流なアイデアが、逆に風俗を乱すということで明治期に禁止され、明治二五年より中止されていた。しかし京都の江戸期の作者による人形はあまりに

高山祭の春，山王祭の屋台揃え．桜の花や木々の若緑がはえて，屋台上のからくり人形が生き生きと蘇る．それを見に全国から集った人々で高山市の人口は何倍かに膨れ上る．

①三番叟・童女が樋の上を進んで行き，先端の面箱に顔を近づけると，翁の面が被さり，目出度い舞を舞う．②石橋台・美女が獅子に変身して舞う．③布袋台・にこやかな布袋が樋の上を歩いてくると，天井から二人の唐子が飛んできて一緒に遊ぶ．④龍神台・愛らしい唐子が運んで来た壺が割れて，竜神が出現．赤ら顔で金色の目をした竜神は，撞木を振りかざして舞うと紙吹雪が舞う．布袋台は秋の祭り，他の三台は春祭りに出る．

❶

❷

❹

❸

美しいので、屋台の上段に飾ったり、屋台蔵に安置されていたが、百余年たった昭和五九年から新しく名古屋の七代目玉屋庄兵衛により復元され、祭りに復活。古い人形は、高山市郷土館に展示している。

・龍神台《たい》（高山市上三之町中組の屋台）

愛らしい唐子《からこ》が錦袋に包んだ壺を両手に抱いて前進、橋樋の先端に壺を安置して引き返す。と、謡曲「竹生島《ちくぶしま》」の謡いとともに壺がパッと開き、壺の丈より二倍も大きい赤ら顔・金色の目、能衣装の竜神が出現し、手に持つ撞木《しゅもく》を振りかざして荒々しく舞う。力強い鳴り物とともに紙吹雪を吹き散らす勇壮な舞いは見ごたえがあり、人気のからくりである。

人形の寸法は、童子の高さ九二センチ、竜神七四センチ、幅は二体とも三八センチ。その制作については童子の頭を納めた箱に文政七（一八二四）年の箱書きが残る。文政の頃から近年、新しい人形と交替するまで約一五〇年も働き続けた人形（樫と朴を使用）の優れた細工が高く評価されている。

人形操作の綱方は六人で、三二本の綱を引いて操る。

なおこの組には、竜神以前に弁財天のからくり人形があり、安永四（一七七五）年、難波《なんば》（大阪）の職人によって作られたもの。現在は組の守護神として斎藤徹の手で修復され、祭礼時に組内の住宅の表室を借りて飾っている。

秋・八幡祭（桜山八幡宮）

日程

山国の実りの秋も終わりに近い一〇月九日、一〇日、午前九時ごろ、一一台の屋台は桜山八幡宮参道と境内に勢揃い。その中の一台、布袋《ほてい》台にからくり人形がある。

からくり人形は九日は午後一時半・午後三時頃八幡神社境内で、一〇日は午前一一時、午後一時頃八幡神社境内で奉納の後、午後三時頃、布袋台地元の下一之町通りで披露される。九日夜の宵祭りは春より一時間早く、午後六時頃から屋台提灯に灯を入れ巡行する。ただし毎年場所、時間の変更がある。

からくり人形のある屋台

・布袋台《ほていたい》（高山市下一之町上組の屋台）

屋台上段前面に突き出した樋の上を豊満な胸に太鼓腹、にこやかな顔の布袋和尚が右手に巻物、左手にたたんだ団扇《うちわ》をもって歩んで来る。この樋の上空にも空中前面へ延びた樋があり、綾《あや》と称する段違い平行棒が五本、ブランコ状に吊り下がっている。

まず小さな女唐子が綾に手をかけ、回転して次の棒に両足をひっかけ逆さにぶら下がる。次に胸をそらし両手をさっと差し出すと次の棒に両手がひっかかり、両足をさきの棒からはなしてぶらんとぶら下がる。こうして順番に回転しながら飛び伝い、最後に布袋の巻物を持つ手の上に乗るのである。

女唐子は首を左右して嬉しい身振りをする。と次は同じように男唐子が懸垂棒を綾渡りし、布袋の肩にまたがって肩車になると首をふって喜ぶ。布袋和尚も二人の唐子とともに首を振り、舌を出して喜ぶ。次に布袋は手に下げていた団扇を起こすと、それは都鳥に変わり、花吹雪が散り、「和光同塵」と墨で書かれた幟が上がり、いよいよ布袋和尚は上機嫌、満場の見物人から拍手喝采を受けるからくりである。

演技の時間は二〇分足らず。巧妙複雑な仕組みを操作するには熟練とチームワークを要し、綱方は八人、三六条もの操り手綱を操作する。からくりの神髄ともいえるからくり人形である。

屋台の創建の記録はないが、江戸時代・文化の頃の改造・補修の記録が町方にある。また人形は納箱に人形細工師として「京川崎屋大江卯蔵」の銘があるという。古くなって戦後、昭和五〇年に七代目玉屋庄兵衛が復元した。

由緒・沿革

高山祭の起源は、領地大名であった金森長近が天正一四(一五八六)年に飛驒に入国し、金森氏六代目が元禄五(一六九二)年に転封するまでの一〇〇年余の間にあったと想定されている。

高山城を築き城主となった金森氏により、日枝神社、桜山八幡宮とも高山城の守護神として古くからあった神社を再興造営されており、城下町の発展にともなって氏子が形成された。

屋台は、高山が元禄五(一六九二)年江戸幕府直属の天領となり、江戸の代官が統治する体制となった享保三(一七一八)年頃出場した記録がある。江戸の神田明神祭を模したものという。祭りは領主の祭りから町方の祭りとなり、経済力のある旦那衆が進んで屋台創建や改修に協力した。東西の文化をよく吸収し、進歩的な考えを持つ町衆の心意気に負うところ大で、優秀な大工、塗師、彫刻師がそろって腕をふるったのである。

後にからくり人形が上方より移入されて、屋台は江戸型の単層から重層となり、文化・文政(一八〇四〜三〇)の頃には高山独特の型の美しい屋台となった。

かつてはもっと多くの屋台に操り、からくり人形があったが、屋台や人形の廃・中止などで現在動くからくり人形のあるのは四台。

高山のからくり人形の特徴は、いずれも美しい屋台の正面前から空中に突出する樋《とい》の上で演じられることである。

この箱方の樋は長さおよそ三メートル、中に糸を通し、人形に接続し、屋台の中から遠隔操作により動かす仕組みで、その巧妙精密さはすばらしいものがある。もとは京都・大阪の人形師が腕によりをかけて特異な機構を考案創作したもの。からくり人形の舞の音楽は、昔は録音テープだったのが今は半数の屋台組で生演奏をするようになった。屋台囃子は春秋一三台、からくりの曲は布袋台で復活し、祭礼時に奉納されている。

屋台は江戸の中期は分解して分散保管をしていたが、江戸時代後期になって屋台蔵にそのまま保管するようになった。雨天の場合は、屋台は曳き出されないで、各組の屋台蔵や屋台会館で見ることになっている。

屋台二三台が国指定重要有形民俗文化財、祭行列・行事が国指定無形民俗文化財。

問合せ　高山市産業振興部観光課（電話〇五七七‐三二‐三三三三代表）

参　考　高山屋台会館（高山市桜町一七八、電話〇五七七‐三二‐五一〇〇）。一年を通じて二三台中の四台が交替で常時公開されている。

獅子会館　（高山市桜町五三‐一、電話〇五七七‐三二‐〇八八一）。獅子頭とからくり人形展示。

高山市郷土館　（高山市上一之町七五、電話〇五七七‐三二‐一二〇五）。高山祭の歴史、資料展示。

シオドーム高山まつり美術館　（まつりの森・高山市千島町一一一一、電話〇五七七‐三七‐一〇〇〇）。高山祭屋台ほか日本の祭り屋台、からくり人形のレプリカを常時展示、一九九八年開館。

岐阜県

古川祭

とき　四月一九日（試楽祭）、二〇日（本楽祭・還御祭）
ところ　気多《きた》若宮神社（吉城郡古川町上気多字榊岡一一二九七）
交通　JR高山線「飛騨古川駅」下車

飛騨山国城下町の祭り

春の高山祭りに一週間遅れて行なわれる古川祭りの頃、飛騨山国の遅い春は盛りとなる。

かつて飛騨を平定した金森長近の養子可重《ありしげ》が天正一七（一五八九）年に築いた増島《ますしま》城のあった城下町は、JR飛騨古川駅の南に広がり、美しい流れの宮川・荒城《あらき》川の手前まで古い町並みや、寺、白壁土蔵の酒蔵、のれんを下ろした商店が並ぶ。町の中を流れる堀割の清流には鯉が放たれ、しっとりした味わいのある街だ。

増島城と城下の人々の産土《うぶすな》・鎮守神として崇敬されるのが気多若宮神社で、増島城とは鬼門の方角にあたるJR飛騨古川駅の北側に位置している。毎春恒例の祭礼は、二日間華やかに行なわれる。

日程

第一日目の一九日午後、気多若宮神社を出御した御輿が城下に設けられたお旅所へ渡られる。夕方には九町内の屋台蔵から曳き出された屋台が壱之町あたりに揃い、提灯に火を入れて屋台囃子とともに町内を曳行して祭りムードを盛りあげる。夜半から二〇日の未明にかけて、古川祭の圧巻ともいわれる「起こし太鼓」という全国でも珍しい神事が行なわれ、静かな街はにわかに人々の興奮のるつぼとなる。

午後九時三〇分、起こし太鼓の里広場で、約八メートル×三メートルの丸太櫓の地上約三メートルの位置に据えた大太鼓の上、若者二人が背中合わせにまたがって勇壮活発に打ち下ろすのを半裸の男たち大勢がかつぎ、行列して深夜まで町内を練る。「めでためでたの若松様」の大合唱とともに老若男女、子どもまで総出で手に提灯をもっての行列や、付太鼓を打ちながら大太鼓の櫓に近づこうと競り合う若者らの掛け声も勇ましく太鼓の音が鳴り響く。祭り関係者は千人余にのぼる大規模なもので、国指定重要無形民俗文化財になっている。

あくる二〇日の本祭りには朝からお旅所前で祭典が行なわれ、古式豊かな御輿行列が出るとともに、町には九台の優美な屋台が並ぶ。彩色された繊細な彫刻、きらびやかな金具、華麗な塗装、飛驒の匠が粋をこらし、技を競った屋台で、高山の屋台を祖型としている。

午前八時頃より、毎年相談で決めた場所（平成一四年は起こし太鼓の里広場だった）に曳き揃えられ、のち市街地を巡行して午後五時頃曳き別れる。からくり人形や子供歌舞伎も屋台をとめて、午前、午後合わせて三、四回上演される。

白虎台《びゃっこたい》に子供歌舞伎が、青竜台、麒麟台の二台にからくり人形がある。お旅所に泊まられた御輿が気多若宮神社へご帰還される還御祭は二〇日中に完了、獅子舞も奉納される。

からくり人形ののる屋台

・青龍台《せいりゅうたい》（殿町組）

白い長い頭と柔和な顔、白髪の長いあご鬚をたらした福禄寿人形が、唐団扇《うちわ》を右手に、左手に亀を持ち、樋の上を謡曲「鶴亀」に合わせて舞いながら歩いて来る。と、唐子《からこ》が梯子を福禄寿の背中にかけ、それを上って福禄寿の肩に止まると梯子がはずされ、唐子は下から突き出た棒の上にとまり可愛い芸を見せる。「エイ、ヤッ！」の掛け声に「チョン、チョン！」と鳴り物が入り、唐子は左右を向いて挨拶、両手を振ったり、逆立ちして腹這いのまま、くるくる回ったりして喜ぶ。福禄寿も唐子に合わせて何度もうなずく。そして唐子が福禄寿の肩にとまり、福禄寿が右手の唐団扇を大きく振ると、左手に持った亀の甲が縦に割れて、中から鶴が現われ、大きく羽を広げると、口から赤い短冊形の旗が飛び出し、金銀五色の花ふぶきが舞い上がる。

涼しげな笛の音、太鼓の囃子が奏され、最後に唐子がおじぎをすると、鶴も一緒に長い首を振って挨拶、愉快な情景が微笑ましい。

・青龍台の由緒・沿革
屋台は高山の春・山王祭に曳き出されていた黄鶴台《おうかくたい》を天保年間に譲り受け、安政六（一八五九）年に玄翁台《げんのうたい》と改め、さらに文久元（一八六一）年青竜台と改名し、改築されたもの。

人形は古川町教育委員会発行『平成元年の古川祭』によると、大坂・竹本座の竹田出雲の工夫によるもので、大津絵「外法《げほう》の梯子剃り《はしごずり》」をヒントにしたからくりであるという。外法とは頭のばか長い福禄寿のあだ名で、頭を剃るのに梯子を使う図である。もとは高山の秋・八幡祭に出る鳩峰車にあったものを古川町の豪商が譲り受け、天保年間に殿町へ寄進されたという。

長らく祭りで活躍したが、古くなって今は「起こし太鼓の里、飛田古川まつり会館」に展示、現在の人形は、昭和三〇年に、地元古川町の大工・直井孫二により復元されたもの。

屋台正面上段の勾欄《こうらん》の間から突出する箱型の樋《とい》は、幅三六センチ、厚さ三〇センチと高山のものより大柄で、長さ二・七メートル。樋の中にろくろを中心にして人形の脚部を入れ、太綱で前後に動かす。綱は二七、八条あり、綱方一一名が屋台上段の下幕裏に陣取って綱を引き、人形を踊らせる。樋の先端には、新芽を吹き出したば

上：青龍台（殿町組） 出樋の上を歩く福禄寿．樋の先にはしだれ桜が咲き，屋台には金箔，赤，白，紫など色彩豊かな大輪のぼたんの花の彫刻が咲き揃う．見上げるとさながら天国の感じである．
下左：福禄寿の背中に梯子をかけて登っていき，肩へ着いた唐子．
下右：麒麟台（壱之町下組） 愛らしい唐子が体を前倒にし，獅子舞を舞う．樋の先の籠から花がパッと咲いたりして楽しい．

かりのしだれ柳が立ててある。

・麒麟台《きりんたい》（壱之町下組）

屋台勾欄から前へ出た空中の樋の先端に美しい台が載っている。

最初に雅楽「越天楽《えてんらく》」が少し奏され、続いて謡曲「石橋《しゃっきょう》」の囃子と謡いになると、樋の上を愛らしい唐子が大きい花かごを両手で抱え、左右を見ながら進んでくる。歩くさまが実に愛くるしい。台の手前で立ち止まり、花かごを重そうにさし上げて台にのせる。そして少し後ろへ下がってかごを見ると、中から花がわき上がるように咲いているので嬉しくて踊り回る。踊るうち体が倒れ、獅子面がかぶさって激しく踊るうち、獅子の赤い衣から五色の紙吹雪が飛び散る。獅子の舞が終わると、またもとの唐子に返って退場。その後再び樋の前方へ戻って来て右を見、おじぎをして挨拶、次に左を向いて同様、最後に正面をむいておじぎ。チョン、チョンときれの良い拍子木が打たれ、小気味のよい見事な終わりに拍手が湧く。

人形を操る糸の数は二一本あり、八名の人形方が操作する。

・麒麟台の由緒・沿革

麒麟台の屋台は、文久三（一八六三）年頃、高山上二之町上組の石橋台《しゃっきょうたい》を屋台ともども譲りうけたもので、麒麟台と改名して曳行し、人形唐子の獅子舞も行なっていたが、元治二（一八六五）年二月の大火により屋台が焼失、人形だけ残った。その屋台は弘化三（一八四六）年頃の創建と伝えられ、人形には、「文化三（一八〇六）年京人形師時長、同秀彦合作」の箱書きがあったという。

現在の麒麟台は、昭和八（一九三三）年に復活させたもので、屋台の前後の麒麟のみが先代の屋台のものを生かしてある。

人形は、新しく昭和五三（一九七八）年に人形と樋を地元の人形師・藤白徳太郎が制作、人形の頭の塗りを京人形師・田中彌が行なったもの。先代の古い人形は、祭り会館に展示されている。

その他かつての壱之町上組には三番叟の屋台があり、あやつり人形を持っていた。屋台は宝暦三（一七五三）年の創建と推定され、古川祭りでは最も古い屋台になるが、明治後半の火事で大部分を焼失。人形は残った。人形は女三番叟で、綱で操作され、能狂言「翁」を舞う。複雑巧妙な踊りと賞賛されたが、今は動かず飾られるのみ。貴重な古い人形を保存するため、昭和六〇年に藤白徳太郎によって復元され、祭りの時は町内の三番叟屋台蔵で展示している。

問合せ　古川町観光協会（電話〇五七七 - 七三 - 二一一一）
北飛騨観光案内所（電話〇五七七 - 七三 - 三一八〇）

参　考　起こし太鼓の里「飛騨古川まつり会館」（古川町壱之町住一四 - 五、電話〇五七七 - 七三 - 三五一一）

岐阜県

関祭

とき　四月第三土・日曜日
ところ　春日神社（関市南春日町一番地）
交通　新岐阜駅より岐阜バスで四六分「新関」下車

鍛冶職の守護神・春日神社

関は古く、鎌倉時代から刃物の町として栄え、現在も日本刀、包丁、鋏をはじめ国際的なスケールの刃物の生産地である。

関まつりの起源は、鎌倉時代に大和から移り住んだ刀匠たちが、奈良の春日神社より分霊を勧請してここに祀り、以来関鍛冶職の守護神として、代々鍛冶職仲間氏子中により年々行なわれたことにあるという。この専門的な技術を持つ人々の古式な神事が、江戸期になって一般化し、関の祭りとして盛大に行なわれるようになった。古来より奈良から関へ春日神社を勧請した一月二七、二八日に行なわれたが、その後明治、大正と春期の日程に改められ、平成五年より四月の第三土・日曜日と変わった。近隣の美濃祭りと重ならぬことや、祭りに参加する大勢の学童や若者らの便宜をはかってのことである。

古式豊かな春日神社の境内には、全国でも珍しい能舞台があり、神社に伝わる能装束類の中には国の重要文化財に指定されるものがあるほか能面、奉納刀など数多くの文化財が保存されている。

祭りは神楽、御輿、御幸行列をはじめ行事が多彩である。からくり人形ののる山車二台のからくり奉納が二日目の午後にある。

からくり人形のある山車

・加茂山車《かもやま》（本町三丁目—旧呉服町）
前棚に両手に白い幣を持って振る禰宜の人形。上山《うわやま》に麗しい加茂女官がのっている。女官は謡曲「加茂」にあわせて両手を広げ、厳かに舞いつつ一瞬にお社に変身する。と、紙吹雪が舞い、お社はもとの女官の姿にかえる。

この山車、人形は、明治二七年に岐阜市矢島町から譲り受けたもので、人形箱の表蓋に「天保一二年」「木偶師藤原真守」の銘があるという。人形は二体とも真守の作と思われ、真守はすなわち隅田仁兵衛と同一人物と推定されている。美しく優れたからくり人形である。

・浦嶋山車（常盤町）
前棚に采振《ざい》り唐子《からこ》。上山に浦嶋太郎がいる。浦嶋太郎は肩に釣竿をかついで前進、左手をかざして遠くを眺め、竿をおろし糸をたれる。と、鯛が糸の先につけられ、浦島がつりあげて、めでたい！　と観衆の拍手が沸く趣向である。謡曲「浦嶋」が謡われる。

山車は名古屋から明治二五年に購入されたという。浦嶋人形の下肢には「弘化三年、細工人門前町、竹田源吉」の墨書きがある。同じく竹田源吉による名古屋市中村区神明社の祭りの紅葉狩車の采振り人形は同年の作である。

山車はもう一台、本町一丁目が名古屋から購入したものがあったが、昭和三四年の伊勢湾台風で被災し、修復不能となった。また、関市には大正の頃に五台の山車が奉納されていたが、維持・経営が難しいため、そのうち三台が他の土地に譲渡されたと伝えられる。

日程

・一日目試楽

午前八時、春日町一丁目の氏子が整えた行列（塩振り――道を清めてゆく子供、春日神社と書かれた旗、榊、刀、槍、薙刀を持つ人、天狗の面をつけた猿田彦、輿、笛・太鼓の囃子）が春日神社にご分霊を奉迎に出向く。試楽の祭事が執行され、春日町二丁目の氏子による神楽獅子を先頭にして御輿の行列が出、街々の氏子を一巡。神楽獅子は神輿渡御の道筋を清めるためのものである。

夜の神事として少女の舞う神楽（扇の舞、鈴の舞、財の舞）が舞われ、青年は、お亀の舞、恵比寿舞、伊賀の舞、天狗の舞を舞う。山車二台は提灯に灯を入れて、花みこし、神楽などと市内を練り歩く。また、午後七時から行なわれる「あんどんみこしコンクール」は試楽の夜を盛り上げる異彩をはなつ行事だ。各町内毎に種々工夫を凝らした行灯を御輿のようにかついで「ワッショイ、ワッショイ」と競い合う。郷土色を盛り込んだもの、風刺をこらしたもの、からくりじかけのものなどさまざまで、地元の自治会や子供会がつくった御輿約五〇基とともに本町をパレードする。

・二日目本楽

氏子各町内会長および氏子総代ほかが水色の裃に白足袋草履ばきの装束で行列して神輿のお出迎えに春日町一丁目へ出向く。迎えを受けた神輿は御旅所から行列とともに春日神社の正門鳥居に入り拝殿へと進む。正午、本町三丁目（呉服町）、常盤町の山車が本町通りから春日神社までを練り歩き、午後一時半、境内でからくりを奉

上右：加茂山車（本町３丁目） 山車の上山で舞っていた女官がお社に変身すると，紙吹雪が舞う．上左：浦嶋山車（常盤町） 謡曲を舞う浦嶋人形．下：「どうじゃこう」六番立，箱に入った猿面の人形２体が綱の上を送られて大熊手に近づく．

納、その後掛け声勇ましく山車《だし》を回し、見物客を喜ばす。

拝殿前では神楽獅子舞が舞われ、古式な能舞台では四人の少女の巫女舞や、剣の舞が行なわれる。そして玉串奉奠が終わるや裃姿の総代、役員一同が能舞台に移り、午後三時から「童子夜行《どうじやこう》」という変わった面白い神事が演じられる。

愉快な古典神事芸能「童子夜行」

「どうじゃこう」は関市の民俗重要文化財に指定されている古典神事芸能で、「昔、山に棲む魔物が村に降りて来て人々に危害をもたらすので、この災難をくい止め平和な暮らしを取り戻すため、村人たちが知恵を出し合って山に火を放ち、魔物を退治した」という伝説を一番立《だて》から七番立で演じるのである。

まず一番立は舞台を清めるため主役が四方に塩を撒き、二番立で薙刀振り、三番立棒振りで悪魔払いの強い意志を表現。四番立で宝獅子《たからじし》（魔物に見立てたもの）が出現し、次々と村人に危害をくわえる場面を滑稽なしぐさで演じる。五番立では魔物が箕獅子《みのじし》の姿で登場し、大いに暴れまわる。箕獅子は、和紙を張った箕を真っ赤に塗ってマンガ的な目鼻口を描いたかしらをかかげ、菰莚《こもむしろ》を数人でかぶって胴としたユニークなものである。

六番立が「どうじゃこう」といわれるクライマックスで、山の住家を焼き払い、魔物を退治するシーンが一種の走線戯を思わせるからくりじかけで行なわれる。

竹を組んで檜の葉を結びつけた特大の熊手状のもの（深い山を意味する）を能舞台の南方に立て、猿面をした二体の木製の人形（童子といわれる）と松明を木箱に入れ、二本の綱をつけて能舞台から大熊手まで渡ってゆくようにする。さて、松明に火をつけ、氏子総代はじめ二列に並んだ一同が二本の綱を引いて送り出した木箱が大熊手に近づくと、檜の葉に松明の火が移り、燃え上がるのをもって魔物退治とする。この時一同は「どうじゃこうなりけり、自在なり」と高らかに唱える。村が平和になって童子や童女が安心して夜の行き交いをできるようになったことから「童子夜行」の呼称がある。
七番立の千秋楽《せんしゅうらく》は豊年踊りである。役員総出で、一枚の和紙の角を斜めに切り落とし、神宝の絵や国家安泰、五穀豊穣の文字をかいた宝笠《たからがさ》をかぶり、鼓、笛、小太鼓の囃子とともに手に薄板二枚の拍子木を持って鳴らしつつ平和の喜びを舞う。約一時間にわたる神事で、春日神社創建の頃より代々氏子たちによって演じられてきたという。

問合せ　関市商工観光課・関市観光協会（電話〇五七五－二二－三一三一）

岐阜県

久田見まつり

とき　四月第三土・日曜日
ところ　神明神社・白鬚神社（加茂郡八百津町久田見）
交通　名鉄「犬山」より御嵩行き電車で「明智」下車、やおバス八百津行き「八百津」下車、コミュニティバス久田見線あるいは東鉄バス北山線に乗り換えて三五分、「久田見」下車、徒歩一〇分（八百津より車で一五分）

六台の豪華二輪だんじり

久田見は海抜五二〇メートルの高原地で、昔は久田見村と称し、八百津《やおつ》の黒瀬湊に陸揚げする物資を恵那・飛驒方面へ陸送する中継地として繁栄したという。中心地は山中にもかかわらず立派な市街地である。その東端にある氏神・神明神社と白鬚神社の祭礼が久田見まつりで、『美濃国加茂郡誌』によると、もと関ケ原役に功のあった稲葉右近方通《まさみち》（寛永一七（一六四〇）年没）が、徳川家よりこの地方を賜わった時、獅子舞、神馬ならびに六両の花山車《はなだし》を神明社・白鬚社に寄進し、からくり人形を行なわしめたという。

その伝統を受け継いで今も久田見まつりには中盛、野黒、小草、薄野《すすきの》、入野、松坂または後口の六地区から山車が出、獅子舞と神馬が宮本の下田地区から出る。他の五地区が拍子木、囃子にあたり、久田見の全地域がかかわる祭りである。

神明神社へ揃った久田見のだんじり．漆塗り，金銀の金具や鮮やかな幕で飾っただんじりの屋根上にそれぞれの紋章入り幟が勇ましくはためく．「今年はどんなからくり人形が見られるのか？」観客が期待する中，1台ずつ順に披露される．

山車はここでは「だんじり」と呼ばれ、久田見の山岳傾斜地を考慮して四輪ではなく動かしやすい二輪である。全国でもまれな二輪車に二本梶で、彫刻を飾り、漆塗・金箔張りで金銀の金具で飾る。高さは四・五メートルの豪華なもので、先端に白い標識《だし》をつけ、それぞれの紋を入れた赤い幟を屋根上四か所にはためかせ、いよいよ賑わしい。

日程

祭礼はもと四月五、六日であったが、最近は四月第三土・日と決まっている。日曜日が本楽で、朝から神明社神前で神馬、獅子舞が奉納されると、ついで六台のだんじりが境内に整然と勢揃いする。やがて笛、太鼓の拍子に従って午前一一時から一台ずつ独創的なからくり人形の奉納が行なわれる。高所にある本殿を背にして横に広がる神明社の石段は格好の見物席である。

六台のからくり競演が終わると昼の休憩で、午後になると総勢そのまま約三〇〇メートル西の白鬚神社へ移動する。午後二時から再び同じようにからくり奉納が行なわれ、四時ごろ終了する。

独創的な「糸切りからくり」

久田見のからくりは、他のどこにもない珍しい方式で行なわれる。碁盤のような九〇センチ四方、厚さ一五センチの台上の人形を「コロ」と呼ばれる一種のネジの装置と糸を使って下から操るのである。

まず、からくりを行なうには三重の構造が使われ、下段より大梭《おおひ》、碁盤《ごばん》、舞台碁盤を三段に積み重ね、からくり人形は最上段の舞台碁盤の上に装置される。

最下部の大梭に仕込まれた綱を後方約一メートルに二名、約一・八メートルに一名、計三名で操り、舞台碁盤に連結する四個の「コロ」を動かして操作する。このように、引く綱とからくり人形が直接繋がっていないことから「糸切りからくり」と呼ばれている。

からくりの舞台はだんじり正面の欄干から半分のりだしており、操り師の引く糸は大梭の中のコロに巻いて、コロを回転させるようになっており、その力を碁盤内のコロを通じて舞台碁盤まで誘導し、これと人形の肢体に取り付けた糸とを接続して人形を動かす。言わば間接的な糸あやつりで、この独得な「糸切りからくり」の操法は各地区門外不出の秘密で現代に伝えられている。

大梭の綱は麻紐、からくり台の糸は琴糸を使い、人形の材料は木、竹、金属、紙、布などである。

祭りまで極秘のからくり人形

からくり人形の制作と演技は一六歳から二五歳の若衆連（最近の過疎化で、現実には無理となっているが）にまかされており、その作品は昔から毎年新規工夫することが決まりである。各だんじりごとに二か月以上前から趣向をこらして技を競い合い、祭りが終わるとことごとく焼却されるという。

各出し物が秘密にされているので、見物衆には、祭りの日にどんなからくり人形が見られるのか一層楽しみである。神前に六台引き揃った時には、各だんじりのからくり人形がのる舞台碁盤にはすべて色物の大風呂敷がかけられており、一台ずつそれをはがしてからくり披露となるのである。

出し物の傾向としては、伝説、お伽話や能狂言の古典から、アニメ漫画、人気のスポーツなど時代を反映したものが多い。平成一四年は、「一寸法師」「千と千尋の神隠し」「ソルトレイクシティーのフィギュアスケート」、「ハム太郎のワールドカップ」「THE能――弓射りと般若・獅子変身」などがからくりの腕をきそった。

伝統儀式を厳しく守る祭典

久田見まつりの運営は、驚くほど厳しく古式を伝統としてまもられている。祭礼につきものの酒は一切禁じられ、行列の進行や集落同士の役割や挨拶、服装など「儀式まつり」と別名がつくほど数々の細かい規約にのっとって整然と行なわれる。

苦心のからくり人形発表

からくりの作者は「匠」と呼ばれ、祭礼当日は黒紋付の羽織を着用する。作者であるとともに操者である三名の若者は作り物の後方の大梭の両側に正座し、いま一名の若者は作り物の左側に扇子を持って静かに立ってからくりが無事動くよう見守り、問題が起これば扇子を逆さに持って修正などする後見役をつとめるのである。

各だんじりのそばで活躍する紋付きに袴姿で、頭に十文字の笠をかぶって威厳ある笛方や、太鼓打ちの少年ら(一〇歳から一三歳)が黒襟をさした赤ちりめんの着物を着て白布のふさを下げ、頭に学帽あるいは野球帽をのせたいでたちが印象的だ。

紋付き羽織袴で頭に帽子をかぶり、青竹杖を手に歩む品の良い人々が久田見まつりの宰領たちで、杖の先に巻き付けてあるのは祭典規約なのである。

神社の境内で、あるいは神社近くの広場や田んぼのあぜで、持参の昼弁をひろげて日がな祭りを楽しむ久田見の人々の姿がある。

国の選択無形民俗文化財指定。岐阜県無形文化財指定。

問合せ　八百津町観光協会（八百津町産業振興課）（電話〇五七四－四三－二一一一）

岐阜県

竹鼻まつり

とき　五月三日（祭日、雨天の場合は四日）
場所　八剣《はっけん》神社（羽島市竹鼻町神楽町）
交通　名鉄「笠松駅」で竹鼻線に乗り換え、「竹鼻駅」あるいは「羽島市役所前駅」下車

毎年半数ずつ曳き出される一三台の山車

長良川と木曾川にはさまれ、自然と歴史に恵まれた岐阜羽島は、繊維どころとして知られ、また江戸時代の仏像彫刻で有名な円空の生誕地として有名である。円空は生涯にわたって全国を旅し、一二万体の仏像を彫ったといわれるが、時折郷里へ帰り、一一面観音像はじめ約四〇体の円空仏を残したという。

その羽島の竹鼻地区には一三台の山車《だし》があり、氏神・八剣神社の祭礼には、毎年半数ずつが曳き出される。何か記念行事がある年には特別に全山車が曳き揃う。最近は平成一三年に八剣神社の四二〇年祭を祝って全山車が出た。

山車はやや小ぶりで、上山《うわやま》で手踊りのある山車が八台、からくり人形ののる山車が五台ある。各山車は、上山の四本柱、勾欄をはじめ各所に漆塗りや、螺鈿《らでん》細工などで装飾、刺繍や織りを競う水引き幕、大幕も見事で、それぞれ豪華な見送り幕を下げているのは大津や大垣の曳山《ひきやま》に似たところがある。

五月、八剣神社の例祭の頃は、同市にある竹鼻別院の樹齢三〇〇年といわれる藤の花が盛りで、「ふじまつり」

❷

❶

❹

❸

①下鍋屋町の唐子肩車太鼓打ち．②福江町の文字書き人形．③上城町，鉦叩きの唐子前人形と木の枝に倒立して太鼓を打つ唐子．④竹鼻別院そばでの山車揃え．全13台ある中，毎年半数ずつが曳き出される．

と共に「竹鼻まつり」が行なわれる。

日程

例祭の日、各町内から曳き出された山車が午前一一時から八剣神社に踊りやからくりを一台ずつ奉芸する。その後移動して一二時五〇分から竹鼻別院北側の松山大浦線で曳き揃い、午後一時五〇分まで同じように奉芸する。その後、両側におびただしい数の屋台が立ち並んでにぎわう商店街通りや古い家並通りを練り、各町の車会所前に止まってからくりや手踊りを見せて廻り、五時頃には曳き終わる。昔は夜六、七時から提灯をつけての夜山を必ず行なっていたが、最近は不定で、中止した町もある。

からくり人形のある山車

・大西町の山車

山車の制作年代は不明だが、嘉永元（一八四八）年と明治二一年に改修の記録がある。

上：上町の山車．壺を叩くと二つに割れ，現れた人形が竜神に変身する．
下：大西町の山車．湯取神子の湯立て．湯の代わりに紙吹雪を散らせる．

からくり人形は湯立神子が華麗に湯立て神事を行なう。天保一二（一八四一）年、隅田仁兵衛栄重の作。湯に見立てた紙吹雪がまかれる。からくりは下遣いで二人が操作している。

・上城町の山車

寛政六（一七九四）年に創建、嘉永六（一八五三）年改修の山車。

後人形の唐子《からこ》が木の幹にのり、左手で倒立、回転しながら右手に持つバチで木から吊り下がっている太鼓を囃子にあわせて叩く。前人形の唐子がそれに合わせ、両手で鉦を打って喜ぶとともに猿面に変わってはしゃぐ。二体の端麗なからくり人形は天保七（一八三六）年、隅田仁兵衛の作である。

・下鍋屋町の山車

天保年間の製作と伝えられる山車で、明治、大正各初年に改修した。

桃の大樹に太鼓が吊してある。小唐子が大唐子に肩車して桃の枝から下がった紐を左手でつかむと小唐子は大唐子の肩からはずれ、宙吊りとなって太鼓を打つ。嘉永の頃（一八五〇年頃）、玉屋庄兵衛の作とあるが、五代目のことであろう。『曳山の人形戯』の山崎構成氏によると、この小唐子の体内には珍しい真鍮製の脱進装置が装着されていたが、破損のため取り外され、明治の初期に改造されたという。

・福江町の山車

山車の製作は天明から寛政頃と伝えられ、幕箱には天保二年の墨があるという。

二人の唐子が押し廻す蓮台の上に立った唐子が筆で旗形の札につけられた紙片に文字を書くからくり。好きな字（一文字）が書ける。訪れる各町内で、その名を字に書いた半紙を記念に渡し、喜ばれている。

安政末（一八五九）年頃、五代目玉屋庄兵衛作。

・上町の山車

山車は古くからあったが、濃尾震災（明治二四（一八九一）年）で焼失。明治三二（一八九九）年に再建した白木造りである。

山車の上山前方に大きな壺がのっている。その後に立っている勅使の人形が、手に持っている中啓《ちゅうけい》（儀式用の扇）で壺を叩くと、壺が二つに割れ、中から赤い髪、赤い衣装をつけた人形が現われ、金色の面をつけて竜神に変身、謡曲の「岩船」を舞う。

明治三〇年、六代目玉屋庄兵衛作。

沿革

中町の山車は現在は子どもの手踊りであるが、昔は「高砂と姥」のからくり人形が乗っていた。動かせないので、二体の人形は現在羽島市歴史民俗資料館に展示されている。生き人形に近い写実的な顔立ちで、昭和一三年七代目玉屋庄兵衛の作といわれるが、玉庄門下の荒川宗太郎、喜田兼吉の名も入っている。

竹鼻まつりの山車は岐阜県有形民俗文化財。

問合せ　羽島市商工観光課（電話〇五八三‐九二‐一一一一）

岐阜県

大垣祭

とき　五月第二土曜日（試楽）、日曜日（本楽）
ところ　八幡神社（大垣市西外側一－一）
交通　JR「大垣駅」より徒歩五分

大垣城下を行く山車一一台

かつての大垣城の城下町として栄えた大垣に初夏の訪れを告げる祭りである。氏神の八幡神社を中心に、一一台の山車《だし》が大垣城周辺の市街地を華やかに巡行する。からくり人形や踊り舞台のある山車は高さ約五メートル、重量五トンほど。二層で、豪華な幕、彫刻を誇るほか、後方には必ず見送り幕を飾る特徴がある。

一一台中八台にからくり人形が乗っており、人形のみを飾る山車二台と子どもの踊りを見せる舞台を持つ山車二台があり（松竹山はからくり人形と踊り舞台の双方を持つ）、変化に富んだ豊富な内容で観客を喜ばすのが大垣祭の特色である。

日程

試楽の土曜日は、朝から一一台の山車が八幡神社前に集合し、午前九時から一台ずつからくりや踊りを奉芸した後、一〇時頃市役所前に曳き出されて同じように演技する（これを掛け芸と地元の人々は呼ぶ。その昔は大垣城内で藩主に披露した伝統に由来する）。その後は各町内を自由に曳きまわし、午後七時に再び八幡神社前に並んで提灯に点灯、夜宮となる。

本楽の日曜日は、同じく午前九時に同神社に奉芸した後、大垣駅はじめ所定のコース（その年によって東廻り、西廻りが交互に行なわれる）約八・八キロの街並みを揃って練り歩く。午後七時には八幡神社前で各山提灯に点灯、ここで青年団体による御輿の渡御があり、八幡神社前は祭りの雰囲気が最高潮となる。提灯を飾った全山は、午後七時三〇分になると動きだし、八幡神社から武者溜橋までの間を二周し、神社前で奉芸して曳き別れる。

由緒・沿革

大垣城は天文四（一五三五）年、土岐一族によって築かれ、関ケ原の合戦では西軍（石田三成ら）の本拠となった。江戸時代には戸田氏が入城、文教政策に力を入れ、一一代が一〇万石の城主をつとめた。

昭和二〇年の戦災で惜しくも焼失したが、昭和三三年に天守閣を復元。本丸、二の丸跡のあるかつての大垣城郭は大垣公園となり、大垣市の中心に位置している。大垣城の外堀であった水門川《すいもん》は、揖斐《いび》川に合流し、伊勢湾に注ぐ運河の舟運で栄えた大垣の大動脈であったという。今は、その清流に錦鯉が放たれ、両岸に設けられたプロムナードが市民の憩いの場ともなっている。さらに地下水の豊富なことなどから大垣を「水の都」ともいう。

大垣祭りと軸（山車のこと）の起源は、城下町の総氏神、八幡宮（明治維新に八幡神社と改称）が、初代藩主戸田氏鉄《うじかね》公により、正保五（慶安元＝一六四八）年に再建整備が行なわれたおり、城下の一八郷がこれを祝って神輿三社を寄付、大垣一〇か町が一〇台の山車を造って曳山祭りがはじまったという。

その後、濃尾震災や風水害、戦災により、五台を失ったが、修復されたもの、新規購入のものも合わせて一一台が現存し、三五〇年余の伝統を誇る祭りを毎年華やかにくりひろげている。

❶

❸

❷

❺

❹

❼

❻

❽

①山車の市街地巡行．前に見えるのは松竹山．舞台で踊りが披露されている上山に弁才天とからくりの竜神が立つ．②愛宕山．神功皇后の前で舞う武内宿禰．③鯰山（魚屋町）出樋の上で跳ね回る鯰を押さえようとする道外坊．④猩々山（宮町）猩々が獅子に変身するとともに酒壺が割れて牡丹の花が咲き，喜んだ獅子が舞う．⑤相生山（本町）．神主が帆かけ船に変身するからくり．能の雰囲気で木の舞台が美しい．⑥菅原山（新町）菅原道真の少年時代をイメージした人形が文字を書く．⑦神楽山（本町，中町，新町）等身大の巫女人形がお祓いの舞を舞う，棒使いの人形．⑧榊山（竹島町）．天鈿女命の舞．

大垣は日本の西と東を繋ぐ重要地で、松尾芭蕉は元禄時代、江戸を出発してみちのくを歩いた「奥の細道」数か月の旅を大垣で終えている。また東海道の宿場町として、江戸時代、九州から上陸した朝鮮通信使らが、江戸への道中で必ず逗留する地であった。その影響を残した「朝鮮軸」が昭和初期まであったが、焼失し、旗、遺品と人形を大垣公園西の郷土館に飾っている。

からくり人形のある山車

・神楽軸《やま》（本町・中町・新町）

常に行列の先頭を行く軸で、藩主戸田氏西《うじあき》公から下賜されたもの。御払軸、市軸ともいわれ、本町、中町、新町の三町内が年々交替で曳く。

等身大の巫女人形が鈴と扇を手に祈禱と清めのために舞い、そばで山伏の人形が両手に熊笹を持ち、湯桶の湯の花をまき散らして湯立てを行なう。舞台の下から人形の胴串を支え、人形の両手につけた細棒を操作して大きく舞わせる棒遣いである。

巫女は天鈿女命《あめのうずめのみこと》、山伏は猿田彦命を表わすものといい、また、巫女人形の名は「市《いち》」と呼ばれ、昔、八幡神社にいた美しい巫女の名前からつけられたものという。

・菅原軸（新町）

前山に手桶と榊を持った塩振りの人形が立つ。上山に二体の童子の人形。一方が白紙の入った額を持ち、もう一方が手に筆を持って文字を書く。菅原道真公の少年時代を模したものとか。別名天神軸とも言われる。

「大垣祭」、「新町菅原山」などの文字が自由に書ける。文字書きは、山車の中、約二メートル離れた下から操作する人が筆柱を動かして書き上げる。額持ち人形が書かれた紙を額から抜いて落とすのもからくりのうちである。大正九（一九二〇）年、六代目玉屋庄兵衛の作。

・鯰軸《なまず》（魚屋町）

「ハアー、ハアー、押っさえたか、チカラカチンチン！」と掛け声と鉦、太鼓を打ちならす愉快な囃子にのって、頭に緋縮緬《ひちりめん》の頭巾を被った翁（道外坊《どうがいぼう》）が手に瓢簞《ひょうたん》を振りかざし、足元の出樋《でとい》の上で跳ね回る黒い鯰を押さえようとする。禅問答の「瓢簞なまず」から取った題材であろう。鯰のようにのらりくらりとうまく世渡りすることを表現するとともに、天災地変をさけたいと「地震鎮め」の願いがこめられたとも地元ではいう。激しい鉦の音に、鯰がしっぽをくねらせ、回転して暴れるようすが迫力あって見物の人気を呼んでいる。

鯰は山車の中から二人がかりで糸を引くのだが、結構力がいるという。山車は正保五（慶安元＝一六四八）年に作られたと伝えられる。

・榊軸（竹島町）

右手に白幣、左手に鈴を持った神官人形が腕を上下に振りながら、左右を向いてお祓いをする。次に榊と神鏡を飾った上山《うわやま》で、白い着物に緋色の袴をつけた天鈿女命が先端に進み、前に置かれた巻紙を持ち上げると、巻紙が解け、「大垣祭り、竹島町　榊軸」と書かれた文字が見られる。そして天鈿女命は白木台の上に置かれた神酒を後ろの神棚にささげた後、右手に鈴、左手に榊を持って神楽を舞う。

人形二体とも明治一二（一八七九）年、六代目玉屋庄兵衛の作であるが、もう一組、明治三（一八七〇）年、竹田新助の製作により明治一一年まで使われたものが、竹島会館に保存されている。大型で操作しにくいので現行のものに代わったという。

・愛宕軸（岐阜町）
前山にしゃちをかたどった冠を頭にかぶり、両手に采《ざい》を持ち元気よく振る蜒女《えんにょ》人形がある。上山で、戦のため男装をした神功皇后の大人形の前で武内宿禰が扇を開き、「弓八幡」を舞うと、胸元から面が飛び出て神面に変身する。神官（狂言師ともいう）が持つ箱を開くと、鳩が二羽現われ、豆を拾う仕草をする。鳩が豆を拾いだすと、山車の中から袋入りの豆が観客に向かってまかれる。

からくり人形の作者は七代目玉屋庄兵衛で、昭和三九年の作である。古くは、大正年間（一九一二～二六）に六代目玉屋庄兵衛による人形も遣われていた。

・松竹軸（伝馬町）
竹生島の弁財天を首座に配することで、別名「弁天山」と呼ばれている。

山車上山の奥、大将座に水色の薄物をまとった麗しい弁財天が座し、中段には、竜神（童女の顔をしている）が立っている。竜神は舞い、そして兎に変身する。そのようすは、突然人形が腰から後ろに倒れるように割れて袴の中にしかけてあった兎の人形が現われ、赤い満月を背に餅つき杵を上下させる。この時、山車の中から餅がまかれる。

それが終わると、再び竜神の体が起こされ、袴の裾が閉まってもとの姿にもどる。そして今度はその下の舞台で、愛らしい子供舞踊が披露される。

松竹山は、舞踊とからくり二本立て唯一の山車で、戦災で焼失したが、昭和二七年に他所より中古の山車を購入して復活、修復もした。竜神の人形は焼失を免れ、人形箱の箱書きから、明治二九年、浅野新蔵作と知られる。

・相生軸（本町）

戦災などにより二度も焼失したが、平成八年に五一年ぶりに復元された。現在一一台ある山車の中で、一番大きな山車である。当初は高さ六・一メートル、縦横とも他の山車よりさらにひとまわり大きく、現在は白木のままだが、昔は朱色漆塗りの屋形、欄干は黒漆塗りで螺鈿《らでん》が施されていたという。

前山の人形に肥後国阿蘇宮《あそのみや》神主の友成、上山に住吉明神が立つ。「高砂」の調べにのって住吉明神が面かぶりのからくりを見せながら激しく舞い、神主の友成は瞬間に帆掛け船に変身する。格調高いからくり人形の作者は大垣市の能面師・後藤秀美、山車は安八郡神戸町の宮大工・滝脇順一が製作にあたったという。

・猩々軸（宮町）

戦災で焼失したが、五六年ぶりに平成一三年に再建された最も新しい山車である。

上山の正面から突出した出樋の先端に大酒壺があり、赤い髪の猩々人形が歩いて行き、壺に顔を入れるとたちまち酔った紅顔に変わる。そしてさらに赤い頭の獅子に変身し、大酒壺は四方に割れて大輪の牡丹の花が飛び出す。獅子は牡丹にたわむれ舞い狂う。

山車、人形とも地元の人々による。人形の作者は浅野正雄。山の正面と両脇に一匹として同じ様相のない千匹猿の彫刻がある。

大垣祭山車九台は岐阜県および大垣市の重要無形文化財。

問合せ　大垣市商工観光課（電話〇五八四－八一－四一一一）

岐阜県

養老高田祭

とき　五月第三土・日曜日
ところ　愛宕神社（養老町高田西町）
交通　ＪＲ「大垣駅」より近鉄線「美濃高田」下車

回転式の豪華山車三台

養老山地のふもとにある高田は、五月といってもまだ春の気配で、山頂から吹いてくる独特の風がまぶしい感じだ。

氏神の愛宕神社祭礼は、養老の町をあげての盛大な祭りで、西町の猩々軸《ひひやま》（軸は山車のこと）、東町の林和靖軸《りんなせいやま》、下河原町の神楽軸の三台の山車が曳きだされる。神楽軸は獅子舞を演じ、山車の行く先々で三人一組の若者らが獅子頭をかついで巧妙に舞う。続く猩々軸、林和靖軸にからくり人形がのっており、時々山車を止めてからくりで舞わせる。

各山車はいずれも豪華な彫刻、華麗な幕の装飾で、見送り幕も飾っている。横笛、大小太鼓の囃子とともに、掛け声、拍子木の音も勇ましく高田の中心商店街を重々しい三台の山車が上り下りして祭行事を行なうが、驚くことに山車は自由に方向転換ができるよう三台とも腰の部分（土台部分）が回転式の構造になっている。そして梶棒が前後一本ずつである。狭い道幅の通りを曳き廻すため、全国にも例を見ない工夫で、少ない人数で容易に

右：林和靖軸，白い幣を持つ前山人形と鶴，遊ぶ唐子．左：猩々山，扇を広げて舞う猩々．

方向が転換できるのである。

からくり人形のある山

・猩々軸《やま》（西町）

前山に裃《かみしも》をつけた童子の采《ざい》振り人形。上山《うわやま》で赤毛の夫婦猩々が謡曲「猩々」に合わせて銀色の扇を広げて舞い、酒壺から酒を飲み交わす。采振り人形は七代目玉屋庄兵衛によるが、猩々人形は京都で作られたと伝えられる糸からくりである。

　この山車は、宝暦一二（一七六二）年の作と伝えらるが、寛政六（一七九四）年一一月の高田の大火で焼失し、文政五（一八二二）年から一〇年かかって再建された。またその後も彫り物一式、塗り、金具など一三年の長い年月をかけて仕上げられたという。

　特に彫物は、信州諏訪の三代目立川和四郎兄弟と高田の彫師忠兵衛の優れた作品「松鷹」「花鳥」「仙人」「猩々」ほかが嵌め込まれてあり、これらの木彫は岐阜県の文化財に指定されている。

・林和靖軸《りんなせいやま》（東町）

前山には烏帽子をかぶり、白い幣を持った前人形。上山の大将座に仙人の林和靖、その前に鶴と唐子がいる。鶴は羽をひろげ、長いくちばしで菜の葉をついばんで林和靖に食べさせようとし、あどけない唐子が鶴と戯れる情景を演じる。

確かな記録はないが、名古屋市伝馬町の山車を購入したものらしく、林和靖と唐子の頭部の内側に、「弘化二年、木偶師真守作」の墨書きがあるという。

林和靖と鶴のからくりといえば、かつて名古屋東照宮祭で活躍した享保七（一七二二）年京都の山本飛騨掾作の伝馬町のものが有名だが、戦災で焼失し、今は見るべくもない。

背の高さ一・一メートルほどの高田の鶴は日本に唯一のからくり鶴で、貴重な存在である。ただ精巧なからくり仕掛けのため操作が難しく、近年は歯車三枚を利用して動かす羽が思うように開閉しなかった。そこで平成一四年に萬屋仁兵衛文造により大修理が行なわれ、平成一五年から新しい鶴が羽ばたいている。

日程

早朝、愛宕神社前で下河原町の獅子舞が奉納され、引き続き各軸がからくりを奉芸する。

午前一一時、例祭儀式、神楽「浦安の舞」、神幸が行なわれる。総代、町内委員らが東町のお旅所へ警固の行列。お旅所へ御神体が遷られ、三台の軸はこれに随行する。

この日の人出は数千人で、高田の町は祭り一色で賑わう。

夜になって午後八時には「還幸の儀」が行なわれ、三台の軸が提灯やぼんぼりに灯をつけて随行。九時半にはご神体は再び本宮へ戻られ、各軸も曳き別れの儀式を行なってそれぞれの町内へ帰る。

問合せ　養老町役場産業観光課（電話〇五八四－三二－〇五四九）

岐阜県

加子母《かしも》・水無《すいむ》神社秋季大祭

とき　九月二三日（秋分の日）、前夜が試楽祭
ところ　水無神社（中津川市恵那町加子母中切）
交通　JR「下呂駅」より中津川行きバス、「加子母村役場前」下車

神宮美林そばの水無神社

加子母村は裏木曾国有林のある村で、古くより水無神社の裏の神宮美林から伊勢神宮の御神木が伐り出されているという。

バスを降りると、すぐ前が水無神社の広い参道で、鳥居そばに高い幟がはためいている。水無神社の祭礼は、地元では「どってこてん」の通称で親しまれ、もとは九月二二日に本祭を行なうのがしきたりだったが、平成七年より平日をさけて人々の集まりやすい休日の二三日に変更された。二二日の試楽祭には夜、参道と拝殿で獅子舞が奉納され、本祭には朝から二台の軸《やま》（山車のこと）が曳き出され、からくり人形が奉納される。

各山が拝殿へ向かってゆるい坂の参道を登るとき、二本の太縄に大勢がとまって、揉み合いながら勇壮に引く「軸《やま》曳き」も見ものである。

からくり人形のある山

・上軸《かみやま》（「湯立」神事）

前人形は、朗らかな顔の禰宜《ねぎ》人形が両手で持った幣《へい》を上げ下げし、囃子とともに右を向き、左を向き、うなずいたり、飛び上がったり元気よく舞う。やがて巫女人形が現われ、軸から前へせり出した樋《とい》の先に置かれた釜まで進んで両手に持った笹を振って湯立てをする。

従来の古い禰宜《ねぎ》人形は傷みが激しいので文化財として保存し、現在は九代目玉屋庄兵衛によって復元された人形を使っている。禰宜は一人の棒遣いで、人形の胴串を持ち、下から頭、両手を紐で動かす。巫女は御簾《みす》の中にかくれた四人の人形方が樋から通じる紐で操作する。

・下軸《しもやま》（「獅子舞」）

前人形は、山車上山の左角に大きな目を開いた白い眉、長い白鬚の禰宜人形（須佐之男命ともいう）が御幣を持ち泰然として立っているが、両手が動くのみ。「踊らせると災いが生ずる」とは地元の人々の言い伝えである。華麗な囃子にのって現われるのが御幣と鈴を手に持った嫁獅子で、厳めしい獅子頭の下に美しい振り袖の着物を着て樋の上を進み、頭、両手足を振り振り、前進・後退、回転もして激しく舞う。六人の人形方が御簾の中から紐で操作する。

日程

朝九時三〇分には飾りつけられた上軸、下軸の山車が神社参道に並び、盛んに囃子が奏される。

一〇時三〇分に神殿で神事が行なわれ、終わると餅（くじ入りだんご）投げが行なわれる。

一二時より上軸、一二時三〇分から下軸の囃子が再び始まり、午後一時三〇分から上山のからくり湯立て神事

上：下軸（獅子舞） 厳かな禰宜人形のそばから樋の上にのって嫁獅子が華麗に舞う．中：上軸（湯立神事） 幣を上げ下げ元気に舞った禰宜人形の後，巫女人形が静かに現れて湯立てをする．

下：山曳き，山車を曳く二本の太い縄に大勢が止まり，揉み合いながら宮前へ曳き上げる．

が奉納される。終わると、「軸《やま》曳き」と言われる独特の方法で、山車がやや傾斜のある参道を境内へと曳かれて行く。また、午後三時一〇分に下軸の囃子が始まり、からくり人形の獅子舞が奉納される。そして同じく「軸曳き」で時間をかけて境内まで曳かれていく。

この「軸曳き」では、山車を曳く二本の太い縄に大勢の人たちがとまり、互いに縄を引っ張り回したり、邪魔をしてぶつかったり、揉み合って勇壮な争いをしながら宮前へ曳き上げる。伊勢神宮御神木曳き行事のうちの陸《おか》曳きにならったものという。縄を持つ人たちは、二五歳、四二歳、六〇歳の厄年の男性らで、六〇歳は赤の半纏、あとの人々は紺の半纏を着て参加している。

軸曳きが三〇分から一時間行なわれている間ずっと上軸の禰宜人形は幣を上下に振って踊りまくるのである。両車が曳き上げられて二台宮前に並ぶと四時四〇分頃、囃子とともに上軸のからくり「湯立神事」、下軸の「獅子舞」が再び奉納される。そして最後に上軸、下軸の囃子（「おかざき」ではじまり「おかざき」で終わる）が合奏され、五時三〇分には関係者全員拝礼で祭りは納められる。

由緒

水無神社の祭礼は、加子母村教育委員会の資料によると、地元に保管されてきたからくり巫女や、禰宜《ねぎ》人形の人形箱の箱書きから、延宝二（一六七四）年にはじまったことが知られている。

現在、本祭りは村中一〇地区が上半郷（上軸）、下半郷（下軸）に分かれてそれぞれ当番制でつとめるほか、加子母村山祭ばやし保存会、加子母村獅子舞保存会、加子母村山・からくり保存会があり、まつりの伝統文化保存と後継者育成につとめている。

問合せ　中津川市加子母総合事務所（電話〇五七三‐七九‐二一一一）

岐阜県

和良《わら》町・白山神社祭礼

とき　九月二三日（秋分の日）
ところ　白山神社（郡上市和良町宮代天王山）
交通　高山線「飛騨金山駅」よりコミュニティーバス「和良病院前」下車、ここより車で一五分

山裾の境内でゆっくり楽しむ祭り

緑豊かな和良村の宮代地区にある白山神社は、小高い山の頂上にあり、鬱蒼と茂った木立ちの中、かなり急な勾配の坂道を踏みしめ登って参拝する。

その山のふもとの広場が境内にあたるのであろう、古い芝居舞台、蔵がある。秋分の日の例祭にはここへ一台の山車《だし》が止められ、上山《うわやま》でからくり人形が演じられる。

山車は高さ二メートルばかりの櫓を紫の水引き幕、白地に紋入りの大幕で覆い、小さな四輪をつけて、上部に屋形と人形の舞う出樋《でとい》をつけたものである。

まず前山の「ちゃんとこ」人形が白い幣をさかんに振ってお祓いを演じた後、毬つき、猩々のからくりが行なわれるが、その前奏、合間に、和良村独特の色彩豊かでユニークな神楽が演じられ、秋の日の午後をたっぷりと境内で楽しむ祭りである。

上左：白地に紋入りの幕で覆った山車と神楽の人びと．右：猩々のからくり．壺が割れて赤い顔の猩々が現れる．（次ページ）猿田彦命をあらわす幣振り人形．賑やかな囃子とともに手に持った白い幣を激しく上下する．

個性的な三種のからくり人形

幣振り人形は猿田彦命で、お祓いの姿。褐色の肌に黒い鬚、大きな目、口の禰宜《ねぎ》人形で、白い幣を振り振り、みずからも飛び跳ねる激しい棒使いである。「毬つき」は、日本髪、振り袖、なで肩の娘人形が、樋の上を進んで行き、先端部に取り付けられた屋形の中へ入ると手毬をつく。手の上下は、屋形の天井から降ろした三本の透明な糸で操作されている。「猩々」は、ちょん髷、黒紋付、袴の男性が壺を抱えて樋の上を進み、後ろへさがると、壺が割れて中から赤い顔の猩々が現われ、ひしゃくを振りかざして舞う。地元の人々は、この猩々を「赤鬼」と呼んで親しんでいるようだ。

いずれの人形も作者・年代など不明だが、毬つきと猩々は高山で戦勝祈願として寄付されたものという。山車の左右両側に立てた「白山神社」の幟に、明治一三年の文字があるので、それ以前のものであるのは確か。

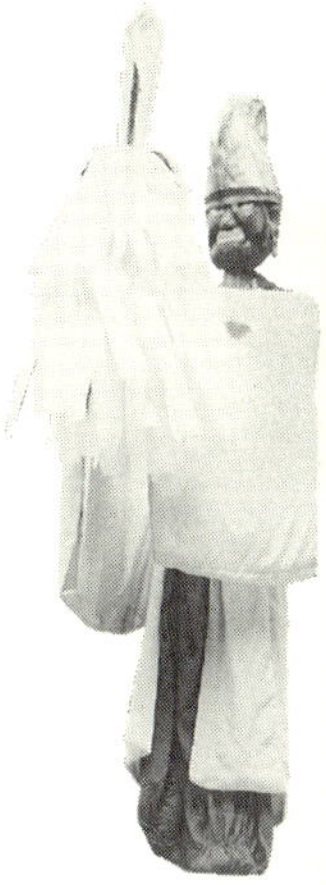

日程

祭礼の日、山車は朝から人形を飾って境内にある。午後一時、鹿倉公民館の前から白山神社の神職、氏子総代、神楽連（舞子、獅子、ひご馬、囃子）の行列が参道を練って神社へ入る。神職や役員が山を登って上の白山神社で神事をしている間に、下の境内で、神楽が行なわれる。

頭に鶏の冠をかぶった大勢の囃子方の囃子にあわせて、赤い唐子《からこ》の衣装をつけ、花笠をかぶった稚児（ここでは舞子と呼ぶ）が手に太鼓のばちをもって舞い、大太鼓を打つ。それと共に獅子も舞う。獅子頭を舞わすのは一人だが、獅子の衣の後部下に四、五人の男たちが隠れて竹棒で支え、獅子を大きく見せている。

「岡崎」「小鼓」「獅子」「大神楽」の曲を順に演じ、その間にからくりが入るのである。

一時五〇分頃になると山車の上の幣振り人形が、笛の音とともにちゃんちゃん鉦の鳴るにぎやかな囃子で舞い、最初に「手毬つき」が奉納される。終わると屋形のついた樋をひっこめて、次に「猩々」の番となるが、その前に神楽が奏され、最後に猩々のからくりが行なわれるのは午後三時半頃。終わると山車上に飾られた造花が見物客に投げられ、祭りが終わるのは四時頃。そこここに赤い彼岸花が盛りの和良村である。

問合せ　郡上市和良地域振興事務所（電話〇五七五―七七―二二一一）

岐阜県

戸隠神社祭礼

とき　毎年一〇月第一土・日曜日（二〇〇〇年までは九月一四・一五日だった）
ところ　戸隠神社（郡上市和良町宮地一‐一、沢五三八‐一）
交通　高山線「飛驒金山」駅よりコミュニティーバス「和良病院前」行で三〇分、終点下車

日本の古代信仰が残る戸隠神社

和良村は、古代より続く古い土地柄と言われる。宮地、上沢両部落の中央に鎮座する戸隠神社の境内には樹齢七〇〇年を越す杉の大木がそびえ、境内奥の木立ちの中に和良村指定天然記念物の巨大な二個の「重ね岩」がある。地元の調査によれば、下部の大岩は五〇〇万年前、上部に立った岩は三〇〇万年前のものとされる奇岩で、苔むす姿は神々しいまでに厳かだ。むかし人々が自然崇拝したころの「神」ではなかったかと、いまも岩のまわりに白いしめ縄を張って祀っている。

戸隠神社は、昔は「九頭《くず》の宮」と呼ばれたこのあたりの鎮守の社で、天正の頃、信州戸隠より「九頭竜神」を招請して雨乞いをした際に神殿を造り祭りをしたところ、氏神は素戔嗚尊《すさのおのみこと》で、すなわち牛頭天王（バアル神）と考えられている。

明治維新で名称を戸隠神社と変更し、祭神に手力雄命《たじからをのみこと》が加わる。その大祭は、宮地、上沢両二集落のまったく平等な維持管理で盛大に行なわれる。

❶

❷

❸

❹

①皆に愛される前車（上沢）「ちゃんとこ」人形．白い幣を天に向かって突き上げて踊る．②後車の「天宇受売命」はふくよかな顔で鈴と扇を振る．③上沢前車のからくり「那須の与一」弓引きの場．出樋の上に馬上の那須与一の晴れ姿があり，もう一つの出樋の上に船に乗った官女が的を示す．④宮地山車の「大回転」，赤毛の外人が鉄棒大回転．棒には祭りに目出度い紅白模様が使ってある．

日程

大祭当日の日曜日の昼、神社で神事が行なわれる頃、九本の幟が立つ神社前の長い参道に二台の山車が囃しながら待機する。四方を木綿の大幕と水引き幕で囲って上に四本柱の神殿をのせ、からくり人形を配置したやや小振りな山車である。

前車は上沢のもので、白い幣を振る人形は猿田彦命、地元の人々は「ちゃんとこ」の名で親しんでいる。元禄時代にはじまったといわれるが、現行の人形は地元の大沢周一が作ったものである。

後車は宮地の山車で、手に扇と鈴を持ち、出樋《でとい》に乗って舞う天宇受売命《あめのうずめのみこと》が立つ。これも元禄時代のはじめという。

神社にあった御輿がお旅所へ降りるべく鳥居を出ると前後して、この二体の人形が踊るのは、神を出迎える意味である。

そして午後一時ころ、御輿を迎えたお旅所の前に上沢、宮地両集落からそれぞれの標識《だし》、幟を立てた行列が合流し、ここでさまざまな奉納芸能の披露が行なわれる。

まず太神楽。花笠をかぶり、唐子風な衣装を着けた清らかな童子各三人が、太鼓を打ったり、ささらを奏しながら舞う。その後ろで囃子をつとめるのが裃姿で頭に鮮やかな色どりの鶏の冠を載せた男たち。笛、鼓、つけ太鼓など二〇人ばかりである。腰の前後に白馬黒馬の頭と尻尾をつけた若者たちによる軽快な「ひごうま」の踊り、二頭のきりん獅子の舞があり、多彩で楽しい。午後二時を過ぎ、御輿が帰る時になると、参道にいた二台の山車が威勢よく人形を動かしながら先頭をきって行進し、祭りの行列が続いて鳥居をくぐり宮入りする。「おかめ」顔の天宇受売命の人形は糸で引くからくりだが、「ひょっとこ」の猿田彦命は棒につけて手で下から突き上げ、回す方式である。

神前にて再度太神楽、ひごうま、きりん獅子などの舞いがあり、さらに境内左右にある両神楽殿で伊勢神楽

（嫁獅子とおかめ、悪魔払いの舞）が演じられ、最後に両山車のからくり人形奉納が行なわれるのである。

からくりが終わると、山車上左右に飾ってあった造花がいっせいに観客に投げられ、祭り行事の終わるのが午後四時過ぎ。花は竹を茎に木と紙でしっかり作られた菊の花で、「交通安全」など記した短冊がつけられている。

からくり人形のある山車

上沢の山車は、「那須の与一」が弓ひきの場面。

山車から突出した二本の出樋には青い海と波が描かれている。その上を官女の乗った船が扇の的をかかげて滑り出ると、もう一方から馬上の那須の与一が走り出て、沖の船で官女が示す扇の的に弓をあてる。人形はもともと地元の手によるもので、このほど同じ地元の笹原日吉（六二歳）が、二〇〇〇年に新しく作り変えた。人形が弓を引く前に、みずからの手で矢を背中より取って弓につがえる動作が加わったことを得意としている。

宮地の山車は、「大車輪」。

ズボンをはいた赤い長髪の人形を三宝の上に載せた、ちょん髷・紋付袴姿の人形が出樋の上を進み出ると、やがてこの赤髪人形が紅白模様の竿にぶら下がり、乗り上げ、ぐるっと回転、ぐるぐる回る。

地元の古老の話では、二体とも文化年間に、山車の屋根を高山からもらった時にはじまるとのこと。

二台の山車は江戸後期にできているが、からくり人形のはじめは定かでなく、それ以前は人形浄瑠璃が行なわれていたようだ。

戸隠神社の近くにある念興寺は天正年間（一五七三〜九二）にこのあたりに出没した「鬼の首」を秘蔵し、村指定文化財になっている。戸隠神社の祭りは村指定無形文化財。

問合せ　和良村役場観光課（電話〇五七五-七七-二二一一）

岐阜県

綾野祭

とき　一〇月第二日曜日
ところ　白鬚神社（大垣市綾野二‐七八）
交通　ＪＲ「大垣駅」より車で二〇分

大垣祭りを意識した五台の山車

綾野は、大垣市の西南部にある古くからの町である。ここに江戸時代から続いた五台の山車があり、うち四台がからくり人形を持つ山車（地元では軸《やま》と書く）である。

町のはずれに東海道新幹線が通ることになり、竪丁《たてじょう》、横篠《よこじょう》、大門、八幡、東の各瀬古（村内の小さな村筋を称して瀬古といった）の住民区域は南に広がり、氏神の白鬚神社は線路を越えた北になった。

毎年秋の豊作を祝って白鬚神社の例祭（明治二八年までは九月二六日、その後は一〇月一二日）にこれら五瀬古の山車が曳き出されていたが、近年は経費や人手不足などで不定期、豊年予想の年、もしくは特別祝事の時に曳き出されていた。最近は地域の名も綾野第一から第六と呼ばれており、各自治会が管理して毎年一〇月第二日曜日の祭りが定着している。

人口が現在一三〇〇人ばかりの旧綾里地区に五台の山車があるのは、旧村民の豊かさと大垣藩民に向ける対抗意識が加わってのことかと思われる。山車の大きさは、平均して高さ約四・六メートル、間口二・三メートルと

❷

❶

❸

❹

①小獅子山（堅丁瀬古）．子獅子が戯れると，鉢が開いて牡丹の花が咲き出る．②神楽山（東瀬古）．美しい巫女の舞．③鯰山（横丁瀬古）．しっぽを振って大暴れの鯰を瓢簞で捕らえようとする僧のユーモラスなからくり．④猩々山（大門瀬古）．上山の猩々は，面かぶりではなく，仕掛けが回転して変身する糸からくり．

大垣よりやや小ぶりだが、神楽軸、鯰軸、小獅子軸など、からくりの内容が似かよっている。

からくり人形のある山

・神楽軸（東瀬古――綾野第一自治会）

頭に冠をかぶり、緑色の着物をまとって、鈴と御幣を持つ美しい巫女が囃子に合わせて舞う。次に白鉢巻、白装束の山伏が湯の花を捧げる。心串を下から持って操作する棒遣いである。「一軸」と呼ばれ、いつも行列の先頭をつとめて神楽を舞わせる。山車の帳面箱に「文政七申歳（一八二四）」の墨書きがあるという。

・猩々軸（大門瀬古――綾野第四自治会）

前山に両手に采《ざい》を持った采振り人形。上山《うわやま》に、酒樽を前にした赤い長い髪の猩々二体がある。猩々は柄杓で酒を汲んで飲み、朱色の顔に変わる。顔の仕掛けが回って面が変わる糸からくりである。

山の屋形箱に文政五（一八二二）年、文政八（一八二五）年の年号や作者大工名が記されると共に、嘉永六（一八五三）年から書き継がれた猩々軸宿元の記録があるという。

昭和二〇年の戦災で、人形と山車（一部を残して）を焼失したが、七代目玉屋庄兵衛の手で昭和四四年に猩々人形が、五三年に采振り人形が復元された。昔は、首を下げて酒を飲むまねをして頭を上げると、赤ら顔に変わっている芸であったという。

・鯰軸（横丁瀬古――綾野第五、第六自治会）

山の正面から突き出た樋の上で左右に回転して暴れる大鯰を、赤頭巾をかぶり瓢箪を持った老人が一所懸命押さえようとするからくり。

綾野祭りの山車の中では最も古くからあったと言われ、古い水引き幕の麻の裏地に「宝暦九（一七五九）年」の文字があるという。

このあたりに瀬古の住民が耕作する鯰尾という地名があることや、掘割に鯰がたくさんいたことなどから考え出されたともいわれる。

・小獅子軸（竪丁瀬古――綾野第三自治会）

山の正面から前に突き出た樋の先端に大鉢が置かれ、子獅子が戯れると、鉢が開いて牡丹の花が咲き出る。長めの樋は黒塗りで、先端正面には白鬚神社ゆかりの三ツ巴紋の金具がはめ込まれ、角や側にも金具が取り付けられ豪華である。

山車は屋形の袖板に「嘉永六（一八五三）年」の文字が残り、綾野でなく他所より購入したものと伝えられている。

このほか「獅子軸」があるが、からくり人形はなく、山車の舞台で子どもの獅子舞と踊りが奉納される。山車には「宝暦七（一七五七）年……伝馬町」の墨書きがあり、大垣から弘化（一八四四〜）のころ購入されたと考えられている。

日程

詳しいことは毎年九月頃に各軸代表の寄り合いで決められる。

数年前までは、午後一時に町の中央、真照寺（綾野二‐二七五九）および水源地付近の広場に集結し、からくり・舞踊など奉芸のあと、忠魂碑や綾里支所で再び奉芸し、町のはずれに向かって巡行、新幹線のガードをくぐって白鬚神社へ向かった。午後六時頃白鬚神社に着いて、その後各瀬古の人々は家へ帰って夕食を済ませ、再び白鬚神社へ集合。午後八時に点灯し、神前で一台ずつからくりや舞踊を奉納してすべての山車が奉芸の後、五台揃って順番に軕宿へ帰るといった日程だった。

最近は各軕それぞれ自由に出発し、午後四時半には白鬚神社に五台が曳き揃う。午後七時から七時半に点灯し、一台ずつ奉芸の後、いっせいに帰るという。いつもは神楽軕が先頭で、それに続く順番はくじで毎年決められる。

綾野祭軕は、岐阜県・大垣市重要有形民俗文化財。

問合せ　大垣市役所・綾里支所（電話〇五八四-九一-一〇二八）

岐阜県

加納天満宮天神まつり

とき　平成一五年は一〇月二五日（土）、二六日（日）、以来毎年一〇月下旬の土、日の予定

ところ　加納天満宮（岐阜市加納天神町四－一）

交通　ＪＲ「岐阜駅」より南へ徒歩七分

加納に復活、鞍馬山車

岐阜市加納は、関ケ原合戦後、徳川家康が本多忠勝に命じて築かせた加納城があったところで、また皇女和宮ゆかりの旧中山道・加納宿でもあった歴史のある土地柄である。今は加納城跡が国指定の史跡になり、公園として市民に愛されている。

この加納本町には戦前は山車《だし》が九台あったが、戦災で八台が焼失。ＪＲ岐阜駅近くの加納天満宮に属する鞍馬《くらま》山車《やま》のみ残った。明治三五年の製作でからくり人形も三体ついたこの貴重な山車は、岐阜市の文化財となっている。しかし山車の曳き手が集まらないので、長らく熱心な氏子が年に一度春の例大祭に境内の山車倉《だしぐら》から曳き出して人形や提灯をつけて飾るのみであった。

このほど加納天満宮本殿の建て替えが行なわれ、その造営記念に平成一五年一〇月に「天神まつり」の開催が企画され、その中心行事としてからくり人形と鞍馬山車の復活がなったのである。

牛若丸と大天狗のからくり人形、変身烏天狗

鞍馬山車は高さ約五メートルの三層の山車で、後方に向かってせり上がる欄干の曲線が美しい。上山《うわやま》につり上がった眉、鬚で厳めしい面がまえの大天狗、中山《なかやま》に薙刀《なぎなた》を持った凛々しい美少年の牛若丸、前山《まえやま》に采《ざい》振り人形がのる。

からくりは、牛若丸が上山へ移動して演じられる。謡曲「鞍馬山」がうたわれだすと、鼓、太鼓の囃子にのってまず大天狗が首をうなずかせ、薙刀を持った牛若丸が右、左と歩き、ときおり刀をキリキリと振り回して勇壮な姿を見せる。牛若丸が鞍馬山を辞すくだりのシーンである。采振り人形が面被りで烏天狗に変身する面白い趣向である。からくり人形の作者の名は不明で、三体とも山車より先にできたのをどこからか譲りうけたものである。六〇年間も動かされていないので、このほど山車とともに高山へ修復に出され、からくり部分も面も新しく

鞍馬山車．前段に烏天狗に面変わりする采振り人形，中段に牛若丸，上山に大天狗がいる．からくり奉納の時は牛若丸が上山へ移動して，左右に歩いたり，薙刀を振り回しながら舞う．

化粧直しされた。山車は屋台大工の八野明、人形は欄間木彫師の若林繁夫によるという。

からくり操作も馴れないので、地元の能の心得のある人が振り付けをし、氏子の人々が三か月かかって練習したという。山車の曳行も経験者がいないため、高山祭りの屋台曳き方を招き、その先導で曳行が実施されるなど、地域としても画期的なにぎわいを呼ぶできごととなった。

日程

一〇月二五日（土）は一二時から加納天満宮の境内で神歌が歌われ、出立式が行なわれてから鞍馬山車でからくりが奉納され、行列が岐阜市市街地を練りに出発した。鼓笛隊の演奏や、天神神楽、稚児行列も続く。山車は道路の頭上に架かる電線を避けながら進み、時々止まってからくりを演じ、喝采を受けた。

一行は午後三時半には加納天満宮へ帰り、夜の部が始まる。午後六時に田楽「天神神楽」が奏され、ついでからくり人形「鞍馬天狗」の上演、七時から飛驒高山から招いた日本一の大太鼓演奏や、ふるさとの太鼓の演奏もあって午後八時に宵宮終了。

あくる二六日（日）は午後一時から天満宮より神輿の渡御があり、境内では氏子たちの民謡や舞踊の祭事が四時半まで行なわれた。この加納天満宮のからくり人形の出る祭りは、次年の平成一六年からは春の例大祭に行なわれるか、秋に行なわれるか検討されていたが、同じく秋に決まった。からくり関係者はさらに円熟した演技を見せたいと、意欲をみせている。

問合せ　加納天満宮（電話〇五八－二七一－〇七〇六）

愛知県

乙川祭

とき　三月第三土・日曜日
ところ　乙川八幡社（半田市乙川殿町九七）と若宮社（乙川若宮町）
交通　ＪＲ東海武豊線「乙川駅」から徒歩五分

粒揃いの大型山車四台とからくり人形

愛知県下の春祭りシーズンが乙川祭りで始まる。土曜日の朝早く乙川八幡社へ集まって来る四台の山車《だし》は、浅井山宮本車、殿海道山源氏車、南山八幡車、西山神楽車で、その数日本一を誇る半田市三一台の中でも大型で、粒揃いの四台である。上山、前山、随所に華麗な木彫がほどこしてあり、六トン余の重量がある。半裸の若者たちが満身の力をこめて坂道の参道を曳く姿は勇ましい。八幡社前の坂上げの時、若者らが一番楫《かじ》を取り合って競うのが乙川祭の見どころの一つで、「けんか祭り」の名もある。山車四台が境内に入って神前に揃い並んだ午前一〇時半頃から、先導車の浅井山宮本車で人形による三番叟とからくり人形の乱杭渡りが奉納される。からくり人形はこの宮本車のみにある。

乙川祭の山車揃え．右端が浅井山宮本車．山車の前段棚で三番叟が演じられている．その後上山のからくり唐子乱杭渡りが行われる．

からくり人形のある山車

・浅井山宮本車

笛、鼓の陽気な鳴り物にのって前棚の幕が開くと、烏帽子をかぶり、ヒゲのあるおどけた顔の人形が現われて踊りだす。

紫地の袖の長い着物と錦の袴をつけ、手に扇と鈴を持ってはじめは厳かに、同じような振りを繰り返しているが、徐々にテンポが早くなり、動作が激しくなって、右、左へ跳び、目をカッと見開くなどして十分に観客を楽しませる。人形を操るのは三人の小、中学生で、人形の首と胴を持つ者、両手を持つ者、両足を持つ者と分担して幕の後から操るかくれ遣いの三人遣いである。

三番叟が終わってしばらくすると、穏やかな囃子とともに上山のからくり人形が動き出す。

一体の唐子《からこ》が四本の高さの違う杭の上を足駄《あしだ》で一人で歩いて行く。一番高い杭の上まで渡り終えると、見守っていたもう一体の唐子が喜んで喝采するとともにくるりと後ろを向き、背中が「浅井山」「半田山車祭」などの文字を書いた額に変わる。

まったく不思議に思われるからくりの一つで、乱杭渡りと変身の技が工夫されたもの。平成九年に地元乙川の山田利圀の手で制作された。

日程

午後一時半、八幡社に神輿が用意され、行列をつくって北方の若宮社へ渡御に出発する。神楽が奏され、神木をかざす人、太鼓を運ぶ人、御神酒樽担いや太刀持ち、神輿、神官、可憐な巫女四人のほか役員といった順序で厳かに進んで行く。これに四台の山車が続くのは警護の役なのである。若宮社へ山車が到着するのは午後三時過ぎで、神輿だけが泊まって夕方に山車は各サヤ（山車倉）へ引き返す。あくる日の午前八時、各サヤを出た山車は若宮社へ集結し、一一時半頃三番叟とからくりを行なってから午後神輿行列とともに八幡社へ帰着。四時半過ぎに各山坂下ろしの後、南山八幡車の海神祈禱により祭りは終わる。

由緒

乙川祭りの起源は、宝暦五（一七五五）年以前とされている。この年、尾張藩の要請によって提出された祭礼の記録「乙川八幡祭礼絵図」の控えがあり、それには神輿行列とともに山車四台が描かれているからである。その絵図によると、山車は現在のような彫刻や水引き幕で飾った華美なものではなく、大幕のみを張った簡素なものであったが、四台とも前棚と上山にからくり人形を飾っていたことがわかり、驚かされる。

各前棚には立派な幣振り人形、上山には乱杭渡り、弓射りなどを演じるからくり人形が、「小烏丸夢の助太刀」「役正角大峯様」「紅葉狩」「富士見西行」のタイトルで行なったようである。

乙川祭りの山車は、特にその優れた彫刻で有名である。上山勾欄から、前山懸魚《けぎょ》、虹梁《こうりょう》、脇障子、壇箱、蹴《け》込《こ》みまで、びっしりと立体感のある精巧な彫刻が施されている。

諏訪の立川和四郎富重、半田の新美常次郎（初代彫常）ら名工による緻密な彫刻細工は歴史的にも優れた彫刻といわれ、天然のケヤキに彫り込んだ人物や風景は繊細で動きがあり、生きているかに見えるほどである。山車は愛知県・半田市指定有形民俗文化財。

問合せ　半田市観光課（電話〇五六九‐二一‐三一一一）

愛知県

上野間祭《かみのま》

とき　三月末か四月の第一日曜
ところ　野間神社（知多郡美浜町上野間）
交通　名鉄知多新線内海行き「上野間」下車、徒歩一〇分

若者らが古い人形芝居を練習

知多半島もなかば、伊勢湾沿いの上野間は、もとは静かな農漁業と観光の町だったが、昭和四九年、名古屋市まで特急四四分の知多新線が開通してから少しずつ都市化が始まった。名鉄小原団地ができ、杉本健吉美術館が開館して、名古屋市のベッドタウンとしても発展している。

海に近い高台の上にある野間神社の春の例祭に、からくり人形のある二台の山車《だし》が曳き出される。越智組、四《よ》島《しま》組の山車で、両組とも江戸時代から続いた古い人形芝居を演じるからくり人形を保存している。祭りの前の一か月あまり、若衆組織という制度の下で地域の一五人以上の若者らが「舞台」と呼ばれる集会所に集まって練習の成果を祭りで見せるのである。

祭りは、折しも野間神社境内の桜の花が満開を迎える頃。長い傾斜の坂道を上って境内に二台並んだ山車の上山で午後一時頃から演じられる野外劇に地元の人々は弁当持ちで見物する。

上：四島組（南祭典部）「楓狩妹背御鏡山賊退治之段」坂上惟盛卿と山賊の轟軍太の邂逅．中：越智組（北祭典部）「源氏烏帽子折之段」源義経を中央に，相対する出樋の上の東雲姫と藍物太郎．空中で激しい斬り合いの場面を演じる．下：越智組の練習風景．舞台（集会所）にて．

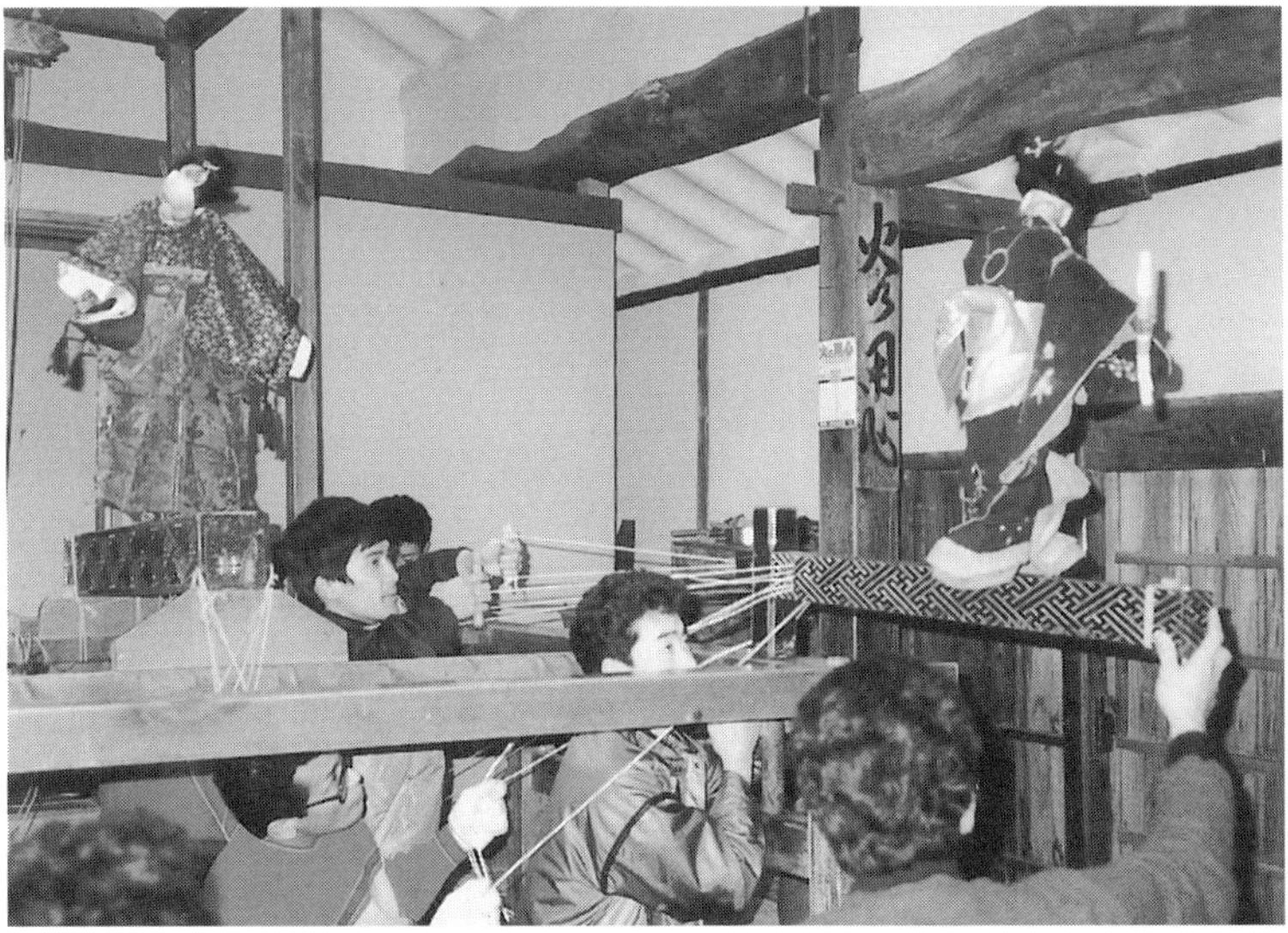

空中で人形が活劇を演じる

変わっているのは人形芝居の舞台で、人形は山車の上山の天井に吊り下げられたロープを伝って登場（雲道《くもみち》といって主人公の道行きを表わす）したり、山車上山の左右から空中にせり出した二七〇度回転できる出樋《でとい》（大まわしと呼ぶ）に乗って空中で斬り合いを演じる。人形には回転車（中まわしという）がつけられ、糸をひいて回転しながら前後進する仕掛けがあるなど素晴らしい工夫がある。

まず、両組とも、若衆の特徴ある抑揚で口上が述べられてから浄瑠璃の語りで始まるが、現在は太夫も三味線もできる人がいないので録音テープが使われている。両組とも約一時間にわたる芝居の終わりには、登場人物が一瞬のうちに松、梅、岩、鶴など祝儀物に変身し、やんやの拍手喝采を受けるのである。

人形の操作は山車の中山で、一体の人形に四～五人がつき、計一五人ほどで糸をひいて演じる糸からくり人形芝居である。

からくり人形のある山車

・越智組（北祭典部）（浄瑠璃人形芝居「源氏烏帽子折之段」）

高貴な面持ちの源義経を見染めた烏帽子屋の娘・東雲が、親の悪心を恥じ、義経の役に立ちたいと追ってくる。二人が濡れ場を演じるところへ敵方平家の武者、不敵な顔つきの藍物太郎が鎧に身を固め、白い軍馬に乗って刀を振りかざし斬り込んでくる。美女で気丈な東雲姫が薙刀を出してキリキリと回しながら藍物太郎と対戦。大まわしに乗った二人が、ぶつかったり、離れたりしながら空中で激しく戦う。藍物太郎は愛馬に乗ったり降りたり、文字通り天駆ける活躍をするが、打ち負かされて退場。

人形は、江戸末期の名古屋の名工・竹田源吉による安政五（一八五八）年の傑作だが、最近は老朽化のため平成七年に新しくすべての頭を名古屋の衣裳人形作家・阿部肥が修復、胴を地元の人が作って祭りに使われている。

知多型、高さ約二・四メートル、幅約二メートルの山車は同じく安政五（一八五八）年に制作され、装飾は二代目立川和四郎富昌門下の中野甚右衛門による優れた繊細な彫刻で随所埋めつくされている。

・四島組（南祭典部）（浄瑠璃芝居「楓狩《かえでがり》妹背《いもせの》御鏡《みかがみ》山賊《さんぞく》退治《たいじ》之段」）

坂上惟盛卿が天皇の命により紛失した神の御鏡をさがして戸隠山まで来たとき、山賊の轟軍太に襲われる。と、その時鬼女が現われ山賊を撃退。鬼女は実は都から惟盛を慕って追ってきた娘・楓であったが、また石の化身であり、御鏡のありかを教えて消えるといった面白い話。白い被衣《かつぎ》をかぶって登場する娘が鬼女の本性を現わして戦う場面や、悪役の轟軍太が見栄を切る時、がむしゃらな性格をむき出しにして、数回振った首を最後にぐいと突き出す所作が絶妙だ。派手な衣装の早変わりや華やかな囃子など、歌舞伎そっくりの演出に観客はすっかり人形芝居に引き込まれている。山車は安政五（一八五八）年以後再建されたものらしく、大きさも越智組と同じ、山車彫刻も同じ中野甚右衛門による名作で装飾されている。

由緒

山車まつりの起源は古く、元禄年間にはじまるとされるが、旧山車は二台とも安政の上野間大火で焼失。その後それぞれ再建されて今日に継承されている。「永代帳」（文政三年）「御車再造帳」（安政五年）ほか大正時代の記録と浄瑠璃台本が資料として残る。越智の旧からくり人形の作者が竹田源吉と知られていることや、芝居の前に独特の長い口上がつくことなどから、江戸時代、大坂で流行の浄瑠璃人形芝居の面白さが当地にも伝わり、祭りに残ったのではないかと思われる。山車二台は町指定有形民俗文化財。

問合せ　美浜町役場観光課（電話〇五六九－八二－一一一一）

愛知県

犬山祭

とき　四月第一土・日曜日
ところ　針綱《はりつな》神社（犬山市東丸の内）
交通　名鉄犬山線「犬山駅」または「犬山遊園駅」から徒歩一〇分

一三台の犬山型山車すべてでからくり人形競演

木曾川べりに国宝犬山城がそびえる風光明媚な犬山は、城下町として尾張地方の代表ともいえる優れた文化が栄えたところで、今もその歴史をふまえて国際都市をめざす市に発展している。氏神の針綱神社の例祭が犬山祭と呼ばれ、犬山市民あげての盛大な祭りで、市外、県外からの観光客も多い。

試楽、本楽とある二日間の祭に各町から一三台の車山《やま》が出る（犬山では山車のことを車山と書き、「やま」と呼ぶ）。新町の浦島車が船型であるのを除いてあとはすべて高さ約八メートル、重さ約三トン、三層の長身の山車で、犬山型と呼ばれるものである。

唐破風の屋根の上に鬼板を置き、白い梵天を飾るのは神の依代《よりしろ》を示すもので、その上山《うわやま》がからくり人形の奉納舞台である。中山《なかやま》で人形を操り、下山《したやま》では囃子が奏される。中山前面に幣《へい》振り人形が乗る車山は三台だが、上山の一三台の車山にすべて粒揃いの伝統的なからくり人形があることは、全国でも有数である。その種類や演技も多彩で、糸からくり、離れからくりの代表的な妙技をここで見ることができる。

車山は城下を手子《てこ》と呼ばれる若者らに威勢よく曳き廻され、あでやかな祭り囃子とともに辻々や、神社大鳥居前で方向転換の「どんでん」を見せるのも祭りの華である。

下山の囃子連に、電飾つきの豪華な衣装を着た稚児が乗るのは祇園祭の生稚児《いきちご》に似て、京文化の強い影響を感じる。

からくり人形のある車山

・枝町（遊魚神）

中山で三番叟人形が、一三台の車山巡行の安全を祈願して御幣を振る。上山には泳ぎ廻る魚群から見事な赤い大鯛を釣り上げて喜ぶ恵比須と唐子《からこ》がいる。目、口、頭を動かす恵比須の表情が見ものである。人形は犬山城番佐藤金平の作と地元で伝えられている。

・魚屋町（真先《まつさき》）

唐子が乱杭を渡り、梅の木に掛かる垂れ軸に飛び移って遊ぶ。六本の乱杭の上を唐子が何の支えもなしに高下駄で渡り歩いていく妙技は、からくりの中でも「離れからくり」といわれる高い技術を要するものである。天上の星が割れて中から現われる美しい天女や、敬虔な日蓮聖人の存在も味わい深い。

この町には日蓮宗徒が多かったので、教祖日蓮の夢物語がテーマになったという。安永三（一七七四）年名古屋の人形師・竹田藤吉の作。平成九年に玉屋庄兵衛九代目が采振《ざいふ》り人形を復元した。

・下本町（応合子《おうごうし》）

大人形に肩車した小人形の唐子が舞竹につかまって二回転、離れ技を見せる。安永四（一七七五）年名古屋の

❷

❶

❹

❸

①遊魚神（枝町）．鯛を釣り上げて喜ぶ恵比寿と唐子．②同山車の前山幣振り人形．③真先（魚屋町）．日蓮上人が礼拝し，天上の星が割れて天女が現れまた隠れる．杭の上を唐子が足駄で渡って行く．④浦島（新町）．大きな貝が開いて出てきた乙姫に玉手箱をもらう浦島．⑤咸英（本町）．唐子が蓮台に逆立ちして首を振りながら太鼓を打つ．⑥宝袋（余坂）．上山の大黒天が槌を振り下ろすと宝袋が割れて中から船に乗った恵比寿が出現．⑦犬山祭試楽祭の針綱神社前山車揃え．

❻

❺

❼

❷

❶

❹

❸

❻

❺

文吉離三による。

・中本町（西王母）

西王母の命を受けて桃を取りにゆく唐子が、桃の木の枝を手をかけたり足をかけたりして渡って行く、離れからくり「綾渡り」の妙技である。大将人形の西王母は仙女で、古典的な美しさの中にも威厳がある。安政五（一八五八）年竹田藤吉の作。

その昔は、「竜門の滝」のからくりがあったという。囃子は能管を使って藤田流の「西王母」が奏される。昭和五二年に七代目玉屋庄兵衛が修理した。

・熊野町（住吉台）

住吉人形が神橋に、白楽天人形が社に変わる。糸からくりの変身である。古くからあったのを、平成元〜二年名古屋の清川喜男が修復した。

❼

❽

①応合子（下本町）．唐子肩車，舞竹につかまって2回転．②西王母（中本町）．唐子の見事な綾渡り．③住吉台（熊野町）．住吉人形が神橋に，白楽天人形がお社に変身．④国香蘭（練屋町）．唐子が遊びながら花台を押すと，中から獅子が飛び出し跳ね回る．⑤寿老台（鍛冶屋町）．箱から小唐子が飛び出し，大唐子が獅子面をつけて踊る．⑥縫英（名栗町）．菅原公が木の枝を鉢にさすと花が咲く．⑦老松（寺内町）．巫女が鳥居に，神官が社殿に変わる．⑧梅梢戯（外町）．小唐子が梅の木に逆立ちして太鼓を叩く．

・新町（浦島）
大きな貝が割れて現われた乙姫から玉手箱を受け取る浦嶋太郎。箱を開けると煙が出、たちまち翁に変わる面かぶりの早わざである。昭和三（一九二八）年玉屋庄兵衛の作。

・本町（咸英《かんえい》）
唐子が蓮台の上に左手で逆立ちし、右手で小太鼓を打ちながら首を振る、愛らしい動作である。安永年間（一七七二〜八一）中期の竹田藤吉の作。

・練屋町（国香欄《こっこうらん》）
唐子が手にした牡丹の花を猫足の立派な花台にさすと、花が開いて獅子が現われる。獅子は頭と尾を振りつつ跳ねまわる。それを見て、美しい冠をかぶった文珠菩薩の人形が軍配を片手にほめる。能楽「石橋」にもとづくものである。寛保二（一七四二）年甚四郎の作。

・鍛冶屋町（寿老台）
唐子が大きな箱を台の上に載せ、箱に触れると中から牡丹の花がさっと出る。その箱を両手で持って一回りし、台の上にのせると箱が割れ、中から小唐子が飛び出す。さらに唐子人形は獅子の面をつけて踊るので、喜んだ小唐子が手に持った鉦を打ち鳴らす。すると左手に曲杖を持って見守っている寿老人の後方の二本の柱に牡丹の花が咲く。次から次と変化の多いからくりである。

・名栗町（縫英《ほうえい》）

歌舞伎の「菅原伝授手習鑑」からとられている。菅原公と時平、唐子が出る。唐子が手に持った大きな梅鉢を台の上にのせる。時平人形が梅の花を散らし折り取った枝を、菅原公人形が受け取り鉢にさすと花が咲く。明治二（一八六九）年名古屋の人形師・土居新三郎と仕立物師・岩田屋和七によって作られた。

・寺内町（老松《ろうしょう》）
巫女が右手に扇を左手に鈴を持って舞い、後方に神官が立っている。巫女が舞い終わると、神官が二回転したかと思うと社殿に早変わり。巫女も鳥居に変身する。そしてまたもとの姿にもどるからくりの妙技。弘化四（一八四七）年玉屋庄兵衛の作

・余坂（宝袋）
中山に幣振り人形。黒い烏帽子をかぶり土色の肌をした公家で、ときどき舌を出す。手にする長い竹棒の先に白い幣がつけられている。上山では大黒天が宝袋に槌を振り下ろすと、二つに割れた宝袋から小舟が出てくる。舟の舳先に恵比須が乗っており、扇を開いて舞うのを見て、大黒天は大きくうなずき喜ぶ。

・外町（梅梢戯《ばいしょうぎ》）
小唐子と中唐子が囃子に合わせて一礼する。小唐子が台に乗り、梅の木の枝に左手をついて逆立ちをし、枝にかけてある太鼓を左右に首を振りながら叩く逆立ちの妙技。中唐子も喜んで首を振り踊る。文政一〇（一八二七）年玉屋庄兵衛（三代目？）制作の板書きがある。昭和五一年に七代目玉屋庄兵衛が修理。

由緒

犬山祭の起源は寛永一二(一六三五)年、大火後の復興を祈願して、氏子の町内が馬の塔や練り物を針綱神社の祭礼に出したのに始まった。慶安三(一六五〇)年、犬山城主の成瀬隼人正虎のお声がかりで各町が車山、練り物を出すようになり、ついでさまざまなからくり人形が車山を飾るようになった。車山の多くは地元の大工による製作で、どの車山もその後何度か何人かの大工の手によって修繕、修復の手が加えられ、今日に受け継がれている。

日程

試楽祭は土曜日、午前一一時までに一三台の山車が針綱神社広場へ集合する。針綱神社宮司による車山巡行の安全を祈っての修祓の儀式の後、並んだ場所で一二時から三時半まで一台ずつからくり人形を披露。以後それぞれに城下町を巡行。

午後三時には犬山駅西口に六~七台の山車が集結。

夜、午後六時四五分には各車山いっせいに三六五個の提灯に点灯し、お囃子と手子の賑やかな掛け声とともに、満開の桜の木の下を練り行くさまは絵のように美しい。

翌日の本楽祭では、朝一〇時までに針綱神社広場に集まった一三台の車山が、一〇時半より動き出し、午後三時半まで一台ずつ針綱神社大鳥居の前でからくり人形を奉納する。その後は城下町・犬山市内を巡行し、余坂町に北組六台が午後四時に集結、犬山口に南組七台が集結する。

夕方六時四五分に点灯して夜車山となり、午後一〇時頃に終わる。

全山車が愛知県指定有形民俗文化財。

問合せ　犬山市観光課（電話〇五六八－六一－一〇〇〇）

参　考　犬山市文化史料館・別館からくり展示館（玉屋庄兵衛工房を含む）（電話〇五六八－六二－四八〇二）

どんでん館（電話〇五六八－六五－一七二八）

愛知県

内海《うつみ》春祭

とき　四月第一日曜日

ところ　知多郡南知多町大字内海・秋葉神社（吹越）、高ノ宮神社・熊野神社（東端）、神明社（岡部）、八幡社（内福寺）・入見神社（中之郷）

交通　名鉄知多新線「内海」駅から車または徒歩

知多半島には、古くからからくり人形を載せた山車祭が各所にある。いずこも春、四月初めての日曜日にいっせいに行なわれる。山車は知多型といわれる二層の構造で、上山がからくり人形の舞台、前山に唐破風の屋根、前壇《まえだん》がつく。四輪で内輪式、各所に唐木細工の豪華な彫刻が山車を飾り、後部に追幕や吹き流しをつけ、鳥毛を立てるのが特徴である。色鮮やかな吹き流しや赤い大幕は、海辺で引き廻されるとき際立って美しい。

海辺の四か所で同時にからくり人形奉納

「内海」と聞けば、誰でもすぐ夏の海水浴を連想する。遠浅で、砂浜も水も美しい「泳げる海」として県下に知られている。温泉のある観光地でもあり、最近はリゾートとして高層マンションの建設も盛んである。シーズン中の夏の海は濁りがちで、浜辺の混雑や、行き帰りの交通渋滞など騒がしいが、春の内海は穏やかで無条件に美しい。

❶ ①岡部・神明社．梅の木に倒立，太鼓打ち唐子．②東端・高ノ宮神社．熊野神社，神官と湯取り巫女．③吹越・秋葉神社．肩に倒立，太鼓打ち唐子．④中之郷・入見神社．馬場の蛇車，牙を剝き，大口を開けた竜が暴れまわる．

❷

❹

❸

海に近い東端《ひがしばた》、吹越《ふっこし》と中之郷、山側の岡部の四か所で、同じ日、同時に祭りが行なわれる。それぞれが山車《だし》、からくり人形の出る祭りである。山車は各々朝八時か九時に集合して行列を組み出発、練り歩いて区長宅や要所でからくりを奉納、昼頃神社に到着してからくりを奉納、また巡行に戻る。神輿の練り込みも盛んである。

吹越・秋葉神社（逆立ち唐子）

小唐子が大唐子の肩に乗り、見事逆立ちして見せる。そして逆立ちのまま、もう一つの手に太鼓のバチを持ち、大唐子の持つ太鼓を叩く。太鼓を打つ合間に、笑顔を右、左と動かすさまがまことに愛らしい。作者は確かではないが、玉屋庄兵衛作と地元では伝えている。

岡部・神明社（逆立ち唐子）

小唐子が蓮台に乗ってせり上がり、梅の木に止まって逆立ち、木に吊り下げられた太鼓をバチでとんとんと打つ。楽しい囃子が奏される。もう一体の唐子が蓮台をまわす。

東端・高ノ宮神社、熊野神社（神官と巫女）

神官は整った顔だちで両手で幣《へい》を持って動かし、巫女は鈴を手に湯取りを舞い、ときおり紙吹雪をまく。華やかな山車である。彩色を施した豪華な彫刻が一面に刻みつけられており、前山に二種の日の丸の旗をかかげて威勢がいい。

中之郷・入見神社（三郷祭り）（馬場の蛇車）

すこし小ぶりな山車で、屋根のない上山に、緑色の鐘と、同じく緑色をした恐ろしげな竜の首をのせている。

金色の目、牙を剝き、赤い大口をあけた竜で、アゴの下から火のように赤い髪がふさふさと垂れ下がっている。昔は夏祭りに出たという。名古屋の熱田や津島の大山にあった蛇と共通するかもしれない。

金、銀の鱗をつけた二メートル以上もある首、一メートル余の尾を左右上下に振って盛んにのたうつ様子は壮大なものだ。竜の内部構造は弾力性のある竹と鯨の骨で拵えられており、頭三人、尾一人計四人の操者が山車の中で動かす。

土地の古老の話では、この山車、竜は一〇〇年前の明治一〇年～一五年ごろにできたという。その昔にはからくり文字書き人形、柄太鼓を叩く素朴な唐子人形があったが、今は動かず保存されている。

馬場の蛇車が奉納されるのは内海駅近くにある中之郷の入見神社境内で、ここには近隣の地域も集まる。一一時半頃より中之郷が「奴さん」、北脇が「棒の手」、馬場が「棒の手、蛇踊り、爆竹」を奉納する。三つの郷が集まって行なうので「三郷祭り」と呼ばれている。

中之郷には昔、蓮台の上で太鼓を打つ唐子、蓮台を廻す唐子があった。北脇にはからくり人形芝居「業平卿八ツ橋の段」の人形三体が保管されている。また内福寺にも鉦叩き唐子、石橋唐子二体の人形があったが、老朽化で今は姿を見なくなった。

問合せ　南知多町観光案内所（電話〇五六九－六二－三一〇〇）

愛知県

河和《こうわ》天神祭り

とき　四月第一日曜日
ところ　河和天神社（知多郡美浜町河和）
交通　名鉄河和線「河和」下車五分

河和港に近い天神社で二台の山車からくり

河和は知多半島の南部にある沿岸漁業の中心地であり、知多湾に臨む河和港から篠島《しのじま》、伊良湖《いらこ》行きのフェリーが出る観光の要地でもある。山畑では農業やミカン栽培も行なわれている。氏神の河和天神社の祭りには二台の山車とからくり人形がでる。尾張地方に多い唐子遊びと社に変身する人形である。

からくり人形のある山車

・北組・力神車（唐子遊び）

姉唐子に肩車された小唐子が、姉唐子の手にあるでんでん太鼓を叩く。ついで天井から下がった祭太鼓を下から叩き、掛軸の末端につかまる。姉唐子がしゃがんで肩から小唐子をはずすと、下に落ちながら掛軸を下げ、「天神宮」の文字が現われる。

寛政二（一七九〇）年、蔦屋藤吉作の墨書きが残る。犬山に二組ある竹田藤吉の人形によく似ている。

下：北組・力神車．小唐子が姉唐子に肩車して天井から下がった太鼓を打つとともに，肩からはずれて下に降りながら掛軸の文字を披露する．右上：中組・汐吹車上山の三番叟人形．右下：同山車の前棚．幣振り人形アオゾ．

・中組・汐吹車（社に変身する三番叟人形、前棚にアオゾ）

驚いたような大きな黒い目、への字に曲がった口の人形アオゾ（青蔵または青僧ともいわれる）が前棚で幣《へい》を振る。上山では三番叟人形が、手にした扇を開いて舞った後、社に変身する。

この山車は、人手不足のため、一時休止していたが、平成元年ころから熱心な人々の努力で復帰した。

両組とも祭りの合間は人形を河和港観光総合センターのショーウインドーに飾っている。

日程

北組・中組の山車は、朝早く山車倉から出されて飾り付けられ、出発前に囃子とからくり人形奉納の儀式をすませて、午前一一時から曳き出しがはじまる。市内を巡行して一二時には河和港観光総合センター船乗り場前に寄り、午後二時頃河和天神社へ到着。朝から随所で三回ほどのからくりが行なわれるが、ここで最後のからくり奉納をする。境内では日本舞踊や民謡などの演芸会も行なわれている。

奉納が終わると、力の強い若者らはもちろん、老人も子どももいっせいに綱にとまって山車を曳き出し、海辺の町内を山車庫へとゆっくり練り歩く。帰り山車（岡崎くずし）の囃子で行き、五時ころ山車庫に収納する。

問合せ　河和港観光総合センター（電話〇五六九 - 八二 - 〇〇七八）

愛知県

坂井祭

とき　四月第一日曜日

ところ　松尾神社（常滑市坂井天王一三）

交通　名鉄知多新線「上野間」下車、常滑《とこなめ》駅よりバスで「坂井温泉」下車

松尾車の人形芝居『軍術誉白旗鬼一法眼館之段』．「まわし」と呼ばれる出樋に乗って激しい戦いの場を見せる平広盛と皆鶴姫の人形．奥で見守る源義経．

手づくりの糸からくり人形芝居

知多の海が見える古い温泉宿のある坂井である。半農半漁の町で、シーズンには潮干狩りや海水浴の客で賑わうが、春の初めの祭りの頃はまだひっそりと静かなたたずまいを見せている。

なだらかな山の中腹にある松尾神社の境内に山車が一台止められ、午後一時頃からその上山《うわやま》でからくり人形が奉納される。近隣の上野間祭りに大変よく似た糸からくり人形芝居である。

坂井の人たちの自慢は、この浄瑠璃とからくり人形が坂井の村人自身の手で作られたことである。

からくり人形のある山車

・松尾車（浄瑠璃人形芝居「軍術《ぐんじゅつ》誉《ほまれの》白旗《しらはた》鬼一《きいち》法眼館《ほうがんやかた》之段」）

源義経をめぐる恋と活劇の物語。主人公の義経ははじめ山車の上山中央の空間に紐を伝って登場するが、上山左右に長さ一メートルほどの出樋がついており、平広盛と皆鶴姫がそれぞれ乗って出る。この出樋《でとい》は二七〇度回転できるため、人形は恋の濡れ場や、剣を抜いての大立ち廻りを空中で行なうことになる。

青空を頭上になんとスケールの大きい舞台か。四月の太陽の光を全身に浴びて、人形が輝いて見える。物語が終わると、広盛が桜の木、姫が花、義経が梅へといっせいに変身する。どんでん返しのフィナーレがあって快い拍手で幕が閉じられる。

由緒

人形芝居の浄瑠璃は、地元の伊東医院の先祖にあたる伊東桐斎（文化四年―明治一二年）によるもので、人形は胴体に「天保一五（一八四四）年大工斧次郎」の墨書きがあるという。伊東家出入りの大工だったのだろう。人形芝居は一六人もの若者たちが山車の中で操るが、伝承の難しい糸からくり人形芝居が、今日も人々の楽しみとして残っているのは、祭りを運営する「若衆制度」に負うものである。若者を祭りの主役として盛りたてるとともに、厳しい規則で社会訓練を教育する伝統が今もって守られているからだ。しかし残念なことに浄瑠璃三味線と太夫の後継者は育たず、録音テープによっている。

問合せ　常滑市商工観光課（電話〇五六九‐三五‐五一一一）

愛知県

常滑《とこなめ》市小鈴谷《こすがや》の祭礼

とき　四月第一土・日曜日
ところ　白山神社（常滑市小鈴谷字赤松三二）
交通　名鉄「常滑《とこなめ》駅」よりバス上野間行き、または南知多ビーチランド行き、「小鈴谷」下車

山車の出樋上で三番叟舞い

白山神社での三番叟奉納．愛知県地方には珍しい出樋の上の三番叟舞である．

小鈴谷《こすがや》は、知多半島の中央部にあたり、夏は海水浴客の訪れる美しい海を望むところである。

白山神社の祭礼に山車《だし》が一台曳き出され、上山でからくり人形の三番叟が演じられる。空中、山車から突出した出樋《でとい》（大廻し）の上で演じられるもので、烏帽子をかぶった三番叟人形が、手の扇を開き、鈴を振って、足を動かしながら舞う。

人形は端正な顔立ちで、身長八一センチ。人形の載る樋の中に糸が通っており、その糸を引くと人形が動く間接操法で操られる。操るのは小・中学生である。

人形と操る人の距離があるので、人形が一層生きているかのように見える。

人形の作者は小鈴谷の宮大工・若子武一で、昭和六年の制作。山車は大正七年に知多郡阿久比町横松から購入された。水引き幕や追幕も新しい感じだ。

日程

本祭りは山車の曳き出しが九時、式典は一一時、午後三時に三番叟の奉納があって後、餅投げがある。

白山社の境内には樹齢何百年かと思われる楠の巨木が人々を見守るかのように立っている。幼い子どもたちに郷土芸能を伝える情熱がことのほか深い土地らしい。三番叟奉納の前に五〇名ほどの男女小学生らによる笛、太鼓の囃子奉納がひとしきり行なわれる。

問合せ　常滑市商工観光課（電話〇五六九‐三五‐五一一一）

愛知県

布土《ふっと》祭礼

とき　四月第一日曜日
ところ　神明神社（知多郡美浜町布土字平井三九）
　　　　津島神社（　同　字明山三）
交通　名鉄河和線「布土」駅より徒歩

上村組山車のからくり人形．鉦を叩く唐子，恵比寿に大黒神，梅の木で逆立ち，太鼓を打つ唐子など盛りだくさん．

緑の田園を曳かれ行く山車

名鉄河和線にある布土は、知多湾に面した海水浴場として夏は多くの観光客で賑わうところである。

春の祭りは、広々とした緑の田園風景が広がる山側の神社を中心として行なわれる。氏神の神明神社は、その起源をさぐると、「慶安元（一六四八）年」の社殿修繕の棟札が今も残っているので、それ以前からの古い社であったことが推察される。

日程

祭礼には、平田、上村、大池の三地区から出た山車《だし》が午前一一時神明神社に出揃う。上村組はからくり人形を、大池組は稚児二人の三番叟を奉納する。その後三台の山車はゆっくりと民家にはさまれた狭い道を巡行して津島神社の広場へ到着。午後一時頃からからくり人形の奉納が行なわれる。

人々は津島神社の土手に弁当を広げながら見物して春らんまんの山車まつりを楽しむ。このあと大池組の山車舞台での稚児三番叟が行なわれ、来たときと同じように三台揃って練り歩き、帰路につく。

からくり人形のある上山組は、サヤ倉（山車倉）に戻るのが夕方の五〜六時、もう一度からくり人形を舞わせたのちすべてを収納する。

からくり人形のある山車

・上村組山車（鉦打ち人形、恵比須・大黒、梅の木唐子遊び）

上山《うわやま》正面に両手で黒いオカッパ髪の唐子《からこ》がおり、空を仰ぎながら両手を大きく広げたり、すぼめたりしてチャンチャンと鉦を打つ。恵比須が鯛を釣り、大黒が大きい目を開けたり閉じたりして喜び、何度もうなずく。小唐子は梅の木に逆立ちし、太鼓を叩く……底抜けに楽しい人形たちの競演に、野山の神々も喜ぶはずである。

四体もの種目の異なる豪華な人形があるのには理由がある。その昔布土にあった山車は理由あって廃車となったので、からくり人形だけを残し、明治一四年に恵比須、大黒の二福神の乗った祭車を愛知県半田市から買い、同居させたのだという。

問合せ　美浜町役場生涯学習課（電話〇五六〇－八二－六四六四）

愛知県

富貴《ふき》区祭礼

とき　四月第一土・日曜日
ところ　八幡社（知多郡武豊町大字富貴）
交通　名鉄「富貴駅」より徒歩五分

本若車の逆立ち唐子．螺鈿細工など美しい蓮台に逆立ちした唐子が可愛い手にバチをもって太鼓を叩く．

春の喜びにあふれる山車まつり

緑に草が燃える田んぼの中の道を、赤い大幕をかけた山車《だし》が行く。百名余もいようか、幼い子どもも交えた土地の人々に曳かれ、吹き流しを風になびかせて進む姿は、素朴な喜びにあふれ、農耕民族である日本人の原点を表わすような春祭りの姿である。

富貴区祭礼には、富貴区、市場区、東大高区、市原区の四台の山車が出る。富貴区の山車にからくり人形が載っている。

からくり人形のある山車

・富貴区・本若車（逆立ち唐子と柄太鼓を叩く唐子人形）

つるつる頭にちょんぼを結った唐子《からこ》が、柔和な笑みを浮かべて逆立ちしながら鉦を叩く時、このちょんぼが揺れて可愛いらしい。出っ張ったおでこに低い鼻、目尻の下がった眉間の広い目など愛嬌のある顔をしている。ごく平凡な庶民の顔だが、裾の締まったズボンをはいた姿はきりりと引き締まって見える。

この唐子が逆立ちに使った蓮台は、花や草の彫刻が赤、黄、緑に彩色され、螺鈿《らでん》をちりばめた豪華なものである。古い人形は年代は不詳で、六代目玉屋庄兵衛の作と想定されるが、昭和六二年、半田市亀崎の朝倉堂製作による新しい人形に変わっている。

日程

からくり人形は日曜（本楽）の午前一一時頃、八幡神社の境内で行なわれる。

富貴区、市場区の二山車は朝、山車会館から曳き出され、白山神社、富貴会館などを経て一〇時半頃八幡社へ宮入りする。式典の後、富貴区の山車は上山《うわやま》をせり上げ、曳き手の男衆全員が綱にとまって並び、胸を張って「山上げ」や「松前歌」を唄う。その後からくりを行ない、定められたコースを巡行して午後六時に山車納めとなっている。富貴区の山車は、木彫の優れて美しいことたぐい希である。獅子の彫刻がふんだんにあることから「唐獅子車」の呼び名もある。

問合せ　武豊町役場企画情報課（電話〇五六九－七三－一一一一）

愛知県

岩倉市桜まつり・山車夏まつり

とき　四月第一日曜日（桜まつり）
　　　八月第一土曜日（夏まつり）
ところ　岩倉市中本町の広場ほか市街一帯
交通　名鉄岩倉駅下車、徒歩五分

桜並木をゆく三台の山車にからくり人形

岩倉市を流れる五条川堤の桜並木が満開のころ行なわれる桜まつりに三台の山車《だし》が曳き出される。前山、上山にからくり人形をのせた三層の背の高い山車だ。

日曜の午前一一時に中本町の広場に集結した山車は、一台ずつからくりを奉納してからそれぞれに五条川堤へ巡行し、いくつかの橋のたもとで再びからくり人形をやる。花見客も喜ぶからくり人形の演技である。

この三台の山車は八月の第一土曜日、岩倉市山車夏まつりにも出場し、伝統の山車、からくり人形を披露する。雨天の場合は翌日曜日だ。もとは岩倉祇園祭といって夏の祭りにのみ曳き出した山車であるが、平成四年から市の桜まつりに協賛して出場するようになった。

からくり人形のある山車

・中本町・中市場の山車（中山・采振り、上山・那須与一、大車輪唐子）

前山の采振《ざい》りはちょんまげ姿で裃、両手で金色の采を振る。上山は赤い頭巾をかぶった爺さんが、愛らしい女児唐子《からこ》を肩に乗せ、山車の屋根から下がったブランコに止まらせると、唐子はグルグル大回転を見せてくれる（ちりりとも呼ぶ）。那須与一が扇の的に弓を射る演技もある。神明太一社が祭りの中心。

・本町・大上市場の山車（中山・采振り、上山・逆立ち唐子、乱杭渡り唐子）

前山の采振りは唐子で、ふんわりした白い毛製の采を元気に左右に振る。上山では小唐子が大唐子の肩に止まって逆立ちし、大唐子の差し出す柄太鼓を打つ。もう一組は、杭の上を人形が一人で歩いてゆく乱杭渡りで、下から差し金を使って操作される。新溝神社が氏神である。

・下本町の山車（中山・幣振り、上山・逆立ち唐子、菅丞相）

前山は大きめの人形で、白い御幣を先端につけた棒を上下し、山車の運行を鼓舞する。上山では黒紋付に裃をつけたアブラヤノイヒヨサが、愛らしい女の子の唐子を肩車してきて蓮台にのせると、唐子は逆立ちし、太鼓を叩いて見せる。通称オチンリンリと呼ばれている。天明五（一七八五）年に地元の隠居吟笑の作。鉢植えの花の枝を切り取る菅丞相と神子人形の糸からくりもある。新明生田神社が氏神である。

日程

桜まつりは四月の第一日曜日、午前一一時に中本町の山口酒造前広場に集結、一台ずつからくりを奉納。その後それぞれ巡行し、昭和橋、岩倉橋、新こうじ橋、各山車氏神前で随時からくりを行なう。

❷

❶

❸

①下本町，裃をつけたアブラヤノイヒヨサが少女の唐子を蓮台にのせると，唐子は逆立ちして太鼓を叩いて見せる．②中本町・中市場，赤い頭巾を被った爺さんが少女唐子を横棒に止まらせ，少女は大回転を見せる．③本町・大上市場，小唐子が大唐子の肩に止まって逆立ちし，太鼓を打つ．

八月第一土曜日の夏まつりは、午後四時頃から中本町の広場に三台揃い、七時から一台ずつからくりを行ない、その後は町内曳き。提灯の灯が美しい宵祭りである。

由緒・沿革

平安時代に始まった京都の祇園祭の影響で、華やかな囃子にのせて、山車や屋台をくりだす祭形式が各地に生まれた。それはやがて商業の隆盛と相まって、町民文化を象徴する豪華な祭りへと発展した。

岩倉の祭りも尾張・岩倉衆の威勢を示す祇園祭として、かつては毎年旧暦六月一六日を期して六日間にわたり中本町の神明太一社を中心に盛大に行なわれたという。

もとは三町揃っての祇園祭だったが、明治に入ってそれぞれの町内の祭りとなった。戦後しばらくの間は交通事情の障害や後継者不足他の諸事情で、曳き出されぬ山車、動かぬからくり人形が続出、休止の状態であったが、平成元年秋に名古屋で開かれた世界デザイン博覧会出場の頃から復興の熱意が燃え上がったように思える。

岩倉のからくり人形の特徴として、頭や手はプロの人形師にゆだねても、からくり仕掛けのある胴は、地元の素人の出来であることで、からくりに対する土地の人々に熱意がうかがえる。近隣の犬山のからくり人形に刺激されることが多かったらしい。大上市場の乱杭渡り人形について、毎年犬山祭りに通って秘密の技術を見破り、自分たちの山車にまねて演ずるようになったとのエピソードがある。

各町内で山車、人形を修復し、今では立派で豊かなからくり人形の出る祭りとなっている。

問合せ　岩倉市生涯学習課（電話〇五八七‐三八‐五八一九）

愛知県

長尾春祭

とき　四月第二土・日曜日
ところ　武雄《たけお》神社（知多郡武豊町字上ゲ八番地）
交通　名鉄知多線「武豊駅」より八分、ＪＲ「武豊駅」より五分

武豊町の中、旧長尾村の祭礼

知多半島の諸地方は、時の流れとともにその構成や名称の変遷をかさねてきたが、武豊も明治時代に長尾村と大足村が合併、昭和になって富貴村とも合併して今日の武豊町が出来上がった。

古くからある武雄神社の氏子である旧長尾村の祭礼が長尾春祭りで、六台の山車《だし》があり、うち三台でからくり人形が奉納され、一台（市場・神宮車）で稚児の三番叟が行なわれる。

桜の花が満開の武雄神社の長い参道を長尾の若者たちが威勢よく山車を曳き廻す。重さ二～三トンもある知多独特の木彫をつけた重い山車が苦もなく滑るように動くのは見ものだ。

日程

午前一一時から、下門、小迎、上ゲの三区の山車でからくり人形の奉納が行なわれる。人形も、からくりの演技も、囃子もなかなか立派である。

からくり開始の時間はややずれてはいるが、三台の山車の上でいっせいに行なわれる。まず前棚の三番叟が行なわれ、ついで上山のからくり人形が奉納される。

からくり人形奉納後、市場区神宮車の特設舞台で男子の稚児一名による三番叟の奉納が行なわれる。それが終わって昼食となり、午後一時頃に曳き出された山車は、各々町内を巡行して時々からくりを行ない、夕方サヤ（山車倉）へ収まる。

からくり人形のある山車

・上ゲ・宮本車（前棚・三番叟、上山・逆立ち唐子）

前棚の三番叟は三人のかくれ遣い。眉のつり上がった引き締まった顔の八頭身である。上山の逆立ち唐子、柄太鼓を叩く唐子は内海や小牧のものと同じで、玉屋庄兵衛の作と推察されている。

・下門・八幡車（前棚・応神天皇、上山・武内宿禰と神功皇后）

前棚の応神天皇は、水色の薄衣の袖をひるがえし、扇をかざして観世流の謡いにのって舞う。童子というがふくよかな白い顔に赤い唇をほころばせて艶然とした気品がある。糸操りで、引き幕の後方から糸を操作している。上山の神功皇后、武内宿禰は六代目玉屋庄兵衛の作で、美しい目鼻立ちや艶のある肌など、生きているかのように見える。釣竿をもつ神功皇后の指先が美しい。からくりとしては神功皇后が右手に持った竿を上げると鮎が釣れ、それを喜んだ武内宿禰が舞うといったものである。

・小迎・鳳凰車（前棚・巫女舞、上山・唐子遊び）

前棚人形は三番叟と同じ三人遣いの巫女舞。上山は芸の込んだからくり人形で、逆立ち、面かぶり、肩車、太

①上ゲの宮本車．前段に三人かくれ遣いの三番叟，上山に肩の上倒立，太鼓叩きの唐子がいる．②下門の八幡車，前棚の応神天皇．ふくよかな顔の微笑が印象的．③小迎えの鳳凰車．上山のからくり人形は多種複雑な芸をみせるが，小唐子が大唐子に肩車してへりから下がった太鼓を打つところ．④武雄神社に揃った六台の山車．

❶

❸

❹

❷

鼓叩きを次々見せる。
まず大唐子が酒樽の上に逆立ちして酒を飲み、酔って赤面に変わる。右手に扇を持って舞うと赤い面がはずれて元へもどる。と今度は太鼓のバチを持った小唐子を肩に乗せて喜び舞うと、小唐子は肩車の姿勢でへりから下がった太鼓を叩き、のち、木の枝にぶら下がって「御祭礼」と書いた巻き物を引き下ろし、観客にご披露という手のこんだ内容である。これほど変化に富んだ芸を見せるのは滅多にない。謡いも囃子も格調高い。幕末頃の玉屋庄兵衛作と推定されている。

問合せ・参考　武豊町歴史民俗資料館（電話〇五六九－七三－四一〇〇）

愛知県

下半田祭《しもはんだ》

とき　四月第二または第三土・日曜日
ところ　業葉《なりは》神社（半田市東本町二―二三）
山之《やまの》神社（同市山之神町一）
交通　JR半田駅下車三分

江戸時代から醸造業で栄えた港町半田

下半田祭りは、市内にある二つの神社が中心で、知多半田駅前や銀座街、味噌・たまりの香りの漂う町並みをぬって山車《だし》が行く。

四台ある山車は、いずれも見事な唐木細工の繊細な彫刻を装飾し、水引き幕、大幕、屋根にかかげる鳥毛のついた幟も威勢がよい。それぞれの山車が特色あるからくり人形を持っている。山車を曳く人々は根っから祭り好きの威勢に満ちているのは土地柄か。

江戸時代、海運の基地として栄えた衣浦《きぬうら》湾に臨む半田市は、古来、醸造業、木綿業が盛んで、綿織物は知多晒《さらし》として江戸に販路を持ち、尾張藩の御用船として千石船が港を埋めた港町、商工業の栄えた富裕の地だった。

現在も、清酒、食酢、味噌、醤油の食品工業が盛んである。市内を歩くと酒蔵が目につき、昔ながらの土蔵や、格子造りの家、黒板壁の並びを見ることができる。半田の食酢の生産は全国一で、文化八（一八一一）年創業と

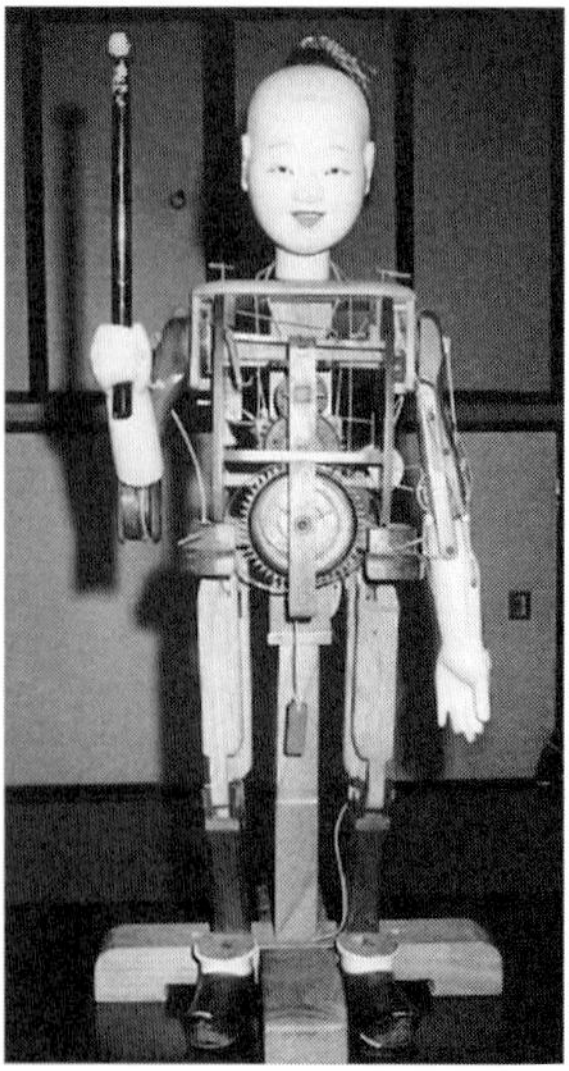

上：下半田祭・業葉神社にせい揃いした四台の山車．右から北組，中組，東組，南組．北組前棚の三番叟に始まって，次々からくりが演じられる．下右：北組の上山，姉唐子に肩車して太鼓を叩く小唐子の構造．下左：同組姉唐子と小唐子．

左上：中組・祝鳩車の上山人形，娘唐子が運んできた壺がはじけて蘭陵王が飛び出し舞う．
左下：南組・護王車前棚のふくよかな巫女の舞．
右下：東組・山王車，釆振り人形．出樋の上であどけない唐子人形が右手，左手を上下し，釆を振る．

いわれる中埜《なかの》酢店醸造蔵はここにあり、市の有形文化財になっている。

からくり人形のある山車

・北組・唐子車

まず前壇《まえだん》で三人かくれ遣いの三番叟が行なわれる。大柄で、衣装も派手、踊りも大胆、細い目が突然大目玉に変わる。

上山では小唐子が大唐子に肩車され、木から吊り下がった紐を左手でつかむと大唐子から離れ、木にぶら下って頭を左右に振る。その動作は人形の胴にしかけたゼンマイの力によるもの。文政一二（一八二九）年、隅田仁兵衛の作で、体内に時計式脱進式装置を持つ人形として知る人の間では有名な唐子である。

山車は江戸末期の知多地方における代表的山車の一つといわれ、脇障子に立川常蔵昌敬の彫刻「手長足長」がある。水引き幕は松村景文の下絵「群鳩飛翔図」。

・中組・祝鳩《しゆくきゆう》車

前壇人形は糸からくりによる「太平楽」の舞。雅楽演奏で舞うからくり人形は珍しい。六代目玉屋庄兵衛の作と聞くが、端正な顔立ちで、耳の左右上にツバのある兜をかぶり、両肩と胸に竜の面をつけた鎧状の上着の下に赤い小袖といった豪華な衣装を着ている。

上山は唐子二体。娘唐子が樋《とい》の上で壺を捧げて進み出る。と、壺がはじけて、中から蘭陵王《らんりようおう》が飛び出し、桜の花の枝をかざして勇ましく舞う。高山の竜神台に似たからくりである。

昭和元（一九二六）年六代目玉屋庄兵衛の作を、七代目が昭和五六（一九八一）年に修復している。

・東組・山王車

前壇にえくぼがある童女の唐子の采《ざい》振り人形。出樋《でとい》の上で舞う。両手に金色の采を持ち右、左とゆっくり足を上げ、首も振る。髪の左右につけた赤いリボンが揺れる。昭和五五（一九八〇）年、七代目玉屋庄兵衛の作。

・南組・護王《ごおう》車

前壇に「巫女舞」のからくり人形がある。

右手に鈴、左手に扇を持ち、神楽囃子にのって優雅に舞う。下ぶくれでおちょぼ口のふくよかな顔をした巫女、三名の操者による糸からくりである。大正七（一九一八）年、六代目玉屋庄兵衛作。

山車は前壇彫物に初代彫常の傑作「護王の夢物語」がある。追幕《おいまく》は五色の几帳で尾張藩主より拝領したものとか。半田市文化財三一台の山車中、赤幕以外の追幕をもつのは南組のみである。

日程

土曜日の試楽祭には、半田商工会議所角に集合した四台の山車が、午後四時三〇分、揃って業葉神社に曳き込む。

祈禱および奉楽があり、その間に山車上でからくり人形の奉納が行なわれる。北、中、東、南の順に、山車を半車分ほど前へ引き出して行なう。からくりが終わると各山車二〇〇個あまりの提灯に火をともして飾りつける。春の夕暮れ、まばゆいばかりの提灯の灯が夜風にゆらめき、宵山の山車を浮かび上がらせる。祭囃子の音、露店のにぎわい、人々の心がときめく時である。

六時半、神輿に続いて山車も曳き出され、美しい行列をつくって山之神社《やまのじんじゃ》へ。ここでも式典が行なわれ、その間に前壇のからくり人形が演じられる（上山はやらない）。午後八時半各山車は夜の町へ。

あくる日の本楽、朝から曳き出された山車は、午後〇時半JR半田駅前に集合し、山之神社へ曳き込む。祈禱および奉楽の儀式中、南組から順にからくり人形を奉納。やがて午後二時半、山車が曳き出され、半田市内を巡行して午後五時半頃業葉神社へ。前日と同じように前壇のからくり人形が奉納される。その後提灯で装飾されて六時半曳き出しがはじまり、平和通りで各山車曳き別れ、午後七時半頃車庫へ帰る。商業のさかんな地域らしい活気のある祭りである。

問合せ　半田市商工観光課（電話〇五六九－二一－三一一一）

愛知県

阿久比《あぐい》・宮津の祭礼

とき　四月第二または第三土・日曜日
ところ　熱田社（知多郡阿久比町宮津字宮本二九）
交通　名鉄河和線「阿久比」駅下車徒歩一〇分

各地域の神社に神楽殿のある阿久比

名古屋市からまっすぐ南へ、知多半島を縦断して先端の南知多へのびる高速二号線（知多半島道路）の中央あたりに阿久比インターがある。緑の畑や丘陵を望む広々とした所で、阿久比は知多半島における交通の要所である。

ここは古代から続いた歴史のある所で、各地域で古くからある立派な氏神社のもとに盛大に祭りが行なわれる。ほとんどの神社境内に常舞台（神楽殿）があり、豪華な襖絵《ふすまえ》、格天井《ごうてんじょう》のある舞台で、昭和三〇年頃までは神楽囃子や村芝居が盛んに行なわれていたという。

阿久比の祭りは、一五ある字《あざ》のうち、一四の地区で春四月に行なわれ、宮津、大古根《だいこね》、萩の三地区で四台の山車《だし》が曳き回される。平成四年から横松の山車も出るようになった。

宮津は旧大字を北組、南組に分け、両組から出る山車の前壇《まえだん》で三人かくれ遣いの三番叟とからくり人形が奉納される。

からくり人形のある山車

・北組・北車（恵比寿、大黒と桃太郎）

大黒さんが手に持つ槌を上げると赤い大袋が割れて、中からかわいい桃太郎が生まれる。柔和な顔の恵比寿、浅黒い肌で精悍そうな大黒さんが驚いて黒い大目をむき、口を開閉するようすが面白い。

人形の作者は不明だが、かしらはもちろん、手足、表情も美しく、立派なからくり人形師の作と思われる。長らく動かないまま保存されていたが、組の人々の情熱で平成四年に復活した。桃太郎を組の人が直し、二福神を半田市乙川の山田利圀氏が修理して蘇ったのであった。

上：北組のからくり人形．恵比寿，大黒と桃太郎．大黒さんが槌を振り上げて赤い袋を割ると，中から桃太郎が生まれる．下：南組の牛若丸，弁慶と京人形．糸あやつりである．

・南組・南車（牛若丸、弁慶、京人形）

現代的な風貌の人形は地元のマネキン制作・船橋廣吉氏によるもので、糸からくりであるが、残念なことに動かすことはできず、飾るだけである。

日程

日曜日の例大祭には、朝から曳き廻されていた二台の山車が、午後三時頃、大勢の子どもたちによる宮神楽がひとしきり奏され、熱田社へ宮入りする。そして四時頃から、境内に並んだ両山車の前壇でまず三番叟が元気よく演じられ、その後からくり人形が。最後に山車の上から餅投げが行なわれ、菓子や、鉛筆、洗濯バサミもともに降ってくる、底抜けに明るい祭りである。

問合せ　阿久比町役場（電話〇五六九－四八－一一一一）

愛知県

常滑《とこなめ》祭

とき　四月第三土・日曜日

ところ　神明社（常滑市栄町六 - 二〇〇）
　　　　常石神社（同市奥条七 - 二六）

交通　名鉄常滑線「常滑」下車五分

日露戦争英霊の招魂祭

古代から伝わる窯業の歴史を持つ常滑は、陶器生産も日用雑器を主とし、大型ものの大量生産で知られる。海運を利用して全国へ搬出されたため、日本の各所で常滑焼きを見かける。

常滑祭のはじまりは、日露戦争に端を発している。二〇世紀の初頭、満州を舞台とするロシアとの戦いで、破竹の勢いでロシアに向った日本は、その結果朝鮮に対する指導権、旅順・大連の租借権、樺太・カムチャツカの漁業権などを獲得した。国をあげての戦勝に国民は熱狂し、明治三九（一九〇六）年、日本中が提灯行列をして祝った。

しかし、戦いには勝っても失ったものも多かった。常滑では、日露戦争凱旋記念として、昔からの春祭りと同時に英霊の招魂祭が行なわれることになった。忠魂碑と神社へ神楽囃子を奉納するため、それまでは明治一〇年頃から曳き廻されていた各地域の山車《だし》が集結するようになり、今日の常滑祭りが始まったという。

日程

土曜日の午前一一時、神明社のふもとにある常滑保育園の前に次々と勢揃いした六台の山車は壮観である。壇《だん》箱《ばこ》その他に繊細な彫刻のある知多型の山車で、六台中五台がそれぞれ前壇に人形を載せている。

各山車は午前中、神明社に集まって囃子、からくりを奉納し、ゆっくり昼食をとって午後市内を巡行する。あくる日曜日には常石社に集結し、そこから市内を曳きまわす行程になっている。

からくり人形のある山車

・保示《ほうじ》・保楽車《ほらくしゃ》

山車の前壇に高さ五〇センチ、横幅三四センチほどの桃が置かれ、桃が二つに割れると、中から具足をつけた桃太郎が現われ、左手に軍扇、右手に軍配を持って勇ましい武者ぶりを見せる。つぶらな瞳に小さく引き締まった口元は、あどけなさの中に不屈の意志を見せる。大正一三(一九二四)年、六代目玉屋庄兵衛の作である。

・市場・常盤車《ときわしゃ》

采《ざい》振り人形。肩まで垂れたまっすぐの黒い髪、目鼻立ちの大柄で現代的な美しさである。

・山方《やまがた》・常山車《とこやましゃ》

巫女の舞。全長五八センチ。髪は結い上げ、豪華な冠をつけている。右手に鈴、左手に扇。顔、手の美しい造形は完璧といえる。大正八(一九一九)年、顔は六代目玉屋庄兵衛、胴はその門下の喜田兼吉という腕の良い指物師による。

上：保示・保楽車の前壇人形．桃が割れて桃太郎誕生．中：奥条・常石車，三人かくれ遣い三番叟．市の文化財に指定されている．下：山方・常山車，巫女の舞．ふっくらした容貌で，鈴を振り，扇をかざして舞う．

・奥条《おくじょう》・常石車《とこいしし》
三人かくれ遣いの三番叟で、長めの袂《たもと》を左右に巻き上げ、キビキビと小気味よく舞う。市指定文化財。
・世木《せぎ》・世楽車《せらくしゃ》
采振り人形。首に三角のスカーフを巻いている。かすかな笑みが魅力的で、いくら眺めても飽きない。両手に持った采は、赤、黄、緑のテープをぎっしりまとめて閉じたもの。応援団のチアガールが持つボンボンのようだ。江戸末期、浅野新助作。

どの山車でも囃子の笛を、大人に混じって大勢の子どもたちが一心に吹いている姿が印象的だった。「木遣り」が残っており、山車を曳き出すとき歌われる。

問合せ 常滑市商工観光課（電話〇五六九－三五－五一一一）

上：市場・常盤車，采振り人形
下：世木・世楽車，采振り人形・浅野新助作.

愛知県

知多岡田祭

とき　四月一六日に近い土・日曜日
ところ　神明社（知多市岡田字中谷三五）
白山社（同太郎坊一〇八－一　慈雲寺内）
交通　名鉄常滑線「朝倉駅」より東岡田行きまたは知多半田行きで「大門前」下車

歴史の古い神明社の祭りに三台の山車

知多市の伊勢湾岸は埋立工事がされて、名古屋臨海工業地帯に生まれ変わり、市役所、体育館、文化会館など新しい市の施設が建っているが、陸の中心地域は知多半島も中央に当たる古い歴史の根づくところである。神明社は三六〇年以上もの歴史をもつ。近くに慈雲寺という大永二（一五二二）年創立の大きな寺があって、その境内に鎮守堂があり、白山妙権現というご神体が村の氏神だったのを、明治維新の神仏分離の際、神明社へ移してここを村社としたのである。したがって岡田祭では、神明社と慈雲寺の管理下にある白山社の双方へ敬意が表される。里、中、奥組の山車《だし》が曳き出され、お囃子やからくり人形が奉納される。

山車は高さ六メートル近く、山飾り（上山《うわやま》を上げること）すると七メートルを越す。山車の上山左右前方に花のついた桜の木の枝、後方に男松、女松を飾り、前方左右から「ダシ」と呼ばれる造花のしだれを垂らしている。津島神守《かもり》の山車の祭礼スタイルに似ているが、花が赤、青、桃色とカラフルなのが、ピンク一色の神守と異なる。

❷

❶

❸

①里組・日車．前棚で三番叟が舞われている．上山は「悪源太平次合戦」のからくり．牛若丸が宙を飛んでいる．②奥組・風車．前棚では三番叟が舞い，上山には文字書き人形，梅の木に登って太鼓を打つ梅木偶がいる．③中組・雨車．前棚はあでやかな女三番叟，上山は綾渡りのからくり人形．

からくり人形のある山車

・里組・日車（前棚・三番叟、参社女《さんじゃめ》、いっこんしゃ、上山・からくり人形芝居「悪源太平治合戦」）

三番叟などの前棚の人形は、幕の後ろから三人の手遣いで演じられる。長らく「三番叟」のみ演じられていたが、「参社女」、「いっこんしゃ」が平成六〜八年に約四〇年ぶりに復活した。

上山のからくり人形芝居は、せり出した出樋《でとい》と、ロープを張った天井を伝って人形が大活躍。浄瑠璃の語りで烏天狗が幼い牛若丸をつかみ宙を飛ぶさまは痛快である。知立《ちりゅう》のからくり人形芝居と酷似している。出樋三本と天井に張った数本のロープで五体の人形を動かす。一二、三人の操者がいり、戦後長らく後継者不足で途絶えていたのを地元の熱意で平成二年に復活、浄瑠璃はテープである。

・中組・雨車（前棚・女形三番叟、やつし、おやま、上山・綾渡り）

前棚で行なわれる三番叟は女性で、烏帽子をかぶり、おひきずりを着た立姿は一メートル近くあり、妖艶である。加えて、やつし、おやまなど三人遣いで演じられる。上山の綾渡りからくり人形は休止していたのが平成五年ごろ復活した。

・奥組・風車（前棚・舌出し三番叟、春駒、上山・文字書き人形、梅木偶《うめでく》）

三番叟は男性で、小気味よい鼓と笛の囃子にのってチラと舌を出す。歌舞伎役者のように流れる線の美しい人形二体がおどる春駒も楽しいが、これらはからくりではなく文楽形式の三人遣いである。

上山の文字書きからくりは、長年遣われなかったが、平成五年に復活し、立派な文字を書いている。もう一体の梅木偶は、梅の枝に吊した太鼓を打つ。

日程

試楽の土曜日は、午後七時、高張提灯をかかげ、氏子総代、村方、各組の人々、子ども会、囃子方らが坂道の上の神社へのぼる。お囃子が奏され、伊勢音頭が歌われる行列は幻想的で、春の夜の一枚の絵とも眺められる。

本楽の日曜日、三山車が大門（白山社前）のT字路に集結し式典の後、午前一〇時半と午後二時半にからくりや三人遣いの人形を奉納する。からくりの後、神明社の方に向いていた山車を白山社の方へ方向転換させるため、盛大な「ねじ回し」が行なわれる。これは地域によっては「どんでん」「曳き回し」と呼ばれているが、梶方らの力の見せどころ、テンポの早い囃子とともにぐるぐると重い山車を回転させ、祭りの熱気を放っている。

由緒

知多市の地場産業である知多木綿は慶長年間（一五九六〜一六一五）に始まる古い歴史をもつ。大昔は「機織《はたお》り」として農家の婦女子の収入源とされていたが、明治から昭和へかけての工場化で、岡田のあたりは栄えた。ピーク時の昭和一〇年代には女工さんが六〇〇〇人もいて、かつての岡田祭は華やかだったという。

世の中が変わったのは伊勢湾台風に見舞われた昭和三四年頃から。経済不況と若者の数が減ったことで祭りもやむなく発展を阻まれる状態だった。小資本の綿工業はオイルショックや韓国・中国・台湾産に押されて衰退の運命をたどった影響で、岡田では長らく前棚で三番叟人形が演じられるだけの祭りが続いた。しかし、地元の人々の熱意で知多半島各地の祭りの復活とともに、動かぬ人形にも手を入れ、工夫して、平成二年から徐々に復活、今では三台の全山車前棚、上山の両方で人形が演じられる豪華な祭りとなった。

問合せ　知多市岡田支所（電話〇五六二－五五－三〇〇四）

参　考　知多市歴史資料館（電話〇五六二－三三－一五七一）

愛知県

石刀《いわと》祭

とき　四月一九日過ぎの日曜日
ところ　石刀神社（一宮市今伊勢町馬寄字石刀二）
交通　名鉄本線「石刀駅」下車、東へ徒歩一五分

毛織物の一宮市で四〇〇年近い歴史の祭り

一宮市は、尾張一の宮である真清田神社の門前町として開けた所で、今は全国一の毛織物の町として知られる。例祭は四月一九日。神様の代わりをつとめる「頭人《とうにん》」の珍しい風習がある。昔は子供だったが、近頃は大人が裃をつけてつとめる。例祭後の初の日曜日に「神賑行事」として山車《だし》が出、からくり人形や献馬が行なわれる。山車は大聖、中屋敷、山之小路の各町内のもつ山車三台、そろって高さ八・三メートル、三層で尾張北部特有の背の高いのが特徴だ。中の一台の板書に慶長一三（一六〇八）年創建、明和九（安永元＝一七七二）年改造とあることから、石刀祭が四〇〇年近い歴史のあることが分かる。

からくり人形のある山車

・中屋敷・中屋敷車（前山・采振り、上山・大車輪唐子）
采《ざい》振り人形は口をへの字に曲げ、するどい目つきであたりを見回し、厳めしい顔付きだ。上山《うわやま》には可愛い唐子《からこ》

❷

❶

❹

❸

①大聖車．前棚に小ぶりな采振り人形，上山に綾渡り人形がある．犬山型の背の高い山車が特徴だ．②山之小路車．大唐子の肩上で小唐子が逆立ち．③中屋敷車．采振り人形．④上山に回転唐子のある中屋敷車の前を吉田の献馬が駆け抜けて行く．

が三体いる。中央の唐子が鉄棒にぶらさがり、大車輪する。
・山之小路・山之小路車（前山・采振り、上山・唐子遊び）
大唐子の肩に小唐子がとまって逆立ちし、綾棒に足をかけ太鼓を叩く。文政七（一八二四）年、隅田仁兵衛作。
・大聖・大聖車（前山・采振り、上山・綾渡り）
桃の木の枝から下がった数本のブランコ状の綾（横棒）を小唐子が次から次へと渡って行く。「離れからくり」の中でも最も人気のあるものだ。桃の木の内部に、綾に通じる糸が仕掛けてあり、下から糸を操作することにより綾が回転し、人形の手をひっかけたりはずしたりして送って行く。綾渡りはいつも必ず上手くいくとは限らない。時に次の綾にひっかからなかったり、落っこちたりするのを見物人ははらはらしながら見上げるのである。

日程
日曜日の午後二時頃、石刀神社の参道に並んだ三台の山車が一斉にからくり人形を動かす。終わると、美しく飾られた六頭の馬が境内に参入。「献馬」という昔ながらの行事で、今伊勢町馬寄《うまよせ》という地名にもふさわしい。ここで再びからくり人形の奉納が行なわれる。今度は各山車一台ずつ神殿へ少し進み出て行なう。
フィナーレとして午後五時過ぎに「献馬吉田かけぬき」がある。先ほど境内へ入場した六頭の馬のうち、吉田の町内から来た献馬が参道を元気よく駆けて吉田へ帰るのである。続いて残る五頭がゆっくり歩いて通る。三台の山車はそれぞれの町内へ、春の夕方を惜しみながら巡行し、その日のうちに解体して倉へしまわれる。

問合せ　石刀神社（電話〇五八六－七三－五二二一）

愛知県

知立祭《ちりゅう》

とき　五月二日、三日（西暦偶数年の隔年）
ところ　知立神社（知立市西町神田一二）
交通　名鉄名古屋本線「知立」下車一〇分

東海道の要所、三河一の知立神社

祭り好きの知立の人々は、知立祭の時期ひと月ほど、仕事が手につかなくなるという。各町内ごとに作られた大きな七五三《しめ》飾りが、祭りの本宿《ほんやど》の入口にかかげられ、梶棒連や、囃子連、人形の上演外題が発表される。祭蔵が開けられ、人形がとり出されて操作の練習や手入れが行なわれる。あちらこちらで浄瑠璃やお囃子が聞こえだすと、もう春は過ぎ、初夏の五月である。

江戸時代、東海道五十三次の宿場として賑わった知立は、「池鯉鮒《ちりふ》」とも書かれ、安藤広重の描く浮世絵に、当時の姿をいくつか見ることができる。江戸、浪速の情報をいちはやく得られた東西交通の要所であることは今も変わりない。旧東海道にあたる国道一号線が貫通し、名鉄本線と三河線の交差点となっている。

氏神である知立神社は、三河一の名社といわれ、東海道沿いにあることから、諸大名が参勤交替の旅の途中必ず寄ったものである。その例祭は盛大なもので、五か町から山車が出て、神賑わいとして山車《だし》文楽、からくり人形を奉納する伝統が長く続けられている。

知立祭西町山車．前戸屋へ三味線，大夫が座って浄瑠璃を語り，上山でからくり人形芝居『一の谷合戦』が演じられる．

上：左・熊谷直実が見守る中，中央の岡部六弥太と右，平山季重が刀を持って斬りあう場面．下：知立神社境内に揃った5台の山車．江戸時代にはすべてにからくり人形と文楽人形の双方が演じられていた．

日程

祭りは二年に一度で、五月二日試楽、三日本楽で両日とも山町、中新町、本町、西町、宝町の五か町から壮麗な山車が曳き出される。例祭は三日の午前中から行なわれ、午後には御輿の渡御がある。

午後一時に五台の山車が次々に宮入り整列し、山車文楽、山車からくり人形芝居が奉納される。

五台の山車のうち、山町、中新町、本町が山車の中段、前戸屋《まえどんや》からせり出した舞台で文楽を上演し、西町一台が上山《うわやま》でからくり人形芝居を演ずる。文楽もからくりも、前戸屋の中に座った三味線と太夫が語る浄瑠璃で演じられる。

からくり人形のある山車

・西町（からくり人形芝居「一の谷合戦」）

世に知られた源平物語の一節を、威厳ある武将の熊谷直実と美少年のその子小次郎、勇者岡部六弥太と悪役の平山季重それぞれの人形で華麗な舞台に展開する。

見せ場はいくつかある。敵の軍扇に矢を放つと、見事的にあたって扇が落ちるとか、小次郎が身軽にトンボを切って進む「谷渡り」、桜の木をよじ登り右手左手と枝を伝ってもう一方の桜の木に移る「桜渡り」、岡部六弥太が平山季重を槍で芋刺しにする場面、最後に直実は尉に、六弥太は姥にパッと変身する等々、息もつかせぬからくりが盛りだくさんに用意されている。

身長五〇センチから七〇センチの人形は、かしらは人形師の作ったものだが、胴は地元の人々がありあわせの雑木を使って工夫しながら作ったものである。衣装もぜいたくをせず、地元で仕立てたもので、「知立のからくりの最大の特徴は、庶民の手によって作られた民俗芸能」と西町の人々は誇りにしている。

由緒

西町の山車は神前で「せり上げ」をして屋根を高くし、上山から太い二本の樋を前へ出すなどして舞台をつくる。上段下一・五坪（五平方メートル）ほどの場所に一八名からの操者が入って糸を引く。春とはいえ汗だくで、一所懸命心を合わせて操って、思い通りにいった時の満足感は、祭りならではのものだろう。

江戸時代から明治期までは、いずれの山車でも文楽（中段）とからくり人形（上段）があり、各町互いに技を競いあったという。

各山車の高さはほぼ六〜七メートルで、名古屋系の山車と変わらないが、上段（上山）や前戸屋（前山）の面積が広く、小さな山車なら二台分の大きさがある。重さは五トンあり、これが町中を曳行中、「どんでん」（回転して方向を変える）をする時は、山車をかつぐ梶方の中には加速度のついた重みに失神する者が出るほどとか。

梶方たちは頭にハチマキ、揃いの法被《はっぴ》の上から腰にしっかりと各町、色の違ったしごきを巻き、左で蝶に結んで下げている。黒足袋にわらじかけのいで立ちで、太い梶棒をあつかうさまは鮮やかなものである。

特に、本楽の日、御殿前（知立西町知立古城跡）から知立神社までの二〇〇メートルほどを、重さ五トンの山車を前四人、後四人、計八人の梶方らが後輪を浮かせてかつぎ、一気に前進する「山車の宮入り」は、知立祭りの最大の見ものといわれる。

問合せ　知立市観光課（電話〇五六六－八三－一一一一）

参　考　知立歴史民俗資料館（山車・からくりの展示）（電話〇五六六－八三－一一三三）

愛知県

亀崎・潮干《しおひ》祭

とき　五月三日・四日（雨天順延）
ところ　神前《かみさき》神社（半田市亀崎二 - 九二）
尾張三社（同亀崎町一〇 - 一六六）
交通　名鉄「知多半田駅」からバス知立駅行き「県社前」下車、JR「亀崎駅」下車一五分

豪華山車五台の前棚、上山にからくり人形

五月、行楽にと日本列島が沸き立つゴールデンウィークの最中に行なわれる潮干祭りは、数多い半田市の春祭りの最後を飾るにふさわしいスケールの大きな祭りである。

祭の男たちは、腹掛けに腕ぬき、股引をつけて、見るからに軽快ないで立ちの梶方から、赤、緑、黒と色とりどりの看絆《かんばん》（組のマークを背につけた半纏《はんてん》）を着た役付きまで、それぞれの衣装に身を固めて、祭りを晴れの舞台と活躍する。

さして広くもない亀崎町だが、町内五組から前棚、上山ともに優れたからくり人形を持つ豪華な山車が曳き出される。勾欄、脇障子、壇箱《だんばこ》ほかあらゆる部分を欅や紫檀、黒檀、鉄刀木《たがやさん》などの唐木を使った彫刻でびっしりと飾っている。立川和四郎富昌、立川常蔵昌敬ら名門の彫師による彫刻である。また、四本柱に螺鈿《らでん》や堆朱《ついしゅ》、七宝焼などの高価な工芸細工、水引き幕、大幕、追幕（山車上山の後方に飾る幕）にデザインや刺繍を誇り、どの組も

揃って見ごたえある山車である。

かつては造り酒屋と回船問屋が軒を並べ、江戸への海運で栄えた港町。往時のにぎわいを蘇らせて町中祭り一色である。

からくり人形のある山車

・東組・宮本車（前棚・三番叟、上山・湯取神事）
前棚の三番叟は三人遣いで、三人の少年が人形と同じ紫色の着物を着て、縞の袴をつけた礼装で幕の中から操る。

上山の「湯取神事」は、端正な顔立ちの神官と巫女がすずやかな笛の音にのってゆるやかに舞い、やがて釜の湯をふりそそぐ祝福の場になると、軽快なテンポで紙吹雪が舞う。昭和七年、荒川宗太郎の作である。

・石橋組・青竜車（前棚・布晒し、上山・唐子遊び）
前棚の「布晒し」は長唄「越後獅子」に合わせて愛らしい娘が両手に晒の布を持ち、体を反ったり、前かがみになったり、回転して後ろをむいたりしながら両手を上下させ、布の変化の面白さを見せる。交互に踏み締める両足の下駄がカスタネットのように打楽器の役をつとめるのが珍しい。弘化二（一八四五）年、竹田源吉の作。

上山は、二人の唐子が蓮台を回し、一人の唐子がその上で鉦を叩き、逆立ちをする。回る赤い飾車、華やかな唐子の衣装と愛らしい演技に人気がある。天保一二（一八四一）年、鬼頭二三作の説あり。

・中切組・力神車《りきじんしゃ》（前棚・猩々の舞い、上山・浦島）
前棚では、能衣装の美少年が扇を手に舞ううち突然赤ら顔の猩々に変身、しばらく舞ってまた元に戻る。安政

❶

❸

❷

❺

❹

❻

❼

①中切組・力神車，前棚人形「猩々の舞」．②石橋組・青竜車，前棚で『布さらし』を舞うからくり人形．山車前棚の四本柱は豪華な七宝細工で装飾されている．③同車上山の『唐子あそび』逆立ち唐子．④西組・花王車の上山「桜花唐子遊び」の綾渡り唐子．⑤田中組・神楽車，傀儡師のからくり人形．体が折れ曲がって，船弁慶のシーンに早変わりする．⑥海浜への山車曳きおろし．砂浜に重量のある山車の車輪がくいこむので，一層の力をこめて綱を引く．⑦東組・宮本車．上山の湯取り神事．湯の代わりに紙吹雪が散って舞う．

年間（一八五四〜六〇）五代目玉屋庄兵衛の作。

上山の「浦島」は、貝が二つに割れて中から姿をあらわした乙姫から手渡された玉手箱を浦島が開けると、煙が立ちのぼり、たちまち若者の浦島が高齢の翁に変わる時が見もの。ここで伴奏が謡いから長唄に変わり、華やかな三味線の音に合わせて腰を叩く浦島太郎の悲劇がユーモアに変わって面白い。大正一三（一九二四）年、六代目玉屋庄兵衛の作。前棚、上山人形とも面かぶりの糸からくりである。

・田中組・神楽車（前棚・巫女、上山・傀儡師）

前棚で舞う巫女人形の繊細で理知的な美しさに魅かれる。

上山の「傀儡師」は、数ある尾張のからくり人形の中でも特異で貴重な存在である。傀儡師とは、昔、街道で子どもたちを相手にあるいは門付けをして人形の芸を見せ、諸国を巡歴した芸人。木箱を首にかけ、その中に手をさしこんで小さな人形を動かした。人形劇の元祖にあたるものである。

人間と等身大の傀儡師人形が大きな目をパチパチまばたかせながら、まず歌に合わせて箱の上で鉦を持った可愛い二体の唐子人形を舞わせる。と、人形が消え、傀儡師の上半身が箱の中へ折れ曲がって、その上に源義経・弁慶・船頭らの乗った船が現われ、謡曲「船弁慶」の舞台に早変わり。知盛の亡霊と義経が戦い、亡霊が退散すると再び傀儡師にもどる。傀儡師は軽快な歌とともに箱の上に山猫いたちを登場させ、最後に「スッペラポンのポン」と言ってバネ仕掛けで見物人の中へ飛ばせる。下にいて、これを競って受け止めるのが若い梶方たちの楽しみになっている。このユーモアや、奇想天外な思いつきとからくりの仕掛けは、江戸時代の芸を伝えるものなのだ。古い貴重な人形だが、作者、年代とも不明である。

・西組・花王車（前棚・神官と石橋、上山・桜花唐子遊び）

前棚の「神官」は白い薄衣をまとって神秘的な顔立ちで、首、手、足を動かして、ゆるやかに歩むさまは、天上人の姿を思わせるものがある。天保年間（一八三〇〜四四）五代目玉屋庄兵衛の作で、五月三日に出場する。四日は古くからあったのを平成三年に復活した「石橋《しゃっきょう》」人形が勇壮な舞を見せる。地元の朝倉堂制作である。

潮干祭りからくり奉納の最後を飾る上山の「桜花唐子遊び」は、からくり離れ業の中でも最も人気のある綾渡りである。ここでは山車の外に張り出した木の枝にぶら下がって演ずる。見通しが良いので、一つ一つの動作がくっきりと見え、綾渡りの妙味を十分に鑑賞することができる。人形の頭は七代目玉屋庄兵衛だが、からくり部分は、地元西組の若者有志の手による。

日程

前の日（五月三日）五台の山車が午前九時頃、亀崎町七丁目信号あたりに集合。曳き出されて旧大店坂《おおだなざか》手前で棒じめ、海浜へ曳き下ろしを楽しむ。昼頃曳き上げられた山車は祭り広場に整列。午後一時頃より一台ずつ順に人形技芸奉納（前、上山とも）。昼食後神輿が尾張三社へ渡御し、山車も後をついて出発。秋葉社と尾張三社で前（棚）人形を奉納する。七時半サヤ（山車倉）納め。

後の日（五月四日）山車は午前七時に尾張三社に揃っており、一〇時、各組車元《くるまもと》から「警固」という行列が尾張三社へ向かう。これは梵天を先頭に、車元、役員、囃子、組員が正装して厳粛に行進するもの。午前一一時頃から尾張三社で人形技芸奉納（上山の人形はその年の当番役の組のみ）後、山車を曳き出して海浜へ曳き下ろし、曳き上げ、四時頃神前神社に揃う。ここで一台ずつ盛大な山車の曳き廻しがあり、終わって五台並んだところで五時頃最後のからくり人形奉納（前、上山とも）がある。その後山車は曳き出され七時半頃サヤへ納められて千秋楽となる（潮の干潮時、天候などにより、時間は前後する）。

由緒

潮干祭りは、神武天皇が東征伐の途中、この浜に上陸したとの伝説に由来して建てられた神前神社の祭礼で、かつては旧暦三月一五、一六日の干潮時に、神社前の海辺へ山車を曳き下ろし、海の上でからくり人形の奉納をしていたという。

昭和三四年九月の伊勢湾台風災害後、防潮堤と国道海岸道路ができたため、海への曳き下ろしができなくなって、長らく神前神社前の広場での豪快な山車曳きまわしのみ楽しまれていたが、旧行事を惜しむ声が多く、平成八年に防潮堤の一部を取り払って山車の海浜曳き下ろしが再開した。

問合せ　半田市商工観光課（電話〇五六九‐二一‐三一一一）

愛知県

大野祭

とき　五月三日・四日
ところ　風の宮神社（常滑市大野町五－二四）
　　　小倉神社（同二－二一〇）
交通　名鉄常滑線「大野駅」下車五分

豪商たちが私財を投じた名古屋系山車三台

大野町は、古くから木綿の産地と港町として栄えたところで、伊勢へ行き来する大野船が知られていた。また、武家の工芸をまかなう地として大野鎧《よろい》は有名で、徳川家康のおかかえ時計師であり、鍛冶職頭であった津田助左衛門は、大野鍛冶を利用して和時計を作っている。

大野祭りに出る三台の山車《だし》とからくり人形は、かつての豪商たちが繁栄した時代に私財を投じて作り、寄進されたといわれる。三台とも上山《うわやま》に大将人形が座し、前山《まえ》に采《ざい》振り人形のつく高さ五・七メートルほどの名古屋系山車で、江戸後期のものである。知多の木彫で飾られた重量感のある山車を見なれた目には、勾欄や架木《ほこぎ》、四本柱などが塗りで、金具の装飾のほどこされた名古屋系の山車が繊細・華奢に見え、これも趣きがあって良いと思われよう。

からくり人形のある山車

・高須賀町・唐子《からこ》車（前山・采振り、上山・唐子遊び）

采振りは両手に采を持った唐子人形。上山では中唐子の肩に乗った小唐子が、松の枝に吊り下げられた太鼓を囃子に合わせて打つ。つぎに小唐子は枝に手をかけて止まり、中唐子が小唐子の股から首を外すと、小唐子は枝にぶら下がったまま首を左右に振って喜ぶ。上山の人形は竹田藤吉、天明五（一七八五）年の作といわれる。

・橋詰町・紅葉《こうよう》車（前山・采振り、上山・逆立ち唐子）

太閤秀吉が聚楽第で唐子の曲芸を見て楽しんだという逸話を表現したもの。まず金色に光る歯車がキリキリと廻されると、中唐子が太閤に挨拶してその前を歩き回る。次いで小唐子が蓮台の上にのって紅葉の木の幹に左手をつき、逆立ちをする。そのまま囃子にあわせて首を振り、鉦を叩きながら空中を回る。再び歯車が回ると小唐子は紅葉の木から降り、太閤人形は「よく出来た」と満足そうに右手を大きく上げる。

風車のついた装飾歯車は金属製に見えるが実は木製で、この人形が「機械じかけ」であるかのように見せるための演出である。差し金を使って行なわれる離れからくりで、熟練のいる技である。天保六（一八三五）年、五代目玉屋庄兵衛の作。

・十王町・梅栄《ばいえい》車（前山・采振り、上山・蘭陵王）

采振り人形は、肩からつけた胸あてに渦巻模様の凝ったデザインである。上山では笛吹き童子が吹く笛の音にのって可愛い笑顔の童子が舞うが、後ろ向きになったかと思うと蘭陵王《らんりょうおう》の面をかぶって変身し、激しく動き回る。やがて元にもどると大将人形の天神がうなずいて終わる。嘉永元（一八四八）年、隅田仁兵衛真守の作。

①十王町・梅栄車．名古屋型の山車で，前山に采振り人形，上山に大将人形と主役の演技する人形がのる．唐子が面かぶりで変身し，蘭陵王を舞う．②高須賀町・唐子車．松の枝から下がる太鼓を打って遊ぶ唐子．③橋詰町・紅葉車．逆立ち唐子の可愛い表情．④紅葉車の全景．大将人形は太閤秀吉である．

❶

❷

❹

❸

日程

前日の五月三日は試楽で、夜七時ごろ点灯した巻藁船が大野橋へと動き出すと、山車三台も提灯をつけて橋上へ集まる。水に影が映えて美しい提灯祭りとなる。

本楽の五月四日は、午前中三台の山車が町内を巡行し、午後一時、大野駅前に揃ってからくり人形の演技を見せる。その後再び巡行して大野町のほぼ中央にある大野橋の上に集まり、午後二時、からくり人形の競演をする。橋の下、東の矢田川と西の大野港を結ぶ水面に巻藁船「権丸《ごんまる》」も出動し、たくさんの風船を飛ばしたりして応援する。その後は各山車思い思いの方向へ町を巡行し、時々からくりを演じて五時頃車庫へ帰って終わる。

問合せ　常滑市役所商工観光課（電話〇五六九‐三五‐五一一一）

愛知県

西之口区祭礼

とき　四月第三土・日曜日
ところ　神明社（常滑市西之口八－六〇）
交通　名鉄常滑線「西之口駅」下車徒歩三分

からくり山車まつり復活

名鉄常滑《とこなめ》線で大野の一区南にある西之口には、古くから海を臨んで伊勢外宮の分霊を祀る神明社がある。その祭礼に、江戸後期から山車《だし》祭りや馬の祭りが行なわれていた。からくり人形ののった鉄砲津の雷神車、郷中の西寶車の二台があり、明治、大正、昭和と盛大な祭りの中で技を競い合って楽しまれてきたが、やがて老朽化した山車の修復や、引き手の若者不足などの問題のため、昭和三〇年代から両山車とも中止していた。

ところが昭和六二年に、長い間忘れられていた山車の一台が、名古屋市のもと広井村中之切の有名な山車であることをある山車愛好家が発見。その後また、古いからくり人形や古い文書も発見され、ふるさと創生の気運も手伝って山車まつりが復活した。

平成一〇年には見事に修復された両山車の上に新しいからくり人形が出揃い、本格的な囃子とともに昔の祭りが甦ったのであった。

からくり人形のある山車

・郷中・西寶《さいほう》車（前山・釆振り、上山・文字書き）

山車は天保六（一八三五）年に大野橋詰町で作られ、文久三（一八六三）年に西之口へ来たもの。ここ三五年間は休止していたが大修理されて平成四年から祭りに復活。釆《ざい》振り人形は両手で金色の釆を振る唐子《からこ》で、ギヤマン（ガラス）の目を持ち、明治二五年に購入されたというが、購入先は不明。上山の文字書き人形は平成一〇年、大将人形の恵比寿神は平成十一年、横井誠の作。

・鉄砲津・雷神車（前山・釆振り、上山・竜神）

山車は名古屋の旧広井村中之切で天保一三（一八四二）年に建造され、張良車《ちょうりょうしゃ》として三の丸天王祭の見舞車《みまいぐるま》として曳き回されていたが、明治維新により祭りが中止となり、売りに出されたのを鉄砲津が買い取ったもの。面かぶりの竜神が乗っていたので当初は竜神車と呼ばれていたのが、いつのころからか雷神車といわれるようになった。

能の「張良」をテーマとしているので、購入当時は黄石公、張良、竜神と釆振りがあったと思われるが、その後人形破損のためか使われなくなって、釆振りのみが活躍していた。平成三年にしまわれていた古い竜神と張良の人形が発見されたので、平成五年に山車を祭りに復活させるとともに人形も修復し、平成九年から上山で活躍するようになった。旧人形には弘化四（一八四七）年、（隅田仁兵衛）真守の墨書きがあり、修復は横井誠が手がけた。

日程

年により多少の変化があるが、例年は土曜日朝から飾り付けられた二台の山車が曳き出されて一一時半に神明

上：郷中・西寶車．文字書き人形．大将人形は恵比寿神．
下：鉄砲津・雷神車．大将人形は天照大神，竜神と張良がのり，前山には采振り人形．

社境内に集合。安全祈願の神事を行なった後、午後二時、それぞれに区内を練り歩き、夜は六時に提灯に点灯した宵祭り。七時～八時に神明社へ帰って終わる。日曜日は午前一二時頃、神明社境内に揃った二台が、一台ずつからくり人形を奉納、青年らの木遣り、女性、子どもたちも混じった囃子も熱心に演じられる。その後、一二時半から出発、それぞれのコースで鬼北小学校、白山社、常夜灯、内宮社などへ寄ってからくり人形を奉納。最後に五時頃神明社へ到着し、人形を奉納して、六時頃山車庫へ収まって終わる。

平成一四年の祭りは同市内の大野橋完成記念として、近隣の大野の山車三台と合同で四月二七、二八日（第三土・日）に行なわれた。

問合せ　常滑市役所商工観光課（電話〇五六九－三五－五一一一）

愛知県

若宮まつり

とき　五月一五・一六日
ところ　若宮八幡社（名古屋市中区栄三－三五－三〇）
交通　地下鉄「矢場町」下車五分、市バス「若宮」下車すぐ

戦前は五台の山車が勢揃いした祭り

名古屋市の中心、中区栄を東西に走る百メートル道路、若宮大通りに面して鎮座する若宮八幡社は、都心にあってみずみずしい緑をたたえる神社である。一二〇〇年以上も昔、奈良時代大宝年間（七〇一～〇四）の創建と伝えられる名古屋の総鎮守の神社である。かつては那古野の庄、今市場（現在の中区三の丸の一角）にあったが、慶長一五（一六一〇）年名古屋城築城の際、現在の地に移された。

江戸時代の境内の繁盛ぶりは大したものであったらしく、芝居小屋や見世物など、城下の人々の娯楽や社交の場として栄えたことがいくつかの歴史書に書き残されている。その祭礼、若宮まつりは、東照宮、那古野神社の祭礼とともに、名古屋三大祭りの一つとして有名だった。七台のからくり人形のある山車《だし》、二台の大車楽《だんじり》を曳き出して盛大な行列が行なわれ、人々は家々に笹提灯を飾ったという。

戦前は、黒船車（末広町）、寿老人車（中須賀町、現鉄砲町）、福禄寿車（大久保町、現鉄砲町）、河水車《かすい》（竜神車ともいう、住吉町）、陵王車《りょうおう》（門前町）の五台の山車が勢揃いした若宮まつりだった。

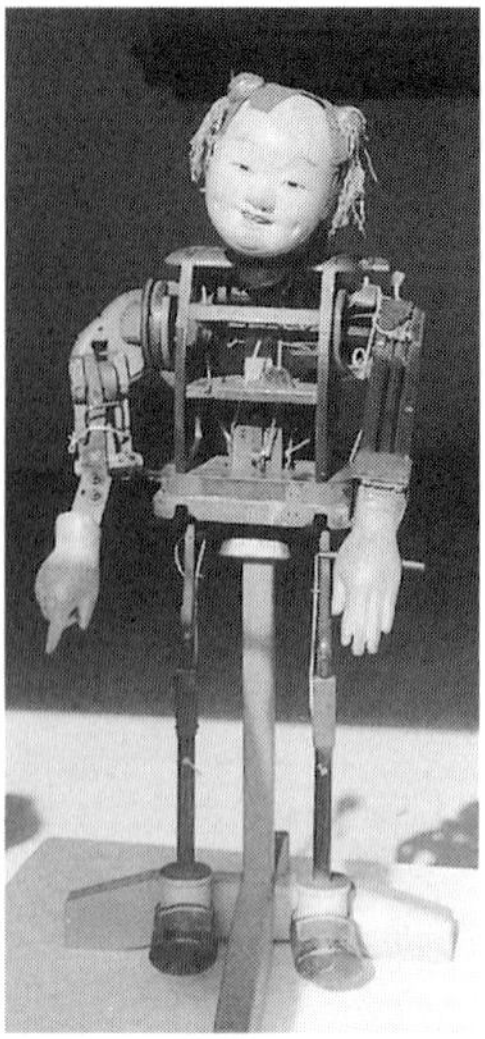

左：福禄寿車．前山で幣を振る個性的な風格の幣振り人形．山車破風屋根の鬼板や，高欄に星座がちりばめてある．上山に長寿をつかさどる福禄寿がのり，逆立ち唐子が可憐な芸を見せる．右：逆立ち唐子の構造．体を支える腕，胴の構造は機械そのものである．

惜しいことに、これらの五台の山車のうち、三台が空襲のため焼失、二度と見ることはできない。焼け残った住吉町の河水車は、昭和二二年新出来町へ譲り渡され、唯一福禄寿車だけが戦後の若宮まつりの山車となった。神社境内に山車倉を置き、昭和二五年から氏子各町内交代で曳き出すことになっている。

福禄寿車のからくり人形（前山・幣振り、上山・逆立ち唐子）

前山では、土色の肌をして、長いたれ目が泣いているのか笑っているのかわからぬ異様な幣《へい》振り人形が、大きな幣を両手で持って、右、左と揺らす。『名古屋祭』の著者伊勢門水は、この人形は当時実在した塩売り男をモデルにしていると書いているが、強烈な個性の人形で、慶応元年に花木宗助が作り直したことがわかっている。

上山には華やかな衣装をつけた軽快な唐子二体。一体は団扇太鼓を打って楽しげに歩き、今一体は蓮台に左手をつき、逆立ちをして頭をふりながら、右の手で鉦をチンチンと鳴らす。その奥、大将座に頭の長い福禄寿が右手に軍配《ぐんぱい》を持ち、左手に巻物をぶら下げた杖を持ってにこやかに鎮座している。

この福禄寿の首は三代目で、その昔使われた首二体が保管してある。初代は延宝四（一六七六）年、山伏多門院の名が残されている首で、びっくりしたような大きな目と垂れ下がった大きな福耳を持つ。また、逆立ち唐子も古いものは江戸時代、竹田寿三郎、鬼頭二三延忠の手にかかった素晴らしい人形だが、機械部分が老朽化のため、現在は昭和五〇年に清川喜男の修復した人形が活躍している。

山車としての福禄寿車は、美しい鶴の群舞を刺繡した水引き幕や、金具や漆塗りで装飾した高欄下に、宝石を埋めこんだ天体の星座がちりばめてあることなど、豪華で貴重なことこの上ない。

日程

一五日は、飾って境内に曳き出された福禄寿車で、午後から三回ほどからくりが演じられ、夜は火を入れた提灯をつけて宵祭り。一六日本祭りの午前中、本殿では式典が行なわれ、境内に置かれた福禄寿車で午前一一時半頃からからくりが演じられる。そして午後一時、紋付・袴の氏子総代、祭礼委員や、烏帽子に直垂《ひたたれ》など古式豊かな装束に太刀など持った人々を先頭に行列が一・五キロ先の那古野神社まで往復の練りに出発。神輿が続き、福禄寿車がその後を行く。山車の中には囃子連が乗り込んで笛や太鼓で奏し、前山の幣振り人形がゆらゆら幣を振る道行きが都心を通り、祭り気分を盛り上げる。山車はときどき止まってからくり人形を披露、那古野神社で休憩ののち若宮神社へ引き返し、五時半に再度からくりを演じて祭りを終える。

問合せ　若宮八幡社（電話〇五二－二四一－〇八一〇）

愛知県

筒井町天王祭

とき　六月第一土・日曜

ところ　須佐之男社《すさのを》（名古屋市東区筒井四丁目情妙寺前）

須佐之男社（　同　一丁目建中寺前）

交通　市バス「車道六丁目」。地下鉄桜通り線「車道」下車

夏を先駆ける都心の山車祭り

東区筒井町は戦火に焼かれた名古屋市の中心部にあっても焼け残った町で、今も古い家並を残している。建中寺は尾張徳川家代々の菩提寺で、歴代藩主も参詣した格式ある寺で、周辺の筒井町は、江戸時代から門前町として繁栄した下町だった。

祭りの日にはこの建中寺前に神皇車《じんこう》が、筒井町商店街の東より情妙寺前に湯取車《ゆとり》が、それぞれ飾り付けて用意され、一帯を曳き回される。大きな神社ではなく、建中寺と情妙寺そばの通称「屋根神さま」と呼ばれている小さな天王社（正式名は須佐之男社）が祭りの中心である。

提灯を飾って情緒たっぷりの宵山から、暑い日中日傘をさして浴衣がけの大人や子どもたちが梶方に加わって、汗ばむ手で山車を曳く本祭りは、市内の夏を先駆ける祭りとして長い間地元の人々に愛されている。

からくり人形ののる山車

・筒井町四丁目、車道四丁目・湯取車（前棚・鼓打ちと笛吹き、上山・湯取神事）

もと東照宮の祭り車として万治元（一六五八）年に桑名町（現在の丸の内二丁目）に新造されたのを天保二（一八三一）年に譲り受けた金箔塗、格天井の山車《だし》である。

前棚のからくり人形は、一体が囃子に合わせて笛を吹き、もう一体がバチを鼓《つづみ》の皮に当てる。二体とも上手に首を振るが、色男の鼓打ちに比べ、ひょうきんな顔つきの笛吹きはまばたきもする。笛を口に当てる時、口ではなく鼻の前まで笛が来てしまうため、囃子に合わせて激しく首を左右に振ると鼻をこすっているように見える。その愛敬ある動作を湯取車の人々は「鼻こすり」と呼び、親しんでいる。

上：神皇車．前棚に可愛い唐子の采振り人形，上山に神功皇后と武内宿禰と竜神がのる．
下：湯取車．前棚は笛吹き，鼓打ちの楽しいコンビ．上山の湯取り巫女と神官がしめやかに祭の神事をする．

上山の前方に湯立ての釜、その左右に笹竹《ささたけ》が立ててあり、しめ縄が張ってある。奥の大将座に神官が幣をささげて立ち、巫女はおごそかな囃子とともに歩み出し、四方に挨拶した後、釜の前に立ってうつむくと、釜から一斉に湯花をあらわす紙吹雪が空中に吹き出し、舞い降りる。

笛吹きは大正三（一九一四）年、六代目玉屋庄兵衛の作。他は不明だが、天保年間のものと伝えられている。

・筒井一丁目・神皇車（前棚・采振り唐子、上山・神功皇后と竜神）

文政七（一八二四）年に建造された山車で、高欄、四柱、屋根が朱塗りである。昼間の曳行に飾る青地に金で波千鳥を刺繡した大幕とは豪華な調和を見せている。もとは、那古野神社の天王祭に出た山車で、元広井村字新屋敷の所有だったのを、明治二〇年に譲り受けた。

前棚では実に愛らしい表情の唐子の采振り人形が活躍する。

上山には奥の大将座に勇ましい具足姿の神功皇后が座し、武内宿禰が立つ。そして目もとが切れ上がった美しい巫女が竜神に変身する。赤い着物、白の上衣を着た巫女の前半身が板になっていて、前へさっと倒れると、胸から竜神面が飛び出て顔にかぶさり、錦の衣装に変わる。

これは古代、幻の女王といわれる神功皇后の伝説の一つで、朝鮮へ遠征の折、対馬海峡が荒れて渡れないので、金の玉を投げたら静まったという話を題材としている。巫女の変身する竜神が神功皇后を助ける話になっている。変身の瞬間にドライアイスで煙を沸き出させたり、楽しい演出もしている。

日程

金曜日の夜、前夜祭がある。土・日曜日の昼間、湯取車、神皇車が二台揃って近隣町内を曳行し、夜は各々の町内曳きとなる。日曜午後二時頃、筒井町商店街の岡田屋酒店前の四つ角にいると、東から来る湯取車と、西から来る神皇車が出会い、からくり人形を演じたり、山車が方向を変えるため力一杯回転する「どんでん」をみることができる。同じ場所で金、土、日曜日の夜七時半から両山車が集まって囃子、からくり、どんでんを盛大に行なう。日曜の夜、祭りもクライマックスの中にしめを行なって曳き別れる。

問合せ　神皇車保存会（電話〇五二－九三五－三〇五六）
湯取車保存会（電話〇五二－九三五－六六一一）

愛知県

出来町天王祭

とき　六月第一土・日曜日
ところ　須佐之男社（名古屋市東区古出来町一－一）
　須佐之男社（　同　新出来二）
　須佐之男社（　同　五）
交通　市バス「古出来町」。基幹バス2「新出来町」下車

尾張名古屋の伝統を守る

東区出来町一帯は、かつては静かな町並みを、列車の中央線開通をはじめ市内を縦横に走る交通路の発達によってズタズタにされたところだ。しかし、激しい交通戦争の谷間でも、結構人々はかつての尾張名古屋の古い伝統を、たくましく守って生きている。

筒井町に近く、同じようなからくり人形のある山車《だし》が三台あり、祭りも同じ時期に行なわれている。

からくり人形のある山車

・鹿子神車《かしかじん》（西之切奉賛会）（前棚・采振り、上山・逆立ち唐子）

山車は延宝二（一六七四）年作と伝えられ、もと若宮八幡社の祭礼車だったのを、文化七（一八一〇）年に、

①河水車．前棚は采振り人形，上山では獅子頭をつけた唐子が，赤い髪をふり乱して元気に舞う．②王羲之車．前棚には采振り唐子．上山では唐子の肩に止まって逆立ちする唐子がいる．③鹿子神車．蓮台に逆立ちする唐子．

❶

❷

❸

住吉町から譲り受けた。豪華な孔雀の水引き幕など貴重な財産として保存している。

高さ六・五メートル、幅二・五メートル、長さ四・五メートルと名古屋の山車の中でも大型で、三〇〇余年を生きているのである。

からくり人形は、元気な采振り人形と、囃子に合わせて団扇《うちわ》太鼓を叩いたり、蓮台に逆立ちする唐子の離れからくり。作者は不明である。現在は萬屋仁兵衛文造が平成九、一〇年に修復した大将人形と太鼓打ち唐子、平成一四年に新調した逆立ち唐子が活躍している。

・河水《かすい》車（中之切奉賛会）（前棚・采振り唐子、上山・石橋）
文政四（一八二一）年尾張藩主からお庭車として拝受し、石橋《しゃっきょう》車と名づけた山車があったが、戦災で焼失。からくり人形だけ焼け残ったので、昭和二二年、住吉町から若宮まつりの竜神車を譲り受け、河水車と呼んで、旧石橋車の人形を載せて祭りに出ている。

鈴のついた獅子頭と、赤い長い髪をつけた唐子が、テンポの早い囃子「獅子の曲」に合わせて髪を振って激しく舞う。もう一体の唐子が喜んで松の木の枝の太鼓を叩く。赤い髪をふり乱しての快活な踊りは、それが人形であることも忘れて、つい身を乗り出して見とれるほど生き生きしている。

・王羲之《おうぎし》車（古出来町）（前棚・采振り唐子、上山・逆立ち唐子）
文化二（一八〇五）年、市内の上町から買い入れた名前のない山車があったが、戦災で消失。戦後、山車も人形も新しく制作し、大将人形が中国の書道の大家である王羲之との説により、王羲之車と名づけた。人形の顔だけは専門家に依頼したが、からくり仕掛けの本体や衣装、山車はすべて町内の人々の手づくりで、昔とそっくりのものを昭和二三（一九四八）年に復元した。

人形は、獅子頭をかぶった唐子が、いま一体の団扇太鼓を持つ唐子の肩に手をかけ、グイと逆立ちするもの。采振り人形をはじめふっくらとした頬に古風さを残した現代の顔だ。この逆立ち唐子は平成一〇年に、やはり地元の安江嘉高の手で作り直され活躍中である。

伴奏をする「古出来町お祭り囃子」は、名古屋市無形民俗文化財に指定されている。一五〇年以上も昔の天保年間から伝わるものだけに、伝統を守ろうとする人々の熱意は強く、女児も含めて後継者の育成に努力している。「やま（山車）にとまらんものは村八分」という言葉が昔から古出来町にはあったそうで、それほど祭り好きの土地柄であった。

日程

土曜日午後、各須佐之男社で神事を行ない、町内を曳き廻す。日曜日の午後、明倫小学校前に集まり、五時より一台ずつ学校の正門前でからくりを演じた後、それぞれに町内を練り歩き、夜は八時に大松通りで提灯をともした提灯祭りとなる。

問合せ　古出来町お祭り囃子保存会（電話〇五二－七一一－七九四一）

西枇杷島《にしびわじま》まつり

とき　六月第一土・日曜日
ところ　西春日井郡枇杷島町・橋詰神社、六軒神社、松原神社、二ツ杁《いり》神社、県道給父《きゅうぶ》西枇杷島線および旧岩倉街道を含む一帯
交通　名鉄本線「二ツ杁」「西枇杷島」から徒歩八分

もと青物市場で栄えた西枇杷島町

庄内川をはさんで名古屋市北西部のはずれに接する西枇杷島町は、古くから諸街道が集中する交通の要地で、江戸時代には「小田井《おたい》の市」の名で全国的に知られた市場町として栄えたところである。戦前までは「枇杷島市場」の名で呼ばれ、青物問屋の市場町としてにぎわったが、この市場が名古屋市内に移り、西枇杷島での歴史の幕を閉じた。しかし、市場の繁栄がもたらした文化遺産は大きい。

祭りには五台の名古屋型山車《だし》が曳き出され、五台ともにあるからくり人形が披露され、花火も打ち上げられる。町中こぞっての盛大な祭りである。

からくり人形ののる山車

・王羲之車《おうぎししや》（橋詰町）（前棚・采振り、上山・唐子逆立ち）

山車は享和二（一八〇二）年に制作されたもの。前山《まえやま》の采《ざい》振り人形は丸顔で、裃をつけた無邪気な茶坊主。上《うわ》山《やま》は中国の名筆家王羲之を大将座にすえ、小唐子が大唐子の肩の上で逆立ちし、大唐子の持つ団扇《うちわ》太鼓を打つ。

・頼朝車（問屋町）（前棚・幣振り、上山・静御前の舞）

山車は弘化四（一八四七）年の作で、五台中一番大きい。赤地の大幕四面にむら雲と蝙蝠《こうもり》の大胆なデザインの刺繍がされている。出高欄の金具にはのべ金が用いてある。からくりは、静御前が頼朝の面前で愛人の義経を偲んで舞う場面。能がかりの囃子の調べも美しく、静御前が舞の中で巧みに扇を開くところが見物である。

・泰享《たいきょう》車（東六軒町）（前棚・采振り、上山・鞍馬の牛若丸）

山車は、文化二（一八〇五）年に当時の豪商（綿問屋）であった箕浦信也が私財を投じて作ったものという。早瀬長兵衛の手による山車アクセサリーの「惜車《せみぐるま》」（クルクル回転する金色の羽根車）が取り付けられている。

前棚で、裃をつけた愛らしい茶坊主が、頭にネジリ鉢巻をして両手に采を持ち、囃子に合わせて右、左を振りながらにこやかに首を振るようすが実に楽しい。上山は、牛若丸が鞍馬山で天狗の僧正坊から剣術の指導を受ける場面。牛若丸は一見、女性と見まがう端麗な顔立ちの貴公子で、奇怪な顔をした木葉天狗を相手に薙刀《なぎなた》をキリキリとものすごい速さで振り回すところが圧巻。

・紅塵車（西六軒町）（前棚・采振り、上山・華陀の舞）

山車は享和二（一八〇二）年、森藤九郎によって作られた。人形は頭に赤い鉢巻をして、両手の采を元気よく振る裃姿の前山人形。上山には鳥に変身する珍しいからくり人形がある。中国の『三国志』からとったもので、戦傷を受けた関羽が孔雀の舞うのを見て痛みを和らげる場面。鳥舞い唐子が大将人形の関羽に一礼して踊りなが

王羲之車．肩の上で逆立ちの唐子．

頼朝車，義経を偲んで舞う静御前．

らふと上体を前へ下げると背後から羽根が生え、頭に孔雀の冠がかぶさって孔雀に変身。羽根を広げて激しく舞い、やがてもとに戻る。三代目玉屋庄兵衛の作と伝えられる。

・頼光車《らいこう》（杁西町――二ツ杁ともいう）（前棚・采振り、上山・坂田金時）

山車は明治四（一八七一）年の製作。前山の采振りはふくよかな丸顔の童児人形で、赤い着物に金色の袴をはき、両手を上下して采を振る。上山は大将座に頼光、上手に渡辺綱と少年の坂田金時がいる。金時は子どもながら口をへの字に結び、見るからに頑強そうで、斧を持って立っている。真っ赤な手と足をふんばって岩を差し上げ、ぶつけると、岩の陰から熊が飛び出してくる。金時が熊を捕えようと追っかける場面に観客の子どもたちも大喜び。金時の放った岩が勢いあまって車外へ飛び、観客の中へ飛び込むこともあり、この岩にさわると御利益があるといわれる。人形は名古屋の浅野新助らによる。

左上：山車揃えの紅塵車（右），頼光車（左）の後姿，虎や豹の毛皮を飾っている．
左下：泰享車，前棚の釆振り．上山に鞍馬山の牛若丸と天狗がのる．
右下：頼光車，前棚に釆振り，上山に童顔の坂田金時，威厳のある渡辺綱などがのる．

日程

土曜日は、午後より各山車が曳き出されて町内をゆっくり巡行。午後六時頃福祉センター前に勢揃い、灯をともした提灯をいっせいに飾りつけると目のさめる美しさだ。七時四〇分から庄内川河原で打ち上げられる花火の饗宴が始まる。と同時に山車囃子が華やかに奏され、各山車の上で一台ずつからくり人形が奉納される。

翌日曜日、九時過ぎから曳き出された五山車が午前一〇時、いこいの広場に集まり、まつり祝典セレモニーの後、からくり人形の競演をする。その後各町内を練り歩き、随所で曲場（前輪を浮かせて一気に方向転換する）を披露しながら進み、九時から九時半に祭を終える。

問合せ　西枇杷島町役場（電話〇五二－五〇一－六三五一）

愛知県

牛立《ごず》天王祭

と　き　七月第四日曜日

ところ　牛立八幡社（名古屋市中川区牛立町二-一）

天照大神斎宮社（同熱田区切戸町二-二七）

交　通　市バス幹線133「八幡小学校」下車

汗だくで山車を曳く盛夏の祭り

牛立天王祭は、暑さも盛りになる七月末の炎天下に行なわれる。からくり人形のある山車《だし》が一台曳き出される。山車を曳く人はもちろん、中で囃子を奏する人も、人形を操る人も汗だくだ。

猛暑にひるまずたくさんの子どもたちが参加しているのは、夏休みに「天王祭の山車の縄にとまると病気にかからない」という牛頭信仰によるものか。

牛立八幡社には戦前は境内に直径二メートル以上もある松の大木が何本もあり、遠くは尾頭橋《おとうばし》方面からも見えたという。今は全部枯死して、椋《むく》とアベマキが樹齢七〇〇年以上と鑑定されて名古屋市の保存樹となっている。境内には、守り神にふさわしく、しめ縄を首にまいた大きな牛の石像が木陰にうずくまり、のんびりした表情で参詣客を見守っている。

牛頭天王車．前山に采振り人形，上山に梅の枝に倒立の唐子がいる．

由緒ある人形たち

山車前山《まえやま》の采振《ざいふ》り人形は、おかっぱ髪でにこやかな若衆姿。頭を上下左右に回し、采を持つ手を上下に振る。安政二（一八五五）年、五代目玉屋庄兵衛作で、六代目、七代目も手をかけている。

上山に唐子《からこ》が二体あり、大唐子がせり上がり蓮台を回転させながら梅の古木に近づくと、その上に乗っていた小唐子が木の枝に移り、逆立ちして頭を左右に振りながら太鼓を叩く離れからくり。天保七（一八三六）年、竹田源吉の作で、大将人形の太閤秀吉は天保六（一八三五）年、真守作と言われる。由緒ある人形たちである。

日程

日曜日早朝、境内にある倉庫から曳き出されて飾りつけされた山車は、午後三時に神事を行ない、四時にからくりを奉納、町内へ曳き出されて切戸町の斎宮社へと巡行する。午後六時ごろ斎宮社で再びからくりを奉納してまた牛立八幡社へ帰る。

問合せ　牛立八幡社（電話〇五二－三五二－五七七八）

愛知県

大森天王祭

とき　八月第一日曜日
ところ　八剣《やつるぎ》神社（名古屋市守山区大森二ー一七二一）
交通　名鉄瀬戸線「大森駅」下車徒歩一分

古代に地元の豪族が創建した八剣神社

名鉄瀬戸線大森駅の北、線路がわの小高い丘の上にある八剣神社。見上げるように続く石の階段を登って行くと、見晴らしのよい境内へたどり着く。神殿は三方をこんもりした立木に囲まれて森閑としており、下を通る電車の音が遠くに感じられる。

八剣神社は地元の豪族が創建した古代から続く歴史のある社で、中世になって大森城主に受け継がれ、昭和二年に現在地に移された。須佐之男命、日本武尊、天火明命《あめのほあかりのみこと》の三柱が祀られており、毎年秋に例祭が行なわれる。境内奥には秋葉社、天王社、天神社などいくつかの宮が祀ってあり、その中の天王社の祭りが八月第一日曜日に行なわれる大森天王祭である。「天王車」という名の山車《だし》が一台出場する。

からくり人形のある山車

・天王車（前山・三番叟）

天王車．糸操りの三番叟人形が前山にのる．

山車は明治の中頃に作られ、「神楽囃子」を奏して曳き、村中の厄除けを行なったという。以来大正、昭和と引き継がれ、戦後になって前山《まえ》にからくり人形をつけた。

烏帽子をかぶり、鈴と扇を手にもって三番叟を舞う人形。にっこり微笑む明るい童児の顔である。糸操りのからくり人形で、昭和四〇年、七代目玉屋庄兵衛の修復。古くは唐子人形であったが、衣装、足部分の老朽化のため新しくして三番叟のいでたちにしたもの。

日程

山車は朝早く八剣神社のふもとにある大森会館の山車倉から曳き出されて飾り付けられ、午後一時と夜六時半、からくり奉納後、町内を曳き廻される。夜は山車の屋根をとりはずし、白張り提灯をたくさんともして美しい提灯祭りとなる。

問合せ　瀬戸市役所（電話〇五六一－八二－七一一一）

愛知県

小牧秋葉祭

とき　八月第三土・日曜日
ところ　神明社（小牧市小牧五‐一五三）
交通　名鉄「小牧駅」。名鉄バス「小牧市民病院」そば

火災厄除けを祈る秋葉社の祭りに山車からくり

小牧の神明社は格式高い郷社で、永禄年間（一五五八〜七〇）の創建。織田信長が城を清洲から小牧へ移すに際して、災厄除けを念じて造ったという。境内には稲荷社、須佐之男社、秋葉社、天神社、御嶽社、金比羅社の六社が祭られている。その中の秋葉社の祭りが、残暑厳しい八月の盆を過ぎた週末に行なわれる。

天明年間（一七八一〜八九）に中町の紺屋（染物屋）成田屋又七が、小牧の大火にあった時、焼け残ったことを秋葉社に感謝して発起し、山車《だし》を一輌寄贈したのが始まりという。名古屋型の山車で、今はからくり人形のある四台がそれぞれに人形を飾り、華やかな囃子を奏しながら町内を練り歩き、神明社へ揃ってからくりの奉納をする。

からくり人形ののる山車

・唐子《からこ》車（中本町）（前山・采振り、上山・逆立ち唐子）

前山《まえやま》は立派な着物、袴をつけた采《ざい》振り人形。上山《うわやま》は小唐子が木の枝の上で倒立、太鼓を打ち、中唐子と喜ぶ。江戸期の三代目玉屋庄兵衛の作といわれる。

・聖王《せいおう》車（横町）（前山・幣振り、上山・逆立ち唐子）

珍しく農民の顔をした前山の幣《へい》振り人形で、哀愁に満ちた泣き笑いの表情である。上山の人形は姉弟唐子で、あどけない弟唐子が姉唐子の肩にとまって逆立ち、姉のさしだす柄太鼓をトントン叩く。

上山後部の大将座にどっかと座して見守っているのが聖王人形で、気品のある大柄なこの人形は、隅田仁兵衛の作。文政の頃西枇杷島から山車とともにゆずり受けたと聞く。幣振り、姉弟唐子は安政三（一八五六）年、五代目玉屋庄兵衛の作である。

・湯取車（上之町）（前山・笛吹きと鼓打ち、上山・湯取神事）

前山のやさ男の鼓打ち、三枚目の笛吹きコンビが面白く、上山の湯取神事も巫女が紙吹雪を散らせる瞬間がいかにもめでたく楽しい気分がする。人形が名古屋市東区筒井町の湯取車とよく似ているのは、同じ六代目玉屋庄兵衛の作だからである。

・西王母《せいおうぼ》車（下本町）（前山・采振り、上山・桃太郎誕生）

前山の采振りはおかっぱ髪の唐子。上山に、つやつやと光った赤い美しい桃が、端麗な唐子と並んでいる。この桃が二つに割れて、中から唐子が飛び出す。そしてまた閉じる。それぞれの瞬間が見ものである。人形たちは、ひたすら喜んで歩き回るだけだが、その無心で単純な動きがかえって人々を喜ばす。

上右：聖王車．前山に表情豊かな幣振り人形，上山に逆立ち唐子，気品のある聖王人形が大将座にいる．上左：湯取車．前山は笛吹き，鼓打ち．上山の湯取り巫女が，湯のかわりに紙吹雪を撒く．下：神明社境内の山車揃え．右から西王母車，湯取車，聖王車，唐子車．

日程

土曜日は宵山で、午後から準備をはじめ、提灯をつけた四輌の山車が、午後八時三〇分、大垣共立銀行前に集合する。九時に解散、各町へ巡行し、午後一〇時終了。

あくる日曜日は本祭り。午前八時に飾り付けを開始し、町内を曳き廻して午前九時三〇分神明神社境内へ。午後二時、神事に合わせて中本町より順にからくりを奉納。ついで二輌ずつ、さらには四輌一斉にからくりを行なう。計三回のからくりを見ることができる。どの山車の人形も粒ぞろいで見ごたえがある。

問合せ　小牧市商工課（電話〇五六八－七二－二一〇一）

愛知県

春日井市玉野天王祭

とき　七月一六日前の日曜日
ところ　天王社（春日井市玉野町一四八九、五社神社そば）
交通　ＪＲバス市緑化植物園行き「玉野」下車。ＪＲ中央本線「高倉寺駅」より車で一〇分

子どもたちの囃子で采振り、二福神人形の演技

ＪＲ中央本線定光寺と高蔵寺の間に位置する玉野町は、背後にある高蔵寺ニュータウンとは対称的に、古い歴史を持つ土地柄である。江戸時代の享保一四（一七二九）年から着手した玉野川の用水工事の成功が水田を潤し村を豊かにしたという。「天王さん」の名で親しまれる小さな津島神社が氏神である五社神社のもと参道入口にあり、からくり人形ののる山車一台を飾る夏祭りが盛大に行なわれる。

日程

祭り当日の朝、天王さんのそばにある山車倉から、鉄板を巻いた輪切りの車輪と松材の台が運び出され、組み立てられる。それを一五〇メートルほど西北にある五社神社まえの辻まで曳いて行き、そこで残りの山車《だし》を組み、飾り付けが行なわれ、からくり人形が立てられる。

夕方、日の暮れる七時半頃からここで祭りが始まり、二時間ほどの間に三回からくり人形の奉納がある。

神明社境内に飾られた山車．たくさんの提灯飾りがまばゆい．前山に采振り人形，上山に恵比寿，大黒神がのる．

まず、山車の前で、大勢の子どもたちの囃子がひとしきり奏され、ついで前山の唐人風の采振《ざいふ》り人形が手、足、首を動かして元気に采を振って露払いをする。そして上山《うわやま》での二福神の演技となる。

赤の地に波絵を描いた大きな瓶が、山車の屋根右軒下に吊り下がっており、恵比寿さま、大黒さまが相談して大黒さまの槌で瓶を割る。出てきた帆かけ舟に二人が乗って沖の方へでかけ、見事に大きな鯛を釣り上げてメデタシメデタシという趣向である。

山車は高さ五メートルの三層で、油紙を張った障子を使った屋根、笹の葉を左右に下げ提灯を飾る。提灯の光がまばゆいばかりに明るいのは電気を使っているからで、提灯もビニール製である。毎年この祭りの頃は「雨が降ってしゃあない時なので」この工夫になったと、長年保存会の世話役をしている玉野郵便局長さんの話。

問合せ　玉野郷土芸能保存会（電話〇五六八－五一－三〇五九）

愛知県

田原祭

とき　九月一五・一六日

ところ　神明社（渥美郡田原町字北番場一）

八幡社（　同　南番場五八）

巴神社（　同　巴一一－一）

交　通　豊橋鉄道渥美線「三河田原駅」より徒歩

秋祭りの幕開け、渥美半島田原城下のからくり山車

朝夕の涼風が初秋の気配を漂わせるようになると、愛知県も東のはずれにある渥美半島の渥美郡田原町で華やかな秋祭りの幕が開く。代々の田原城主をはじめ、士民の尊敬した神明社、八幡社、巴神社（旧熊野神社が合祀された）の祭礼で、からくり人形をのせた三台の豪華な名古屋型山車が出る。

日程

初日九月一五日の朝六時、祭り開始の花火がとどろく。八時半、各町内の青年たちによる御輿（それぞれの創意で造った練り物）がいっせいに町へ繰り出し、威勢のよい掛け声で祭り気分を盛り上げる。天狗の舞があり、やがてからくり人形をのせた三台の山車《だし》が市街地を巡行、八幡社に揃ってからくり人形の奉納をする昼山車《ひるやま》とな

る。夕方からは、山車の上で各町内の子女や美妓の手踊りがある夜山車《よやま》。提灯に火をともし、笛太鼓、鼓の道囃子とともに町を練り歩き、祭りは佳境に入る。

あくる一六日は、天狗の舞、昼山車は神明社の神前に三山車勢揃いしてからくり奉納をする。続いて田原町五町による花火大会が南新地で行なわれる。町名を染め抜いた揃いの法被の若者らが、火の粉をかぶって打ち出す手筒、大筒の花火。夜空に夢の花を咲かせる打ち上げ花火と爆発する民衆のエネルギーが重なって、豪快なことこの上ない。

からくり人形のある山車

・萱町車《かやまち》（総代車）（前山・幣振りと巫女、上山・日本武尊）

おどけた表情で特別人気のあるのが前山にのっている幣《へい》振りの総代人形である。黒い烏帽子に黒衣水干姿で白い御幣を振り、首、体を左右に動かし、大目になると同時に口をあけ、赤い舌をペロリと出す。上山《うわやま》の厳かな日本武尊のお供として厄払いをするのである。「おべろべえ人形」と別名がつくほど、強烈な個性が田原祭りそのものとして皆に愛されている。昔、田原祭りにまだ山車がなくて、担ぎ物だった頃、日本武尊とともにすでにあった人形で、人形の箱書きには慶応二（一八六六）年美濃屋三左衛門から仕入れた旨が書かれているという。そばに立つ紅白の衣をまとった巫女は明治二三年から加わった人形で、愛らしい小さな口をときどき開く。

萱町車は明治一三年に新調されたもの。山車と人形は一〇〇年以上経過して老朽化したのを昭和六三年にすっかり修復した。特に文化的価値の高い初代総代人形は文化財として田原町まつり会館に保存し、七代目玉屋庄兵衛修復による二代目がいま活躍している。

・本町山車（神功皇后車）（前山・采振り、上山・神功皇后）

❶

❷

❸

❹

①新町山車．前山に采振り人形，上山に女官と仁徳天皇．②舌をだす総代人形．③本町山車．前山に返り目，舌出しの采振り人形，上山に神功皇后と武内宿禰．④総代車．前山に幣振りの総代人形と巫女人形，上山には日本武尊の大将人形が．

前山の采振りはおかっぱ髪に裃姿の男装の童女で、目もとに細工がしてあり、返り目（目を上下左右に動かす）ができるとともに舌を出すユニークな人形。両手に金色の扇を持ち、ときにはゆっくりと、ときには早く激しく手足を上げ、首を振り、体を左右に動かしつつ返り目、舌出しして祭り気分を盛り上げる。上山では、神功皇后が鮎釣りをし、竿にかかった鮎を見せながら喜び歩きまわると、武内宿禰もうなずいて喜ぶ場面。細面で気品のある人形で、明治二九年に山車とともに造られた。六代目玉屋庄兵衛の作である。山車は平成五年に修復。

・新町山車（仁徳天皇車）（前山・采振り、上山・仁徳天皇）

山車は昭和三年に名古屋で購入したものといわれ、珍しく前山が手すり付き階段になっている。階段の中央に立つ采振り人形は、頭の左右二か所の髪を結んでたらした美しい娘唐子である。両手の采を振り上げ、足、首を動かすと髪が揺れて可愛いらしい。上山の大将座に威厳のある仁徳天皇が座し、前に女官が立つ。人形は玉庄一派によるものと伝えられる。山車は平成二年に修復された。

由緒・沿革

田原祭りは初めは「かさぼこ祭り」と言われ、笠の上に鉾を立てて、神が天空から降りてきて宿るための依代として担ぎ回ったのに起源しているという。笠鉾を仕立て、祭礼踊りをしながら楽しむ祭りだった。この笠鉾を車の上に載せて曳き廻すようになったのが山車で、明治になって山車、からくり人形の出る田原祭となった。城下町文化の粋を集めた豪華なからくり山車が時代をこえてここに根づいている。山車は田原町有形民俗文化財。

問合せ　渥美郡田原町役場（電話〇五三一－二二－一一五一）

参　考　まつり会館（山車、からくり人形他展示）（電話〇五三一－二二－七三三七）

愛知県

横須賀まつり

とき　九月第四日曜日とその前日
ところ　愛宕神社（東海市横須賀町四の割一三）
交通　名鉄常滑線「尾張横須賀駅」下車

笠鉾から山車へ、尾張二代目藩主も参拝した祭り

愛宕神社は京都愛宕山の神威を尊んで尾張横須賀の人々がそのご神体を受け、産土神《うぶすながみ》として村中安全、五穀豊穣を祈念した社である。慶安二（一六四九）年に建立され、寛保三（一七四三）年現在地へ移された。時の流れを通して氏子の魂のよりどころとして崇められ、九月の大祭にはからくり人形をのせた五町内の山車《だし》が出る。往時は大きな笠の上に鉾や薙刀を飾って町を練り歩く笠鉾《かさほこ》祭りだったが、江戸末期に山車に変えられた。

尾張二代目藩主徳川光友のしばしばの参拝があったという。光友が寛文六（一六六六）年、徳川幕府の富と権力を誇る「横須賀御殿」を現在の高横須賀町御亭に造営したのを機に、本町は町方として隆盛を極めた。明治二二年の町制施行で近隣の四村を合併、明治、大正、昭和の三世にわたり発展を続けてきた。

昭和三四年の伊勢湾台風後、海岸埋め立てによる重化学コンビナート用地となり工業化が進められた結果、東海製鉄、大同製鉄の大工場や社宅群、住宅団地を持つ南知多の要所として経済・文化に活況を呈することになった。昭和四四年さらに隣接の上野市と合併して東海市となり、古いのれんの上に生きる近代的な名古屋南部臨海

工業都市として栄えている。

上：大門組．三番叟人形がお社に変身．
下：北町組．前山に可愛い采振り．上山は紅葉の枝に倒立する唐子．

紙吹雪舞う豪快な山車曳き

横須賀まつりの面白さは、なんといっても各町が派手に繰り出す山車巡行だ。黒塗りの山車には金箔を塗った彫刻や、見事な刺繡の水引き幕があって十分豪華な上に、えび紙（朱で書いたのしの上にご祝儀の金額を書いた半紙）をたなばたの短冊のようにたくさんつけた「祝儀笹」が山車後方につけられ、山車の動きや風とともにはためく様子は実に華やかだ。

町角での方向転換には、笛、鼓、太鼓の急テンポな「しゃぎり」と呼ばれる乱調豪快な囃子とともに、ねじり鉢巻、赤、緑、白のしごきを束ねた化粧まわしを腰に巻いた梶方らが威勢よく「どんてん」（横須賀ではこう呼ぶ）する。その最中、からくり人形ののる山車の上壇から紙吹雪が盛大に撒かれ、路上はたちまち雪が降り積も

上右：公通組．前山の采振り人形は尾張の殿様．上左：本町組．前山に采振り，上山は瓶割り唐子がのる．下：横須賀まつりの呼び物，街角で勇壮な山車の「どんてん」．

ったようになる。飛び散った紙吹雪は見物客の頭上や肩の上にも降りかかり、興奮の渦に巻き込まれる。

からくり人形ののる山車

・本町組（前段・采振り、上山・瓶割り唐子）

前山《まえやま》の采《ざい》振り人形には珍しく口をへの字に曲げ、眉を逆立てたワシ鼻の無愛想な侍なのが愉快だ。

上山《うわやま》の「瓶割り」は優れた趣向で、中国の学者・司馬光が幼い時、水瓶に落ちた友達を瓶を割って助けた故事からとった離れからくりである。唐子が瓶の中に姿を消してまた現われるという、手品的なスリルが人々を喜ばす。弘化二（一八四五）年、竹田源吉の作。

・北町組（前段・采振り、上山・逆立ち唐子）

采振りは愛らしい童子。上山は古典的な装いの唐子で、小唐子が蓮台の上に立ち、紅葉の木に倒立して枝から下がる太鼓を叩く。安政年間、五代目玉屋庄兵衛制作のものを、昭和四九年に七代目が修復した。

・大門組（前段・なし、上山・三番叟人形）

上品な顔立ちの三番叟人形が右手に鈴、左手に扇を持ち、頭には剣先烏帽子をかぶって四方に向かい厳かに舞い、後ろ向きになると突然ぱたぱたと形が変わり朱塗りの「社」に変身する。その過程は不思議で面白く、何度見ても見飽きることがない。変身からくりの代表的なものだ。

・公通《こうつう》組（円通車の前段・采振り童子、上山・弓射り唐子）
（八公車の前段・采振り殿様、上山・逆立ち唐子）

二台の山車があり、毎年交替で曳き出される。

陣羽織を着て指揮をとる殿様の采振りは、織田信長のイメージともいわれる。明治の頃は帽子をかぶり、金ボタンのダブルの洋服を着て日の丸を振る官員さん（明治の用語で官吏、役人のこと）だった。上山は長らく逆立ち唐子（嘉永六年、五代目玉屋庄兵衛作）のみであったが、もう一体、長らくこわれて動かなかった弓射り人形が平成九年に復活した。八〇年ぶりのことという。九代目玉屋庄兵衛によるもので、大唐子が弓を射て的に命中すると、的の中から小さな唐子が現われてチャンチャンと鉦をたたいて喝采を送る。

日程

第一日目は試楽、山車はそれぞれに町内を挨拶して曳き回す。午後二時半頃、祭り囃子年少組コンクールの行なわれている公民館前に四台が揃い、また町内曳きにもどる。

第二日目が本楽、朝から愛宕神社に勢揃いした四台の山車が神事の終了を待って、一番山車（輪番制）を先頭に街を巡行する。昭和六二年から始まった女性みこしも出場していよいよ華やぐなか、午後三時半頃、神社前から少し入った中町同盟書林そば四ツ角で、四台の山車のからくり人形奉納と横須賀まつりで最も人気のある山車の「大どんてん」が行なわれ、祭りもクライマックスに。

夕方、再び愛宕神社に帰った四台の山車が、提灯に灯をともして夢幻的な美しい初秋の夜を迎えると、参道には百余の露店が並んで香ばしい匂いがたちこめ、人出もにぎわしい。午後一〇時過ぎまで祭りは続く。山車五台は東海市指定文化財。

問合せ　東海市観光協会（電話〇五六二－三三－二八一一）
横須賀祭保存会（電話〇五六二－三三－四五九〇）

愛知県

津島秋祭

とき　一〇月第一土・日曜日
ところ　津島神社（津島市神明町）
交通　名鉄津島線「津島駅」より徒歩一五分

牛頭信仰の総本山津島神社に一三台の山車

朱塗りの大鳥居に同じく朱塗りの立派な楼門が人々を迎える津島神社は、牛頭信仰の総本山で、西の京都八坂神社と全国を二分する権力を誇っている。全国に三千を越す末社があるという。その歴史は古く、織田、豊臣、徳川など、時の権力者の手厚い尊信を受けるとともに、庶民にとっても無病息災、授福の神として広く親しまれてきた。

神社としてのスケールも大きく、境内には本殿を囲んで商売繁盛の神、子宝を授ける神、交通安全の神など三四社がある。年間を通じて数多い神事がとり行なわれる。夏の津島天王祭は五〇〇年の伝統を持つ川まつりとして有名だが、秋の津島祭も豪壮華麗で、前山《まえやま》、上山《うわやま》にからくり人形をのせた一三台の山車が曳き出される。

山車は津島型と呼ばれる独特の型で、名古屋型に似ているがやや小ぶりで、上山の四本柱の下に高い基壇が設けられ、彫刻や組物を施して一段と豪華に飾っている。各山車に魅力的なからくり人形が乗っており、津島駅前と津島神社で豊富なからくり芸を見せる。

由緒

津島祭りは、かつて八月九日に行なわれていた七切《ななのきり》祭（七町内、市《いち》神社で享保一一（一七二六）年から行なわれている）・今市場祭（三町内、大土社で天明以前（一七八一〜）から）・向島祭（三町内、津島神社で天明〜幕末の頃から行なわれている）・石採《いしとり》祭（三町内、大正四年頃に始まった）の四つの祭りを津島神社が大正一五年に県社から国幣小社（国の管理する神社）に格上げされたのを機に合同して行なわれるようになったもの。

からくり人形は、一三町内の山車すべてに采《ざい》振りまたは幣《へい》振り人形など前山人形があるほか、上山も文字書き、綾渡り、倒立、湯立て、変身もの他すべて変化に富んでいる。大黒の持つ小槌から唐子が飛び出す愉快なものや、明神がばたばたと手際よく変身して豪華な社殿になってしまう不思議なものもあり、それぞれに歴史を持ったゆかしく美しい人形たちである。

からくり人形ののる山車

〈七切〉

・米之座《こめのざ》車（米之座町）（前山・采振り、上山・変身）

采振りは烏帽子をかぶった長袴の人形、明治二〇（一八八七）年、五代目玉屋庄兵衛の作、上山では神官が宝船に変身する。明治三二（一八九九）年、六代目玉屋庄兵衛の作である。

・北町車（北町）（前山・采振り、上山・唐子遊び）

采振りは右手に采、左手に扇を持つ。上山には太鼓を叩く唐子、シンバルを打つ唐子がいる。

・高屋敷車（高屋敷町）（前山・幣振り、上山・唐子遊び）

幣振りは烏帽子をかぶり、水干を着た立派な人形で、幣を振りながら舌を出す。前棚に立つ唐子、上山でシンバルを打つ唐子、猩々舞をする唐子がいる。

❶

①小之座車．出樋の上の獅子舞唐子．②麸屋町車．出樋の上で湯取り神事をする巫女．③中町山車．文字書き唐子．

❷

④小中切車．山車上山で，住吉明神がお社に変身．⑤津島神社へ続々と曳き入る山車風景．前から馬場町，次が上町車．⑥大中切車．最近復活した．⑦高屋敷車．前山に舌を出す幣振り人形．

❸

❹

❺

❻

❼

❷

❶

❹

❸

①米之座車．前山は烏帽子に長袴の采振り人形，上山の神官は宝船に変身．②布屋車．恵比寿，大黒神と宝袋から現れた宝船．③池町車．前山に長袴の采振り人形と，上山は蓮台に倒立する唐子．④北町車．采と扇を持つ采振り人形，上山にはシンバルを打つ唐子と太鼓を叩く唐子．

①朝日町車．出樋の上で湯取り神事をする巫女，上山には神官．②馬場町車．大黒様の打出小槌から小唐子が出て，シンバルを鳴らす．③上町車．天井から下がる綾に飛びつき，綾を渡る唐子．

・布屋車（布屋町）（前山・幣振り、上山・二福神）
前山は黒い烏帽子に威儀を正して白い幣を振る従者。上山では恵比寿が鯛を釣り、宝袋が割れて中から帆かけ舟が現われ、大黒が喜びまわる。
・麩屋町《ふやまち》車（池麩《いけふ》町）（前山・湯取巫女、上山・巫女と神官）
美しい巫女が手に笹の葉を持ち、樋の上を静々と進んで先端に置かれている湯釜で湯立ての神事をする。湯のかわりに紙吹雪が撒かれるのには「ふいご」が使われている。上山の奥には冠をかぶったもう一人の巫女と神官が見守っている。
・小之座《おのざ》車（天王通三）（前山・なし、上山・獅子舞唐子と太閤）
山車からせり出した樋の上で、かわいい三唐子が獅子舞を奉納。一体は樋の先端に立って鈴を鳴らし、釆を上げて指揮を取る。あとの二体が獅子頭をかぶり、しっぽになって元気よく舞う。色彩豊かな楽しい獅子舞で、上山の大閤が機嫌よく見守る。出樋《でとい》の形式は高山祭りの屋台に似ている。
・池町車（池麩町）（前山・釆振り、上山・倒立唐子）
長袴の長い裾をたらして前山に座った釆振り人形はめずらしく、また立派だ。上山では蓮台の上で逆立ち、鉦を叩く小唐子、蓮台を回す中唐子がいる。

〈今市場〉
・朝日町車（三丁目一部、四丁目）（前山・湯取巫女、上山・巫女と神官）
巫女人形が出樋の上を歩み、空中で笹を手に湯取を行なう。上山ではもう一体の巫女と神官が見守る。
・小中切車（二丁目の一部）（前山・釆振り、上山・住吉明神変身）
前山人形は両手に釆を持って元気よく振る美しい若衆。上山に立つ住吉明神は、四方に挨拶してから後を向くと、上体が倒れ、バタバタと社の部分が出現、最後に屋根がわき上がり、見事な朱色の社に変身。またもとの姿に帰る。安政四（一八五七）年、五代目玉屋庄兵衛の作である。

・大中切車（二丁目の一部）（前山・采振り、上山・唐子と翁）

前山には扇と采を持った端正な人形、上山に唐子と軍配をもったあご鬚の長い翁の人形がある。山車は人手の問題などで長らく休止していたが、平成九年に復活。人形も横井誠により化粧直しされ、平成一〇年に動かされた。

〈向島〉

・馬場町車（馬場町）（前山・采振り、上山・大黒と唐子）

口をとがらせた返り目の特徴ある顔付きの采振りで、古くなったのを地元の人が修復。上山では大柄な大黒が左手でかかげた打出の小槌から可愛い唐子が飛び出し、小さな鉦を両手でチャンチャンと打つ。明治五（一八七二）年、人形吉作とあるのを半田市乙川の山田利圀が平成一二年に修復新調した。

・中町車（中之町）（前山・采振り人形、上山・文字書き）

上山金欄の基壇を背景に前山で両手に采を持って振る赤いリボンを髪に飾った唐子。上山もおさげ髪、赤リボンの唐子で蓮台の上に立ち、文字を書いて見せる。一人の唐子が蓮台を回す。采振り人形は明治三九（一九〇六）年、加藤彦助作。

・上町車（上之町、江川町）（前山・采振り、上山・綾渡り）

前山は両手で采を振る唐子。上山は二唐子の回す蓮台の上に立った可愛い小唐子が天井から下がった綾に飛びつき、渡って行く。古くなったのを昭和六三年、町内の春山昌二が修復。さらに小唐子のかしらは平成九年京都の一三代伊東重久、胴を寝屋川市の東野進で修復された。

日程

土曜日は試楽で、子供獅子が午後津島神社へ奉納され、山車が町内を巡行する。

日曜日が本楽。午前一一時（年により午後一時四五分）頃、一三台の山車が津島駅前に勢揃い。それぞれのからくり人形や山車装飾を誇りにしつつ、一台ずつ進んで津島神社へ通じる天王通り向きに「どんでん」で方向転換する車切《しゃぎり》大会が行なわれる。

力一杯何回もどんでんをしたのち向きを変えた各山車は、道の両側から人々の見守る中、お囃子、からくり人形を演じ、辻々でどんでんを繰り返しながら神社へ向かって巡行する。

午後三時から四時半頃、津島神社大鳥居前まで来た山車は、各々車切《しゃぎ》りの囃子で何回も勇壮な引き廻しをし、祭りの熱気が最高に高まる中を大鳥居をくぐって境内へ。一台ずつ正面へ進んで次々にからくり人形を奉納する。最後の山車の奉納が終わると、鉦を激しくせわしく打ち鳴らす金属性の響きとともに石採祭車三輌が入場し、楼門近くへ進んでさらにさらに激しく独特な鉦と陣太鼓による囃子を打ち鳴らす。これは初日町三切（北部、中部、南部）の石採祭車で、桑名祭と同系のものである。石採車が退場する頃、短い秋の日の陽光は薄くなり、広い境内一面に並んだ山車群がいっせいに提灯に火をともして夜をむかえる。

風に提灯がまたたくのも風情があり、やがて一輌ずつ各町内へ、別れを惜しみつつ午後一〇時頃まで引き廻して帰る。人形・山車一三台は津島市指定無形民俗文化財。

問合せ　津島市観光課（電話〇五六七－二四－一一一一）

愛知県

神守祭《かもり》

とき　十月第一日曜日
ところ　憶感《おくかん》神社・穂歳《ほうとし》神社（津島市神守町三五）
交通　名鉄バス「東神守駅」

佐屋街道のもと宿場町神守

津島市の東部、七宝焼で有名な七宝町の隣りに神守町がある。江戸時代は佐屋《さや》街道の宿場町として繁昌したという。憶感神社を中心に、宿屋や商家が立ち並び、活気ある宿駅の役目を果たしていた。今は住宅地となって昔の面影はないが、憶感神社入口に「神守の宿場跡」の記念碑がひっそりと立ち、祭りの時は上町、中町、下町の華やかな三輌のからくり人形ののる山車《だし》が巡行する。津島神社の祭礼と同じ日の祭りである。

山車は三輌とも上山の下段高欄の両側に、大きなしだれ柳の枝に無数の桜の作り花、上段高欄に花をつけた立柳を飾り、後部左右に松を立てている。しだれ桜の造花はピンク一色で、優しく美しく豊かな山車飾りだ。町内の主婦たちが集まって、心をこめてつくるのだという。

山車は、津島祭のものよりやや大きく、「どんでん」の曳き廻しはしないでゆったりと荘重に巡行する。

上：上町車．上山の人形は大車輪する唐子．
中：南町車．上山で，木の枝に足でぶら下がり，横体で回転する珍しい芸を見せる唐子．
下：中町車．上山に梅の木倒立の唐子．

からくり人形の乗る山車

・上町車（上町）（前山・神主と唐子、上山・大車輪）

右手に榊の枝、左手に塩の入った小桶を持ち、烏帽子をかぶった官職風な前人形と唐子の童女が前山《まえやま》に立つ。上山《うわやま》では横棒に止まった唐子がぐるぐる大車輪を見せる。奥の大将座では鬚の見事な武将関羽が見守っており、豪華な人形陣である。人形の作者等は不明だが、付属品に弘化三（一八四六）年の銘があるという。

・中町車（中町）（前山・釆振り、上山・逆立ち唐子）

赤いリボンの髪飾りをつけ、両手に金色の釆をもって振る唐子はふっくらした笑顔の童女。紅梅・白梅の咲く梅の木に倒立、枝の上から下がった太鼓を叩く唐子、それを喜ぶ唐子がおり、奥の大将座には林和靖《りんなせい》がいる。前の三体は五代目玉屋庄兵衛作といわれ、林和靖は弘化四（一八四七）年、真守作。

・南町車（南町）（前山・幣振り、上山・唐子遊び）

白い水干を着、幣を持った神職の幣《へい》振り人形。上山では、一体の唐子が蓮台の上に逆立ちし、もう一体の唐子の差し出す太鼓を手で打つが、その後、足で木の枝にぶら下がり、横体となって回転するというおまけがついている。他に例のない珍しい芸で、町内の人からは「渡りからくり」とよばれている。四代目玉屋庄兵衛作との説があるが確証はない。

日程

日曜日の朝、三輌の山車が曳き出されて下町へ午前一〇時に揃う。三輌はともに津島街道を東へ巡行し、東海道五十三次の一里塚にある第一次世界大戦での戦死者の忠魂碑に参詣、その後引き返し下町へ。昼の休憩後、三輌そろって前山の人形を動かしながら憶感神社へ向かう。午後二時半、境内へ三輌並んだ山車は、いっせいに各町自慢のからくりを奉納する。そして太鼓の打ち較べなどを楽しんだ後、憶感神社を退出し、そろって西の穂歳神社へ。一輌ずつからくりを奉納して帰り、午後五時頃祭りを終える。

問合せ　津島市観光課（電話〇五六七－二四－一一一一）

愛知県

戸田まつり

とき　一〇月第一土・日曜日
ところ　名古屋市中川区戸田内の五神社
交通　近鉄「戸田駅」下車、徒歩五～一〇分

農村の面影が残る五地域に山車・からくり人形

近鉄戸田駅を降りてすぐ、戸田本通を北へ歩く。さして広くはない道の両側には稲穂が実り、コスモスの花のゆれる畑や、寺、農家が続く。そばを戸田川がゆったりと流れ、名古屋市内とは思われぬ田園の詩情が漂う。このあたりは、昭和三四年の伊勢湾台風で、二か月余浸水の大災害を受けたが、四〇年以上の歳月が過ぎた今、その爪痕はきれいに覆われて、豊かで静かな農村風景が広がっている。

戸田まつりは、戸田の一之割から五之割までの五つの地域が、それぞれ氏神社を中心に一斉に行なうもので、五輌の山車にからくり人形がある。山車は狭いあぜ道でも曳くことができるよう小ぶりに作られている。

子ども、若者から高齢者まで一体になって祭りを行なう形式は、江戸時代の農村のまつりを伝える貴重なものとして戸田まつりは昭和五六年、名古屋市の無形民俗文化財となった。

日程

戸田まつりは元禄一五（一七〇二）年に始まったといわれ、提灯祭りと山車《だし》祭りがあった。提灯祭りは各家の軒先に提灯をともし、各割の神社境内に山車と人形を飾った質素なもの。山車祭りは、山車を飾り、各割の中を道踊りや囃子とともに巡行する。

その年の祭りを提灯祭りにするか、山車祭りにするかは、例年盆の頃、若い衆が集まって協議の上決定したという。山車祭りは五〜一〇年に一度、大豊作か、国家的行事のある年に行なわれている。

いずれの祭りも二日間、各割の氏神社境内に止まった山車の上で、夜七時半頃からからくり人形の奉納が行なわれる。五割とも同じ時間帯なので、一度に全部を見るのは難しい。

五台の山車はすべて屋根から薄紅色の花をつけた柳の枝を下げており、二日目の夜、祭りが終わると地上へ落とされて人々が持ち帰る。

からくり人形のある山車

・一之割（前山・采振り、上山・唐子遊び）

前山《まえ》は両手に采《ざい》を持った唐子《からこ》。古風なあどけない微笑をたたえて采を振る。上山《うわやま》には三体の唐子がいる。大唐子の立つ台を二唐子が回し、台がせり上がるとその上で大唐子が逆立ちし、優雅な微笑を浮かべる。

・二之割（前山・采振り、上山・越後獅子）

前山は両手に金色の采を両手に持って振る人形。上山は頭に獅子頭を乗せ、胸に太鼓を、両手にバチを持つ大唐子の右肩に小唐子が乗り、逆立ちしながら鈴を振る。互いに見合わす満面の笑顔がいかにも楽しい。

上右：二之割．上山に越後獅子人形がのっている．山車の屋根に薄紅色の花をつけた柳の枝を下げる装飾は，名古屋市内では戸田のみである．
上左：五之割．前山の采振り唐子と上山の綾渡り人形．
下：平成14年の山車揃え．戸田小学校に並んだ左から一之割，二之割，三之割，四之割，五之割の山車．すべてにからくり人形がのっている．

・三之割（前山・采振り、上山・文字書き）

前山は采振り唐子。上山は津島、有松にあるのと同じ文字書き。紙の上に無から有を生じさせる人形の技に、観衆はかたずをのむ。この文字書きは英語も書くのが自慢。

・四之割（前山・采振り、上山・唐子遊び）

前山は両手で采を振る唐子。上山では親唐子の肩に乗って太鼓を叩いていた小唐子が、木から吊り下がっている紐を左手でつかむと親唐子から離れ、宙吊りの姿でかわいい頭を左右に振る。これは人形の胴に錘《おもり》を利用し、木製時計脱進装置を付けたもので、鯨のヒゲのぜんまいによるものではない。現代にも通じる柱時計の技術をすでに江戸時代のからくり人形が持っていた例として、日本の機巧戯上重要な文化財といわれる。寛政八（一七九六）年、文吉二三坊作で、歯車は竹製、人形操作のための差し金にふんだんに鯨のヒゲが使ってあるのに驚く。この古い人形は保管して、現在の祭りには後藤秀美・早川晄示による修復の人形が活躍している。

・五之割（前山・采振り、上山・綾渡り）

采振りは両手で采を振る唐子。上山は綾渡り唐子で、背の高い犬山、一宮のものと違って名古屋系の山車上にあるので綾を渡る様子を間近に見ることができる。生きたように宙返りを繰り返し、飛んでいるかのように見える。

人形の作者は、一之割にも四之割に似た板書きがあり、文吉二三坊（鬼頭二三ともいわれる）と考えられるとともに、他の割も同じ寛政の頃、同じように作られたと推定されている。

沿革

戸田五台の山車巡行は、昭和三〇年、名古屋市合併の記念として名古屋市役所から栄まで練り歩いたのを最後に絶えてしまった。交通事情の変化や、住民がサラリーマン化したこともあって、山車の曳行が難しくなったからである。

昭和三四年の伊勢湾台風で戸田一帯が大被害を受けて一五年来、祭りの気運も途絶えたが、昭和五〇年前後から各割とも復興の気運が燃えあがり、保存会を作って祭りの復活と伝統芸能の復興・保存に乗りだした。

昭和五九年の太平寺の薬師堂落成記念に五台の山車を揃え、からくり人形の奉納が行なわれた以外は、例年提灯まつりで、各割神社に山車を飾り、土、日とも夜になってからくり人形の奉納を行なう。日曜日には男女小学生の「道おどり」が囃子とともに明るく割の道中を練って通るといった祭りだった。

平成五年に名古屋市文化課の要請で、戸田祭り保存資料作成のため五台の山車揃えをした後は、五之割山車一台のみ、平成一〇年から日曜日に曳き出すようになった。

平成一四年には、戸田まつり三〇〇年祭を祝して盛大な祭りが行なわれ、ひさびさに五台の山車が揃い、曳き廻された。日曜日一二時半には戸田小学校校庭に五台の山車が勢揃い。名古屋市長も迎えて式典の後、一台ずつからくり人形を披露し、道おどりに続いて町内を巡行。夜は七時から各割でからくりを奉納した。見守る地元の人々の表情に、すべての山車が総出で賑わしい祭りをかざる喜びがあった。戸田まつりは名古屋市無形文化財。大部分の山車、からくり人形が名古屋市指定有形民俗文化財。

問合せ　戸田まつり実行委員会・戸田五之割神明社保存会（電話〇五二‐三〇一‐六一二一）

愛知県

大田祭

とき　一〇月第一土・日曜日
ところ　大宮神社（東海市大田町上浜田二〇〇）
交通　名鉄常滑線「太田川駅」から徒歩五分

名鉄太田川駅に近い大宮神社に四輌の山車

祭りの行なわれる大宮神社に近い名鉄太田川駅は、名古屋から急行で三〇分弱、常滑線と河和線の分岐点にあたる所である。

大田町は、むかしは大里村と呼ばれていた。今は名古屋港南部工業地帯にあって、隣の横須賀町と同じく新しい都市づくりに励むとともに、古い歴史を持つ祭りを大切にしている。現代的なものと古めかしいものが自然に溶け合っている町だ。

本楽の日曜日の朝、黒口組、里組、荒子組、市場組の四輌の山車《だし》が各町内から曳き出され、笛、太鼓の囃子も賑やかに、太田川右岸を河面に姿を映しながら大宮神社へ向かう。それは一幅の絵である。

大田の山車は、屋根のある唐風の神殿を中段につけた知多型で、後部には追い幕、吹き流しのかわりに提灯、のし紙、造花をつけた華やかな笹竹を飾っている。すべての山車上山にからくり人形がある。

からくり人形ののる山車

・黒口組（大田町中央地域の山車）（唐子遊び）

おかっぱ頭の唐子《からこ》がはじめ大唐子に肩車し、次に鳥の止まり木にブランコをして太鼓を叩く。人形の芸に合わせて奏される変化のある囃子が快い。

・里組（中央東の地域）（文字書き）

蓮台の上に立った唐子人形が筆で文字を書く。見事に書き終わって観衆が思わず拍手すると、それまで静かに奏していた囃子が急に「もしもしかめよ」の口ばやしに変わるのが楽しい。

・荒古組（北部）（逆立ち）

二人の唐子が蓮台を廻し（このことを「粉をひく」と地元の人々は言う）、もう一人が台へ上り、逆立ちをしながら鉦を叩く。

・市場組（南部）（逆立ち）

孔雀の羽をつけた獅子頭をかぶった大唐子の肩に、逆立ちした姿の小唐子が止まり、囃子に合わせて神楽鈴を振り鳴らす。

山車、人形はいずれも江戸時代中・後期の作と見られるが、明らかでない。四組とも昭和四九年、七代目玉屋庄兵衛により修復された。大田町は旧大里村の字《あざ》が、郷中、蟹田、畑間ほか多数にわたり、いくつかの字が重なって一輌の山車を支えている。

上右：荒古組．逆立ち唐子
左：黒口組．唐子遊び．
中右：市場組．逆立ち唐子．
右：大宮神社境内へ揃った四山車．それぞれ後部に提灯，のし紙，造花をつけた笹竹を飾っている．

里組．文字書き人形．

日程

土曜日は試楽。午後二時半頃、四輌の山車が太田川駅前の広場に揃い、からくり人形を奉納し、山車のどんでんを行なう。紙吹雪が盛大に舞い、山車が去った後、雪のように地上に積もるほど。

本楽の日曜日、午前九時一五分、大宮神社の境内に入った四輌の山車は、一〇時からいっせいにからくり人形の奉納をし、餅投げが終わってから各車どんでんをする。梶方は一三歳から二二歳のみずみずしい若者たち。二三歳から四〇歳の「中老」と呼ばれる年配者が祭りを取り仕切るが、元気のよい若者たちがめだつのは、東海市が新しく生まれ変わった姿を象徴するかのようだ。車切《しゃぎり》、早神楽の急テンポな囃子とともに力いっぱい勇壮に山車を曳き廻す。

やがて神社を曳き出された山車は、午後一時半に常蓮寺でからくり、山車を奉納し、さらに各組町内を巡行する。夜は提灯に灯を入れて飾る提灯祭り。午後一一時頃、山車は山車倉の前でからくりを奉納し、収納されて祭りを終える。山車四輌は東海市有形民俗文化財指定。

問合せ　東海市社会教育課（電話〇五六二－三三－一一一一）

愛知県

有松天満宮秋季大祭

とき　一〇月第一日曜日
ところ　文章嶺天満宮《ぶんしょうれい》（名古屋市緑区鳴海町米塚一〇二）
交通　名鉄「有松駅」より徒歩五分

名産有松絞りの里に文字書きや神功皇后人形

有松《ありまつ》は、かつて戦国時代、織田信長が今川義元と天下分け目の決戦をした桶狭間古戦場の南部にある。江戸時代の古い町並みが今も残されている小さな町で、名産の「有松絞り」は三八〇年の伝統を誇っている。

氏神の文章嶺天満宮は、名鉄電車の走る線路北のこんもり茂った丘の上にある。長い階段を登りつめて上がった境内の奥には悠然と四肢を曲げて座る二頭の牛が左右から人々を迎える。学芸の神ともいわれる菅原道真を祀ってある由縁で、この牛の背を筆でなでると字が上手くなり、頭が良くなるとか。親と共に来て、筆をとる子供でにぎわっている。

秋季大祭には、三町からからくり人形の載った豪華な山車《だし》が曳き回される。「絞りの里」の祭りらしく、山車を曳く人々のいで立ちの色彩豊かで美しいこと。町別に競って染め抜いた絞りの衣装は役柄ごとに異なり、華やかである。

❶

❸

❷

❹

①唐子車．前山に采振り唐子と上山に文字書き人形．②布袋車．前山に采振り，上山に文字書き人形，大将は布袋で，豪華な名古屋型山車の代表的なからくり人形．③神功皇后車．前山に舌を出す采振り．上山に神功皇后と武内宿禰．④山車とともに練る囃子方のカラフルな絞り浴衣衣装．

からくり人形のある山車

・神功皇后車（西町――もと金竜町）（前山・幣振り、上山・神功皇后）

前人形は神官の幣《へい》振りで、まじめな顔つきで幣を振るたびに、ちょび髭の下から赤い舌をパッと出すのが愉快だ。上山《うわやま》では神功皇后が鮎を釣り上げ、それを武内宿禰が見守る。新羅国進出の成功を確信する『日本書紀』の古事による。人形二体とも細面で、横長のつぶらな目が近代的である。山車は明治六年に名古屋の大工久七により制作され、はじめは中国の武将関羽を飾っていたが、明治二八年の日清戦争大勝を記念して、当時の名工土井新七制作による神功皇后と武内宿禰に代えられたという。

・唐子車（中町――清安町）（前山・釆振り、上山・文字書き）

釆振りは唐子《からこ》で、つばのある笠を頭に釆を振る様子は、江戸時代に東海道を上下した朝鮮通信使の姿によく似ている。弘化四（一八四七）年、真守作である。上山では明るい表情の唐子が文字を書く。

山車は天保時代（一八三〇〜四四）に知多郡知多町内海《うつみ》の小平治という豪商が二〇年もかけて造りあげ、個人で持っていたもの。大変凝った構造で、輪がけなど青貝を埋めこんだ螺鈿《らでん》でできており、サンゴや象眼も使った豪華な装飾だ。長い毛槍を二本立てているのは海辺の土地から来た山車らしい風格を示している。

・布袋車（東町――橋東町）（前山・釆振り、上山・文字書き）

小さな陣笠をかぶり、陣羽織を着たかわいい釆振り人形が、ひょうきんに両手で釆を振り、頭、足を動かして山車進行の指揮を取る。町内七か所の決められた場所で止まって文字書きを披露。素晴らしい装飾の蓮台の上に立ち上がったふくよかな顔の唐子が文字を書く。その後ろには布袋和尚がにっこり微笑んでいる。

伴奏をつとめる囃子は十分に工夫がこらしてあり、人形が文字を書き終えると、下から見上げる見物人たちがやんやの喝采をする演出になっている。

采振りと布袋人形は、文政三（一八二〇）年、文字書きは文政七（一八二四）年、玉屋庄兵衛の作と推定されている。

山車は古く、延宝四（一六七六）年の創建で、名古屋市玉屋町（現中区錦二丁目）の所有だったのを、明治二四年に橋東町の有志が買い取ったもの。金箔の格天井に上山高欄、前段の豪華な塗り、彫刻、水引き幕、大幕も見事である。

日程

日曜日、午前一一時に西町より梵天を先頭に中町、東町の山車が続き旧東海道を東へ向かって練り歩く。東の外れ、「松の根橋」で、先頭から順にからくりを披露し、方向転換する。これより東、中、西の山車順となり、道中数か所でからくりを行ないながら西へもどる。

午後三時頃、梵天を先頭に三役、各町の梶取り、山車係が天満社に参拝、神社の坂をかけ登り、広場を三廻りして本殿に梵天の先についた榊を奉納する。

夜は夜祭りが行なわれる。二〇〇余のローソクに灯をともした提灯を山車の周囲に付け、笛、太鼓、鼓鐘《かね》で夜囃子を演奏しながら六時半、三輌の山車は昼間通った旧東海道の東、西を往来する。からくり人形は前山の采振りのみ動かす。山車三輌とも名古屋市有形民俗文化財指定。

問合せ・参考　有松山車会館（山車・からくり人形の展示）（電話〇五二‐六二一‐三〇〇〇）

愛知県

豊橋市二川《ふたがわ》町八幡神社祭礼

とき　一〇月の第二土・日曜日が多いが未定で、毎年ごとに決める
ところ　八幡神社（豊橋市二川町字東町八五）
交通　ＪＲ「二川駅」より車で五分

東海道・二川の宿に名古屋系山車と人形

東海道五十三次で名を知られた二川の宿は現在の豊橋市二川町である。ＪＲ駅の裏を東海道新幹線が轟音とともにしばしば通り抜けるが、少し入った旧道は、江戸時代の面影を残す静かな街なみだ。そのはずれに氏神の八幡神社があり、毎年秋の大祭には前山《まえやま》に采振《ざい》り、上山《うわやま》にからくり人形を飾った三台の山車《だし》が町内を練り歩く。山車はいずれも揃って四本柱がやや細めだが名古屋系である。中町の山車のみ高欄を菊の花と鼓の大柄な赤地の布で囲っているのは知立《ちりゅう》の山車飾りを連想させるものがある。

からくり人形のある山車

・中町（前山・采振り、上山・和藤内とぼたん）
采振り人形の唐子は手足、首を振って愛嬌をふりまく。上山ではぼたんの造花を左右に飾った山車中央に和藤《わとう》内《ない》がもろ肌を脱ぎ、左手を上にあげて見栄を切った格好で立っている。以前は動いたというが、今は静止のまま

❶

❷

❸

①中町・前山は采振り唐子，上山に和藤内が見栄を切った姿でのる．②新橋町・前山は幣振り，上山に傘を持った小野道風がいる．③東町・前山に幣振り人形，上山には二匹の兎の餅つき．

である。

・新橋町（前山・幣振り、上山・小野道風と蛙）

山車四本柱の各根元にあやめの花。屋根から柳の枝をたらし蛙を飛びつかせている。上山の小野道風は黒地に白線の入った蛇の目傘を半開きにして、何やら思索中の表情。幣振りは白い幣を持った神主で、山車の中で人間が操っている。

・東町（前山・幣振り、上山・兎の餅つき）

鼻下に白い二本の髭をのばした黒い衣の幣振り人形が、白い幣を左右に揺らす。上山には白い大きな月を背景に杵をかざして仲良く餅をつく二匹の兎が乗る。

これらの山車、からくり人形が創造されたのは江戸時代も弘化・嘉永の頃（一八四四〜五四）と推定されるが、作者などを知る手がかりもないまま各町民たちの祭りのシンボルとして愛されている。

本陣のあった中町は、旅籠《はたご》業が盛んで富裕なため、学問的な雰囲気の和藤内人形となった。新橋町は商人の町で、みそ・たまりの駒屋（のち、質屋ともなった）の本家・分家がある。本家は学者筋でもあり、教訓的なものを好んで小野道風となった。東町は百姓衆が住んだので稲作に関係ある「兎の餅つき」になったとは地元の郷土史研究家・紅林太郎氏の説である。

日程

第一日目の土曜日宵宮には、人形、山車は「席《せき》」（若い衆の集まるところ）前に飾られる。午後六時半、神社前に三台集結してご祈禱、囃子ののち、曳き上げて席に入る。

二日目の日曜日例大祭は、朝九時から神社で役員のみで儀式が行なわれ、一二時頃、神社から出発する稚児四人（男子に限る）、神輿行列に続いて山車が町内を曳き廻され、前山の幣振り人形も動かされる。夕方、新橋川のふちに三台揃う。

夜六時半、再び出発して旧道を練り歩く時には笛とともに小・中学生が太鼓を叩いて歩き、若い衆は女装したり、おどけた仮装姿で参加。ハンカチや菓子などの「投げ物」もあり、にぎやかにはやしたてて進む。途中、三か所で囃子の競り合いがあり、また二町内の山車がすれ違う時は互いのメンツをかけて激しく景気をつけてはやしたてるさまが観衆を喜ばせている。太鼓のバチが当たったとかの些細なことで昔は喧嘩になったという。行列は午後一〇時で終わり、山車は上部のみ解体してしまわれる。

問合せ　豊橋市商業観光課（電話〇五三二-五一-二四三三）

愛知県

碧南市大浜中区祭礼

とき　一〇月第二土・日曜日
ところ　稲荷社（碧南市浜寺町二－六七）
交通　名鉄名古屋本線「知立駅」より三河線で「碧南駅」下車

昔は江戸へ千石船が直行した碧南市大浜湊

碧南《へきなん》市の大浜中区はむかし大浜村といい、西に半田、武豊と対岸する衣ケ浦をひかえ、江戸時代から矢作《やはぎ》川の水運と江戸通いの海運をつなぐ湊町として発展したところである。大浜湊には千石船が出入りし、江戸へ直行便が出ていたという。明治になって東海道本線の開通や大型汽船の誕生で港の機能は衰えたが、江戸中期に興った伝統産業、醸造・鋳物や三州瓦で代表される窯業は今も盛んである。

大浜村から大浜町となり、さらに昭和二三年、近隣の町村が合併して碧南市の誕生となる。碧南市は昭和四〇年頃から海岸を埋め立てて衣浦臨海工業地帯を造成、それに伴い自動車、鉄鋼、食品工業、エネルギー基地などの企業が続々と進出し、工業都市へと進展することになった。衣浦港は穀物、自動車などを積載した貨物船が世界の港を結ぶ貿易港となっている。昔、船で往来していた対岸の半田市とも全長一・五キロメートル余の衣浦海底トンネルで結ばれている。

そんな市の躍動を反映してか、氏神である稲荷社の祭りは盛大である。からくり人形ののった山車《だし》一台と屋台《やたい》一台が曳き回され、衣浦港に通じる堀川に面して建つ稲荷社には大きな幟がはためく。広い境内の神楽殿では巫女舞が行なわれ、山車の上でからくり人形奉納後、特設のやぐらの上から二五歳厄年の若者たちの餅投げも行なわれる。

からくり人形ののる山車

・中之切車（前段・三番叟、上山・乱杭渡り）

三番叟は、半田地方に多いのと同じく幕の後から三人遣いで演じるもの。笛、太鼓の囃子にのって大きな目を見開き、足を踏み鳴らして、独特の掛け声とともに激しい舞を見せる。

上山《うわやま》では八本の杭の上を唐子《からこ》人形が高下駄をはいて器用に渡って歩く。一番背の高い杭へ渡り終えると、松の木に吊り下がった太鼓を打ち、最後に軸にぶら下がって「天下太平楽」の文字を観客に開いて見せる。江戸時代天明の頃（一七八一～八九）活躍した名古屋のからくり人形師・舟津藤吉の傑作で、この種のものは犬山の真先車《まっさき》があるのみである。昭和一二年頃まで上演されていたが、老朽化で破損いちじるしく、長年途絶えていた。それを地元の人々の熱意で、七代目玉屋庄兵衛に修復を依頼、昭和六〇年の祭りに蘇り、以来活躍している。

唐子の乱杭渡り．唐子が八本の杭の上を一人で歩いて行く．一番高い所までゆくと，木の枝にぶら下がって巻物を下げて降りてくる．

・浦島車（屋台）（上山・浦島と乙姫）

山車はやや小ぶりで屋台と呼ばれるもの。上山に乙姫からもらった玉手箱を開けた浦島が面かぶりで爺に変身する糸からくりがある。七代目玉屋庄兵衛の昭和二六年の作で、昭和四九年に四日市より購入された。

日程

土曜日は前夜祭で、中之切車が町内を巡行して辻々で（一二回）三番叟を奏し、午後八時提灯をつけて稲荷社へ入り、乱杭渡りと三番叟を奉納する。日曜日の本祭りは朝九時に曳き出された中之切車と浦島車が巡行して昼頃碧南駅前へ。ここで三番叟とからくり人形の浦島を演ずる。その後巡行を続け、中之切車は各辻で計一日に一九回の三番叟を行なう。午後三時半、山車、屋台とも稲荷社へ入って浦島、乱杭渡り、三番叟の奉納。そして餅投げで終わる頃、短い秋の日はもう暮れかけている。

問合せ　碧南市商工課（電話〇五六六‐四一‐三三一一）

愛知県

比良《ひら》秋祭

とき　一〇月中旬土・日曜日（隔年）
ところ　六所《ろくしょ》神社（名古屋市西区比良三丁目）
交通　市バス幹線13如意車庫前行き「比良」下車

豊作を祝うもと山田村の山車まつり

西区比良《ひら》は、名古屋市内の北限にあり、旧西春日井郡山田村と呼ばれていたところである。氏神の六所神社のあたりは昭和の初めは沼田や蓮の田んぼで、農業用水が流れていたが、その後埋め立てられ、今は神社に添う道の脇を生活用水として流れている。

六所神社の秋例祭は毎年一〇月の半ばに行なわれるが、二～三年に一度、豊作を祝ってからくり人形ののる山車が出る。南・北二つの地区の山車で、名古屋型、前山《まえやま》・上山《うわやま》ともにからくり人形がのっている。

祭りにたずさわる人々は、派手な陣羽織を着た綱割《つなわり》役や、頬に墨で奴《やっこ》のようにひげを描いた梶方など、野性味があって楽しい。もう都会では見られなくなった昔の農村の祭りの面影をそのまま残しているようだ。

昼間の山車揃えには、生きた鳩を飛ばす趣向もあるそうで、昭和六〇年にこれをやったという。

右：湯取巫女車．前山にユーモラスな笛吹き，鼓打ち．上山に謎めいた微笑の湯取り巫女人形．左：前山に釆振り唐子，上山に恵比寿，大黒の二福神がのる．

からくり人形ののる山車

・二福神車（河北）（前山・釆振り、上山・二福神）

釆《ざい》振りは両手に釆を持った唐子。上山では手に宝槌《たからづち》を持つ大黒神のそばで恵比寿神が釣竿を手に鯛を釣り上げて見物人たちを喜ばす。大黒神が大きな目をぎょろつかせながら槌を下ろすと、宝袋が二つに割れ、中から宝船が出て帆を上げる。リズミカルで朗らかそのもののからくりである。人形の作者は五代目玉屋庄兵衛の説があるが、記録焼失のため確証がない。

・湯取巫女車（河南）（前山・笛吹きと鼓打ち、上山・湯取神事）

前山人形の向かって左は二枚目でやさ男の太鼓打ち、右側に三枚目の笛吹きが並んでいるが、この笛吹きは、躍動する太い眉にどんぐり目、口のまわり一帯ヒゲ面のユーモラスな人形である。

上山の巫女人形は、奥から進み出て、山車前面にせり出して置かれた釜の前で鈴を振り、扇をまわして舞い、湯立ての神事をまねて釜から紙吹雪を散らす。同じような湯取巫女だが、ふっくらした頬におちょぼ口、謎めいた微笑が下町風で親しみがもてる。「お市人形」と呼ばれているそうだ。

前山人形は天保二(一八三一)年と六年に真善作。巫女の人形箱に文政九(一八二六)年菊屋仁兵衛の銘があるという。

日程

土・日曜日とも六所神社の拝殿において山車揃えとからくり人形奉納を昼夜二回行なう。昼は午後三時頃、夜は午後七時三〇分頃。山車二台は名古屋市指定有形民俗文化財。

問合せ　名古屋市観光課(電話〇五二-九六一-一一一一)

鳴海《なるみ》祭（表方・裏方）

とき　一〇月一五日近くの土・日曜日（表方）
一〇月第二日曜日（裏方）
ところ　鳴海八幡宮・成海神社（名古屋市緑区鳴海町）
交通　名鉄「鳴海駅」またはＪＲ「大高駅」

東海道五十三次の鳴海宿・二つの神社で祭り

大昔、鳴海《なるみ》一帯は伊勢湾の入海で、鳴海潟と総称されていた。その後、海はどんどん陸化し、室町末期より鳴海は東海道五十三次の宿駅としての形をとり始めた。慶長六（一六〇一）年に、西は熱田宿、東の池鯉鮒《ちりふ》（知立）などと同時に公式に鳴海宿となった。江戸時代には問屋場、郷蔵、本陣、脇本陣があり、旅籠《はたご》屋は最盛期には六、七〇軒を数え、旅人相手の小商いも繁盛していたという。

明治二二年に市町村制が施行されて鳴海町となり、昭和三八年、名古屋市に編入されて緑区が成立、現在は名古屋市の住宅地域として発展を続けている。

古くから成海《なるみ》神社、鳴海八幡宮と由緒ある二つの神社があり、元禄の頃までは共に七月一一日に祭礼を行なっていた。当時の祭礼図によると、「丹下飾馬、三皿祭車、作町獅子頭、根古屋音頭台、相原町傘鉾」などが見え、村をあげての祭りであったといわれる。

❷

❶

❹

❸

①唐子車（鳴海八幡宮祭礼）．前山に采振り唐子，上山に柿の木の枝にとまり逆立ちして太鼓を打つ唐子．②花井町山車（成海神社大祭）．前山の采振り人形．③鳴海八幡宮の祭行列．神輿の後に猩々や山車の姿がある．④山華車（成海神社大祭），前山は幣振り，上山に采振りがのる．

ところが元禄一三（一七〇〇）年、両社の間で祭礼論争が起こり、以後は両者氏子ともども別立して祭りを行なうことになった。街道南の鳴海八幡宮を表方、山側の成海神社を裏方と呼んで、今日に至っている。

昭和六三年秋に、鳴海町百周年を記念して両方合同の祭りが準備されていたが、昭和天皇のご病状により自粛された。

平成一四年の祭りは、一〇月一三日（日）ひさびさに表・裏合同で行なわれ、一二時から一二時半に旧東海道のカギの手路（緑区生涯学習センター前）に九台の山車が揃った。相原町の山車が上山のからくりを披露し、各山車「どんでん」を行なって盛大に行なわれた。

鳴海八幡宮祭礼（表方祭）

日程

鳴海八幡宮の祭礼は、一〇月一五日近くの日曜日、太鼓、獅子頭、神輿や猩々の行列に続いて山車が出る。午前一〇時頃、五輌の山車が作町、根古屋、本町、相原町、中島町の各町内から曳き出され、一二時から午後六時頃まで、旧東海道沿いの五町内を練り歩く。相原町の山車一台にからくり人形がのっている。五山車は、一二時半ごろ、緑区生涯学習センター前に到着し、各車「どんでん」を行なうとともに唐子車でからくり人形が披露される。

・唐子車（相原町）（前山・釆振り、上山・逆立唐子）

釆《ざい》振り人形は、見るからに人の心を和ませるかわいい顔の唐子《から》。上山《うわやま》では柿の木に倒立して太鼓を打つ小唐子、それを見て喜ぶ大唐子、二個のセミ車が勢いよく回り、人形のあどけない笑顔に、見上げる人々の顔もつられて頬がゆるんでくる。

人形は明治一二（一八七九）年、五代目玉屋庄兵衛の作である。三唐子揃いの水色のフリルが美しい衣装は、最近地元の人の手で作って着せたものという。

山車は相原町の篤志家が明治一一年に知多郡小野浦から購入して町へ寄付し、現在はすべて保存会の管理下にある。

成海神社大祭（裏方祭）

例祭には神輿渡御や日本武尊東征にちなむ御船流神事など厳かに執り行なわれるが、神にぎわいとして山車の奉納は豪壮である。

上山の背が高く、高欄に豪華な彫刻と立派な水引き幕をつけた四輛の山車が、午後一時三〇分頃次々と神社前の坂道を掛け声とともに登り、方向転換して境内に進み、整列する。二輛にからくり人形があり、采や幣を振って道中に景気をつけている。

日程

成海神社の祭礼は、十月第二日曜日、四輛の山車が丹下、北浦（横町）、城之下（山花）、花井の各町を出発し、午後二時頃、成海神社の境内に山車揃えする。

からくり人形ののる山車

・山華車《やまはな》（城之下）（前山・幣振り、上山・采振り）

幣振り人形は、両手で幣を持ち、体ごと右、左と振るとともに、目を大きく開けたり閉じたりし、ときどき赤い舌を出す。津島の高屋敷車や、田原町の萱町車のものと似ている。「明治一四（一八八一）、細工人玉屋庄兵衛」の箱書きがあり、五代目のことであろう。もう一体、上山にある采振り人形は、ふくよかな丸顔の女性で、落ち着いた貫禄があるが、両手にピンクの采を持ち、頭に豆絞りの太い鉢巻をしているのが不似合いで、逆に微笑ましく感じられる。文政六（一八二三）年の記録があるが、作者は不明である。

・花井町山車（前山・采振り）

豊かな頬の童子が、頭に豆絞りの鉢巻姿で元気に采を振る。平成元年、八代目玉屋庄兵衛の作で、出樋《でとい》の上に載っている。

問合せ　緑区役所（電話〇五二‐六二一‐二一一一）

成海神社（電話〇五二‐八九一‐二八三〇）

広井神明社祭

とき　一〇月第二土・日曜日
ところ　神明社（名古屋市中村区名駅五丁目）
交通　市バス「名古屋国際センター前」南

尾張名古屋の栄華をしのぶ三台の山車

名古屋駅正面前、桜通りを東へ行って出会う高層二六階だての名古屋国際センタービル。その反対側の、交差点の南東を入った所にひっそりと古いたたずまいの神明社がある。神社から少し東には堀川が流れ、四間道になる。今は珍しい下駄や草履を扱う履物問屋が数軒あり、幅の狭い道の両側に建つ家々はどことなく古風で、屋根神様を祀った家もみられる。

江戸時代には、この名古屋駅付近を那古野庄広井村といった。名古屋城築城（慶長一五（一六一〇）年）にともなって、城下町形成のため奨励した「清須越《きよすごし》」の商人も住み、名古屋市の中でも早くから発展した所である。食料品、水産品問屋が多い笹島、魚問屋・倉庫の多い納屋橋、禰宜町、船入町など村内であった。

広井村の天保年間（一八三〇年代）には九輌の山車《だし》があり、那古野神社の見舞車《みまいぐるま》といって、天王祭に盛大に曳き廻されていた。

この那古野天王祭は、津島天王祭をならって天王社から車楽《だんじり》二輌が出、山車も車之町より二輌、隣村の名古屋

❶

❷

❸

①紅葉狩車．前山に采振り，上山では能の「紅葉狩り」の一部が演じられ，更科姫は鬼女に変身する．②二福神車．前山にふくよかな采振り人形，上山には恵比寿，大黒の二福神．③唐子車．前山に采振り人形，上山に逆立ち唐子と唐冠をかむる大将人形．

村（現新道付近）から五輌、広井村と合わせて一六輌が片端《かたは》まで繰り出して盛んであったという。けれども明治維新後は各々自町を曳き廻すように変わった。そして時代の変革で他所へ転売されたり、火災、戦災のため失われ、現存しているのが唐子車、二福神車、紅葉狩車の山車三輌になった。

神明社の祭りはこの三輌がここに集まり、大都会にあって今は古き尾張名古屋の華やぎをつかの間見せてくれる。

からくり人形のある山車

・唐子車（内屋敷、現名駅南一丁目）（前山・釆振り、上山・逆立ち唐子）

前山《まえやま》は赤いリボンを左右の髪につけた釆《ざい》振り唐子《からこ》。上山《うわやま》の中央にある蓮台に小唐子が乗っている。もう一体の大唐子が蓮台を廻すと台がせり上がり、上に乗った小唐子が梅の木に届き、枝に手をついて逆立ちし、太鼓を打つ。セミ車が軽快な音を立てて回る。

釆振り唐子は文政九（一八二六）年の作で作者は不明。上山の逆立ち唐子、豪華な蓮台と唐冠をかぶる大将人形（太閤秀吉の説あり）は天保一二（一八四一）年、暸仙人の手によったものとの箱書きがある。

・二福神車（下花車町、現名駅五丁目一二）（前山・釆振り、上山・二福神）

釆振り人形は頬のふくらんだ丸顔の童子で、金色の釆を上下するさまも愛らしい。上山では恵比須が鯛を釣り上げ、大黒が大喜びして打出の小槌で目の前の宝袋を叩くと、袋が二つに割れて中から折り畳み式に帆を上げた宝船が飛び出し、前後左右に動き回る。驚いた恵比須が舌を出したり引っ込めたり、大黒は大きな目玉を白黒させ、口をパクパクさせて大はしゃぎするさまが底抜けにユーモラスだ。釆振り人形の頭内に天保一二（一八四一）、末広町の木偶師真澄作の墨書きがある。二福神の宝袋は、昭和二七年、七代目玉屋庄兵衛が修復した。

・紅葉狩車（上花車町、現名駅五丁目九）（前山・采振り、上山・紅葉狩り）

采振り人形は唐子。上山の人形は能で有名な「紅葉狩」から題材を得たもの。美しい更科姫が瞬間鬼女に変身し、撞木《しゅもく》を振りかざして従者と渡り合う場面が見もの。かん高い能囃子とともに現われる鬼面の凄さと姫の気高さが対称的で、名工竹田源吉の作品の中でも傑作といえるのではないだろうか。大将の平維茂《たいらのこれもり》、従者とも安政四（一八五七）年の作。采振りは同じく竹田源吉で弘化三（一八四六）年の銘がある。

日程

土曜日（試楽）午後各町から曳き出された山車は、ところどころでからくりの披露をしながら午後四時頃白竜神社の前に三台揃う。ここで参拝してからくりを奉納。午後六時ころ出発して神明社へ向かう。神明社そばの道路に三台集合し、揃って囃子を奏し、采振り人形を動かしながら進み、辻で「どんでん」を行なう。午後八時頃、三車は出発し、一台ずつ神明社正面に山車をつけてからくり人形を奉納する。その後三輌揃って巡行し、花車ビル南館のそばで曳き別れ。ここで活気のある梶方らが二回、三回、盛大な「どんでん」を行ない、見物の拍手の中に各山車帰路につくのが午後九時半頃。

日曜日は朝から名古屋まつりに参加するのが恒例で、名古屋市の文化財九輌の山車揃えとして三輌とも出場し、市役所前で午前一〇時頃からくり人形を披露する。その後大津通りをパレード、地元へ帰って町内曳きをする。

名古屋まつりの日程がずれて一週後になる年には、日曜日は各山車名古屋まつりに備えて待機するが、二福神車は地祭りとして午後から夜にかけ山車の町内曳きを行なう。

新しい試みとして、平成一四年の祭り一日目に三山車は名駅南のビルの谷間にある柳里神社前にも集まり、山車からくりを奉納した。ここは戦前まで地元の祭りのとき周辺の山車（今はない）が集結したところで、往時のにぎわいを取り戻そうと住民たちに歓迎され、今後も続けられるという。

問合せ　名駅山車からくり協議会（電話〇五二‐五八一‐一七九七）

愛知県

名古屋まつり

とき　一〇月一〇日〜二〇日までの金・土・日曜日。日曜日に山車揃え
ところ　名古屋市中区三の丸（名古屋市役所前から市中心部）
交通　地下鉄、市バス「市役所前」

名古屋市指定文化財九輌の山車揃え

名古屋の秋を彩る「名古屋まつり」は、全市民が楽しめるレクリエーションとして昭和三〇年からはじまった大イベントである。金曜日の夜から、久屋《ひさや》大通り公園一帯で宵祭りが行なわれ、露店が並び、郷土芸能やコンサートなど多彩な催しが祭り気分を盛り上げる。呼び物は「郷土の三英傑行列」で、土・日の二日間にわたって織田信長、豊臣秀吉、徳川家康に扮した人々を中心に絢爛たる時代絵巻を市の目抜き通りに繰り広げるとともに、フラワーカーパレードや花バスも出場する。

日曜日の特別行事に名古屋市役所前で市指定文化財の山車揃え、神楽揃えがあり、子どもみこし、各種パレードが続いて最後に郷土英傑行列が練る。山車揃えは、名古屋まつりも主たる日曜日最初のプログラムで、九輌の山車が出場し、からくり人形を披露する。

名古屋まつりの開会式．市役所前に並んだ山車．開会宣言とともに鳩と風船が空に放たれ，次々に山車上のからくり人形が披露される．

からくり人形のある山車

・若宮祭の福禄寿車（逆立ち唐子）
・広井神明社祭の二福神車（二福神と宝船）、唐子車（逆立ち唐子）、紅葉狩車（紅葉狩の能舞）
・出来町《できまち》祭の鹿子神車（逆立ち唐子）、河水車（石橋唐子）、王羲之《おうぎし》車（逆立ち唐子）
・筒井天王祭の湯取車（湯取巫女）、神皇車（巫女変身竜神）

（からくりの詳細は各祭りの項目に記述済み）

日程

朝早く各町内より曳き出されて、午前一〇時前、市役所西庁舎西に集合、待機していた九輌の山車が、一〇時半頃になると動きだし、国立名古屋病院手前の交差点をL字型に曳き回して市役所前に姿を現わす。

市役所正面前には特設の観覧席が設けられ、海外姉妹都市からの使節や来賓、招待者、報道陣が見守る。その両脇、向かい側にたくさんの市民、観衆が注目するなか一一時、オープニングの鳩が飛び立ち、風船が空に放たれて名古屋まつりの開会宣言が行なわれる。

早速、四輛ずつ並んだ山車の上のからくり人形が一輛ずつ披露され、九輛目のからくり演技が終わると、一行はお囃子を奏しながら揃って市の中心・栄までパレードする。

一二時頃、三越栄本店、ＵＦＪ銀行などの建つ栄交差点で、四方から人々が見守る中、山車は一輛ずつ方向転換をし、西、東に曳き別れ、各町内に帰る。

江戸時代の城下町名古屋では、東照宮祭（四月一六、一七日）、若宮祭（五月一五日）、那古野天王祭（六月一五日）を三大祭りといい、いずれも華麗な行列にからくり人形のある幾輛もの山車が曳行された。惜しいことに、これら豪華を極めた名高い山車の多くが第二次世界大戦で被災。運良く焼失を免れて残ったもののうち一九輛が市の指定文化財として保護されている。そのうち都心にある地域の祭りの九輛が名古屋まつりに出場する。

問合せ　名古屋市総務局総務課（電話〇五二‐九七二‐二一〇四）

愛知県

三谷《みや》祭

とき　一〇月第四土・日曜日（潮の関係でずれることあり）
ところ　八剣《やつるぎ》神社・若宮神社（蒲郡市三谷町七舗）
交通　JR東海道本線「三河三谷」駅

多彩な芸能の奉納と、海を渡る勇ましい山車

蒲郡《がまごおり》市は、背後を山に囲まれ、前方を太平洋の入海、渥美湾に面し、温暖な気候と風光明媚な景勝の地として愛知県のみならず、広く全国の人々に知られている。

三谷はその東部に位置し、織物業、水産業そして三谷温泉を中心とした観光業の盛んなところである。三谷港は、現在は地続きの形原《かたはら》、西浦と並んで県下屈指の漁港であるが、江戸期には海運業が主体であったという。

三谷祭りはその三谷の人々の氏神である八剣神社と若宮神社の祭礼である。踊りや神楽、大名行列などの楽しい奉納行事とともに四輌の山車《だし》が出て、そのうち一輌の屋根上に恵比寿神のからくり人形がのっている。山車は海中へ乗り入れて渡御する勇ましさで、危険を承知で風まかせに波を乗り越え航海する船乗り稼業、その勇壮かつ人情に厚い、団結心の強い気風が祭りに反映して、今日に受け継がれている。

上：恵比寿山車（西区）の屋根にのる恵比寿人形.
下：三河の海を行く山車の海中渡御.

日程

第一日目（土）は試楽。朝、号砲が打ち上げられ、幟がおこされる。午後各区を出発した山車や練り物が八剣神社（西の宮と呼ぶ）へ繰り出し、数々の余興を奉納する。松葉区（笹踊り、くり太鼓）、上区（神代の舞）、西区（神楽、大名行列）、中区（連獅子）の間にかわいい男女の子おどりも入って延々四時間余行なわれ、六時半頃各区へ引き上げる。

二日目本楽の日曜日、四輌の山車を先頭に、六区の祭りの出し物が八剣神社西の前に集まり、松葉区より順に踊りを開始する。一めぐり終わる午前一〇時頃、社前に待機していた山車はいっせいに若宮神社（東の宮と呼ぶ）をさして曳き出され、驚くことに海中へ乗り入れて海を渡って行くのである。

金色燦然と輝く山車を惜しげもなく海水に浸し、首まで水につかって「エイサ、エイサ」と掛け声勇ましく曳く。そのために各山車の梶棒はたて長ではなく、曳き綱と直角に山車に二本の長い棒を通し、梶をとっている。それはまったく壮観な祭り風景である。

この海中渡御は、伊勢湾台風（昭和三四年）の被害による影響で、昭和三五年よりしばらく休止していたが、宮祭り三〇〇年を記念に平成八年より再開した。

四輌の山車は、それぞれの山車の前方にだし棒という全長一一メートル余の棒を立て、剣、三蓋傘《さんがいがさ》、花などの標《しめ》飾りをつけ祇園の鉾の真柱に見立てている。屋根下の妻飾り、高欄、高欄下に豪華な彫刻や金箔をほどこし、水引幕、大幕も金糸を使った刺繍の絢爛たるものである。

四輌の中の一つ、西区の恵比須山車には、屋根上に神の依代《よりしろ》である真松を立て、その前ににこやかな笑顔の恵比須人形が鎮座する。これがからくり人形で、下から糸を操作して首を上下左右に振り、右手に鯛を釣った釣竿を持ち、上下させる動きになっている。

人形は明治四（一八七一）年、五代目玉屋庄兵衛作、古くなったのを昭和六二年に七代目玉屋庄兵衛により修復され、人形も衣装も新しくなった。蒲郡市指定無形文化財。

問合せ　蒲郡市観光課（電話〇五三三‐六六‐一一一一）

はんだ山車まつり

とき　近年は五年に一度の一〇月第一土・日曜日だが、不定期
ところ　半田市役所（愛知県半田市東洋町二-一）あたり一帯
交通　JR・名鉄「半田駅」下車

壮大、五年ごとに三一台の山車揃え

愛知県半田市は、知多半島東岸のほぼ中央にあり、人口約一一万の小都市ながら江戸時代より海運業、知多木綿と酢、酒など醸造業で栄えた蔵の街として知られている。

豊かな経済力と進取の気性が支えた町人文化を表わすものとして山車《だし》の出る祭りがある。多くは春の祭りで、豪華な木彫りの彫刻や、水引き幕、大幕など装飾を誇り、からくり人形をのせた山車が各所で曳き出される。乙川、板山、西成岩、協和《ならわ》、成岩、岩滑《やなべ》、下半田、上半田、亀崎の九地区で、三月半ばから五月初めにかけて行なわれる祭りの山車は合計三一台になるが、それを一挙に一か所に集めて公開し、皆で楽しもうと意図するのがはんだ山車まつりである。

昭和五四年五月に半田青年会議所と半田市内の各山車組衆の熱意で第一回はんだ山車まつりが行なわれ、八年後の昭和六二年一〇月に第二回が、その五年後平成四年に第三回が行なわれて、以来五年ごとに続き、平成一四年に第五回目を迎えた。

壮観，31台曳き揃った半田市の山車．それぞれに伝統の山車彫刻や，幕などの装飾を誇る．前棚と上山でからくり人形が上演される．見物客は愛知県下のみならず全国から集まる．

日程

土、日の二日間にわたり、半田各地から集まった山車が、市役所前や駅前の通りに集結したり、市役所そば特設の山車整列会場へ三一台がずらりと並ぶ。そしてからくり人形や三番叟が演じられる。

からくり人形のある山車

・乙川・宮本車（乱杭渡り）

・下半田・北組・唐子車（唐子遊び）、中組・祝鳩《しゅくきゅう》車（太平楽と蘭陵王）、東組・山王車（釆振り）、南組・護王車（巫女舞）

・亀崎・石橋組・青竜車（布さらしと唐子遊び）、中切組・力神車（猩々と浦島）、田中組（巫女舞いと傀儡師）、西組・花王車（神官、石橋と桜花唐子遊び）

（各からくり人形の詳細は各地域の祭りの項に記述）

山車まつりは、高さ約六メートル、重さ約五トンもの重量ある山車が、大勢の男たちに曳かれて三一台も集まる姿が壮観で、見物の人出も大層なものだが、山車整列会場には桟敷席を設け、会場から駅や駐車場をむすぶシャトルバスを運行したりの配慮がされている。
山車だけでなく、各種獅子舞や太鼓他の郷土芸能も特設ステージで演じられ、さまざまな展覧会、物産展、ショッピング・グルメ会場も設けられているにぎやかさ。夜は各山車が提灯をともして宵祭りとなる上、半田運河では「ちんとろ舟」で稚児の三番叟舞が行なわれたり、華麗な花火も打ち上げられるなど、まさに半田市がこぞって湧きたつようなまつりである。山車はすべて愛知県、半田市指定有形民俗文化財。

問合せ　半田市商工観光課（電話〇五六九－二一－三一一一）

三重県

関宿夏まつり

とき　例年七月第三土・日曜日が多いが不定
ところ　関神社（三重県鈴鹿郡木崎町《こざきちょう》六七五）
交通　ＪＲ関西線「関駅」下車、徒歩七分

夜は提灯飾りの華やかな関の山車

関町は、東海道五十三次中、四七番目の宿場町として繁栄したところで、今も十分にその面影を残した町並みである。

氏神の関神社の祭礼には、神輿の渡御、遷御とともに木崎町、大浦町（現北浦町）、三番町、四番町の山車《だし》が曳き出される。

山車は二層露天式屋台といわれるもので、上山高欄の上に屋根はなく、四輪で見送幕を飾るのが特徴である。鈴鹿山脈を越えた町々とかかわりが深い近江系の山車で、「やま」と呼ぶ。夜は提灯に火を入れて美しく飾られる。その一台にからくり人形がのっている。

日程

祭りの日午後六時、四台の山車が町内を練り歩くが、木崎町は山車が大きく、宮元町（神社は木崎町にある）

上：大浦町山車の禰宜人形．笹を振ってお祓いをする．
下：大浦町山車の曳き回し，威勢のよい回転．

であるため、商店街の道幅の狭い中町筋の巡行には加わらず、関神社参道あたりで待機する。初日は午後八時半、地蔵院前に、二日目は午後九時、関神社前に揃い、四台の山車をいっせいに曳き廻す。どの山車もやや小振りなのは、狭い街道中を曳き回すため、改良を重ねて独特の形態を持つようになったもの。台輪の上の提灯飾りをした胴部分が動き、景気をつけて華やかに囃す笛、太鼓、鉦の囃子連を乗せたまま何度もぐるぐる回転するさまは見ものである。

湯取神事をしてまわるからくり人形

大浦（北浦）町の山車上に等身大の禰宜《ねぎ》のからくり人形があり、両手に笹を持ち、湯取神事をしてまわる。祝儀のあった家や、商店、新築の家の前で、手に持つ笹を湯につけて祓い、山車内では囃子や山曳唄が奏される。人形は竹編みかごの胴に着物、袴を付けたもので、人形の背後から人形方が操り用の添え木を操作して素朴に動かす。

由緒

関の山車は江戸時代文化年間（一八〇四〜）に始まったといわれ、最盛期には全部で一六台あった。夏祭りの際に、狭い町中を一斉に曳き競ったので混雑をきわめ、「関の山」という諺を生んだという。一所懸命やってできる可能な限度という意味である。

問合せ　関町企画振興課（電話〇五九五‐六‐一二一二）

三重県

石取祭

とき　八月第一日曜日（本楽）とその前日（試楽）
ところ　桑名宗社（通称、春日神社・三重県桑名市本町四六）
交通　JRまたは近鉄「桑名駅」より一〇分

桑名の暑い夏を彩る情熱的な祭り

桑名はむかし東海道五十三次の宿場町、松平一一万石の城下町であった。今もその面影を残す七里の渡しや伊勢神宮の一の鳥居があり、水郷の町として端歌《はうた》「桑名の殿様」で謡われたしぐれや焼き蛤の特産も有名である。

その桑名市の暑い盛夏を彩る「石取祭」は、「天下の奇祭」、「日本一やかましい祭り」と言われるほど情熱的な祭りである。

石取祭車《いしとりさいしゃ》と呼ばれる三輪の御所車《ごしょぐるま》風な車台の上に社殿を模した階段および高欄つきの櫓を組み、一二張の提灯を吊す山形《やまがた》を立てて、その上に万灯《まんとう》と呼ばれる角行灯《あんどん》を、最頂部に三本の御幣を取り付けた祭車約四〇台が曳き出される。各祭車の周囲は絢爛豪華な彫刻や幕、金具で装飾し、後部両側に四ないし六個の鉦を釣って中央に大太鼓を掲げ、それぞれ固有の拍子で石取囃子をせわしく囃し立てるのである。

一一組、五七町内が参加する賑わしい祭り（最近は経済逼迫の折から年によって休場する町内もあるが）、祭車の中には提灯山形の他に歴史人物の人形や屋形など造り物を飾る祭車もあり、今北町が「桃太郎」、今片町が「鏡

右：今片町の「鏡獅子」を舞う等身大のからくり人形．左：今北町の桃太郎人形．手に扇と指揮棒を持って鬼退治の指揮をとる．

獅子」のからくり人形を飾っている。

由緒

石取祭の起源は、江戸時代、桑名市の南部を流れる町屋川（今の員弁《いなべ》川）より拾ってきた清浄な石を小さな車に乗せて、鉦、太鼓を打ち鳴らしながら運んで神前に奉納したことに由来しているという。員弁川の坂井橋、または桑部橋より下流を人々は町屋川と呼び、現在もこの神事は行なわれており、各組河原で厳粛な儀式をした後、採取した栗石（花崗岩）を小俵に詰めて神社へ奉納する。

桑名の総氏神である桑名宗社は、桑名神社と中臣神社からなり、戦災にはあったが、昭和二九年に再建されている。

日程

試楽祭の午前零時、春日神社神官の打ち鳴らす太鼓を合図に、各町で待機していた祭車が一斉に鉦、太鼓を叩き出すさまは壮観である。強烈なリズムが夜明けまで町中に響きわたり、いったん休憩して夕刻より再び囃しながら祭車を各組内で曳き廻す。

本楽祭は午前二時の叩き出しに始まり、夕刻より約四〇台の祭車が春日神社に練り込む渡祭《とさい》がある。午後になると、全祭車が各町から集まり、あらかじめ抽籤《ちゅうせん》会で定まった籤順でずらりと並ぶ。場所は南北隔年で、南並びは東海道筋鍛冶町を花車（先頭）に南の福江町まで、北並びは桑名宗社に近い田町の交差点から桑名駅へ向かう八間通りから北の今一色郭内まで長い列で勢揃いする。そして午後四時頃より一番祭車（花車と呼ぶ）から徐々に曳き出され、京町、宮通を経て桑名宗社へ練り込む渡祭が六時半より行なわれる。この時、花車は桑名宗社の「神火」を頂き万灯や一二張の提灯に点火、それが順次後ろに続く祭車に引き継がれる。渡祭後は本町組を廻り田町交差点にて曳き別れとなり、祭りの最高潮は午後一〇時頃となる。

各祭車が、鉦鼓を打ち鳴らして曳行するさまは勇壮活発で、二日間にわたり老若男女わけへだてなく参加する様子がさわやかだ。

からくり人形ののる祭車

・今片町

歌舞伎の鏡獅子の役者そのままに、等身大よりやや大きめのからくり人形である。隈取り、ふさふさの獅子の白毛をかぶり、絢爛豪華な衣装をつけた人形が両手を広げ、首を振り、足を動かして「鏡獅子」の曲で舞う。人形の後ろに二人の人が座って糸を引き、道中随時人形を動かす。石取祭車で初めてのからくり人形で、昭和五四年、七代目玉屋庄兵衛作。祭車は昭和三年に製造されている。

今片町は、正しくは今一色片町で、昔は人家もまばらな田地であったが、いまは働く者の住宅街である。

・今北町

人間と等身大よりやや大きい桃太郎のからくり人形がのっている。頭に鉢巻をしめ、鬼が島へ出陣姿の勇ましい桃太郎は、右手に指揮棒、左手に扇を持って上下させ、首を左右させる。人形の後ろで二人の人形遣いが操作し、祭車の進行中ずっと舞わせている。昭和五六年、七代目玉屋庄兵衛の作。祭車は昭和三三年の作である。

今北町は、今一色《いまいしき》漁《りょう》といわれた漁業の町で、漁撈従事者はもちろん、蛤・あさりなど貝売買の家が多く栄えたという。

沿革

石取祭は、石を運んだ小さな車を祭車として宝暦五（一七五五）年頃に桑名神社前期桑名祭（比与利《ひより》祭）から独立したもので、明治、大正、昭和と祭車は大きく美しく発展し、町衆の力強い支援で伝統が守られ、桑名の代表的祭典とされてきた。

祭車の数は昭和二〇年のはじめには四六台あったが、同年七月の空襲で三六台の祭車をはじめ桑名宗社、桑名町域の大半が焦土となった。昭和二一年、戦後はじめての祭りには戦禍を免れた祭車をはじめ一八台が渡祭順に集まった。また、多くの町内がリヤカー、牛車などに太鼓、鉦をそなえて参加したという。幸いに残った古いものには文久年間から約一四〇年を経たものがあり、立川和四郎富重、高村光雲ら一流彫刻師による彫刻や、漆塗、螺鈿《らでん》細工に錺《かざ》り金具など、芸術的価値も高いものがある。しかし、大部分が戦後の建造で、今もなお旧態に似せて新造祭車が生まれているほか、幕、彫刻、金具の新調、修復など活発に行なわれ、祭りに寄せる人々の意気と情熱には目を見張るものがある。三重県無形民俗文化財。

問合せ　桑名市商工課（電話〇五九四－二四－一一九九）

大四日市まつり

とき　毎年八月第一金・土・日曜日
ところ　諏訪神社（四日市市諏訪栄町二二－三八）を中心として四日市駅前、市街地一帯
交通　近鉄名古屋本線「四日市」下車

愉快な大入道山車が祭りのシンボル

暑い暑い八月の第一週末三日間に行なわれる四日市市あげての多彩な祭りである。諏訪神社を中心とした四日市市街で、行政や各種団体、企業が一体となり、全市民的な参加を意図した夏祭りの大イベント。諏訪太鼓の競演、獅子舞、みこし、盆おどり、市民のパレードがあり、からくり人形の乗る山車《だし》四台も出動する。四日市港一帯では港まつりが、さらに将棋、相撲大会、茶会ほか数々の協賛行事があって、祭りの最高潮を迎える三日目の日曜日午後に郷土文化財行列が行なわれ、大名行列や、鯨船、西日野大念仏、富士の巻狩りとともに「甕割り」「菅公」「岩戸山」「大入道」の四台の山車が揃って練り歩く。なかでも人気の高いのがユーモラスな動きの「おおにゅうどう」の大入道山車で、祭りのシンボルとしてキャラクター化もされている。

由緒・沿革

四日市は江戸時代から東海道の宿場として、また伊勢参宮の分岐点として、街道と湊（港）をあわせて大いに

❷

❶

❹

❸

①甕割り山車．上山に「甕割り」の故事を演ずる人形がのる．②大入道山車．ユーモラスな姿が大四日市まつりのシンボル．③菅公山車．上山に菅公と文字書き童子．④岩戸山山車．巫女が変身して狸に．

賑わったところである。信州の諏訪大社上下両社を勧請した氏神の諏訪神社は人々の崇敬を集め、その大祭は町の経済力を背景として発展した。

名古屋の祭りを参考にして、大山《おおやま》や車楽《だんじり》、練り物が出され、その後山車、からくり人形も導入されて、一八世紀後半には大規模な祭礼となった。「四日市祭」として明治期からは九月二五日〜二七日に行なわれ、最盛期には大山四基、小山（ほとんどがからくり人形のある名古屋型山車）一三基、練り物五種類、吊り物四、大入道、鯨船三基に大名行列など合わせて三〇あまりの町ごとにこらした趣向があり、東海地方の代表的な祭りとなった。しかし、惜しくも昭和二〇年の四日市空襲によって市街中心部は壊滅的な被害を受け、山車も練り物も大半を失うことになり、諏訪神社の祭礼「四日市祭」は往時の大規模に復することはなかった。

戦後、焼け残った大入道と鯨船、大名行列と富士の巻狩りにいくらかの山車が復活した。商工会議所主催の「四日市商品祭」、商店連合主催の「七夕祭り」、四日市港振興会主催の「港まつり」が合体して八月に祭りが行なわれるようになり、その名も昭和三九年より「大四日市まつり」と改めて、四日市市発展のエネルギーとして人々の総力を集める行事となっている。

からくり人形のある山車

・甕割り（四日市商店連合会）

大切な甕を割って、落ちた子を救ったという中国の古事にある逸話に基づく山車。宙吊りになった唐子が甕へ落ち、やがて甕から一人で這い出る。離れからくりといわれ、しかけを作る人も演ずるほうも技術のいるからくり。もと上中町にあって戦災で消失したが、平成二年に復活。からくり人形は八代目玉屋庄兵衛作。

・菅公（新丁保存会）

童子が持った額に、もう一人の童子が墨を含ませた筆で立派な文字を書き、披露する。菅原道真公がほめて皆喜び合うといったもの。大戦末期の空襲で山車、人形とも焼失。昭和二八年に山車を復興させ、中人形を七代目玉屋庄兵衛が作る。前人形は冠をかぶったふくよかな童女の巫女人形で、手に橘と榊、手桶を持ち、四方を清める。平成二年に八代目玉屋庄兵衛が修復した。

・岩戸山（岩戸山保存会）

蔵町に出現したタヌキが、美しい女性「天宇受売命《あめのうづめのみこと》」に化けて天の岩戸の前で舞うが、正体を現わし、タヌキになって腹鼓を打つ。打ちながら、下腹から垂れ下がった睾丸が風船のように膨れあがるのが愉快。もと蔵前町の山車であったのを昭和六三年に本町商店街が復元した。

・大入道（中納屋町（旧称桶之町）保存会）

ろくろ首で、黒・白縞模様のどてらを着た大入道は全高九メートル。太鼓の音に合わせて手を左右に振りながら、徐々に首を延ばしてときどき舌を出す。そのとき目は金色の瞳に変わり、眉もへの字型に下がる。長い首をSの字に曲げることもできる。これを数回繰り返して次第に首を元のように縮めて終わる。日本一大きく、顔の表情が変わるなど奇抜で、しかも歴史のあるからくり人形だ。

昔、桶之町（後日中納屋町へ合併）の人々が味噌、酒蔵や回漕店の物置に出没した悪事をはたらくタヌキに困り果て、大きなお化けを作って退散させようとしたのが起源というが、真の説とは考えられない。もっと大きな夢があったように思われる。名古屋の人形師に注文して作ったもので、文化二（一八〇五）年、竹田寿三郎、藤吉（明和・宝暦の頃に活躍した名工）の苦心の作と保存会に伝承されている。鯨のヒゲを利用して首が曲がるように改良されたのは明治二（一八六九）年で、名古屋・若宮の浅野新助が手掛けたことを記す箱書きが残る。

大入道山車は、露天の名古屋型山車と考えられ、梶棒前後を一〇人ほどで担ぎ、男女の子どもも加わり、引いて巡幸する。人形を操作するのは熟練した八人の人形師で、滑車や綱を使っている。長さ八五センチもある頭部は竹製の籠に和紙を張り合わせたもの。伸縮する長い頸部は、直径二四センチメートルの円形木枠が頸骨として一〇対繫がり、下から綱をひいて動かす。目、眉、舌出しの表情は、頸部に通した紐を引っ張る工夫が施されている。

桶之町は昔はすすきの原で、タヌキやキツネが出てきて近くの町民を化かしたという。そこで人間が化かしかえしてやろうと「大鏡お化け」や「ぼんぼりお化け」もつくった。別に隣の蔵町では負けじと体より大きなキンタマをぶら下げた狸のからくり人形をつくるなど、四日市祭りには競って出場したものだ。今も保存会の人々は舌を出したオバケの顔を染め抜いた法被《はっぴ》を着て活躍している。三重県指定有形民俗文化財。

問合せ　四日市市役所経済観光課（電話〇五九三‐五四‐八一七八）
四日市市教育委員会文化課（電話〇五九三‐五一‐一一五五）

滋賀県

大津祭

とき　一〇月、本祭りは第二月曜日の前日の日曜日、宵宮は本祭りの前日
ところ　天孫神社（大津市百石町通り京町三丁目）
交通　ＪＲ「大津駅」から徒歩で三分

天孫神社そばへ集結する三輪の曳山一三台

京都駅からＪＲびわこ線に乗って約一〇分で大津に着く。駅の正面からまっすぐに延びる中央大通りの先は琵琶湖であるが、歩き出して数分で右側に天孫神社が見えてくる。

宵宮にはこの天孫神社を氏神とする一三町内の曳山が前もって組み立てられ、からくり人形や見送り幕を飾って京町通り、中町通り、浜通りなどに出揃う。午後五時頃からは各曳山の名入りのたくさんの提灯に火を入れてお囃子を奏し、たくさんの人出にえも言われぬ祭り情緒が盛り上がる。

本祭りの当日は、朝九時には大津市内の一三基の曳山が天孫神社横の百人町通りに集合する。木製の三車輪をつけた曳山で四本柱に唐破風の屋根、彫刻や金具で彩り、赤ラシャの縁幕に金銀刺繡、ゴブラン織りの水引き幕や見送り幕を飾った絢爛豪華なつくりである。祇園祭りの鉾に似た曳山《ひきやま》だ。

これらの曳山には等身大に近い立派な人形が乗っており、それぞれにからくり人形の趣向がある。一三基は天孫神社にからくりを奉納して、九時三〇分より大津市内の巡行に出発。祇園囃子に似た鉦や鼓、笛による「コン

チキチン……」の祭り囃子を奏しながら進み、ときどき「所望」された家の前や街角でからくりを演じるとともに、厄除けの「ちまき」を観衆へ投げたりして夕方五時三〇分まで日がな巡行する。

曳山の行列の順序は、先頭が〝くじとらず〟で鍛冶屋町の「西行桜狸山」と決まっている。曳山の屋根の上に載せられている狸が祭りを先導・守護し、天気を守るとのいわれからで、以後の順番は毎年祭りの前九月一五日にくじ取り式をして決めることになっている。からくりを演じる場所は市内三〇か所にも及ぶ熱心さであるが、見所は、朝、総曳山が出揃った天孫神社前か、出発後市の浜側を巡行して一一時過ぎ到着する大津曳山展示館前、または昼一二時から休憩をかねてしばらく全曳山を展示するJR大津駅前の中央大通りである。午後一時四五分、出発とともに一台ずつからくりを演じて通り、大通り左右両側には観覧席も設けられている。

曳山一三台のからくり人形

・西行桜狸山（鍛冶屋町、寛永一五（一六三八）年）

高さ五二センチほどの白髪の桜の精が桜の古木の根元から現われ、大きな幹の上で小さな手を広げ、立ったり座ったり、くるっと回ったりして歩くしぐさが実にかわいらしい。曳山の二層中央奥に金襴の衣、絽の法衣をつけて立っている大人形の西行法師と花の中から現われた仙人が問答を交わす情景という。繰り糸からくり人形の日本最初といわれる。屋根には作り物の狸が立って手をかざし、日和見している。

・猩々山（南保町、寛永一四（一六三七）年）

能楽の「猩々」から考案されたもの。唐の国の親孝行な若者が、汲めどもつきぬ酒壺を海に棲むという猩々から授かる話で、猩々が大杯から酒を飲み、舞う場面を演じる。酒を飲むにつれ、白かった猩々の顔が真っ赤に変わるところが見もの。顔に仕掛けがあって、表が素面、裏が赤面の二面となっており、猩々が杯で顔を隠した時、横に一八〇度回転するようになっている。

・西王母（桃山）（丸屋町、明暦二（一六五六）年）

むかし中国の崑崙山《こんろん》に住む仙女・西王母《せいおうぼ》が舞い降りて、漢の武帝に桃の実を捧げ長寿を賀したとの『史記』の伝説。屋台中央奥に神聖な顔だちの西王母、手前に西王母を紹介した東方朔《とうぼうさく》の人形が立つ。その前に桃の木があり、見事に実った大桃が二つに割れて中からかわいい童子が生まれる。唐子《からこ》の衣装をつけ軍配を手にした童子は、木の幹の前方に進んで膝を上下し、くるりと身を翻してまた桃の中へ帰ると桃が元のように閉じられる。西王母の首は左右に動く。

・西宮蛭子山《ひるこ》（えびす山・鯛釣山）（白玉町（旧塩屋、米屋町）万治元（一六五八）年）

七福神の中の恵比寿は商売や漁業の神様として信仰されており、兵庫県西宮市の西宮神社が本社である。等身大の恵比寿がどっかと岩の上に腰をおろし、釣竿を垂れていると、曳山の幕押しの上に波の絵が立てられ、二匹の赤い鯛が現われ、波間を跳びはね戯れる。恵比寿が観客をはらはらさせながらうまくこの鯛を釣り上げると、待機する太郎冠者が向きを変えて魚籠《びく》を差しだし、鯛が中に収まる。

・殺生石山《せきざん》（玄翁山）（柳町、延宝元（一六七三）年）

曳山中央に殺生石があり、正面右手に玄翁和尚が立っている。和尚が法子《ほっす》をあげると法力によって石が二つに割れ、十二単衣を着た優美な女官姿の玉藻前が現われる。玉藻前が持っている扇で顔を隠し、降ろすと、妖怪（狐面）に変わっている。二面変顔のからくり。

❷

❶

❸

①石橋山．唐獅子が現れて牡丹の花と戯れる．②郭巨山．郭巨が穴を掘ると黄金の釜が現れる．③駅前中央通りに曳き揃った大津祭曳山．④湯立山．おかめ顔の飛矢が鉦を鳴らし，市殿と呼ばれる巫女が釜の湯を立てる．リズム感のある賑やかなからくり．⑤龍門滝山の鯉．羽を広げて滝を登る．⑥西王母山の桃童子（レプリカ）．大きな桃の実が二つに割れて出てくる愛らしい童子(レプリカ)．⑦西行桜狸山の桜の精．桜の枝の先端に止まって立ったり座ったり，回ったりの仕草がかわいい．

❹

❺

❻

❼

・湯立山（玉屋町、寛文三（一六六三）年、孟宗山から改名）

中央に湯立ての釜が置かれ、その奥に巫女が笹葉の束を持って立つ。正面右に御幣を持った禰宜が、左に鉦を持った飛矢《ひや》（赤い着物を着てユーモラスなお多福の顔だち）が立つ。禰宜がまずお払いをして、次に巫女が笹を振って湯を立て、飛矢は鉦を「ちゃんぽちゃんぽ」と打ちながら首を左右に振る。囃子のテンポが速くなり、湯立ての巫女の手が激しく上下すると最後に釜から湯に見立てた紙吹雪が舞う。

・郭巨山《かっきょやま》（釜掘山）（後在家町・下小唐崎町（元橋本町）、元禄六（一六九三）年）

貧しくて老母を養うのがやっとの生活に子供が生まれたが、孫かわいさに母がみずからの食を孫に譲るのを見て、母のため子供を土中に埋めようと郭巨《かくきょ》が鍬で穴を掘る。と、その孝行心に対し黄金の釜が出て来て裕福になるという中国「二十四孝」の話。

曳山の奥に郭巨が鍬を持って立ち、その前に盛り上がった地面が置かれている。その前に郭巨の美しい妻が両

上：猩々山．高風人形が手に持った酌で酒壺から酒を汲み，猩々が持つ大杯に注ぐ．
下：殺生石山．玄翁和尚と狐面に変わる玉藻前．

❶

❷

❸

❹

❺

①神功皇后山．武内宿禰と弓で文字を書く神功皇后．②月宮殿山．鶴，亀の冠をつけた男女の舞人が優雅に舞う．③源氏山．紫式部が思索を練っていると，様々なイメージが湧いてくる様子を表現している．④西宮蛭子山．恵比寿が泳ぎまわる鯛を一匹釣りあげる．⑤孔明祈水山．奥に孔明，前面に武将趙雲が立つ．

手で子を抱いて立っている。妻が子供をあやし、郭巨が地面を掘るしぐさを始めると、地面が割れて中から黄金の釜が現われる。びっくりして眼をむき唇を震わす郭巨や、妻の慈悲深い表情がドラマチックなからくり。

・孔明《こうめい》祈《き》水《すい》山（中堀町、元禄七（一六九四）年）

『三国志』で知られている軍師諸葛孔明が、魏の曹操と戦い、水神に祈り大勝した古事による。曳山中央に孔明が右手に羽扇を持って座す。正面右に鉾を持って立っているのは武将趙雲。正面幕押しの上に波と渦が現われ、趙雲が鉾を下に突くように動かすと、先の波がくるくると回り、水が湧きあがる様になる。奥の孔明はこれを見て羽扇をあおぎながら喜ぶ。

湧き水の仕掛けは、大小の木製歯車四つ、各々のカムを巧みに利用して転把《ハンドル》を右まわしすると水が湧き出るように見えるのである。

・石橋山《しやっきようざん》（唐獅子山）（湊町、宝暦二（一七〇五）年）

寂昭法師《じやくしよう》（大江定基）が唐天竺へ渡り、文珠菩薩が住むという清涼山に入って険しい石の橋を渡ろうとすると、菩薩の愛玩の獅子が現われて牡丹の花と戯れるのを見た話。

岩が割れて大きなどんぐり眼で赤毛の唐獅子が飛びだし、大きな口を開けながら後ろ足を跳ねたり、回転したりして牡丹の花と戯れ、再び岩の中に消える。唐獅子のからくり戯は日本唯一である。

・竜門滝山《りゆうもんたき》（鯉滝山・鯉山）（太間町、享保二（一七一七）年）

黄河の上流にある竜門山の滝は、どんな魚でも登れないが、もし鯉が登れば竜と化して天に昇るとのいわれから「登竜門」の言葉がある。曳山の後方に天井に向かって滝が作られ、天井いっぱいに見事な雲が彫刻されている。前人形に唐風の貴人が立っている。

からくりは金色の見事な鯉が滝の中央を下からせり上がり、尾やひれを交互に動かしながら滝を登る。登り切ったところで突然鯉の左右に翼が生え、翼を広げたまま鯉は昇天したかのように消える。創造性豊かなからくりで、鯉の胴の下方に縦の樋を走る走行台をつけ、外部から見えぬ滝の上部に大滑車を置いて、綱で引いて操作するのである。鯉は眼に水晶を嵌《は》め、口は開閉する。背びれの止め金一本をはずせば中央から胴が横に中央で割れる精巧な仕組みになっている。

鯉のからくりは宝暦一二（一七六二）年の在銘でわが国最古のもの。激しい動きで磨耗するので、二百余十年になる最近までに三体の鯉が使われた。京の仏師・林孫之進とその四代目までの手によるからくりで、四体目が平成一三年に大垣の人形師・後藤秀美により完全復元され、活躍中である。

・神功皇后山（漁師町、寛延二（一七四九）年）

仲哀天皇の皇后で、応神天皇の母である神功皇后は、身重の体ながら軍を率いて朝鮮半島に渡り、帰国後無事応神天皇を出産した話は有名な伝説である。安産の神としても信仰されている。

勇ましい甲冑姿に弓を持った神功皇后が岩に向かい、手に持った弓をゆっくり動かすと、岩の上に黄色に輝く文字が次々に現われる。「三韓之王者」の金文字で、皇后が朝鮮半島遠征を計画した折に成功を祈願して岩の上に祈念の文字を浮き上がらせたもの。手前に立つのは皇后の重臣・武内宿禰である。

人形が筆を持って書く「文字書き」は、中部地方によくあるが、文字の方が現われるからくり戯は珍しく、ここだけである。文字隠しの板が下に引かれて金文字が現われる仕組みである。

・月宮殿山《ざん》（鶴亀山）（上京町、安永五（一七七六）年）

謡曲の「鶴亀」（喜多流では「月宮殿」）にちなんだもの。中国古代の宮殿で春陽の節会が催され、皇帝を前に男女の舞人が祝いの舞を舞う。

曳山主座に王冠をつけた皇帝が座り、一段低いところの右手に亀の冠をつけた男児の舞人と左手に鶴の冠をつけた女児の舞人がいる。鶴亀は向かい合って扇を持つ手を静かに上げたり、下げたり、回ったり、舞扇を開閉し、全く同じ身振りで優雅に舞う。二体の人形の左右の腕は、関節をつけず鉄串を曲げた形でつけることで美しいポーズを表現している。

・源氏山（紫式部山）（中京町、享保三（一七一八）年）

紫式部が石山寺で『源氏物語』を書いた故事にちなんだもの。

曳山の上山が二層になっており、手摺のある上部では紫式部が右手に筆、左手に開いた巻紙を持ち、半ばうつむいて思索を練っている風情。下部の全面に石山をかたどった造り物の岩山がある。両端に岩戸があり、開くと中から汐汲み男女各一体、帆かけ船一艘を船頭が漕ぎ、御所車を牛が曳き、従者二体、笠持ち各一体、計七体の人形が回り舞台のようにゆっくり回転している。また岩山の中段に水車小屋や釜処《かまど》、松の立ち木が、その場で現われたり消えたりで風景を変える。この回転するパノラマ舞台は回転盤によるもので、囃子方の一人が下にしゃがんで人形の乗った輻《ふく》と呼ばれる六本の棒を手でまわし、小屋や松の木の出没は引き綱でもう一人が操作する。回り舞台の原型かともいわれ、紫式部の思索が具体的に現わされる文学的な風流として高く評価されている。

・一四台目の曳山として、明治五年まで記録にある神楽山（旧三輪山）がある。湯立山と同じからくり神事をした禰宜、巫女、飛矢と三輪明神の四体がのっていた。今は人形のみ宵山に町内に飾られる。

由緒

大津曳山祭は慶長年中頃（大津城落城の後、一五九六～一六一五）、天孫神社の宮元である鍛冶屋町の塩売治兵衛なる者が、祭礼当日に狸の面をかぶって踊ったところ人が集まり賑わったのが始まりといわれる。各町練り物を出したりしたが、寛永一五（一六三八）年にはじめて三輪の曳山がつくられ、元禄（一六八八～）から安永（一七七二～）年間に現在の曳山がととのえられた。

すべての曳山にからくり人形があり、それぞれの題材は中国の故事や、能・狂言からとった教養高いものである。また、からくりに要する時間は四、五〇秒から一、二分と短時間ながら、きわめて合理的な発想、操作法で独創的な傑作が多いのが特徴である。

からくりの演技は、ここでは「所望《しょもう》」と呼ばれ、曳山は市内を巡行しつつ、以前は経済力のあった商家、有力者らの家の前、現在は交通事情などでの指定場所数か所で何度も演じられる。

天孫神社は古くは四宮大明神と呼ばれ、旧大津市内の中心部に氏子を持つ。このあたりはかつては大津城のあった城下町、港町である。

大津は東海道の宿駅であるとともに琵琶湖に臨む水運の湖港として繁栄した。江戸幕府の下では北陸諸侯の食料（主に米）と物資の集積所として強い経済力を持ち、幕府直轄の天領・商人町として発達した。京都に近いが、往時の大津商人は常に新しいものに挑戦し、全国各地から情報を収集するとともに、それに基づく強大な経済力と豊かな文化を持っていたと思われる。商家は曳山装飾や見送り幕の豪華さを競い、斬新なからくり人形をのせて大津祭りの盛況を呼んだ。

曳山一三基中、西王母、孔明祈水山、竜門滝山、源氏山などの多くの優れたからくり人形を制作したのが林孫之進で（源氏山に享保三（一七一八）年の銘がある）、京都の東山区に在住の仏師であり、四代目まで活躍したことが知られている。

三〇〇年余の伝統ある大津祭の曳山・からくり人形の継承は、各町自治会が保存会や保存協賛会、会社をつくって熱心に受け継がれているほか、近年は「祭人会」（世話人・船橋寛次氏）など祭り好きを育てる情報発信基地をめざす集まりも生まれている。滋賀県指定有形・無形民俗文化財。

問合せ　大津市観光物産課・㈳大津市観光協会（電話〇七七‐五二八‐二七七二）
大津曳山展示館（大津市中央一丁目二‐二七、電話〇七七‐五二一‐一一〇三）

京都府

祇園祭

とき 七月一六日（宵山）、一七日（山鉾巡行）
ところ 八坂神社（京都市東大路通四条角）
京都市内中心部一帯を山鉾が巡行する
蟷螂山《とうろうやま》の所在地は同市中京区西洞院四条上る蟷螂町
交通 ＪＲ「京都駅」より地下鉄「四条」下車

日本最大の祭り

一二〇〇年余の歴史ある古都・京都で行なわれる祇園祭りは、その伝統や規模でわが国最大の祭りとして知られている。毎年七月一日の吉符《きっぷ》入りから一か月にわたり数多くの神事があり、三一日の八坂神社内疫《やく》神社の夏越《なごし》祭りで終わる。

重要なのが七月一七日の夕方、三基の神輿が八坂神社を出発し、市内を巡幸して四条寺町のお旅所に着き、以後二四日までとどまる行事であるが、その午前中、前もって行なわれる山鉾巡行と、前夜の宵山が今では祭りのハイライトとなっている。

日程

七月一七日、すでに釘一本使わぬ伝統の方法で組み立て、用意された三二基の各町自慢の鉾・山が、水引き幕、胴掛け、前掛け、見送り幕や飾り金具など豪華な装飾を競い、前夜の宵山で停泊していた町内から朝早くメインストリートの四条烏丸に勢揃いする。

午前九時、長刀鉾《なぎなたほこ》を先頭に「エンヤラヤー」と音頭取りの掛け声、ひるがえる扇子とともに、ゆらりと巨体を動かし次々に出発。鉦、太鼓、笛による「コンチキチン」の祇園囃子もにぎやかに四条通りを東へ向かって巡行する。くじ改め、長刀鉾稚児のしめ縄切り、八坂神社遥拝などの儀式を経て河原町通りを曲がって北上。御池通りを西行きし、烏丸御池までの巡行が約二時間三〇分。ここで解散後それぞれの町内へ帰り、ただちに解体される。

鉾の高さは地上から鉾頭まで約二五～二七メートル、屋根まで約八メートル、重さ一〇～一二トンで、四つの車輪は直径二メートル前後、四〇～五〇人の綱方によって曳かれる大層なものである。山は、地上から飾り松も入れての高さで約六メートル、重さ一～二トン。多くが御神体として等身大の人形を何体か飾っている。九基の鉾と二三基の山があるが、からくり人形がのるのは唯一蟷螂山のみである。

からくり人形の載る蟷螂山

緑色の大かまきりが、豪華絢爛に飾られた山の上の御所車屋根上にとまっているだけで異様さが人目をひくが、さらに鎌首をもち上げ左右を見まわし、前足を交互に上下するとともに、閉じた羽も両方に開き、上下に動いてまた閉じる。御所車の車輪もまわる。珍しく、奇抜なからくりである。

山を組み立て、からくりを設置する。御所車の中に操者が入って、かまきりの首や足、羽根に仕掛けた紐をひいて動かす。このからくり操作には、蟷螂山保存会の依頼で、毎年名古屋市のからくり人形師・九代目玉屋庄兵衛が門下を連れて出かけている。これは、故七代目の復元したからくり人形であるからでもある。

由緒・沿革

祇園祭りの起源は、遠く平安時代の御霊信仰に根ざしており、貞観一一（八六九）年、都に疫病が流行したとき、悪霊の退散を願って始まったといわれる。天に向かってそそり立つ鉾は、悪霊退散を願うシンボル、天と地を繋ぐ宇宙軸であり、神の依代である。

八坂神社（古くは祇園社と呼ばれた）は牛頭天王を祭神とし、邪悪なものは疫病を流行らせて皆殺しにするが、頼まれれば必ず救うやさしい心のあるこの神を、人々はひたすら信仰した。

故人の霊の祟りには神の冥助を祈るほか、賑やかに歌舞音曲など奏して神を慰め和そうと「神賑わい」がこころみられた。長保元（九九九）年の祇園祭に無《む》骨《こつ》という雑芸人が大嘗祭（天皇即位後はじめて行なわれる秋の新嘗祭）に飾る標山《しめのやま》に似た造り物を車にのせて祭礼にくりだしたのもその一つで、これが後の山となったといわれている。

以来千余年、さまざまな変遷を重ねてきたが、山鉾が今日のような形態になったのは南北朝時代のことといわれる。その後応仁の乱（一四六七～七七）、天明の大火（一七八八）など幾多の戦火に遭うが、そのつど町衆の熱意によって再興され、継承されて今日に至り、優れた文化遺

蟷螂山．御所車をデザインした山の上に大きな緑色の蟷螂が．前足を上下させ，首を振り，羽も開閉して見せる．

産として国の重要有形民俗文化財に選定されている。

蟷螂山は「蟷螂の斧を以て降車の隊を防がんと欲す」という中国の古事にちなんだもので、祇園祭の資料によれば、南北朝時代に、当時足利義詮軍と戦って死んだ当町在住の四条隆資卿の武勇ぶりが蟷螂の生態に似ていたことから、渡来人で当町居住の陳大年が、彼の死後二五年目の永和二（一三七六）年、四条家の御所車にその蟷螂をのせて巡行したのがはじまりとされている。

宝暦年間の記録にも「肘をうごかし羽をあげ、この間に車の輪まわる御所車なり」とある。

蟷螂山は再三の戦火にあったため明治四（一八七一）年を最後に祭りから姿を消したが、近年になって町内に再興の気運が盛り上がり、復元されることになった。熱心な保存会の依頼で名古屋市の七代目玉屋庄兵衛が残る資料を参考に制作、一〇〇年ぶりに昭和五六年七月から巡行に加わっている。

祇園祭の山鉾のうち二九基が国の重要有形民俗文化財で、祇園囃子をはじめ山鉾行事が国の重要無形民俗文化財に選定されている。

問合せ　八坂神社（電話〇七五－五六一－六一五五）
祇園祭山鉾連合会（電話〇七五－二二三－六〇四〇）

徳島県

犬飼の襖からくり

とき　一一月三日、午前一一時～午後三時三〇分（五王神社祭礼）
ところ　五王神社（徳島市八多町犬飼）
交通　JR「徳島駅」から五滝行き徳島市営バス二五分終点下車、徒歩一〇分

徳島市の南西、八多町の八多川上流にある五王神社は、名勝「五滝」の登り口にある。高い石段を登って行った境内は、山の斜面を切り盛りしたところに農村舞台がある。

木造寄棟造りの建物で、立派な屋根はむかし茅葺きだったのをトタン板で覆っている。江戸時代の創建で、明治六（一八七三）年に再建されたのが現在の舞台という。舞台右側の斜め前方に浄瑠璃語りと三味線のため屋根付きの「太夫座」が付属している。

ここで地元の人形座・勝浦座によるドラマチックな阿波人形浄瑠璃芝居や地芝居が何本か演じられ、最後に「襖からくり」という珍しいからくりで「段返し千畳敷」が演じられる。人形や人は一切出ず、鮮やかに彩色された襖の絵が次々に変化して観客の目をうばい、不思議な次元へと導くものだ。

一三〇余枚の襖が四二景の景色、動物、花、紋様の絵に変化する。変化の仕方が絶妙で、舞台中央から左右に開いて進む、重なってすれ違う、その場で一斉に回転して変わる、天井へ引き上げられ、落ちてくるなど、さまざまである。

これは五王神社の氏子たちが祭りのために継承してきたからくりで、八〜九人の手動により、長い竹棒で突いて動かす操作が主だが、太いロープも使われる。田楽、引き分け、引き抜き、千鳥、上昇、切り落としなどの技術である。次々に変わる豊かな色彩の美しい絵を何枚か楽しんだ後に、遠近法を考えて描かれた座敷の襖絵が、客席に近い口千畳から中千畳、そして奥千畳と、舞台は次々奥へと展開してゆくのである。

繰り返しの多い単調な太棹三味線の調べにのって、ロープで横一列に繋いだローソクの灯が、奥千畳敷の舞台

上：五王神社の農村舞台．江戸時代創建の歴史ある舞台を，青いビニールを敷き詰めた広い桟敷に座って人々は熱心に鑑賞．
下：「段返し千畳敷」．場面が変わるにつれ，観客は座敷の奥へ奥へと誘い込まれてゆく．

奥にゆらめくのを見る頃、観客はすっかりこの不思議な奥座敷に魅き入れられ、主人公の気分となるのである。上演時間の約二〇分は夢のように過ぎ、その前延々と演じられていた人間の情や義理にからんだ濃い味の人形芝居とは対称的な清涼剤のようなからくりである。

「岩上の虎」「松に鶴」「橋に牡丹と唐獅子」など大胆で華やかな襖絵の数々は、明治時代に京都などの絵師によって泥絵具で書かれたものという。

犬飼の農村舞台の特徴は、この「襖からくり」と「舟底楽屋」で、襖からくりを演じる場の下、地表から四〇センチほどに掘り下げ、たたきで舟底のように造られた楽屋である。これは舞台創建当時、山の斜面に建てたため、楽屋を設ける場所がないので床下に造ったものという。建物は国指定重要有形民俗文化財、からくりは徳島市無形民俗文化財。

徳島県下には農村舞台が多く、現存する舞台だけでも一三〇以上といわれるが、歌舞伎が多く、人形芝居を演じているのは那賀郡坂州の八幡神社例祭と徳島市犬飼のここだけである。五王神社の例祭は、昔から神輿や山車を出さず、この農村舞台で氏子たちによるこうした芸能が奉納されるのである。

問合せ　徳島市教育委員会社会教育課（電話〇八八‐六二一‐五四一八）

鹿児島県

知覧の水からくり

とき　毎年七月九・一〇日
ところ　豊玉姫神社境内のからくり館舞台（川辺郡知覧町郡一六‐五一〇）
交通　鹿児島空港より空港バス「知覧」行き一時間三〇分、または指宿市より車で一時間

水車の動力でからくり人形芝居

神社前を流れる幅二メートルほどの小川で木製の水車を回し、その動力で舞台の人形を操作するもので、精巧なしかけによって人形が手足をうごかし、うなずき、飛び上がったりするほか、前進後退も自在である。

神社の鳥居そば、用水路の麓川べりに芝居の小屋が建ち、川の流れで回る水車の動力が小屋の機関室へ伝わり、その上にある舞台上の人形を動かすのである。

「からくり館」と呼ばれる小屋の屋根付き舞台は、幅五メートル、奥行き三メートルの広さで、人形は大きさ四〇センチから七〇センチほどのもの。舞台の前方に大きな人形、後方に小さな人形を配して遠近感を出している。

私が訪ねたときの外題は「忠臣蔵」で、討ち入りの場面を壮烈に演じていた。四十七士らが、太鼓を合図に門を破り突入する場面から、吉良屋敷での斬り合い、上野介を発見の場面など。根っから明るい三波春夫の歌謡浪曲「大忠臣蔵」のレコードを流して、約二分間の上演である。これが朝九時から夜一〇時まで一日中繰り返され

上：豊玉姫神社境内のからくり館舞台．「忠臣蔵」が演じられている．中：舞台下のからくり館地下室，キャタピラ状の木製ベルトコンベアーに乗って倒立して移動するからくり人形．下：神社そばの小川にかけた水車．水車の回る動力を機械室へ伝えて人形を動かす．

る。

観客は三々五々日傘などさして神社を訪れ、舞台前の観客席に座って近隣の人と話り合いながら入れ替わり立ち替わり見守る。県内から多数の見物客でにぎわう。

スイッチひとつで自動の人形たち

かつて日本の農村では、水力を利用するための水車風景はよく見られたが、水車はエネルギーの近代化とともに今はすっかり姿を消した。そこで水を使ったからくりは珍しく、現在、全国に鹿児島の知覧町と加世田市にあるのみである。地元では「薩摩の水からくり」と呼び、そのユニークな着想はカラクリ機構の中でも異色のものだ。

人形芝居舞台の床下が、小川べりの小屋「からくり館」地下室にあたり、中で作動しているのは手づくりの木製機械で、緊密に絡みあう歯車や糸が、直径約二メートルの水車の回転にあわせて規則正しく動いている。人形の操作は基本的には糸の引っ張りと戻しで、糸巻車の回転、腕木や振り子の振りで行なわれる。水車の動力を「ツルギ」と呼ばれるキャタピラ状の木製ベルトコンベアや台車に伝え、その上に人形を取り付けることで、人形が舞台に現われまた消えるといった連続的な繰り返しの活動や、回転移動や回転、急激な跳躍もできるのである。人形の背中を割り、仕掛けを入れるなど細かい配慮もされている。

知覧水車からくりの特徴は、多数の人形が水力を利用した装置によって巧妙に連動した動きを与えられ、ドラマチックな場面を上演することで、スイッチを入れた後はほとんど無人で長時間動き続けることができる。

からくり人形に携わるのは水車からくり保存会会員（現在約二〇人）で、素人集団ながら人形制作から、からくり仕掛けの制作まですべて自分たちの手で行なう。演目は毎年変わるため、二か月前から制作にとりかかる。ちなみに過去演じた演題は、昭和五四年から「五条の橋の牛若丸と弁慶」「天の岩戸」「那須の与一」「川中島の戦い」「桃太郎の鬼ケ島征伐」などで今に続いている。

由緒ある豊玉姫神社は知覧町一円の鎮守の神で、町民全体が氏子なので、保存会の役員は地域の長とダブることになり、強力な支援が約束されている。

知覧町は島津藩ゆかりの武家屋敷をかかえて独自の文化を築いた土地柄で、各種職人の技量は高く、特に「知覧大工集団」の卓越した技能は知られている。そんな創意工夫の達人らがたくさん、代々氏神へのからくり奉納にかかわってきたのだろう。忙しい農業や勤め仕事の最中にも夏の祭りのからくり制作のため献身することを楽しんでいるという。

由緒・沿革

水車からくりは「六月灯《ろくがつどう》」と呼ぶ薩摩の伝統行事の中で行なわれる。

六月灯とは旧暦六月すなわち新暦の七月に社寺の庭で行なわれる祭礼で、暑い夏に向け、病が流行ったり、水難事故などが起きぬよう祈る。農村では田植えが終わって一息ついた農事の合間である。

その起源は、一七世紀、藩主島津光久が鹿児島市新照院にあった観音堂に参詣したおり、たくさんの灯をともし、人々もそれにならって献灯して賑わったというのがはじまりといわれる。寺の万灯会が神社の灯籠にと影響したのだろう。

もち米で甘酒やぼた餅を作り、男の子たちは灯籠を作って神社に奉納し、持ち帰って家の仏壇の前や床の間にともすしきたりがあった。たくさんの色、形さまざまな灯籠が奉納され、回り灯籠や影絵灯籠などもあって、六月灯の神社は訪れる人々で盛況となった。そこでさらに興を添えようと青年たちが水車からくりを考案し、人形芝居がはじまったのである。初期の記録はさだかではないが、豊玉姫神社前の小川は農業用水路で、安永九（一七八〇）年にできているので、それ以後のことと考えられる。

明治三七〜八年の日露戦争で中断、昭和になって太平洋戦争の特攻隊基地となって痛手を受けた知覧町では長らく水車も回ることはなかったが、四〇年ほどの間を置いて昭和五四年に保存会が結成され、町民の援助によって復活した。大切に保存されていた古いからくりの部品や人形の断片が復元に役立ったという。

昭和五四年以来は休むことなく二〇数年、毎年上演され、由緒ある豊玉姫神社の氏子総代の佐多信良氏が一七年間保存会会長をつとめ、他界ののち森重保氏に後継されている。宮司の赤崎千春氏も家族ともども人形制作にはげむなど、知覧の人々が情熱をかけて守り育ててきた「水車からくり」は、鹿児島県指定有形民俗文化財となるほか、「薩摩の水からくり」として加世田の水車からくりとともに昭和五九年に国選択無形民俗文化財となっている。なおからくり人形芝居の上演されている豊玉姫神社の一角で、今もさまざまな彩色をほどこした手づくりの灯籠が華やかに揺れている。

問合せ　知覧水車からくり保存会（知覧町一六－五一〇、豊玉姫神社社務所内、電話〇九九三－八三－四三三五）

知覧町教育委員会文化財課（知覧町郡《こおり》一七－八〇〇、ミュージアム知覧内、電話〇九九三－八三－四四三三）

鹿児島県

加世田の水車からくり

とき　毎年七月二三日の竹田神社祭礼
ところ　竹田神社境内脇の用水路にかけた人形舞台（加世田市武田）
交通　鹿児島空港から空港バスで一時間三五分「加世田《かせだ》」下車

歴史上の人物・島津忠良を祀る竹田神社の祭礼

竹田神社は、一六世紀初め鹿児島を中心とする南九州統一にほぼ成功し、島津家中興の祖と称えられる一五代藩主島津貴久の実父・島津忠良を祀る神社である。その号から「日新公」の名で敬愛されたので、はじめは「日新寺」としてあったのが、明治四（一八七一）年に竹田神社と改め、社殿が建立された。

島津忠良はその子貴久を補佐して活躍するとともに、朱子学の推奨や、後の薩摩の子弟教育の指針とされた「いろは歌」の作者として知られ、人気のある歴史上の人物である。

日程

夏祭りには午前一一時三〇分から神社の境内で士《さむらい》踊り（県無形文化財）、武道、弓道、相撲があり、夜は演芸大会などが開かれる。

境内脇に清らかな水が流れているのは幅四・三メートルほどの益山用水である。その水路の上に小屋がけした

上：竹田神社そばの水路上に小屋がけしたからくり人形舞台．舞台がぐるぐる回転する．
下：舞台下に水車があり，その動力が舞台を動かす．

舞台に人形が飾られている。等身大よりやや小ぶりの勇ましい武者人形である。人形は動かないが、人形が立つ舞台がぐるぐる回転する。朝七時から夜九時まで音楽とともに動く。

　はなやかな幕を張った屋根の下、武者絵の献灯もあり、緑の杉の葉と割竹で飾った動く舞台の人形にみな思わず足を止めてしばし見とれるものである。

　舞台下、川の水面に垂直においた木製の水車から、舞台上で人形ののる台座へ動力が伝わり、人形は同一方向へ回転する。

由緒

　私が訪れた平成五年のからくりは「加世田別府城の戦い（搦手口の戦い）」で、馬上で刀を振りかざし、あるいは敵を組み敷く鎧・かぶとの勇ましい武将像が、島津忠良の家来たちの武勲を物語るものであった。

「加世田のからくり人形は、島津日新公が殊勲をあげた部下や、社会のために尽くした者を人形に型どり、その功をたたえたのが由来で、武士たちが忠良を偲んで始めました。定かではありませんが、四五〇年の古い伝統があると聞いています。毎年登場させる人物は変えていません」と、人形つくりの緒方竹春氏（大正九年生）。竹田神社の近くで染め物屋をしながら昭和四五年からずっと、からくり人形保存会の人々とともに人形をつくってきた。戦後から昭和四四年まで竹田神社宮司の野村盛雅さんが主に制作していたのを継承している。

カラクリの特徴は一貫して戦いの場面を表わし、加藤清正の虎退治、牛若丸と弁慶の五条大橋の戦い、那須の与一扇の的、関ケ原の戦いや島津家の活躍などを描いている。いつも祭りのひと月前の六月半ばから用意する。当日スピーカーで出し物の説明、歌が流される。水車の設定は竹田神社が人夫を使って行なう。

加世田の水車からくりのしかけは、直径一三六センチの水車の軸にとりつけた歯車に、トンボと呼ぶはしご状の人形台（中央に軸があり、左右に人形を乗せる。舞台一杯に両羽をひろげたトンボの形状のためこの名がある）の心棒下部先端に固定した歯車を直角にかみ合わせることにある。これで水車の回転とともに回転軸がまわり、トンボの上の人形が水平に回転する仕組みである。

国選択無形民俗文化財、鹿児島県指定有形民俗文化財。

問合せ　加世田市教育委員会生涯学習課（電話〇九九三-五三-二一一一）

八女《やめ》福島灯籠人形

とき　毎年秋分の日（九月二三日）を含めた三日間
ところ　福島八幡宮（八女市宮野町）の境内に設けた芝居屋台
交通　西日本鉄道「久留米駅」から八女営業所行きバス四〇分「福島」下車、徒歩一〇分

八女の風土と歴史を反映する民俗芸能

福岡県久留米市に近い八女《やめ》市は、八女茶で知られると同時に仏壇や灯籠、提灯、手すき和紙など伝統工芸の町でもある。その氏神福島八幡宮の例祭放生会に奉納される「八女福島灯籠人形」は、八女の風土と歴史のすべてを反映しているといわれる民俗芸能である。

日程

毎年九月初旬のある日、八幡宮の境内で芝居小屋（屋台と呼ばれる）が組み立てられる。建坪約一一〇平方メートルの木造三階建て。一か月かかって出来上がる三層の建物にクギやカスガイは一切使われていない。自由に組み立て、解体できるよう工夫されている。金箔、銀泊や漆塗りで、これは福島仏壇の技法のもとになったと思われる。

この屋台の二層目部分中央が舞台で、秋分の日を中心に三日間からくり人形が舞う。連日午後一時三〇分から

❶

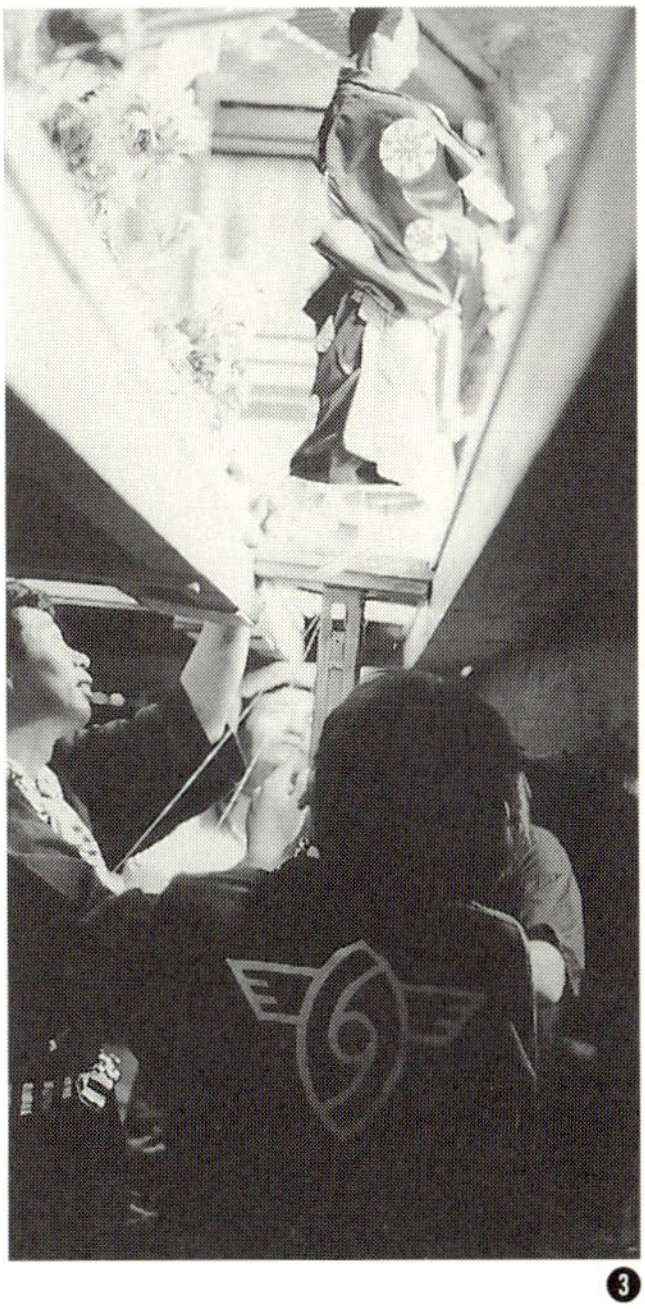
❸

❷

①華麗なからくり人形芝居の上演．２階の障子戸中で囃子方が演奏している．
②もと福島城石垣の跡が絶好の観覧席．
③舞台下から溝の上の人形を操作する．

六回行なわれる。見事な背景が次々変わる中、美しい人形が賑々しい地唄と囃子で舞う絢爛豪華な舞台は、歌舞伎の舞台と見紛うほどである。

高さ八メートル、幅一四メートル、奥行き六メートル余の舞台、舞台上に架かる橋の上に二体、下前方に一体または二体の演技する人形があり、他に動かないが物語に華を添える人形が効果的な組み合わせで配されている。人形は他にない巧妙なからくりで動かされる。

総勢約四〇名の働きで演じられる人形芝居

まず掛け橋には二筋のレールが敷かれてあり、円形の台車をつけた人形が乗る。木製の歯車機構によって回転、移動が可能で、人形各部から来る糸が台車に取り付けた細い木串に結びつけられている。舞台左右の袖の見えないところに各々六名の人形方が待機し、長い横遣いの棒で突いて左右の手、首、体などの身振りを操作するのである。人形の足は動かないので、人形台を横遣い棒で押したり引いたりして舞台上で移動させる。この横遣いは、左右の人形使いらの熟練の技と呼吸の一致がなければ成功しない妙技である。また掛け橋の下の人形は、舞台床下から下遣いの人形方が床につくられた溝を利用して人形につけた糸を引き直接動かす。一体につき五～六人が操作する仕組みになっている。三層目には三味線や太鼓の囃子方と唄方、一五～一六人が陣取り、盛大な地唄が奏される。演出者や衣装方、裏方、合わせて約四〇数名の大人数である。

屋台の向かいにある川石を並べた土手が絶好の観客席である。旧福島城第三城の石垣の趾で、上部の高台も立ち見席の観客で埋まる。そうした多数の人々の意気が一つになってからくり人形芝居が上演されるのである。

芸題は四つあり、「春景《はるげ》色筑紫潟名島詣《しきつくしのかためいとうもうで》」「吉野《よしの》山狐忠信初音《やまきつねただのぶはつね》の鼓《つづみ》」「玉藻之前《たまものまえ》」「薩摩《さつま》隼人国若丸厳島神社《はやとのくにわかまるいつくしまじんじゃ》詣《もうで》」から毎年一題ずつ順ぐりに上演される。

人形は細い木で作られており、体の関節部分は鯨のヒゲをバネとして利用し、それぞれに結びつけられた糸を引いて自由に動くようになっている。衣装には紐をつけ、いっせいに引き抜いて早替わりするのは見事である。

沿革

かつて福島町、福島村二町村の氏神として八幡宮が建立され、その放生会行事が始まった頃は、氏子の各家ごとにご神灯を飾っていたが、延享元（一七四四）年になると人形とそれを照らす灯籠を飾るようになった。灯籠は隣県熊本の山鹿灯籠を貰い受けて氏子町内から千灯籠が献納され、さらに時代風俗の飾り人形を添えて人気のあったことから「灯籠人形」の名称が生まれたようだ。

明和九（安永元＝一七七二）年、地元の元福島組大庄屋松延甚左衛門が、大坂へ出向いて当時流行の人形浄瑠璃の作家となり、からくりの技術を見聞して福島へ帰省した。その影響で人形の灯籠は動くからくり人形となり、灯籠は舞台の照明の役割に変化していった。からくり人形の上演は、当番町制をとったので、氏子町の張り合うこととなり工夫や技術が発展、久留米藩主の贔屓もあって人々の「灯籠人形」にかける情熱が高揚した。

幕末期の天保の頃には久留米出身の発明王からくり儀右衛門こと田中久重も、久留米の五穀神社祭礼でからくり人形の興行をするほか、隣町八女の「灯籠人形」二体を制作、仕掛けや操法にも知恵をかしたといわれている。最盛期には氏子一一町会が数十台の屋台とそれを上回る芸題を供したこの伝統ある民俗芸能は、幕末の動乱、第二次世界大戦で中断を余儀なくされたが、人々の熱意で復活、昭和三二（一九五七）年に「灯籠人形保存会」を結成して毎年奉納上演を続けている。昭和五二年に国指定重要無形民俗文化財に指定。

現在の山鹿灯籠は五〇余年前からすべて八女の和紙が使われている。

問合せ　八女市教育委員会生涯学習課（〇九四三－二三－一九八二）

沖縄県

今帰仁村謝名区豊年祭《なきじんじゃな》

とき　五年（満四年）に一度、旧暦八月一五日（九月二四日）ごろの夜
ところ　国頭郡《くにがみ》今帰仁村《なきじんそん》・謝名区《じゃな》神アサギ前の広場
交通　名護市より車で三〇分

満月のもとで不思議な二頭の小獅子舞（アヤーチ）

沖縄県は、南の島の情緒ある民謡や舞踊のきわめて盛んな土地であることは知られているが、同じくらいに獅子舞もよく行なわれる。毎年秋の祭りには各区で盛大な獅子舞が舞われ、ほとんどが人間が二人いて獅子頭をかぶって踊る大きな獅子舞だが、名護市の字川上本部町《もとぶ》伊豆味《いずみ》と今帰仁《なきじん》村の謝名《じゃな》区にある獅子舞のみ、二頭の小獅子が戯れる糸操りである。仕掛けがあって演じられるので、あえてからくりの仲間に入れた。

日程

最近の今帰仁村謝名区では、平成一一年九月二五日（土）に豊年祭が行なわれた。直前に台風の襲来があって、若干の樹木の枝が折れるなど被害が見られたが、祭り当日は晴天で穏やかな秋の空に大きな月が昇ったのだった。

夕方、「謝名区豊年祭」を告げて歩く区民のパレードが小高い丘の上の神社下にある祭り広場へと向かう。化粧をし、衣装をつけた舞台姿の出演者らがムラヤー（公民館）に集まって、子どもの鼓笛隊や、民謡踊りをひと

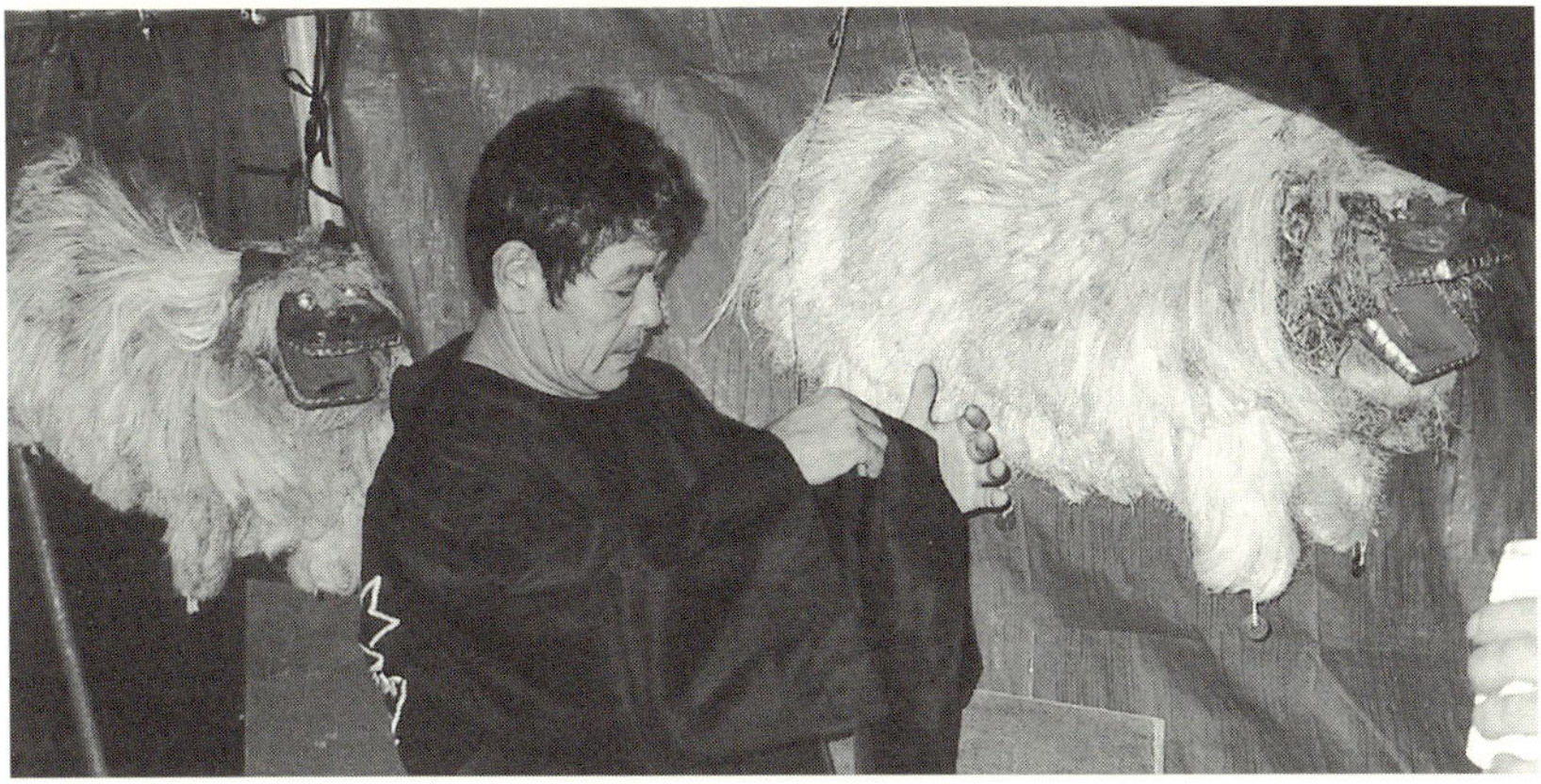

左：謝名の獅子舞．鈴にじゃれつく二匹の獅子．
下：舞台待機中の獅子．手足に古銅貨の重しをつけている．

しきり披露した後、旗頭を先頭にこんもり茂った林の向こうにある会場へと行列して行く。獅子舞の小獅子二匹も小トラックの荷台に乗ってついて行く。

豊年祭の会場は集落の神社の下にある広場で、パイプで組み立てた屋根つきの特設舞台があり、その前の地面に青いビニールと上敷を敷きつめた広い場所へ人々は酒、弁当持ちでやってきて座り込む。この舞台で午後七時開会の豊年祭は、区長の挨拶に始まって数々の色彩豊かで艶のある歌、踊り、楽器演奏が三二番も続き、夜も更けて出し物がすべて終わった最後に獅子舞が演じられる。

舞台の背景には暗幕が張られ、床に高さ五〇センチ、奥行き二メートル、横四メートルほどの台が設けられる。天井に舞台の間口と同じ長さのパイプ（昔は竹）を渡して獅子を操る糸が仕掛けられる。

三線が鳴り出して幕が開き、獅子を押さえていた人の手がサッと離れると、二匹の獅子が跳ねて踊り出し、金色の球にじゃれて遊ぶ。三線と太鼓の囃子に合わせ、二匹の獅子はまるで生きているかのように球を追い、口にくわえようと飛び上がったり、うずくまったり、ぶつかったりするのである。口を大きくあけて球を捕らえようとする姿がユーモラスで、観客が大喜びで見入り、圧巻である。

由緒

獅子舞のことを「アヤーチ」と呼ぶのは「あやつり」の意らしい。

獅子の頭の部分と、尻尾の付け根に結わえた糸は背景と同じ黒い色で、めだたぬよう幕の内側から操作される。糸の激しい動きを円滑にするため、天井のパイプには滑車が取り付けられている。

小獅子の体長は約七〇センチ、高さ四五センチで、胴体は割竹を編んで麻や芭蕉糸を結びつけてふさふさとした毛にしている。頭と耳は厚手のボール紙で作り、彩色したものという。雌雄の小獅子なので、一匹は少し小さめである。四つの手足の裏に古銭を数個ずつ吊り下げているので、獅子が飛び跳ねると床に当たって音が出る仕組みになっている。この古銭は獅子の四肢を下げる役目もしている。また、獅子の口の中と球の中に一個ずつ鈴が入っていて、動くと軽い音が出る。

この獅子舞がいつの頃から、どのようにして舞われるようになったかは不明であるが、五年（満四年）に一度だけ、豊年祭に顔を出す小獅子の舞は、沖縄の大切な文化遺産と思われる。

もう一か所の名護市字川上の獅子舞いは、平成一二年に行なわれた。神事の色濃く、まず鎮守の森で「ウタキ」を行ない、舞わせた後、区の公民館内で演じたという。この豊年祭は八月おどりともいわれる。

問合せ　今帰仁村歴史文化センター（電話〇九八〇 - 五六 - 五七六七）

第三章　くらしの中のからくり人形

くらしの中のからくり人形

以下に紹介するからくり人形は、祭礼とは関係なく、今日の各地の暮らしにとけ込んで楽しまれているものである。

中には歴史的な「興行からくり」の部類に属する群馬県安中市の灯籠人形や、桐生市のからくり人形芝居もあり、伝統として細ぼそと伝えられるもの、あるいは一度絶えながら復活したものもある。また新たに考案・制作されて活躍しているからくり人形も数ある中、いくつかを拾って紹介しよう。

安中《あんなか》灯籠人形

とき　不定期
ところ　安中市中宿
交通　JR上越・長野新幹線「安中榛名駅」下車、信越本線「安中駅」下車

旧中仙道の宿場町として栄えた安中《あんなか》市の民俗芸能である。

竹骨を組み、和紙をはって蠟で縁どりした線画に彩色をほどこす衣装をまとった空胴を人形として、内部にカンテラを吊り、そのあかりで人形を見せる。カンテラは、人形の動きにつれて自在に回転し、水平を保って危険のないのが見せ場で、別名ガンドウ人形とも呼ばれる。また五段に仕掛けられ背景も同様の製作方法で糸で操る。これらは上演ごとに地元の人々の手で作られる。

間口四間、奥行き五間の掛け小屋で、人形の各所から出た黒い絹糸を舞台上の框《かまち》を通して下の奈落《ならく》舞台から操作する。横移動は舞台に張り渡した走線《そうせん》（針金線）に人形を吊って行なう。

口上に続いて三番叟（在家）、馬乗り小僧（下宿）、俵小僧の力もち（上宿）、日高川安珍清姫（田中）の操り紙人形が胴に灯を入れて動く。獅子笛、大太鼓、締め太鼓、鼓などの鳴り物のにぎやかな囃子や掛け声とともに、馬に乗って傘をさした小僧（騎手）が直径六〇センチほどの籠をくぐりぬけたり、蛇となった清姫が客席の上を張った走線を伝って走るとやんやの喝采となる。籠のくぐり抜けなどは、江戸時代に流行った曲芸見世物と通じ

右：馬乗り小僧の籠抜け．賑やかな囃子とともに小僧が籠を抜けると大拍手．
左：「日高川安珍清姫」の操り風景．人形につけた黒い絹糸を舞台下から引く．

るものがある。
明暦二（一六五六）年のはじまりとの伝承があり、例年農閑期の七月下旬に演じられていた。文化より天保年間（一八〇四～四四）に全盛をきわめたというが、明治時代の火災で村の大半を焼失し、詳しい記録は無い。明治初年に浅草へ出公演、戦後昭和四五（一九七〇）年大阪万博、昭和六二（一九八七）年国立劇場に出演した。人手と経費がかかるので、しばしば演じられない。
国指定重要無形文化財。中宿公民館で中宿灯籠人形保存会が練習し、後継者育成にあたっているが、所演は不定。平成一三年二月、安中市文化センターで後継者育成事業として、一五年ぶりの上演が行なわれた。

問合せ　安中市役所・教育委員会社会教育課
（電話〇二三‐八二‐一一一一）

桐生天満宮からくり人形芝居

とき　毎月第一土曜日、午前一〇時〜午後四時
ところ　桐生からくり芝居人形館（桐生市本町二丁目六 - 三二　桐生市有隣館内）
交通　JR両毛線「桐生駅」下車

「西の西陣、東の桐生《きりゅう》」といわれ、帯地やお召などの生産で有名な桐生市は、江戸時代から織物の街として栄えてきた。毎年八月に行なわれる桐生祇園祭りは、豪華な木彫刻や襖絵を持つ二台の「鉾《ほこ》」、六台の「屋台《やたい》」とよばれる山車が曳きだされ、盛大だ。京と江戸の文化を巧みに融合した独特の町人文化が育っている。

昔は一〇〇〇軒をこす機屋《はた》があったのが、今は八〇軒と街並みは変貌してはいるが、ノコギリ屋根の機織り工場や、レンガ造りの倉庫がまだ残る。いたるところに蔵があるのも織物の街には欠かせぬ風景だ。

そんな民家の蔵に眠っていた木箱と茶箱の中に、江戸時代から昭和中頃までからくり芝居を演じた人形五セット合計四一体と、舞台の設計図ほか有力な資料が見つかったのが昭和六三（一九八八）年のことだった。

かつての桐生市では、江戸時代から昭和初期まで天満宮の御開帳（臨時大祭）に合わせて市内の八〜一五町内が競って面白いからくり人形芝居を制作し、目抜き通りでさかんに上演したという。嘉永五（一八五二）年から昭和三六年までの上演演目の記録がある。浦島太郎、妹背山、三国志、大江山、忠臣蔵など、人々の興味をそそる活劇ものの芝居が多かった。明治二七年には四丁目が、東京浅草の生き人形師・竹田縫之助と桐生市本町四丁

右：チェーンに乗って移動する曾我兄弟の人形．
左：桐生からくり人形芝居「曾我兄弟夜討」の舞台正面．
上手から曾我五郎，十郎が登場してくる．

目住人の器械師水車応用（水車を応用するからくり師）・岩崎英造を呼んで「大江山千丈獄頼光山入の場」を出した。昭和三六年には天満宮で当時の有名歌手コロンビア・ローズと朝倉ゆりの人形が歌を歌う「羽衣」を演じたと記録にある。けれどもこの昭和三六年を最後に、以降御開帳が行なわれぬままからくり人形芝居は忘れ去られていた。その人形が三〇余年を経て突然よみがえったのである。個人の蔵にしまわれていたのが発見されたのであった。幸い人形の保存状態も良く、八ミリフィルムや録音テープ、引札などの資料も揃っていたので、この機会にと桐生からくり研究会が平成一〇年に発足し、地元の人々が熱心にその復元と保存に努めることになった。

平成一二年四月、桐生市の中心、本町四丁目のあーとほーる鉾座内に特設の人形芝居小屋で発表されたからくり人形芝居は「曾我兄弟夜討」で、曾我十郎と曾我五郎兄弟が、建久四（一一九三）年五月、源頼朝が催した富士の裾野の狩場で父の敵・工藤祐経を討つ場面を三場続けて上演、三味線、長唄の音楽が入った。

舞台は横四・五メートル、奥行き二・七メートルほど。床板に刻んだ溝にはめたチェーンの上を高さ三八センチほどの兄弟の人形が手足を動かしながら移動。人形が屋敷の門に近づくと扉が自動的に開閉し、迎えの女性（虎御前）が現われて共に奥の舞台へ消える。と、兄弟の小型人形が現われ、寝ている工藤祐経の夜具を剝ぎ切り付けると、起き上がった祐経が倒れるといった具合。遠近法を考えて、同じ人物に大きさの異なる二体の人形が用意されている工夫がある。

人形は、きりっと引き締まった端麗な顔立ちだ。面も衣装も地元の人々の手づくりである。動力は電動モーターで、一連の動きはスイッチ一つで自動的に行なわれる。昔は天満宮そばを流れる川の水力を利用した水車からくりであった。かつて機織産業で栄えた桐生市では、各町内に機械に強く、創造力や技術のある人材が多くいる上、織り糸を操作したり糸など入手しやすい環境で今に甦ったからくり人形である。

最近、桐生からくり研究会は、桐生からくり人形保存会と改名し、からくり人形芝居は、平成一四年桐生市有隣館（旧ビール蔵）内に開館した桐生からくり人形芝居館で毎月第一土曜日に演じられるようになった。

問合せ　桐生からくり人形保存会（電話〇二七七‐二二‐三三七四）

石川県

からくり人形「珠姫天徳院物語」

とき　毎日午前一〇時、一一時一〇分、一二時、午後二時、三時三〇分、四時（冬期一二〜二月は四時の上演なし）
ところ　金竜山天徳院（金沢市小立野四丁目四‐四）
交通　兼六園より車で五分、市バス「小立野」下車

金沢市小立野《こたつの》にある天徳院は「珠姫《たまひめ》の寺」とも呼ばれる。

加賀藩主第三代前田利常の正室であり、七人の子を残し若くして亡くなった珠姫の菩提をとむらうため、元和九（一六二三）年に前田利常が建立した曹洞宗の寺である。名工の手がけた壮大な山門は金沢市指定文化財であり、四万坪の広大な敷地にある四季おりおりの美しい庭園が眺められる。

珠姫は徳川家康の孫で、二代将軍秀忠の娘であった。前田家三代藩主・利常の奥方になるため、わずか三歳で江戸から金沢へ輿入れし、一四歳で結婚、その後一〇年間に三男五女を産み育てた。前田、徳川両家のため心を尽くし、珠姫は加賀百万石の繁栄に貢献した良妻賢母、日本女性の鑑として金沢市民に敬愛され親しまれているという。

その珠姫の生涯が、寺院内に常設した舞台のからくり人形芝居で再現される。等身大の六体のからくり人形が、コンピューター制御により絢爛豪華なドラマを演じるスケールの大きい舞台は全国でも珍しい。

天徳院の中に常設されたからくり人形芝居舞台．珠姫，利常らの人形すべてが動いて芝居を見せる．

庭に面した御殿の一室が舞台で、珠姫と利常が仲睦まじいようすを演じ、幼な子の長男光高、長女亀鶴が毬と遊ぶ。縁側には侍女がはべり、庭先に控えた家臣が忍者に変身して刀を振り回し、また元の姿に戻るなどの動きが音楽と照明、スライド上映で変わる背景とともに美しいナレーションで語られる。

平成元年にできたもので、人形は八代目、九代目玉屋庄兵衛作、舞台の床下に装置を施し、一〇分間ほどの芝居上演がコンピューターのスイッチ一つですべて行なわれる。

問合せ　金竜山珠姫の寺天徳院（電話〇七六二－三二一－四四八四）

三谷温泉平野屋からくり人形劇「竹取物語」

とき　毎夜七時三〇分、八時、八時三〇分、九時上演
ところ　平野屋（蒲郡市三谷町南山一－二一）
交通　JR「三河三谷駅」より車で一〇分

JR東海道本線で名古屋から新快速に乗って東へ四〇分、三河三谷温泉にある観光旅館平野屋は、三河湾を臨む眺望の良い高台にある。透明な湯が豊かな天然温泉は露天風呂をはじめ趣向をこらしたいくつもの風呂が楽しみだが、加えて客へのもてなしの一つにからくり人形劇を上演している。誰でも知っている民話の「かぐや姫」で、平野屋の近辺には竹がたくさん生えていることにちなんで決められたという。

演じられる場所は、本館ロビーと西館をむすぶ庄兵衛橋のあるからくり広場で、バルコニーのようにせりだした舞台でからくり人形が演じるのを、客は橋の手摺そばに立って見物する。

音楽が奏されるとともに等身大の翁、かぐや姫の登場である。女性の声のナレーションで物語が展開し、人形が動く。人形の声は、声優が担当している。立派な照明で、月の出る背景が美しい。かぐや姫の優雅な趣きもよいが、翁が瞬時に面も衣装も若い恋人に早変わりし、また元にもどるのが見ものである。

人形は八代目玉屋庄兵衛の作で、平成四年に完成。人形の動きや演技はコンピューターで制御される。

上演時間は一五分ほど。

「かぐや姫」の美しい人形芝居を湯上りの観光客が見る.

問合せ　平野屋（電話〇五三三－六八－五一六一）

富山県

井波のからくり大黒と看板かったんこ

とき　日中
ところ　「よしむら」瑞泉寺前店・木彫りの里店（東礪波郡井波町北川）
交通　JR「高岡駅」より車で四五分

東礪波郡井波町《いなみちょう》井波は、北陸最大の木造建築物といわれる荘厳なたたずまいの瑞泉寺（本願寺一向宗）の門前町として栄え、六〇〇年の歴史をほこる土地である。

ここは信仰と木彫りの里といわれ、天正時代に焼失した瑞泉寺の再建を機に生まれた井波彫刻が盛んだ。町にはいま一五〇軒ほどの木彫師の家があり、約三〇〇人がのみを持って木を刻んでいるという。

瑞泉寺の門前からのびる道の両側には、各商店とともに多くの木彫刻の工房が軒を並べている。欄間《らんま》や獅子頭が井波彫刻の中心だ。そんな瑞泉寺前八日町通りの商店の一つに田舎まんじゅう本舗「よしむら」があり、店先で人目につくのが不思議な看板「かったんこ」である。

ひもで結ばれた文字板が「かったんかったん」と音を立てながら別の文字板に変わる。「ようこそ井波へ」から「お茶をどうぞ！」である。木製の歯車と重りをつけた紐が見える。高さ一八六センチ、幅九五センチの看板である。

店内に入ると、並べられた饅頭や菓子のそばに高さ一・六メートルの木彫りの大黒さまがあった。ペダルを踏

上：からくり看板．この後字が変わって「お茶をどうぞ！」となる．右：からくり大黒．大黒さんが槌を振り上げ彫刻をするほか様々な動きがあって最後に菓子を出す．

むと大黒さまが宝槌を振り上げ、「こんこん」と音をたてて欄間を彫りはじめる。と、大黒さまのすわった台座の扉が開き、中で木製の牡丹の花が咲くとともに菓子がせり出す。台座の両側で獅子が上り下りしたり、大黒さまの肩の上で二匹のねずみが「いなみ彫」の看板を上げたり下げたりして遊ぶなど、一度に六か所が動くしかけである。郷土産業と菓子舗のシンボルとしてユニークなからくり人形である。台座の四か所でそれぞれに上下する獅子は、井波地方のモットーである「獅子の子落とし」（親は子を千尋の谷に落として這い上がる勇気を育むのいわれ）にちなんだという。

もう一体、高さ一九〇センチの「からくり太子さん」が木彫りの里店に設置されている。柄杓で汲んだ一杯の水を木彫りの蓮の葉に注ぐと、お太子さんが六〇センチせり上がり、皆様の幸せを願い合掌する有り難いからくり人形である。

太子とは瑞泉寺の太子堂を意味し、井波の井は井戸をさす。こんこんと湧きいずる井戸の水とお太子さんは深い関係があり、蓮の葉に水を注いで出現したお太子さんには人々は思わず合掌せずにいられない。

これらは「よしむら」のご主人吉村健治さんが発案し、井波彫刻の南部白雲工房（南部秀水）が知恵と技術を結集して制作したもの。大黒さまのからくり内部にはマンクルホイールという前後作動に有効な歯車が設置されている。大黒さんの打つ槌の音にも大小の変化が配慮されている繊細さである。「人々を引き付けるには動きと音がいる」とは吉村さんのアイデア。からくり大黒が平成元年、からくりお太子さんとかったんこが平成四年の作である。

問合せ　「よしむら」瑞泉寺店（電話〇七六三－八二－六八八一）

登別温泉からくり閻魔大王

とき　毎日午前一〇時、午後一、三、五、八、九時、八月最終週末の地獄まつり。
ところ　登別温泉街のからくり閻魔堂
交通　登別温泉バス停そば

全国有数の湯量、泉質を誇る登別温泉には、常時硫黄の煙が地下から噴出している地帯があることから、そこを地獄谷と呼び、人寄せに「地獄まつり」が昭和三九年から始まった。地獄谷に棲むと言われる赤鬼、青鬼を敬い、五穀豊穣を祈る祭りで、年に一度、八月最終の金、土、日曜の三日間行なってきた。鬼の面をかぶった人々が地獄ばやしのリズムに合わせて豪快に踊るのである。この祭りに平成五年から閻魔大王が加わった。閻魔伝説により地獄世界の王である閻魔大王が、地獄の釜の蓋をあけて登別温泉に登場というわけで、山車に乗って座った高さ五・二メートル、立ち上がると六メートルの大人形である。手、首、口を動かすからくり人形で、祭には地獄大行列の先頭に立って温泉街を練り歩く。

地獄まつりの時以外は、閻魔堂に安置されて、毎日六回ほど、決まった時間にからくりを演じる。

そのようすは、上演時間になると閻魔堂に座す大きな眼、黒い髯の精悍そうな賢人の人形の周囲に幽鬼的な音楽が湧き上がり、人形は真っ赤な顔、光る眼、牙のある口をもつ閻魔大王に変身する。大きな両手を上げ下げし、むき出した歯をガチガチいわせながら地獄からのメッセージを語る。からくりは約一分だが音楽は三分。コンピ

左：閻魔堂に座すエンマ大王．
右：目を光らせ，牙のある歯をむき出して怒りの言葉をのべる．

ューターの自動操作である。温泉につかって弛緩した神経を引き締める効果のあるからくりであろう。
登別の観光協会が、大阪のロボット会社に依頼して製作されたものという。

問合せ　登別観光協会（電話〇一四三-八四-三三一一）

からくり人形時計

ヨーロッパの国々では一五世紀頃から教会にからくり人形のある時計塔が建てられている。地域の人々の日常生活に必要な「時」を刻むものとして時計は最高の必需品である。信仰の対象の教会と結びつくことにより、衆人の目を引く人形が飾られたのであろう。今もドイツ、フランス、チェコ、スイスほかの都市にはからくり人形が鐘を打つ時計台が時を告げている。

日本では近年になってからくり人形じかけの時計が主要駅前や公園に設けられ、多忙な現代生活に急ぐ市民の足を止めてしばしの憩いをもたらしている。

人形は人形師、デザイナーの作だが、動力はコンピューターにより、シンセサイザー演奏などの音楽がつく。また、カリヨンといって美しい鐘・チャイムの音で時を知らせ、かわいい人形を出現させる時計も人の集まるデパートや広場などに設置されている。いずれも上演時間は二～五分の短かいものだが十分に楽しい。

祭りのからくり人形は年に一回の出場であるが、からくり時計の人形はたえず市民の日常の時とともに生きている。

世界中の街角には無数のからくり人形時計が見られるが、それらのほんの一部をここに紹介する。

① 東京銀座有楽町「マリオン・クロック」

デパート「銀座マリオン」の正面壁にあり、毎正時になるとファンファーレとともに時計のフタが上にずれて

❷

❶

❹

❸

❻

❺

❽

❼

❾

❿

開き、中から黄金の玉に乗った楽隊が出現する。

② 名古屋駅テルミナビル一階からくり時計

一〇時、一二時、一五時、一八時。壁面から神社、山車、動物園など名古屋名所が突出し、汽車や人形が動く。

③ 名古屋市中区矢場町若宮大通り公園からくり時計（八代目玉屋庄兵衛作）

一二時、一五時、一八時、二〇時。織田信長が舞い、豊臣秀吉は面かぶりで藤吉郎から秀吉に変身、最後に徳川家康が『天下泰平』の笏を見せおじぎをする。

④ 大須・万松寺からくり時計（織田信長）（八代目玉屋庄兵衛作）

午前一〇時から午後六時まで二時間ごとに五回、織田信長が万松寺で行なわれた父の葬儀で位牌に香を投げる場面と、出陣前に幸若舞を舞う場面を演じる。

⑤ 名古屋港水族館前　浦島太郎（八代目

玉屋庄兵衛）

一〇時から一七時までの毎正時、大きな貝の蓋が開き、海亀に乗った浦島太郎が玉手箱を脇に抱え、煙とともに登場する。

貝はセンサーによって開閉するので、天候によっては閉じたままである。

⑥　名古屋市伏見地下鉄駅・御園座口上人形（萬屋仁兵衛文造作）

毎正時、歌舞伎役者の人形が「只今〇時でございます。御園座へは六番出口が便利でございます。……」など口上をのべる。

⑦　長野県飯田市吾妻町・飯田公民館そば・からくり時計

午前七時から午後八時までの毎正時、時計下の扉が開いて可愛い人形が現われる。屋根上のラッパを吹く人形は「時の番人」の名がついている。

⑧　愛媛県松山市・道後温泉の「坊っちゃん時計」

毎正時、三層の階がするすると伸びて、漱石の『坊っちゃん』の登場人物たちがつぎつぎと現われる。道後温泉の入口に設けられ、「坊っちゃん列車」とともに、いまや道後温泉の看板となって観光客をよろこばせている。

⑨　チェコ・プラハの旧市庁舎からくり時計塔

上段にからくり人形、中段に天文時計、下段に教会暦の三段で構成されている。毎正時になると塔の二つの小窓が開いて人形が顔を出し、骸骨（死神）が鐘を鳴らす。小窓の人形はキリストの一二使徒で、順に姿を現わしては消えてゆく。二分間ほどのパフォーマンス。一四一〇年、天文学者ハヌシュによって製作され、今もプラハ市民に愛されている。

⑩　ドイツ・ローテンブルグの「マイスタートゥルンク」

市庁舎のそばに酒宴館があり、その尖塔壁面にあるからくり時計。時間になると時計の左右の窓が開き、もとローテンブルグを攻め落としたテイリー将軍ともと市長ヌッシュが現われて、ワインの一気飲みをする。午前一一時、一二時、午後一時、二時、三時、午後九時、一〇時。

ロマンティック街道にあって観光客にも人気があり、観光バスを止めて見物人があつまる。

〈付録〉からくり人形師一覧

からくり人形の製作者は、古くは木偶師《でくし》とか細工人、細工師・工人とか呼ばれたもので、優れた職人・技術者だった。人形の製作に加えて、それを動かし、人寄せする興行を行なった人もいた。

その名は、直接人形の頭内部や胴に銘を記したものが現代に残っていて知られるのだが、作者の記名のあるのは約三〇パーセントと数少なく、無記名の人形が多い。また記名されていても、何代目の人かは記されていなかったり、別名、あだ名で記されていることもあり、複雑である。人形自体が歴史的な事故で焼失、紛失し、記録にとどまるだけのこともある。町方の覚帳や、地域の記録書、板書き、絵草紙などでそれとわかる名も拾い出してみよう。

大工、指物師《さしもの》、浄瑠璃人形作家などを併業する人もあるが、ともかくからくり人形関係分を挙げるものであり、また全作品ではなく、修理などを除いた代表的な仕事と思われるものに絞って掲載した。

初代竹田近江[*1]　万治元年（一六五八）　京都でからくり人形制作、御所に献上
　寛文二年（一六六二）　大坂・道頓堀で竹田からくり芝居を旗上げし、からくり芝居興行を長年続ける

左六丞　明暦年間（一六五五-五八）　大津のからくり人形六作（西行桜、西王母、湯立、恵比寿、殺生石、猩々山）

竹田近江（二代目）	宝永四年（一七〇七）	名古屋東照宮の京町小鍛冶車人形制作
	宝永六年（一七〇九）	同、宮町唐子車人形
林孫之進[*2]	享保三年（一七一八）	大津・源氏山
	延享五年（一七四八）	大津・孔明山
	宝暦一二年（一七六二）	大津・竜門滝山の鯉
荒木和助	宝暦一二年（一七六二）	富山県城端曳山祭・出丸町唐子山からくり三体
	？	同祭同山・梯子渡り軽わざ人形
	明和二年（一七六五）	同、東下町東耀山・ラッパ吹き逆立ち軽わざ人形
四代林孫之進	安永五年（一七七六）	大津・西王母
林祐貞	寛政元年（一七八九）	大津・西行桜山
林孫之進祐貞	？	大津・竜門滝山の鯉
山本飛驒掾[*3]	享保一八年（一七三三）	名古屋東照宮祭・林和靖車人形
初代玉屋庄兵衛[*4]	享保一九年（一七三四）	京都より名古屋へ移住
蔦屋藤吉	宝暦一一、二年（一七六一、六二）	名古屋若宮八幡社・蓮台、福禄寿
辻丹甫	宝暦一二年（一七六二）	富山県高岡御車山祭通町・大車輪唐子三体
	同年？	同祭　木舟町・太鼓打ち唐子
	文政五年（一八二二）	富山県新湊曳山祭・古新町・太鼓打ち唐子
竹田藤吉[*5]	安永三年（一七七四）	犬山・真先車山・乱杭渡り
	安永五年（一七七六）	犬山・西王母車山・綾渡り
	安永年間（一七七二-八一）	犬山・咸英《かんえい》車山・逆立ち唐子

	天明五年（一七八五）	常滑市大野・唐子車・逆立ち唐子
	天明八年（一七八八）	碧南市大浜の乱杭渡り
文吉離三	安永四年（一七七四）	犬山・応合子《おうごうし》車山・大車輪
鬼頭二三延忠	天保一二年（一八四一）	名古屋若宮八幡・逆立ち唐子
		亀崎石橋組青竜車・唐子遊び
	？	東照宮祭・橋弁慶車の弁慶頭
隠居吟笑	天明五年（一七八五）	愛知県岩倉市下本町・肩車蓮台倒立
高瀬竹次郎	天明五年（一七八五）	富山県新湊曳山祭法土寺町・猿公
大江卯蔵（京川崎屋）	天明七年（一七八七）	高山祭・布袋台
細川頼直半蔵	寛政八年（一七九六）	『機巧図彙』三巻出版
文吉二三坊	寛政八年（一七九六）	名古屋・戸田一、二、四の割からくり人形他
黒川発右衛門	文化元年（一八〇四）	富山県高岡御車山祭小馬出町・太鼓打ち猿
（京人形師）時長・秀彦	文化三年（一八〇六）	古川祭麒麟台
玉屋庄兵衛（二代目？）	文化八年（一八一一）	小牧市中町文字書き人形（記録のみ）
北越吉三郎	文政二年（一八一九）	富山県新湊曳山祭奈呉町・唐子
竹田縫之助	文政五年（一八二二）	名古屋で竹田新からくり興行
飯塚伊賀七*6	文政五年（一八二二）	木製和時計製作、からくり人形や測量器具、算盤
箕浦信也	文政七年（一八二四）	愛知県西春日井郡枇杷島町泰亨《たいきょう》車・采振り人形
	天保一五年（一八四四）	同、木葉天狗、僧正坊
田中久重*7	文政二年（一八一九）	久留米五穀神社祭礼にからくり興行

	天保四年（一八三三）	大坂上町に住み懐中燭台、無尽灯など家庭実用品の発明
	嘉永二年（一八四九）	京都伏見に移り、御時計師となる。
	嘉永四年（一八五一）	万年時鳴鐘（万年時計）制作、京都四条に機巧堂なる店を持つ
	安政二年（一八五五）	蒸気汽車模型の試走成功
	明治八年（一八七五）	銀座に田中製作所（東芝の前身）を設立
玉屋庄兵衛（五代目）*4	文政一〇年（一八二七）	犬山・外町・梅の木逆立ち唐子
	安政年間（一八五四-六〇）	東海市横須賀町北町逆立ち唐子 亀崎・力神車《りきじんしゃ》前棚猩々人形
	安政三年（一八五六）	小牧市横町・聖王車逆立ち唐子と采振り
	文久三年（一八六三）	常滑市大野町紅葉車逆立ち唐子、その他
隅田仁兵衛（栄重）*8 （住田）	文政七年（一八二四）	愛知県一宮市山之小路車・逆立ち・綾棒さがり
	文政一二年（一八二九）	半田市下半田北組唐子車・太鼓打ちぶら下がり唐子、小牧市聖王車大将人形
	天保二年（一八三一）	名古屋東照宮・湯取神子車（焼失）
	天保七年（一八三六）	愛知県西枇杷島橋詰町王羲之車、岐阜県羽島市上城町唐子
	天保一二年（一八四一）	岐阜県羽島市大西町山車湯取神事
大野弁吉*9	文政一三年（一八三〇）	京都より金沢近郊の大野村に移り住み、茶運び人形や、発火器、里数計など制作
	嘉永三年（一八五〇）	日本初の写真機を作る
祭仙人	天保一二年（一八四一）	名古屋広井神明社唐子車

住田仁兵衛・藤原真守[*9]	天保六年（一八三五）	名古屋牛頭天王車・豊太閤
	天保一二年（一八四一）	岐阜県関市加茂山車・幣振りと女官
	天保一四年（一八四三）	半田市下半田唐子車三番叟
	弘化二年（一八四五）	岐阜県養老町高田東町・林和靖軸
	弘化三-四年（一八四六-四七）	愛知県西枇杷島問屋町・頼朝車・源頼朝、静御前ほか二体
	弘化四年（一八四七）	津島市神守町中町車・林和靖
	嘉永元年（一八四八）	常滑市大野・梅栄車・渡唐天神、陵王人形ほか二体
	嘉永元年（一八四八）	岐阜県美濃市靭車・殿様、猿、猿まわし、采振り
北越吉三郎	天保年間（一八三〇-四四）	富山県伏木曳山祭上町・唐子
水口助右衛門	天保一三年（一八四二）	富山県新湊市海老江曳山祭東町・三番叟
竹田源吉	天保一三年（一八四二）	岐阜県美濃市泉町・浦島車山・浦島、名古屋市筒井町・神皇車・神功皇后
	弘化二年（一八四五）	愛知県半田市亀崎青竜車・布晒し
	弘化三年（一八四六）	岐阜県関市常盤町・浦島車・浦島
	安政四年（一八五七）	名古屋市中村区広井神明社・紅葉狩車・維茂、更科姫、従者、采振り
	安政五年（一八五八）	愛知県美浜町上野間越智・日之出車・源義経、東雲姫、監物太郎と馬
初代竹沢藤治	弘化元年（一八四四）	江戸西両国広小路で小屋がけからくり興行
二代竹沢藤治	嘉永二年（一八四九）	江戸上野山下の定小屋で興行

七代竹田縫之助	嘉永六年（一八五三）	江戸浅草奥山で「大江山」興行
土居新三郎[*10]	明治二年（一八六九）	愛知県犬山市名栗町・時平、菅丞相と唐子
	明治二四年（一八九一）	岐阜県竹鼻祭・鍋屋町の山車・布袋のぬいぐるみ制作
浅野新助	明治三年（一八七〇）	愛知県西枇杷島町頼光車・源頼光金時、渡辺綱ほか
	明治四年（一八七一）	愛知県小牧市下本町・西王母車・桃と唐子
	？	常滑市瀬木世楽《せらく》車・采振り
矢野茂平	明治三年（一八七〇）	富山県伏木曳山祭中町・唐子
滝川孫七郎、中瀬伊七郎、南島徳成	明治五年（一八七二）	富山県新湊曳山祭東町・三番叟
浅野新蔵	明治一七年（一八八四）	愛知県岩倉市上本町・肩で逆立ちからくり
	明治一九年（一八八六）	大垣市伝馬町松竹山・竜神と弁財天
水本吉蔵	明治二二年（一八八九）	富山県伏木祇園祭石坂町・唐子
野口百鬼堂	明治中期	神戸人形制作
矢野茂作光宅	明治二七年（一八九四）	富山県新湊曳山祭長徳寺・唐子
一一代竹田縫殿之助	明治二七年（一八九四）	桐生市天満宮御開帳で「大江山」興行、東京浅草公園で「活動機械人形」興行
土居新七[*10]	明治三〇年（一八九七）	名古屋市緑区有松西町・神功皇后車、采振り、神功皇后、武内宿禰
本保喜作	明治三三年（一九〇〇）	富山県氷見祇園祭上伊勢町・神楽鈴を持つ稚児
	明治三四年（一九〇一）	同、伏木曳山祭湊町・唐子
出崎房松	明治三五年（一九〇二）	黒い色の神戸人形制作

① 愛知県碧南市大浜中区稲荷社山車からくり三番叟保存会に遺る乱杭渡唐子の頭の内部.「天保六年未　童子舟津（竹田）藤吉」の銘がある.
② 愛知県犬山市外町の山車の墨書.「文政十年亥八月吉日　人形細工人　名古屋古渡新田丁　玉屋正兵衛」とあるが，何代目かは不明.
③ 九代目玉屋庄兵衛
④ 愛知県小牧市横町・聖王車の人形箱の箱書.「安政三年辰七月　細工人　五代目玉屋庄兵衛」とある.

❶

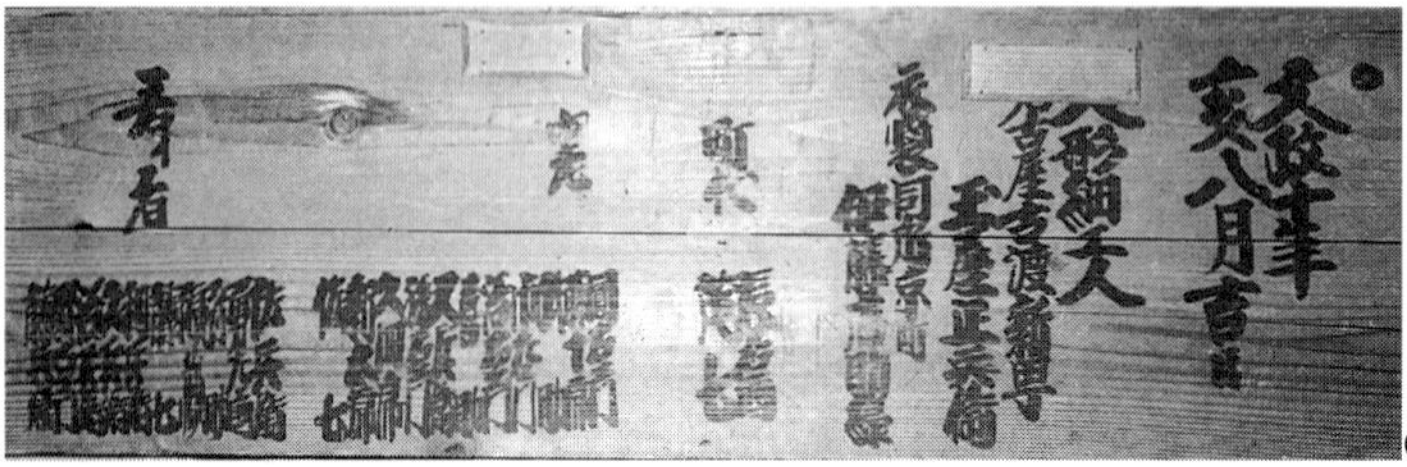

❷

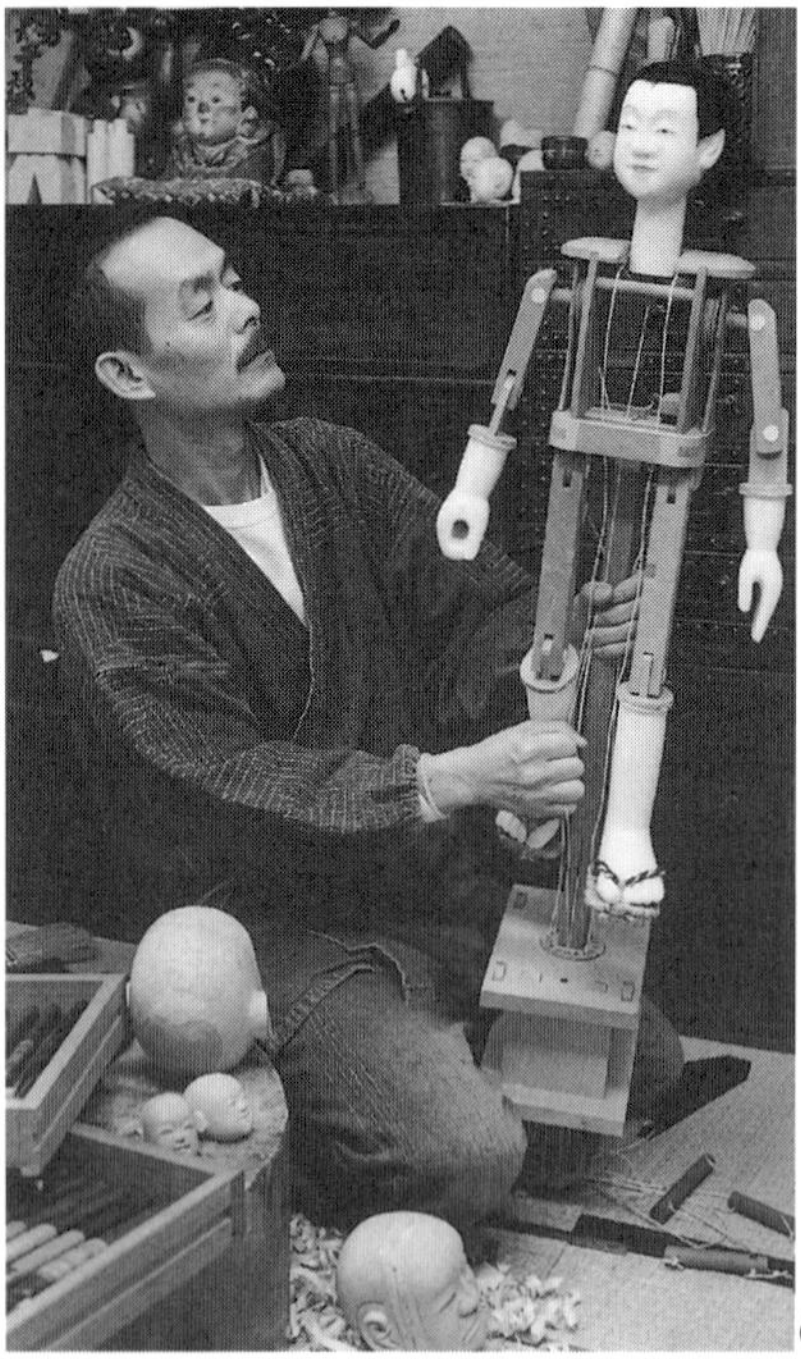

❸

❹

① 愛知県知多郡美浜町越智に遺る町方の記録.
②『安政五年　御車再造帳』の「人形買物覚」には人形の頭３人分，軍太刀，えぼしなどしめで59両ほどを「(名古屋) 門前町　竹田源吉　人形屋」に支払った記録がある.
③ 名古屋市中川区戸田祭り四の割の人形箱に「文吉二三坊細工」の箱書きがある.
④ 万年時計の裏に「京都住　田中造」の文字が見える.

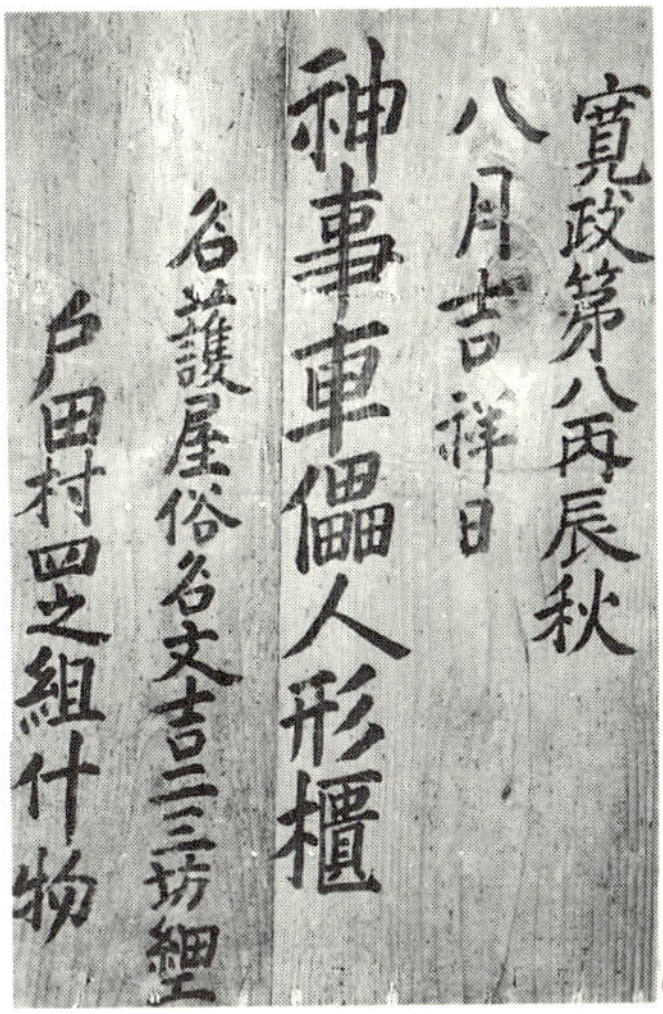

❸

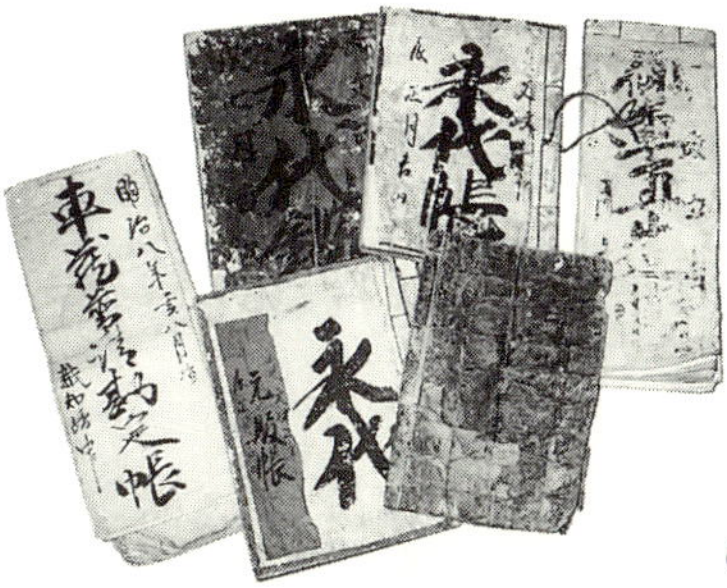
❶

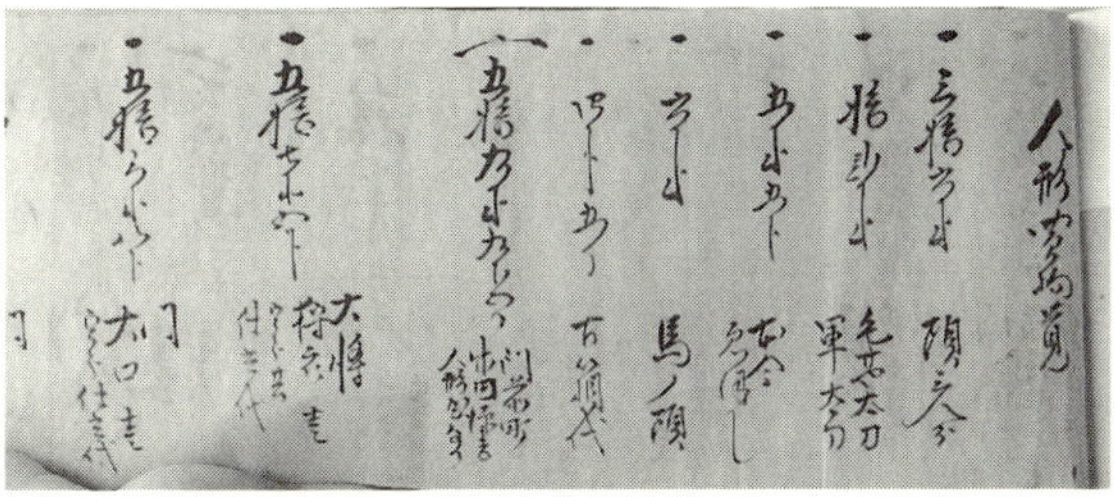
❷

❹

六代玉屋庄兵衛*4	明治二九年（一八九六）	愛知県渥美郡田原町本町山車・神功皇后、武内宿禰
	明治三一年（一八九八）	岐阜県美濃市相生町・舟山車・神功皇后、武内宿禰
	明治三二年（一八九九）	同、津島市七切米之座車・神官人形
	明治三九年（一九〇六）	武豊町長尾下門区・神功皇后三韓出陣からくり
	大正三年（一九一四）	名古屋市東区筒井町湯取車・笛吹き
	大正九年（一九二〇）	大垣市新町・釆振り、文字書き人形
	大正一三年（一九二四）	常滑市保示《ほうじ》・桃太郎
	昭和三年（一九二八）	犬山市新町・浦島人形その他多数（昭和五年没）
高山茂平	大正九年（一九二〇）	富山県石動曳山祭今町・唐子
竹田松洋	昭和一二年（一九三七）	富山県氷見祇園祭地蔵町・太鼓打猿
荒川宗太郎*11	昭和七年（一九三二）	半田亀崎宮本車・神官、巫女
	昭和一三年（一八三八）	岐阜羽島竹鼻祭中町・高砂
	昭和一六年（一九四一）	岐阜県山県郡柿野・檜山・笛吹き、鼓打ち、巫女（金幣に変化）
	？	岐阜市伊奈波神社安宅車・弁慶、半官、釆振り
別宮和二郎、奈田順作、島竹善作	昭和二四年以後？	富山県新湊曳山祭三日曾根・大車輪三体
七代玉屋庄兵衛*4	昭和二七年（一九五二）	四日市市新町・釆振り、文字書き
	昭和四四年（一九六九）	大垣市綾野祭・猩々の舞
	昭和四五年（一九七〇）	茶運び人形復元
	昭和五三年（一九七八）	高山市一之町上組・布袋人形と綾渡り唐子復元、竹生島の竜神

復元
昭和五四年（一九七九）　京都市祇園祭「蟷螂山」復元
その他、桑名市今片町・石橋人形、今北町・桃太郎人形制作、高山市上二之町上組・石橋人形、碧南市中区大浜・乱杭渡り人形、愛知県渥美郡田原町萱町復元など、他にも多数。
昭和六三年没

十二代住吉宗雲
昭和五四年（一九七九）　富山県伏木曳山祭本町・和子三番叟

八代玉屋庄兵衛*4
平成元年（一九八九）　名古屋市若宮大通り・からくり人形時計塔、三英傑人形、金沢市天徳院・珠姫物語（二件ともコンピューター制御）
平成二年（一九九〇）　四日市市・瓶割り人形、犬山市・三番叟人形
平成三年（一九九一）　犬山市・猩々人形制作
平成四年（一九九二）　横浜人形の家・御所からくり人形、面かぶり一式制作（電気仕掛け）
高山市獅子会館・変身からくり美女の舞、綾渡り、角兵衛獅子人形
平成五年（一九九三）　名古屋港水族館・浦島太郎伝説（コンピューター制御）、名古屋市万松寺・からくり信長人形その他、茶運人形、武者人形、品玉など種々の座敷からくり人形、山車からくり人形も。平成七年没

斉藤徹*12
昭和五一年（一九七六）　知立市歴史民俗史料館・平治合戦からくり清盛人形模型（変身帆かけ舟）、平成三年には知立神社展示・一の谷合戦熊谷人形

模型、ともに電動

昭和五七年（一九八二）　大津祭石橋山・唐獅子人形他一式復刻製作

平成二年（一九九〇）　知立市西町山車からくり「一の谷合戦」小次郎、平山人形の復刻製作

平成六-九年（一九九四-九七）　高山祭竜神台・屋台からくり、竜神かしら二体、人形機構部修理、唐子人形かしら一体修理、弁財天完全修理

平成九年（一九九七）　犬山市応合子車山・人形三体および付属機構一式完全修理

清川喜男

昭和五三年（一九七八）　名古屋・若宮祭福禄寿車・逆立ち唐子復元

後藤秀美*13（大秀）

平成二年（一九九〇）　犬山市熊野町住吉台・住吉明神、白楽天復元

昭和五九-六三年（一九八四-八八）　名古屋市戸田四の割「宙吊り小唐子」「肩車大唐子」「采振り人形」復元

平成三-一一年（一九九一-九九）　名古屋市筒井町神皇車「神功皇后」「武内宿禰」「面かぶり巫女」復元

平成六-一二年（一九九四-二〇〇〇）　大垣祭・相生山「住吉明神」「尉」「姥」「神主友成」人形復元

平成一三年（二〇〇一）　大津祭竜門滝山の鯉復元

平成一五年（二〇〇三）　名古屋市広井神明社祭・二福神車「恵比寿人形」復元

朝倉堂

昭和六三年（一九八八）　富貴区祭礼の逆立ち人形

平成元年（一九八九）　半田亀崎・青竜車・唐子遊び

南部秀水*14

平成三年（一九九一）　半田亀崎・西組花王車前棚人形石橋制作

平成元年（一九八九）　井波のからくり大黒

山田利圀*17
昭和五九年（一九八四）　津島市馬場町「大黒天」復元
平成一〇年（一九九八）　半田市乙川・浅井山宮本車「乱杭渡り」「変身」
平成一二年（二〇〇〇）　津島市馬場町「釆振り」「鐘たたき人形」
平成一四年（二〇〇二）　座敷からくりの砂からくり「鐘たたき」復元

東野進*15
平成三年（一九九一）　田中久重（からくり儀右衛門）の「弓射り童児」発見、修復

九代玉屋庄兵衛*4
平成七年（一九九五）　犬山市余坂町宝袋「恵比寿、大黒人形」「釆振り人形」修復
平成八年（一九九六）　犬山市寺内町・老松「神官、巫女人形」修復
平成九年（一九九七）　犬山市魚屋町・真先「釆振り人形」、岐阜県中津川市加子母・水無神社「上車山禰宜人形」制作
平成一〇年（一九九八）　田中久重の「弓曳き童子」復元、創作「からす天狗」制作
平成一二年（二〇〇〇）　東海市横須賀祭・円通組「弓射り人形」復元
平成一三年（二〇〇一）　犬山市新町・浦島「浦島、乙姫」修復
平成一五年（二〇〇三）　犬山市外町・梅梢戯《ばいしょうぎ》「倒立唐子」修復、他

萬屋仁兵衛文造*16
平成七-一〇年（一九九五-九八）　飛驒高山まつりの森所蔵の金太郎台、福寿台、神楽台、金鶏台の四山車のからくり人形（機械制御）を新作
平成九年（一九九七）　名古屋市営伏見駅構内に「御園座口上人形」（電動）
愛知県津島市神守南組の「神輿変わりの三番叟」修復、新作
平成一〇年（一九九八）　岐阜市京町・清影車「彦火々出見尊」「豊玉姫」「幣振り人形」復元、新作
平成九-一五年（一九九七-二〇〇三）　名古屋市東区新出来町・鹿子神車の大将、太鼓叩き、逆立ち唐

子、筒井町・湯取車の大将人形と神子を修復または新調、他
平成九年（一九九七）　常滑市西の口雷神車人形修復
平成一〇年（一九九七）　常滑市西の口西宝車人形修復
平成九年（一九九七）　名古屋市大須観音境内にからくり人形時計「宗春爛漫」制作
平成一四年（二〇〇二）　ＪＲ名古屋高島屋にからくりモニュメント「天の竪琴」制作

横井誠

夢童由里子[*18]

平成一五年現在、江戸時代の座敷からくり人形（茶運び、段がえり、弓曳き童児など）を、半屋春光（埼玉県川口市）、峰崎十五（大阪府寝屋川市）らが復元、修復で活躍している。

*1　竹田近江――初代近江は出生年は不明だが四国の阿波（徳島県）の出身で、名は清房。江戸へ出て、子供の砂遊びにヒントを得て砂時計を考案したという。御所に召されてからくり人形を献上し、「出雲」の官位を受領、あくる万治二（一六五九）年に再び受領して「近江」と改名した。『摂陽見聞筆拍子』中の一文には、からくりの名人で、八年間工夫をこらして高さ約三メートルもある木製大時計の永代時計を作ったとの記述がある。『棠大門屋敷《からなしだいもんやしき》』（宝永二（一七〇五）年刊）にも、初代近江について「ぜんまい時計からくりは竹田近江掾、鳥を作って空中をとばす、はさみ箱より乗り物をだし、人を乗せて人形に書かすことをなす」と書かれている。
寛文二（一六六二）年、大坂で竹田からくり芝居を創業、経営の才も優れて一二年間大坂道頓堀で興行し、後世に続く竹田からくり座の基礎を築いた。
二代目（清孝）が後を継いだ元禄時代、からくり興行は大芝居なみの格式を持つようになったが、三代目（清英）、四代目（清一）と継承されるうち衰退し、文政五（一八二二）年頃からは竹田縫之助を名乗るようになる。二三〇年ほど続いた竹田家は、明治の半ばに一一代竹田縫殿之助が浅草で興行したのを最後とした。

*2　林孫之進――京都の仏師で、滋賀県大津祭の曳山のからくり人形を次々制作した優れた細工人である。代々か

らくりを手掛け、四代目は京都の郊外に住む林祐貞という人があったことが記録から判明する。

＊3　山本飛騨掾――京都在住のからくり師で、大坂の竹田近江と対抗する力があった。「人形酒つぐからくり」や、「長持ちぶたいとなるからくり」など制作、特に水を使ったからくりが得意だったという。『棠大門屋敷《からなしだいもんやしき》』には、「からくり細工はおやま五郎兵衛、その子山本弥三五郎が無双の名人である。一筋の糸をもって大山を動かし、小刀一本をもって形ある物を作ってこれをはたらかした。水学の術を得、水中に入って水中より出るに衣服を濡らさず……と、こうした業績が宮廷にも知られて山本飛騨掾清賢の名を受領した……」と記されている。その弟子松本治太夫は「なんきん水からくり」として、「おきなしらさぎと成とび行くからくり」「人形おのれと藤の枝を伝ひ舟へ乗りうつる水とけいからくり」などが、元禄九（一六九六）年刊の『大伽藍宝物鏡』に紹介されている。

＊4　玉屋庄兵衛――初代は京都在住の庄兵衛なる細工師で、山本飛騨掾門が、享保一八年（一七三三）に制作した東照宮祭の林和靖車の人形を世話するため名古屋へ派遣されて、以来名古屋の玉屋町に住みつき、この名を称した。

代々、祭りのからくり人形を手掛け、尾張名古屋を中心に、岐阜県、富山県など中部地方の人形を多数制作、修理している。特にこの地方に多い逆立ち唐子人形はほとんどが玉屋庄兵衛の作である。初期は腕の立つものが後を継いだが、二代目の作品は残っておらず、三代目、四代目の消息は不明。五代目は本名を荒川正兵衛といった。明治、大正時代の六代目は本名高科正芳で、多数の門人をかかえて活躍した。銘には玉谷、正兵衛などの字も書かれている。七代目から血縁で続き現在九代目が当主である。戦後は、からくり人形制作のみを専門で生きる日本唯一のからくり人形師家であった。九代目は名古屋市北区の工房で制作するほか、犬山市の文化史料館別館にあるからくり展示館の工房へ出向いている。

＊5　竹田藤吉――大坂の竹田からくり座の流れをくんで、「乱杭渡り」や「綾わたり」の離れ業をするからくり人形を得意とした。これらは尾張からくり人形の傑作である。蔦屋藤吉と同一人物であろうと思われる。

＊6　飯塚伊賀七――茨城県筑波郡谷田部の名主で、工夫発明をし理数に長け、「からくり伊賀七」と呼ばれた。木

製大時計、算盤、測量器具、街路を往復するからくり人形を作ったことが、『谷田部郷土史』(大正六年編)に記されている。地元の話では、このからくり人形は酒を買いに行く人形であったそうで、人形の使った六角形の酒びんだけが残されているという。酒びんの高さが一九センチもあることから、かなり大型の茶運び人形が想像される。伊賀七はさらに飛行機の試作にも挑戦し、筑波山頂から谷田部へ滑空の計画を立てたが許可されず、実現しなかったという。五角堂、紅竜山東海寺鐘楼の設計も行なった。現在は筑波市大字谷田部町の谷田部保健文教センター三階にあるつくば市谷田部郷土資料館に、直径一メートルにも及ぶ大歯車を持つ木製大時計や算盤、地図などが展示されている。

＊7　田中久重――九州・久留米出身、(寛政一一(一七九九)年―明治一四(一八八一)年・八二歳)幼い時から発明の才能があり、「からくり義右衛門」の別名がある。若いころは地元の神社の祭りをはじめ京、大坂、江戸へ遠征してからくり興行をしたが、からくり修行のため大坂、京へ移り、御時計師となった。時計、からくり人形を作るとともに家庭の実用品を発明、店を開いてそれらを販売した。嘉永四(一八五一)年制作の万年時計や、亀の盃運び、からくり人形「弓曳童児」は美術的傑作として高く評価されている。

幕末には佐賀藩に仕官し、その要請で蒸気機関車の模型を制作したり、蒸気船の製造着手に関わった。維新政府からも注目され、東京へ出て、明治八年に設立した田中製作所が、今日の大企業「東芝」の前身となった。

＊8　隅田(住田)仁兵衛――江戸時代末期に名古屋近隣の優れたからくり人形を作った。人形の面は美しく、時計のゼンマイ仕掛けを内蔵させるなど技術に長けていた。人物については謎多く、不明である。推定によれば二代あったようで、初代は「尾陽　スミタ」と人形頭に銘を残すのみであったが、『名古屋祭』(伊勢門水著、明治四三年刊)で桑名町の湯取神子車人形が「隅田仁兵衛」作と記していることから、ここでは隅田の文字にした。二代目と思われるのが住田仁兵衛で別名藤原真守、頭の銘に「尾陽木偶師　真守」を記すが、人形箱書きに「住田仁兵衛藤原真守」の文字があるものがあり、名古屋市内に「嘉永五(一八五二)年、人形師住田仁兵衛墓」の碑があるとのことである。

＊9　大野弁吉――(享和二(一八〇二)―明治三(一八七〇)年・六九歳)京都の羽子板細工師の子として生まれ、

幼い時から非凡の才があった。名は薫、別名義時であったが結婚して中村弁吉に。三〇歳で妻の実家のある石川県金沢市郊外の大野村に移り住み、大野弁吉が通称となった。

二〇歳の時、長崎に遊学してオランダ人から医術や理化学、天文、鉱山学、航海術など洋学を学び、絵画や彫刻にも親しんだ。その後対馬、朝鮮、日本の紀伊国へ渡って馬術や砲術、算数、暦学を修めた秀才であった。

謎が多く、「竹田ぜんまいからくり」として大野弁吉門下の名入りチラシがあることから、からくり興行を行なったことも推定されるが、加賀ではもっぱら時計技術応用のゼンマイ仕掛けのかわいい三番叟人形、盃運び、跳び蛙などのからくり人形をつくった。腹の中に水素ガスを仕込んだ鶴を空中にとばして人々を驚かせたとか、小姓姿の茶運人形が藩主前田公を前に刀に手をかけ、「きっ」とにらんだなどの逸話がある。光源子傀儡（花火人形）、拳銃（ピストル）や点火器（ライター）を作り、写真機を作ってみずからを撮影するなど、写真術の先覚でもあった。

隣村に住む加賀豪商・銭屋五兵衛と長い親交があり、銭五《ぜにご》の知恵袋として知られたという。五兵衛が疑獄事件で獄死した後も遺族を慰め、たびたびの仕官の誘いも断って公的な仕事はせず、貧乏生活を送った。しかし門人たちにそれぞれ違った専門の知識を分け与えて優秀な人材を育てている。号を鶴寿軒あるいは一東と称し、自筆の理化学書『一東視窮録』（成年不詳）を残した。

弁吉の手による象牙細工、木彫、竹細工、ガラス細工、陶磁器から蒔絵にいたる美術品や、今残る僅かなからくり人形が、金沢港そばの大野町「からくり記念館」、「粟森家資料室」に展示されている。

＊10　土居新三郎――（?―明治四三（一九一〇）年・九八歳）屋号を「花新」といい、『前津旧事誌』（山田秋衛著、昭和一一年刊行）に「人形師玉正」とともに紹介されている。それによると、人形師・石田仁兵衛および竹田源吉について学び、家業としたとのこと。有職《ゆうそく》人形の制作が得意で、細工物や、花かんざし、芝居・舞踊の小道具から絵師の仕事、簾・几帳の制作まで行なった。注文されて作った毛植細工の鷹は、鶏が逃げ出すほどの迫力であったとのこと。近隣の山車からくり人形の制作や修繕も多かった。長男が新七で後を継いだが先に他界。土居家の現在は、名古屋市で舞台制作・設備の大手㈱「華新」である。

＊11　荒川宗太郎――（明治一七（一八八四）年―昭和二五（一九五〇）年・六七歳）一宮市の飾馬具製作縫宗（刺繡）を営む浅井宗七の次男。名古屋の荒川家へ入って荒川姓を名乗る。長らく六代目玉屋庄兵衛の門下で働き、のち許可をもらって独立、袋町に「山宗」の工房を持ったが、戦災のためか長命ではなかった。

＊12　斉藤徹――昭和一九（一九四四）年福島県生まれ、多摩美術大学彫刻科卒。人形美術家として人形劇団ひとみ座に入団。NHKテレビ人形劇人気番組の人形を担当、各二〇〇体近くを製作。㈶現代人形劇センターに属して、日本各地の伝統人形の調査・復元につとめた。平成九（一九九七）年独立して故郷に移住し工房を開設、全国から集中する浄瑠璃人形はじめ古人形の修復にいそしむ。

＊13　後藤秀美（号大秀）――昭和四（一九二九）年愛知県一宮市生まれ。岐阜県大垣市へ移り、宮大工として神社仏閣の建築にたずさわり、面打ちの修業も。平成になってからくり人形制作が主となり、地元大垣をはじめ名古屋市各地、大津などのからくり人形を作る。

＊14　南部秀水（三代目南部白雲）――昭和二六（一九五一）年富山県井波町生まれで井波在住、木彫刻師の家を継ぐ。木彫を生かした独創的なからくり人形を制作する。

＊15　東野進――昭和二五（一九五〇）年大阪市生まれ、寝屋川市在住。科学技術史資料研究、修復を専門としていたが、平成三年に田中久重のからくり人形を発見、修復してから、からくり人形を多く手がけるようになる。座敷からくりの段返り、連理返り、茶運び人形の制作。台つきからくりは三〇年間に六〇点作っている。平成一五年に世界最小の茶運びからくり人形二体を制作。平成一六年には水銀を使わぬ段がえり人形を開発した。

＊16　萬屋仁兵衛文造――昭和三八（一九六三）年愛知県生まれ。八代目玉屋庄兵衛に師事し、師匠が玉屋を弟（九代目）にゆずり、萬屋仁兵衛と改名して春日井市に移転後まもなく平成七年に亡くなった後の萬屋を継いだ。同じく八代目玉庄の弟子であった二人の門人とともに、中部地方を中心に各地の祭礼用人形の修復、復元、新調を行なっている。

＊17　山田利圀――昭和三（一九二八）年、愛知県半田市乙川生まれ。同地に在住。もとは家具職だったが、昭和末期よりからくり人形を製作。津島、半田ほか愛知県下の山車からくり人形や、砂からくり「鐘たたき人形」など

を作る。

＊18　夢童由里子——京都市生れで名古屋市在住の人形作家。日本画から出発して和洋共生の個性的な人形を制作し、街づくり、アートプロデュースでも活躍。近年コンピューター制御のからくり人形を手がけ、東京銀座・安藤七宝ビルの壁面はじめ関東から九州まで各地に制作のからくり人形がある。

〈付録〉オートマタとの比較

西洋のからくり人形はautomata（オートマタ）と呼ばれ、ゼンマイを巻くとオルゴールの調べとともに愛らしい仕種をする自動人形が普及している。

魅惑的な肌の色、美しい目をした貴婦人や少女たちがそのしなやかな手で楽器を鳴らし、小鳥はさえずり、異国情緒たっぷりの黒人や東洋人がバンジョーを弾いたりタバコを吸ったりする。ワルツを踊る男女の夢を見るようなまなざし、しゃれた貴族の服装で室内楽を演奏する猿の音楽隊の人をくった様子など、思わず人をひきつけずにおかぬ魅力がある。日本の座敷からくり人形と同じく趣味人の高級なサロンで鑑賞されるものである。

人形の動力は主にゼンマイで、時計技術と深く係わっている。

現在日本で目にするのは、一九、二〇世紀に製作された美術品として評価の高いもので、各地の人形博物館や、オルゴール博物館が所蔵したり、企画展で知る機会に限られているが、オートマタには長い歴史があり、形態はさまざまで範囲も幅広い。

現代におけるヨーロッパのオートマタは主としてフランスの人形製作工房、スイスのオルゴール製作所で産出されている。もっとも職人による工芸的なオートマタ作りは些少になり、古典の修復作業の他は芸術的な意欲による一点物の作品製作の傾向がある。ディスプレイのためのアート、電気、電子、無線操作、コンピューター制御によるオートマタも出現している。

オートマタの背景

ヨーロッパのオートマタの源流は、古代ギリシア・ローマ時代に遡る。紀元前四八五年頃、ギリシアの劇作家エウリピデスは祭典劇の上演に宙吊りの神や空飛ぶ竜車の出現を演出したという。滑車や綱をもちいた起重機のような仕掛けをかくれ遣いで人間が操作したものであろう。紀元前二世紀、クテシビウスは水の流れ込む量により、浮きが上がって行く仕掛けで目盛りを読む水時計を作った。サイフォン、歯車、ねじ、ピストンなどの発明は無名のギリシア人によるものである。

ギリシアと地中海をはさんで対岸にあるエジプトのアレキサンドリアで、紀元前一世紀の学者ヘロンが人力は一切使わず自動装置で行なう自動人形劇を考案したことが知られている。また祭壇に火をつけると神殿の扉が開き、火を消すと閉じる「神殿の自動扉」を着想したり、サイフォンやテコの原理を応用した不思議な自動装置・聖水自動販売機や自動調節ランプ、消火ポンプ、風車オルガンなどのアイデアを生み出した。当時学芸の栄えたアレキサンドリアには、アルキメデス、ユークリッドほか発明や実験を好み機械的知識のあるギリシア人学者の人材が豊富で、ヘロンの仲間であった。ここで「自動機械」への夢が始まったのである。

六世紀にパレスティナ・ガザの市場に精巧なからくり時計が製作されたとの記録がある。時刻ごとにヘラクレス像がシンバルを打ち鳴らし、メドウサが目をカッと見開き、ラッパ手や下僕たちがそれぞれ仕種をするというこの時計は、ギリシアの水時計とアレキサンドリアの自動人形芝居を巧みに取り入れてつくられたものと推定される。

さらに東方ギリシアであるビザンティン（今のイスタンブール）はあらゆる東西技術が交流・発展したところであった。

優秀なアレキサンドリアの科学は九世紀頃イスラム教のアラブ世界へと伝わり、バクダッドのカリフたちや、ビザンティンの皇帝の宮廷で宝石の木に止まって鳴く鳥が見られ、大掛かりな自動装置の庭園もつくられた。

「アラビアンナイト」の物語で有名な「開けゴマ」の呪文で開く岩の扉や、空飛ぶ絨毯、魔法のランプもまったくの空想とは思われないのである。

やがて、ギリシアとアラブの伝統は西洋に継承され、一三世紀、シチリアのロジェ二世およびフレデリック二世が大掛かりな自動装置の庭園を建造、それを見たフランスの貴族が、自分の領地へ帰って城に同じような装置を配した庭園を設計した例がある。

一四世紀から一六世紀にかけてイタリアを中心に波及したルネッサンスのもとで、オートマタが盛んに作られた。多才な芸術家レオナルド・ダ・ヴィンチは、一四九九年にルイ二世がミラノに来たとき、等身大で歩く自動仕掛けのライオンを作って披露したという。他にもプロペラ自動車の設計や、各種自動機械の製作に意欲的であった。貴族や王侯は競って仕掛けの噴水やオートマタの鳥や動物を配した人工庭園を築き、水力で音楽を奏でる装置などが工夫されたのである。

ヨーロッパの古い主要都市には、市庁舎や教会の塔に大規模な機械時計が取り付けられ、鐘の音とともにからくり人形が動き出す風景をしばしば目にすることがある。「ジャック」と呼ばれる人形、あるいは骸骨の形をかりた死神が出てきて鐘を鳴らし、キリストの十二使徒が窓に現われて消えたり、等身大の男女が行進したりで、音楽が演奏され、最後は金色の鶏が鳴いて終わるといったものである。

元来教会の鐘はミサや祈禱の時間を知らせるためのものであり、市庁舎にも正しい時を示す時計は市民の共同生活のリズムのため必要である。時を刻む自動機械・時計は人間が時を支配することの象徴で、水力なども利用されて天文時計が作られた。それに人形が加わったのが一三世紀で、時計人形のはじまりという。

ロンドンのセントポール、フランスのボーベ、パリ、ストラスブールなどに次々と建造され、スイスのベルン、チェコのプラハからドイツ各地に続々と広がって、このからくり人形つき大時計は一九世紀末まで盛んに作られている。

オートマタの誕生

現在目にするヨーロッパのオートマタの発祥は、この時計から独立した人形にあり、フランスの山深く冬の長いアルプス地方に生まれ、スイスに伝わったとも、一六世紀の南ドイツで始まったともいわれる。

南ドイツは鉄鋼石や銅を豊富に産出し、時計づくりに必要な金属が手に入るとともに加工技術が進んだことでヨーロッパの先駆者となり、好奇心が強く創作意欲のある時計職人がオートマタを作った。アウグスブルグとニュルンベルグには優れた時計技術者が集中し、オートマタ制作もさかんであったという。

記録によれば同じく一五六〇年頃、スペインで修道僧のオートマタが作られている。左手に十字架を持ち、右手で胸を叩き、首を振り、うなずき、口をひらき、眼をうごかしながら歩く。日本の茶運び人形とよく似て、ゼンマイと歯車に付けた脱進機の装置で車輪を一定の速度に回す仕掛けである。

脱進機の発明は一三世紀頃といわれるが、一五世紀になって開発されたゼンマイと組み合わせることによって一六世紀半ばにはヨーロッパ最先端の精密機械・時計が誕生し、その延長上のからくり人形である。

ドイツの時計産業は、三十年戦争（一六一八―四八）によって一七世紀後半から衰退した。宗教上の問題から多くの優秀な時計職人が国外追放されたからで、亡命先のイギリス、スイスが活躍の場となった。フランスからも同じ理由でスイスへ移った時計職人がいた。

一八世紀のヨーロッパはオートマタの最盛期で、二人の有名な作家があげられる。一人はフランス、アルプスの麓グルノーブルに生まれたジャック・ド・ヴォーカンソンで、一八世紀フランス一流の技術者だった。自動楽器を研究したり、世界初の力（自動）織機のモデルを製作し、紋織機を着想した。人々を楽しませる自動機械をめざして一七三八年に「笛吹き」「太鼓打ち」「アヒル」の三作品を発表し、その巧みさで評判となった。強弱のある音で、表情たっぷりにフルートを一一曲演奏する等身大の人形、笛とドラムで二〇曲演奏する太鼓打ち、首や羽を動かし、鳴き、穀物をついばみ、消化して排泄する驚異のアヒルである。「ファウスト」を書いたゲーテもわざわざ足を運んで見入ったといわれるこの傑作もすべて失われ、今ではアヒルの残骸のみとなっている。しかし発明した力織機は実用化され、産業革命への足がかりとなったという。

もう一人はスイスの時計職人ジャケ・ドロー父子で、一七七三年にゼンマイと歯車の仕掛けで文字を書く精巧な「筆写人形」を作った。この人形は背丈一メートルほどのかわいい少年で、首や目も生きているように動く。ゼンマイを巻き上げると、右手にペンを握り、インク壺に入れ、紙の上に持ってきて字を書き始めるのである。また、「音楽家」も製作した。それは実際に一〇本の指で音符通り正確にオルガンの鍵盤を押さえて演奏する金髪の巻き毛の美しい婦人で、伏し目で真剣なまなざしで演ずると同時に優美なドレスの下で胸がかすかに上下する、ピエール・ジャケ・ドローが若くして亡くなった妻をしのんで息子とともに製作したという魅惑的な音楽人形である。これらの作品は、スイス・ヌーシャテル美術歴史博物館に残っている。

イギリスでは清朝四代から六代の最盛期の中国（一六六一―一七九五年）との貿易に豪華なオートマタを大量に送ったという。アンデルセンの童話「ナイチンゲール」にある夜鳴き鶯はまさにこのことなのだ。

ハンガリーの発明家ケンペレン男爵は、一七六九年に「チェス人形」を製作してヨーロッパ中の評判となった。チェス盤をはさんでトルコ人風の人形と人間が対戦する趣向で、この人形相手に何人ものチェスの名手が挑戦するも勝ったためしがない。主君マリア・テレジアも皇帝ナポレオンも敗れたが、実は人間が箱の中にかくれて操作していたことが発覚したというまやかしのオートマタも存在したのは面白い。ナポレオンとジョセフィーヌ皇后は、宮殿を訪れた来客をもてなすのに「猿の胡弓弾き」や、「ダンス人形」などのオートマタを披露して楽しんだという。

❷

❶

①　はしごの上の道化師．1890年フランス，ハレ&デュカン作．オルゴールに合わせて体をゆっくり持ち上げ，バランスをとりながら右手をはしごから離す演技は見事だ．
②　ピエロ・エクリヴァン．1895年フランス，グスタフ・ヴィシー作．居眠りをし，慌ててランプの火をつける物書きピエロ．
③　アンドロイド「画家」．1997年スイス，フランソワ・ジュノ作．組み込まれた36枚のカムによって実際に絵を描く．④⑤は描かれた「ルイ15世」と「犬」（①〜⑤は京都嵐山オルゴール博物館蔵）

❹

❺

❸

①②　スイス・ベルン市民に愛される時計塔．天文時計盤とオートマタ．仕掛けは4分前から動きだし，鶏の時報，熊の行進，道化師・騎士・ライオンの登場など，鐘の音とともにパフォーマンスを繰り広げる．1527-30年カスパー・ブルンネルの製作．
③④　ジャケ・ドロー製作によるオルガン弾きの貴婦人とその手の構造．
⑤　同じくジャケ・ドロー（スイス，1773年）によって作られた筆写人形の構造（①〜⑤は Arfred Chapuis, Edmond Droz 著　LES AUTOMATES より）

❶

❷

❸

❹
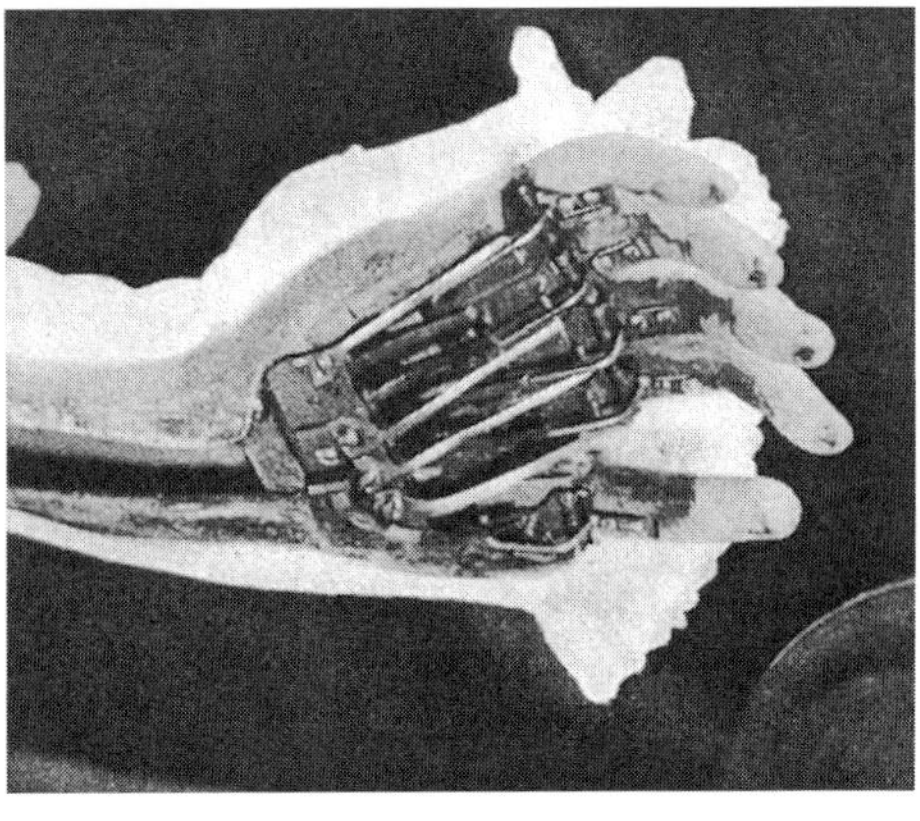

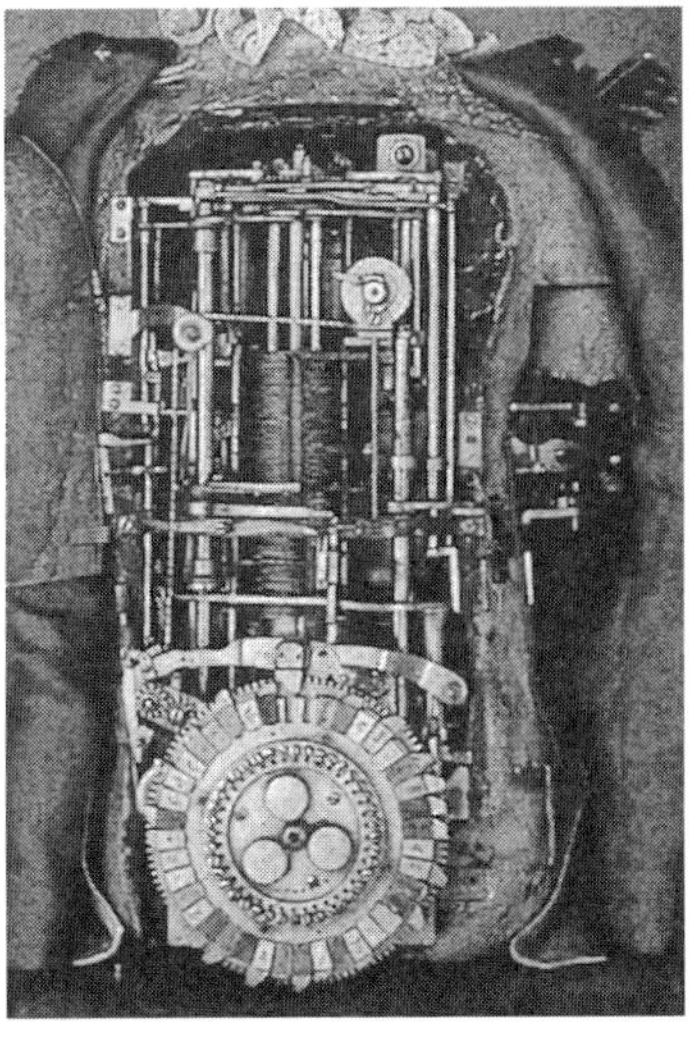
❺

オートマタの発展

ヨーロッパはもともと自動楽器の研究がさかんで、自動オルガンや、自動ティンパノンなど、時計やオートマタと合わせて開発されていた。町を流して歩くストリート・オルガンはその一例だが、オルゴールはシリンダーと調律されたスチール製の櫛歯のみを使用して音楽を演奏する新しい自動音楽演奏装置で、一七九六年にスイスの時計職人アントア・ファーブルが発明・製作し、ジュネーブの工芸学術院に技術登録された。比較的小型で、費用もさほど高くつかぬことから、一九世紀に入り産業化されるようになってオートマタと結びつき、芸術的なセンスあるさまざまなオルゴール付きオートマタが一般にも楽しまれるようになったのである。

フランスにはアレキサンドル・ニコラ・テルード、ブレーズ・ボンタン父子、ギュスタフ・ヴィシー父子、レオポルド・ランベール、アンリ・ドゥカンらの作家が生まれ、腕をふるった。

異色のオートマタ作家はロベール・ウーダン（一八〇五—七一）年で、近代マジックの祖とも言われる時計師である。演劇と物語性をもったテーマを、科学実験や奇術、手品をまじえて人形と人間とが共演するショウにして大きな人気を博した。歌を学ぶ鳥、消えた観客のハンカチを内蔵した二匹の蝶々によって再現させる魔法のオレンジ、パンを焼くパン職人の家ほか、楽しいオートマタと奇術の組み合わせである。一八四八年にイギリスのバッキンガム宮殿に招かれ、ヴィクトリア女王の前でも実演したという、天才的な発明家・技術者だった。からくり人形の興行は、日本の江戸時代前期の竹田近江や、後期の竹沢藤次らに通じるものがある。

ヨーロッパ産業革命の成果として、ロンドンで一八五一年に第一回万国博覧会が開かれた。最新の芸術、建築、科学技術を競って世界に披露し、多くの人々の関心を集めて後世に大きな影響をあたえたこの催しは、その後パリをはじめ欧米でさかんに開催されるようになった。意欲的なオートマタ作品がパリ博（一八六七年）、ロンドン博（一八七一年）、シカゴ博（一八九三年）などに出品され、いくつもの賞を受賞している。一九世紀中に五回も万博を開いたフランスでは、オートマタが花の都パリのみやげ品と考えられたのは、日本の裕福な僻地で京みやげの座敷からくり人形が喜ばれたのと似ている。

一八六七年のパリ博に日本の徳川幕府と熊本・佐賀藩が初参加する。浮世絵、陶磁器、日本刀などの美術工芸品を出品してのことであるが、あくる一八六八年に明治維新となり、激動の明治時代を迎えている。日本の産業革命ともいわれるこの時代、時計機構を秘めた座敷からくり人形は、汽車、電車、自動車、飛行機、工業用ロボットと近代科学技術の発達の中で転身していったが、祭りのからくり人形はいまも昔と同じように地域の人々の手で生かされている。

西洋のオートマタは二〇世紀に入り打ち続く戦乱を経て、なおも人々から深く愛されているが、その旺盛な意欲と技術はアメリカの映画界やディズニーランド、ラスベガスに受け継がれたとも見ることができる。

オートマタとからくり人形の比較

西洋のオートマタと日本のからくり人形は、姿・形が異なっていても、その動作は、太鼓打ち、楽器演奏、文字書き、逆立ち、品玉《しなだま》など共通しているのが不思議であるとともに、海を隔てた国々でも人間の考案するところは一つか、と人類の近親感を感じる。

ゆるやかなワルツの調べに手を組んで踊り出す男女のオートマタ、小さな茶碗をささげて神妙に歩み出す茶運び坊主人形は、ともにそのスカートや袴の下に機械を隠しているのである。それぞれの時代の先端の技術を持つ人々によってつくられたこの優れた人形たちが、王侯貴族や文人ら、揃ってその時の覇者たちに愛玩されているのも共通する。

しかし、まったく違っている点があることは興味深く、その相違をここに明らかにしておこう。

まず装置の主な材料については、西洋が金属製であるのに比べ、日本は木製である。金属技術はヨーロッパにおいて産業革命を実現させた要因の一つであるが、日本で利用できるようになったのはもっと後世になってからである。したがってオートマタの動力は金属製ゼンマイであるが、日本のからくり人形は江戸時代に手に入る材料でクジラのヒゲのゼンマイ、砂、水銀などを使い、山車からくりには綱を引く人力も使っている。

人形の製作は、オートマタは美しい西洋人形づくりで成功した特殊技術で施された材質の肌色や顔立ちがリアルで、目、あご、胸など細部までの繊細なうごきが仕込まれている。からくり人形、とくに山車からくり人形は、遠方から見られて効果的な個性の強い目鼻立ちにデザインされている。顔、手足、首の動作が主で単純だがダイナミックな動きを見せる。

音楽はオートマタが優美で快いオルゴールが奏でられるのに比べ、座敷からくり人形は素朴である。しかし山車からくり人形は、オーケストラなみの華やかな祭り囃子で伴奏される。

オートマタの置かれる空間は審美的、室内的なものだが、山車からくり人形は、明るい祝祭空間が活躍の場である。

またオートマタにかける西洋人の夢は、ヴォーカンソンの「あひる」や、ジャケ・ドローの「音楽家」(オルガンをひく貴婦人)を見てわかるように、機械を駆使しての限りなく生きものに近い創造だった。その存在は文学にも大きな影響をあたえ、ドイツの詩人E・A・T・ホフマン(一七七六―一八二二年)は科学・技術者と人形の登場する幻想と怪奇にみちた小説を書いている。その原作をフランスのオヘン・バックがオペラ「ホフマン物語」として作曲、上演されているが、第二幕で主人公の学生ホフマンが恋するオランピアは等身大の歌い、踊るオートマタである。また、フランスのヴィリエ・ド・リラダン(一八三八―一八九年)の書いた「未来のイヴ」は、不思議な人工世界を描いたSF的な名作で、天才科学者エディソンが友人の理想の恋人として電気で動く精巧なアンドロイドを製作する。西洋人のオートマタにかける情熱には、神による創造に迫る思いがあるが、それはまた医学におけるクローン人間開発の可能性を予知している。

日本の祭りのからくり人形が一時的に神の依代《よりしろ》とはされても、祭りが終わればただの木偶《でく》に解放されるのと大きな相違である。

江戸期日本のからくり人形の唯一の例外は、からくり儀右衛門こと田中久重（一七九九―一八八一年）による二体の「弓曳童子」と「文字書き」一体で、材料に真鍮製のゼンマイを使っていることである。弓曳きは四本の矢を次々に弓につがえて数メートル離れた的に向かって射る。人形の動きは数枚のカムに連動する糸によって行なわれるが、弓を射るごとに微笑みを浮かべ、その出来を観客に語りかける優美な様子は、一七七〇年代にスイス、ジャケ・ドローの作ったオルガン弾きの貴婦人「音楽家」にも似ている。幕末とはいえ、日本とヨーロッパとの技術交流がどのように進んだのか、関心が持たれる。

参考文献

からくり人形

山崎構成『曳山の人形戯』東洋出版、昭和五六年
宇野小四郎『日本のからくり人形』現代人形劇センター、昭和六二年
宇野小四郎『現代に生きる伝統人形芝居』晩成書房、昭和五六年
立川昭二『からくり』法政大学出版局、昭和四四年
河竹登志夫編集『人形芝居――伝統と現代5』学芸書林、昭和四四年
永田衡吉『日本の人形芝居』錦正社、平成六年（第三版）
角田一郎『人形劇の成立に関する研究』旭屋書店、昭和三四年
鈴木一義著・大塚誠治写真『からくり人形』学習研究社、平成六年
高梨生馬『からくり人形の文化誌』学芸書林、平成二年
千田靖子『からくり人形の宝庫――愛知の祭りを訪ねて』中日出版社、平成三年
竹下節子『からくり人形の夢――人間・機械・近代ヨーロッパ』岩波書店、平成一三年
E・T・Aホフマン著・池内紀訳『ホフマン短編集』岩波書店、一九八四年
Alfred Chapuis/Edmond Droz, LES AUTOMATES, Neuchatel Editions Dugriffon 1949.
Andrea Robertsos, MUSEUM of AUTOMATA, Museum of Automata 1992.

歴史資料

細川頼直『機巧図彙　三巻』江戸科学古典叢書3、恒和出版、昭和五一年
多賀谷環中仙『璣訓蒙鑑草』江戸科学古典叢書3、恒和出版、昭和五一年
多門院『多門院日記』精興社、昭和一〇年復刻

続群書類従補遺二『看聞御記』群書類従完成会、昭和五年復刻
江村専斎述『老人雑話』
『お湯殿日記』群書類従巻一・二・三、慶長三年
『買物独案内』天保二年、吉徳資料室蔵
『絵本菊重ね』享保〜安永、吉徳資料室蔵
『大からくり絵尽』宝暦八年、吉徳資料室蔵
滝沢馬琴『著作堂一夕話』日本随筆大成一〇、吉川弘文館、昭和五〇年
斎藤月岑『増訂武江年表』平凡社東洋文庫、昭和六三年
錦文流『棠大門屋敷』近代日本文学大系4 浮世草紙集、国民図書、昭和三年
松本治太夫正本『大伽藍宝物鏡』新編複製希書複製会叢書第一六巻 浄瑠璃・説教節、臨川書店、平成二年
『古浄瑠璃正本集 第三、第四』角川書店、昭和四〇年
浜松歌国『摂陽奇観』浪速叢書第二巻、浪速叢書刊行会、大正一五年
浜松歌国編『摂陽見聞筆拍子』岩瀬文庫蔵
秋里離島『摂津名所図絵』日本名所図絵一〇 大坂の巻、角川書店、昭和五五年
十返舎一九『東海道中膝栗毛』日本古典文学全集八一、小学館、平成七年
伊藤晴雨『江戸と東京・風俗野史』国書刊行会、平成一三年
岡田啓編・小田切春江画『尾張名所図会』愛知県郷土資料刊行会、昭和四五年
内藤東甫『張州雑誌』愛知県郷土資料刊行会、昭和五〇年復刻
高力猿猴庵・小田切春江『尾張年中行事絵抄』名古屋叢書三編5・6・7、名古屋市教育委員会、昭和六三年
高力種信『猿猴庵日記』名古屋市教育委員会編名古屋叢書一七巻、昭和五八年復刻
ヴィリエ・ド・リラダン著・渡辺一夫訳『未来のイヴ』上下巻、岩波書店、昭和一三年

郷土文化

『日立風流物——歴史と記録』日立芸能保存会発行、昭和五一年
パンフレット『からくり人形芝居の伝統』国立劇場、昭和六二年
『日立の文化財』日立市教育委員会発行、平成一一年

八郷町教育委員会『八郷町の文化』八郷町教育委員会発行
横島広一『大塚戸の花火祭』崙書房ふるさと文庫、昭和五三年
からすやま山あげ祭り編纂委員会『からすやま山あげ祭り』烏山町教育委員会、平成四年
小千谷市教育委員会『小千谷の文化財』同会発行、昭和五八年
佐藤順一『巫子爺覚書』私家版、昭和六二年
佐藤順一『巫子爺よもやまばなし』私家版、平成九年
新潟県小国町小国芸術村現地友の会『へんなか・特集操り人形・巫子爺』同会発行、平成元年
富山県教育委員会『富山県の曳山』同会発行、昭和五八年
宇野通『加越能の曳山祭』能登印刷出版部、平成九年
高岡市教育委員会『高岡御車山と日本の曳山』『高岡の文化財』同会発行、昭和五八年
冊子『城端曳山』城端曳山観光協会、平成五八年
伏木曳山保存会『伏木の曳山』同会発行、昭和六二年
正和勝之助『伏木曳山祭再見』伏木文化会、平成一〇年
氷見市立博物館『特別展・氷見の曳山人形展』同館、平成元年
氷見市立博物館『特別展・氷見の曳山展』同館、平成二年
新湊市教育委員会『新湊の曳山』同会、昭和五六年
岐阜市『岐阜市伊奈波神社祭礼山車——安宅車、蛭子車、清影車、踊山調査報告書』同市役所文化課、平成五年
美濃市教育委員会『美濃の文化財』同会、昭和六〇年
美濃市観光協会『美濃まつり』平成一四年
パンフレット『ぎふ美濃市大矢田』美濃市商工観光課
関市『古事戯』関市商工観光課、平成五年
春日神社『どうじゃこう』同社発行
八百津町観光協会『久田見まつり』同会発行
各務義章『ふるさとの芸能——久田見の糸切りからくり』私家版、平成三年
藤本清久『匠になった八十日間——久田見まつり糸切りからくり』広報八百津、平成九年
羽島市観光協会『観光羽島ガイドブック・山車』竹鼻祭山車保存会、平成六年

大垣市教育委員会『大垣の祭軸』同会、平成七年
養老町教育委員会『養老町高田・室原祭と曳山』同会社会教育課、昭和五六年
加子母村教育委員会『水無神社祭礼のからくり祭具について』同会、平成一三年
大沢弘三郎『和良村探訪――地名と伝説』教育出版文化協会、平成七年
大沢弘三郎『続・和良村探訪――縁起』同人、平成一一年
可児郷土歴史館『郷土の祭り』、『文化財散歩』同館、昭和六二年
飛驒高山観光協会『高山祭の屋台』同会、昭和六二年
高山市『飛驒高山』同市、平成九年
岡本胡伊治『三番叟組史』平成三年
竜神台組『竜神台』平成一三年修理完成記念
長倉三朗『高山屋台雑考』私家版、昭和五七年
古川町教育委員会『平成元年の古川祭』同会、平成三年
伊勢門水『なごやまつり』村田書店、昭和五五年復刻
名古屋市山車調査報告書1『筒井町　湯取車』同市教育委員会、平成六年
2『若宮まつり福禄寿車』同会、平成七年
3『牛頭天王車』同会、平成八年
4『有松まつり　布袋車・唐子車・神功皇后車』同会、平成九年
5『広井神明祭　紅葉狩車』同会、平成一一
6『広井神明祭　二福神車・唐子車』同会、平成一三年
西枇杷島町文化財調査委員会『西枇杷島の山車』同町教育委員会、平成元年
知立山車からくり保存会『知立の山車からくり』同会、昭和五四年
犬山祭山車保存会『犬山祭』同会、昭和五八年
岩倉市教育委員会『山車とからくり人形』同会、昭和六一年
中切組・力神車『中切組史』同組、昭和六一年
武豊町歴史民俗資料館『武豊・美浜・南知多のからくり人形』同館、昭和六二年
半田市立博物館『からくり』同館開館五周年記念展、平成元年

半田市誌編纂委員会『半田の祭り11』半田市博物館、昭和六三年
碧南市文化財専門委員会『碧南の文化財』同教育委員会、平成三年
知多文化『山車彫刻とからくり人形』知多山車研究会、昭和六一年
潮会『神社と山車・大浜中区稲荷社』同会、昭和五一年
大浜中区稲荷社山車からくり三番叟保存会『山車からくり』同会、昭和六三年
石取祭車研究会報告機関叢書『祭車覈隠第四輯・桑名の石取祭車』同会、平成元年
三重県祭礼行事記録調査報告書『春日神社の石取祭』桑名市教育委員会、平成一〇年
平成九年度企画展図録『郷愁の四日市祭』四日市市博物館、平成九年
三重県祭礼行事記録調査報告書『大入道山車』四日市市教育委員会、平成一一年
大津市観光協会『大津祭』同会、毎年
大津市歴史博物館『町人文化の華——大津祭』同館、平成八年
滋賀県民俗学会『大津祭調査報告書』同会、昭和四七年—五二年
祇園祭山鉾連合会『祇園祭——町衆としきたり』同会、昭和五四年
シーグ社出版企画『ザ・フォト祇園祭』京都書院、昭和六一年
京都市自治百周年記念特別展『祇園祭の美——祭を支えた人と技』実行委員会　平成一〇年
知覧水車からくり保存会『豊玉姫神社の水車からくりについて』
鹿児島県知覧町教育委員会『薩摩の水からくり』同会、平成九年
八女福島の灯籠人形保存会『八女福島の灯籠人形』同会、平成四年
八女市役所観光課『八女福島の灯籠人形』毎年
杉山洋『灯籠人形夜話』八女を記録する会、平成四年
森兼三郎『犬飼の農村舞台』徳島市教育委員会、犬飼農村舞台保存会、平成一〇年

写真・資料提供者芳名（敬称略、順不同）

吉徳資料室
江戸東京博物館
本間家旧本邸
谷地・細谷巌家
横浜人形の家
半田市博物館
半田市市役所観光課
知立市歴史民俗資料館
茨城県筑波郡伊奈町教育委員会
茨城県水海道市役所商工観光課
愛知県八百津町観光協会
刈谷市役所文化振興課
岐阜県加茂郡八百津町役場産業振興課
岐阜市役所文化課
京都嵐山オルゴール博物館
石川県立歴史博物館
氷見市立博物館
高岡市商工労働部物産課
福井県坂井郡丸岡町役場産業観光課
高山市商工観光課
栃木県烏山観光協会

安中市役所社会教育委員会
大津市観光協会
日本玩具博物館
神戸市博物館
福岡県八女市教育委員会
山崎一枝
東野進
鈴木幸吉
加藤敏明
間瀬伊造
水野靖
杉浦紳一
渡辺正徳
小栗英夫
渡辺隼大
加藤達芳
前田好雄
斉木喜久雄
春山昌二
桐原耕二郎
緒方竹春

近藤勇二
大河原識
佐藤順一
岩井由貴子
老田正夫
深谷佳弘
後藤文子
江口梢雲
浅野健一
宇野通
松永辰郎

あとがき

祭りのからくり人形を訪ねて全国に足を延ばしたが、祭りに限らず「からくり」と名づくものには何でも心ひかれるようになって、その追究したすべてをここに盛り込むことになった。

祭りのからくり人形は、神社、山車、そして地域の人々との密接なつながりの中で存在する宗教的伝統文化そのものであり、座敷からくり人形は個人的な趣味と古美術の世界のものである。また観客を意識した興行からくり人形は、芸能に属するものである。それぞれ根本は異質なものを「からくり」の軸に一つにしたのはよかったであろうか？　結果として広く浅い読み物になってしまったのではとの心配があるが、それより浅学の身ながらできる限り網羅したものを伝えたい気持を抑えきれない。

「からくり」と呼ばれるようになった江戸時代には珍しく不思議だった人形の芸も、科学が進歩した現代では、けっして驚くべきものではない。人はすでに人工衛星で中継した地球の裏側のニュースも茶の間のテレビで見られるばかりか、莫大な費用はかかるが、民間人の宇宙船旅行の予約もすでに受け付けられている。

日本では、からくり人形の最高傑作である茶運び人形がロボットの原形といわれる。たしかに今、「考える機械」コンピューターを駆使した優秀なロボットがどんどん開発されている。アニメーション界では故手塚治虫がすでに「鉄腕アトム」なる人間の心と鉄の超能力を持った理想のロボットを創造して世界中の人気を集めたが、実際のロボット製作においても日本は先進国である。大企業が売り出した人気者のロボットは種々あるが、からくり人形とロボットとはどう区別されるのか？

ロボットの動きは見事だが、顔に目鼻がなかったり、表情がなかったりで、生き物としての親しみが薄い。名のある人形師も一番気をつかうのは最後に人形の顔に目を入れ口を描く時と聞く。まさにこのとき人形に命が宿るのだ。

限りなく人間に近いロボットの製作は刻々と開発への努力が重ねられ、二一世紀の人類の最も期待される創造物となろう。しかしロボットはやはり機械であってからくり人形ではない。自動のように見えても、実は人間の意思や手が動かすもの、それがからくり人形だ。この科学が進んだ時代にからくり人形の素朴な魅力が人をひきつけるのは、多くは江戸時代に作られた手づくりのこの人形が、時を越えてやさしい人間の夢とロマンを伝えるからである。

祭りのからくり人形に出会うための旅には、緑滴る水田あり、四季折々に咲く花々、子供の歓声、力を競う主役の若者ら、経験を誇る壮年者の姿があった。とりまく若い女性の嬌声や幼児の笑み、静かな高齢者の笑顔など、庶民のエネルギーに包まれてからくり人形はある。得意気にでんぐり返るもの、太鼓を叩くもの、文字を書くもの、晴れの衣装をまとったからくり人形は町のスターなのだ。それはその地域の豊かさと人々の平和の象徴である。

各地域の所有として細々と伝えられてきた山車祭りやからくり人形も、みずからの伝統の持つ生命力に加え、近年「ふるさと創生」の施策により「地域の特性を生かした個性豊かな地域づくり」をめざす行政の助成を得て活気を取り戻している。地域を出た若者が、祭りには帰省するといった土地のアイデンティティづくりにからくり人形の出る山車祭りは役立っている。

からくり人形については各地で教育委員会文化財課などを中心に丁寧かつ詳しい報告書や資料が刊行されているが、全国を見渡すものは稀有なので、私個人の思いつくままを著させていただいた。

本書を編むにあたっては、各地の市や教育委員会、祭り、山車からくり人形保存会、また博物館、人形館ら関係施設の方々にお世話になった。名古屋市より全国へ出掛けて行って、祭りの短い期間に見聞きし、記すことの不十分さをカバーするため、各項の原稿を現地へ送って再チェックを願うなどのご協力を得られたことに厚く御礼申しあげる。

からくり人形の調査研究については先学の諸氏に心から敬意を表したい。特に故山崎構成先生（大正元年〜平成四年）の業績は不朽である。先生が昭和五六年に東洋出版より刊行された『曳山の人形戯』は、二八年かかって丁寧に研究調査されたからくり人形研究上での最高権威の膨大な学術書である。

郷土のからくり人形研究を志したとはいえ、好奇心のみで、学識のない私は、山崎構成先生を訪ねて御教示を請うた。そこで外部から地域の祭りに接触するための鍵となる人物などを紹介していただいたこともありがたく、おかげで、奥の深いからくり人形の世界に踏み入ることができたのである。

また、現代における「ものと人間の関わり」として、からくりの自動というメカニズムに焦点を置いた立川昭二先生のご研究には、『からくり』の著書を通じて多くを学ばせていただいた。

現代人形劇センターの宇野小四郎先生は、『現代に生きる伝統人形芝居』の中でからくり人形について触れておられる。研究のため全国を調査され、伝統として地域に残るものの、時代のショックや人手不足で絶えたり、やる気をなくした人々に文化財としての値打ちを教え、復活への自信をあたえた。後年取材に訪れた各地で私はその功績を知ったのである。

「からくりとはね、数学なんですよ」と、無愛想に尾張の職人からくり人形師のありようを見せてくれた故七代目玉屋庄兵衛氏。幕末の田中久重や、大野弁吉は時代の寵児「からくり師」としていつまでも語り継がれる人であるが、尾張の玉屋庄兵衛家は、代々祭りのからくり人形一筋に頑固に地域文化に身を挺した人形師の家である。

玉屋庄兵衛氏のご協力と、ならびに出身は群馬県ながら、在住の名古屋市近辺のからくり人形に注目し、初めて劇場舞台での公演に引き出した元ＣＢＣテレビ局事業部長の高梨正馬氏との出会いにも感謝したい。ご提供いただいたからくり人形の映像がスウェーデンの人形劇団主幹の感動を呼び、尾張からくり人形の海外公演をはじめ、私とからくり人形のこんなにも深い縁をもたらすことになったからである。

本書の出版をおひき受け下さった法政大学出版局の平川俊彦さんと膨大な原稿・写真で編集にご苦労をかけた松永辰郎さん、佐藤憲司さんに厚く御礼申し上げる。

快く資料をご提供いただいた吉徳資料室の小林すみ江さん、名古屋市の水野靖氏、寝屋川市の東野進氏はじめ個々の名前は挙げきれないが、全国のたくさんの方々のお世話になった。心より御礼申しあげ、からくり人形とからくり人形を通じてめぐり会ったすべての人々に幸せあれと祈る。

平成一七年八月

千田靖子

著　者

千田靖子（せんだ やすこ）

1938年，名古屋に生まれる．愛知県立女子大学英文科卒．1959年，総理府主催第１回日本青年海外派遣団愛知県代表．1981年，第６回国際理解教育奨励賞受賞．現在，女性の国際交流NPO「ミネルバ名古屋」代表．ウニマ（国際人形劇連盟）副会長．日本人形玩具学会，愛知山車まつり研究会，名古屋演劇ペンクラブ会員．著書に『からくり人形の宝庫——愛知の祭りを訪ねて』『からくり人形師 玉屋庄兵衛伝』がある．

図説 からくり人形の世界

2005年11月１日　　初版第１刷発行

著　者　千田靖子
発行所　財団法人 法政大学出版局
〒102-0073 東京都千代田区九段北 3-2-7
電話 03（5214）5540 振替 00160-6-95814
製版・印刷：平文社，製本：鈴木製本所

ISBN4-588-42008-9

からくり

（ものと人間の文化史3）

立川昭二著

〈からくり〉は近世の優れた工人たちが創り出した自動機械であり、近代科学技術の発展につながる画期的な発明であった。

　それは、人々の夢を実現する道具として驚異の目で迎えられ、祭りや芸能にもとり入れられて活躍してきた。

　本書は、日本と西洋のからくり（オートマタ）を発掘・復元・遍歴し、埋もれた技術の水脈をさぐる。

　わが国最古の機械技術書『機巧図彙』を紹介しつつからくりの来歴を語る本書は、からくり研究の先駆をなす原典として永く読み継がれている。

　江戸時代につくられたこの動く人形＝ロボットは、コンピューター時代に生きるわれわれに、人間と機械との因縁について貴重な示唆を与えてくれる。

〔主要目次〕

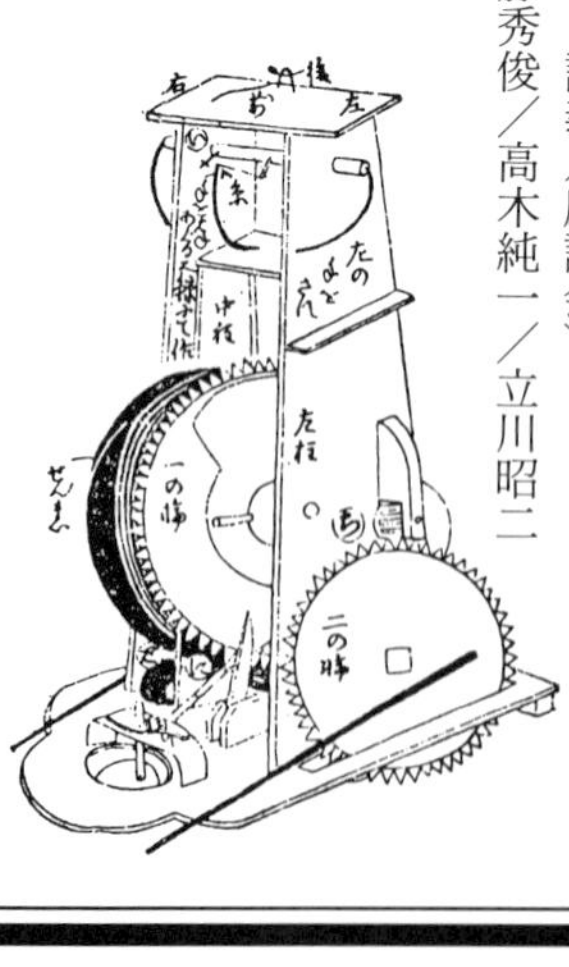

四六判410頁　3300円（税別）